The Great Pianists

Harold C.
Schonberg

不朽的钢琴家

［美］哈罗德·C. 勋伯格——著

顾连理　吴佩华——译

广西师范大学出版社
·桂林·

THE GREAT PIANISTS By HAROLD C. SCHONBERG
Copyright © 1963
This edition arranged with THE BARBARA HOGENSON AGENCY, INC.
Through BIG APPLE AGENCY, INC. , LABUAN, MALAYSIA.
Simplified Chinese edition copyright:
© 2014 GUANGXI NORMAL UNIVERSITY PRESS
All rights reserved.

著作权合同登记号桂图登字:20 - 2013 - 143 号

图书在版编目(CIP)数据

不朽的钢琴家/(美)勋伯格 著;顾连理,吴佩华 译. 一桂
林:广西师范大学出版社, 2014.6(2022.12 重印)
(不朽名家系列)
书名原文:The great pianists
ISBN 978 - 7 - 5495 - 5318 - 1

Ⅰ. ①不… Ⅱ. ①勋… ②顾… ③吴… Ⅲ. ①钢琴-演奏家
-生平事迹-世界 Ⅳ. ①K815.76

中国版本图书馆 CIP 数据核字(2014)第 074170 号

出 品 人:刘广汉   特约编辑:胡旋隽
责任编辑:解华佳   装帧设计:胡 斌

广西师范大学出版社出版发行
(广西桂林市五里店路9号   邮政编码:541004)
(网址:http://www.bbtpress.com)
出版人:黄轩庄
全国新华书店经销
销售热线:021 - 65200318   021 - 31260822 - 898
山东韵杰文化科技有限公司印刷
(山东省淄博市桓台县桓台大道西首   邮政编码:256401)
开本:690 mm × 960 mm   1/16
印张:34   字数:330 千字
2014 年 6 月第 1 版   2022 年 12 月第 8 次印刷
定价:68.00 元

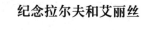

纪念拉尔夫和艾丽丝

目 录

序　言

　　本书讲述的是钢琴演奏。钢琴演奏的历史始自莫扎特和克莱门蒂，其实应该说始自克莱门蒂，因为连莫扎特也要到十八世纪七十年代中期才开始专一地弹奏钢琴。他和当时的大多数音乐家一样，学的是大键琴、古钢琴和管风琴。不过，他也许是最后一个适用此话的大音乐家了，他目睹了大键琴和古钢琴的消亡。从1800 年起，钢琴成为最流行的乐器，钢琴家成为最受欢迎的音乐家。

　　虽然钢琴广泛流行，成为家庭和音乐会中最热门的乐器，但是这么多年来很少有关于钢琴和钢琴家的论著。阿瑟·勒瑟写过一本《男人、女人和钢琴》，堪称佳作；还有一本是亚布拉姆·蔡辛斯的《话说钢琴家》，主要是讲当代乐坛的钢琴家。

　　研究键盘大师，特别是研究过去的大师的论著不多，这不是没有原因的，实在是困难重重。古生物学家能根据一块骨头碎片构造出整个人体骨架，至少他们有一块碎片。而在录音发明以前，钢琴家的手一离开琴键，声音就永远消失了；当然，更不可能有莫扎特或李斯特的演奏的第一手数据（尽管不时冒出谣言，说是有一个李斯特的圆筒录音，令人将信将疑）。

　　那么我们是否同意帕斯卡尔的说法：真理是一个微妙的点，只是我们的工具太粗笨，无法精确地触及？那倒也未必。尽管克莱门蒂、德赖萧克、亨泽尔

1

特、肖邦或者阿尔坎他们不为后人着想，没等录音发明就故去，但还是有着大量物证和文献，使我们能对他们的演奏产生一个尚称正确的，有时甚至栩栩如生的印象。传记、评论、轶事、书信、出自可靠来源的传闻，以及写下来的音乐本身都能起到作用。我们可以重建过去的钢琴大师弹奏的乐器，从他们的作品可以推测他们的生理特点，从而推测他们的技巧立场。因为过去的大钢琴家大多是作曲家，主要为自己创作。不需要多大的侦探才能，看一看亨泽尔特的《f小调钢琴协奏曲》，仔细审视左手那些伸展，便可以推断亨泽尔特的手一定可以伸展得很大，也许手的形状还很特别。连莫扎特那样一个纯粹的作曲家也是根据自己的条件而写作，能够在信中得意扬扬地告诉父亲他在钢琴声部中用了多少艰深的技巧，使听众"佩服得五体投地"，是他最开心的时刻。我们通读肖邦的那首卓绝的《"把手给我"主题变奏曲》（Op.2）时，想一想它创作的年代，再看一看那些复杂而大胆的钢琴音型写法——远远走在当时所能设想的任何音型写法的前面——就能猛悟到：（1）肖邦是旷世奇才，难怪人以为怪（生物学意义上的怪）；（2）他的钢琴风格很早就已确立。甚至音乐家的出版乐谱上的指法也能偶尔提供一些启示，而他们的表情记号就更不用说了。

钢琴家们多喜好对自己的键盘哲学发表看法；有亲耳听到者的记载为证。这类文字有的属于业余爱好者不分青红皂白的英雄崇拜，有的是莫扎特以来的最优秀音乐头脑所做的详细分析。倒不是说最优秀的音乐头脑绝对可靠，世上还没有过任何一个毫无偏见的人。一个报道的来源哪怕近乎神明，有时也要对它的可靠性打个问号。举个例子来说，克莱门蒂绝不可能像莫扎特对他姐姐娜内尔说的那么差劲。一切征兆表明，克莱门蒂的技艺比莫扎特要高明得多。莫扎特可能也知道这一点，因此拼命说这位伟大同行的坏话，这也是人性所难免。

总之，要仔细掂掇证据的分量；适当的怀疑，甚至冷眼看待，是必不可少的。但是证据有的是，而且很多。演奏家越受欢迎，关于他的文字就写得越多——小品文、书信、评论、各类文章、著作和未发表的手稿等等。大体说来，关于一个艺术家的这类资料加在一起，就能得出一个比较统一的意见。如果有一个报道同其余的报道大不相同，人们自然会在报道者身上寻找他有没有偏见，而且一般总能找到。

当然，把事实同神话分开，是个难题。任何一位大钢琴家都会引发一个神话。例如李斯特和莱谢蒂茨基的学生一年又一年地撰文介绍、宣扬他们的老师，那两位伟人的形象一年比一年高大，人们还打光照在他们身上。把他们同其他人一起放在正确的视角上观察，谈何容易！

到了二十世纪，录音的出现使问题多少变得简单些了。许多人，包括专业人士，听说有这么多大钢琴家灌录过唱片，甚感吃惊。那些唱片中有许多是原始录音，即1925年电声出现以前录制的，今天已极难找到。十九、二十世纪之交活跃于音乐舞台而且录过唱片的钢琴家有安索盖、伯努瓦、布利格、布索尼、夏米纳德、科尔托、达尔伯特、戴维斯、德·格里夫、德·拉腊、帕赫曼、迪梅尔、多纳伊、艾本许茨、理查德·爱泼斯坦、弗里德伯格、弗里德海姆、加布里洛维奇、甘茨、戈多夫斯基、戈尔、格兰杰、格里格、格林费尔德、汉伯格、霍夫曼、亚诺萨、科恰尔斯基、克鲁采、克瓦斯特-霍达普、拉福热、拉蒙德、莱金斯卡、莱维、格奥尔格·利布尔、玛格丽特·隆、马泰伊、米哈伊洛夫斯基、尼曼、帕德雷夫斯基、保尔、菲利普、普朗泰、普尼奥、里斯勒、罗森塔尔、圣-桑、萨佩尔尼科夫、绍尔、沙尔文卡、塞尔瓦、西罗塔、施塔文哈根、阿黛拉·韦尔纳、维亚纳·达莫塔和约瑟夫·魏斯，而这只是一份不完全名单。

这些钢琴家的年代涵盖十九世纪的大部分时期。甚至生于1833年的勃拉姆斯的演奏，也可以透过1889年的一个圆筒录音的杂音而依稀听到。第一个灌录唱片的大钢琴家圣-桑生于1835年，那时，肖邦也才二十五岁。帕赫曼从二十世纪初一直录到1933年去世，他生于1848年。普尼奥生于1852年，帕德雷夫斯基生于1860年，罗森塔尔、德·格里夫和绍尔生于1862年，拉赫玛尼诺夫和鲍尔生于1873年，列维涅生于1874年，霍夫曼生于1876年，恕不赘述。我们有唱片可以说明十九世纪钢琴家是如何演奏的，这些人中有几个直到电声时代还在继续录音。（其中不少人也录过自动钢琴纸卷，但是这东西不可信，本书不予讨论。钢琴纸卷可以修改作假，和后来的磁带录音一样。而且，速度、力度和踏板法都十分令人怀疑。）

这些唱片当然不能解决所有的问题，但在许多情况下它们提供非凡的线索，它们是会说话的文献，综合起来不失为浪漫主义演奏实践的概括。再补充一句：现代工艺还能从那些年久月深的刻槽中发掘出连制作者当年都没有注意到的情况。第一次听到最早的原始录音唱片（如 1902 年艾本许茨的唱片）的人简直为录音的清晰度感到惊讶。

这些唱片的确有助于说明问题。十九世纪初期的报章杂志上的评论，钢琴家的书信、文章和经常发表的意见，作曲家写给朋友的信中谈到自己对钢琴家的演奏以及听众对台上艺术家的印象——往往是没有受过专业训练的人的印象，但往往专业听众更为生动——本书都充分利用。

本书的另一个资料来源是同音乐家谈论他们听到过的钢琴家的演奏。不幸的是，其中有不少并不可靠。老年人往往喜欢生活在过去，生活在他们所认识的伟大人物的光辉印象之中，今天如此，十九世纪如此，任何一个世纪都是如此。有些老人死死抱住过去，乃至伤害历史。因为有些老音乐家的回忆显然不是事实，而是浪漫化的传奇，但仍被奉为福音。

因此，本书有责任筛洗大量素材，剔除明显错误或不可靠的，比照不同的零星数据，力求尽量接近大钢琴家的实际情况。全书将讨论一些主要的钢琴家，不是从传记的角度（除非是顺便提到），而是作为有特殊贡献的键盘专家，他们的演奏不仅在当时负有盛名，而且在许多情况下塑造了下一代的演奏和键盘哲学。

必须指出，本书并非百科全书，读者会发现有些名字没有提到，特别是当代钢琴家的名字。把每一个人都收入书中，显然是不可能的；再说，当代的钢琴艺术是一个非专著无法讨论的课题。作者希望没有遗漏重要人物，但愿本书能使读者对于从莫扎特和克莱门蒂到今天的主流钢琴演奏有一个概念。

从头说起
J. S. 巴赫、J. C. 巴赫、C. P. E. 巴赫

老巴赫在 1750 年去世后，学术性的对位风格也随他而去。此时流传着一股新风，这股风吹自法国和意大利宫廷，得到刚开始形成的新听众的拥护，音乐家（包括巴赫的几个儿子在内）竞相仿效。这股新风就是主调风格，就是华丽风格，在意大利叫作"stile sueto"。它标志着音乐从教堂转入沙龙，从赋格转入奏鸣曲。它要求歌唱般的风格、细腻的层次和复杂的装饰，要求文雅多于力量、松软多于深刻的内容。它还要求新的旋律风格、新的织体和简化手法。这种音乐取悦的对象来自上层——有教养的僧侣、贵族以及最富裕、最雄心勃勃的布尔乔亚。（"古典音乐"当时还不是一种民主的艺术。）这些听众认为自己修养很高。他们确实高雅，但同时也很浅薄。他们要求音乐优美风雅。他们不愿意动脑筋，只愿意被迷醉。查尔斯·伯尼——最早的一位音乐历史学家，也是他那一时代的代言

人——表达了这种需求，他号召音乐"清楚而得体地提供优美、文雅和温柔"，不要"表现复杂的愁绪、激情奔放"的音乐。

华丽风格多少带点自发地产生于十八世纪初的欧洲，在海顿和莫扎特的洛可可作品中自然地发展。佩尔戈莱西是同巴洛克决裂的早期代表之一，萨马丁尼也是，施塔米茨、C. P. E. 巴赫和早期的德国歌曲作曲家都是。

钢琴的问世满足了华丽风格的要求。帕多瓦一个制造大键琴的名叫巴尔托洛梅奥·克里斯托弗里的人在 1709 年发明了钢琴。他在佛罗伦萨造了一种装置，用槌子击弦发声。他把它叫作"gravicembalo col piano e forte"，意思是它能够演奏轻和响。这样一件乐器的发声理论不是首创，以前也有过槌子的联动装置。阿诺德·多尔梅奇在他的一本书中介绍过 1610 年的一架荷兰钢琴。但是，克里斯托弗里是钢琴的发明者，就像詹姆斯·瓦特——而不是亚历山德拉的赫伦——是蒸汽机的发明者一样。

克里斯托弗里的装置深得同时代人的欢心。第一架钢琴揭幕启用后才两年，《意大利文学报》上就出现一篇长长的介绍。这篇文章在 1725 年被译成德文，促使戈特弗里德·希尔伯曼在德国也造了几架（可能在 1730 年）。大约就在那个时候，有人开始为它写作音乐。现在知道的最早的例子是洛多维科·朱斯蒂尼的一系列奏鸣曲，作于 1732 年。

希尔伯曼的乐器，约翰·塞巴斯蒂安·巴赫（见图 1）也知道；好像巴赫在 1736 年访问德累斯顿时试弹过。有关此事，我们所知道的都是第二手资料。据称巴赫说过它音色悦耳、高音太弱、联动装置不够活络之类的话。希尔伯曼脾气很大，认为这些批评是对他本人的攻击，因此说了些粗话骂巴赫。约翰·弗里德里希·阿格里科拉据说根据第一手资料写道，希尔伯曼"生巴赫的气，久久不能平息"。但是，巴赫的话受到了重视；他到底是全德国闻名的最伟大的管风琴家、最辉煌的古钢琴家兼作曲家，其作曲家的名气仅次于势力强大的泰勒曼。

几年后，希尔伯曼照着巴赫建议的路子改进了他的钢琴，等于承认巴赫是对的。后来他又向阿格里科拉坦白了此事。阿格里科拉写道，后来巴赫有机会试弹了那架经过改良的钢琴，"它受到……他（巴赫）的完全赞许"。

同时，爱好收藏又是一流业余音乐家的腓特烈大帝开始收集希尔伯曼的钢琴。在1747年，也即巴赫去波茨坦进行那次著名的访问的那年，腓特烈大帝已经有了十五架钢琴。（英国钢琴制造师亨利·福勒·布罗德伍德在1850年访问波茨坦时还看见这些琴，"但是年久失修"。）巴赫抵达的那天晚上，皇帝已在等候，不容他换下行装，便把他让到琴边，给他一个主题，叫他即兴作曲。巴赫弹得如此精彩，"不仅皇帝陛下十分满意，喜形于色，在场的人无不惊异称奇"。感到惊奇的人中想必包括巴赫的儿子卡尔·菲利普·埃马努埃尔，他担任腓特烈大帝的伴奏逾二十年。

但是，约翰·塞巴斯蒂安·巴赫不是钢琴家。他是古钢琴和大键琴的大师，弹希尔伯曼的钢琴时的触键想必是大键琴式的。1747年的希尔伯曼钢琴同我们今天的钢琴当然相去甚远，联动装置轻，传送力弱；但是肯定具备前所未有的宽广的力度变化。而巴赫不是能充分发挥其潜力的最佳人选。巴赫的键盘风格自然建立在他年轻时学习的乐器上；弹琴时手指弯曲，贴住琴键。据最早的巴赫传记作者约翰·尼古拉斯·福克尔记录："据说巴赫弹琴十分轻巧，手指动作小得几乎看不出来，只有第一个关节在动。手始终保持圆形，即使弹最难的经过句时，也是如此。手指很少抬离琴键，不比弹颤音时高。一个手指工作时，其他手指安静地保持原状。"这种安静延伸到他坐在琴旁的姿势。"他的身体的其他部分更不参与弹奏，不像许多手不够轻巧的人那样晃动身体。"我们从巴赫写的键盘音乐中也能猜测到他本人的演奏，手和手指完全独立。有福克尔为证："他的手指都同样有力，同样听从使唤，因此不仅和弦和所有快速跑句弹起来从容纤巧，单音和双音的颤音也一样从容纤巧。"他显然是从小学习的那些乐器的绝对主宰，我们能够想象他的音乐修养。他曾经对一个朋友说，他相信自己能够视奏任何乐谱。可惜钢琴来得太晚，亨德尔和斯卡拉蒂也都已进入暮年。大键琴、古钢琴和管风

3

琴是这三位巨人的乐器。

意大利发明了钢琴以后，很快便把它忘记。钢琴制造转入欧洲的其他地方。1759 年，法国有一则广告，称钢琴为"新发明的一种大键琴，叫作 piano e forte"。塞巴斯蒂安·埃拉尔是法国第一个伟大的钢琴制造师（始于 1777 年），他造的钢琴是最好的，直到 1807 年伊格纳茨·普莱耶尔开始同他竞争。维吉尼亚·普莱曾茨在《古代音乐》杂志上发表的一篇文章中称，早在 1763 年已有人在维也纳弹过钢琴，此人并无名气，叫作约翰·巴蒂斯特。在英国，约翰·克里斯蒂安·巴赫（见图 2）是第一个公开举行独奏会的知名音乐家，虽然此前人们已知道钢琴，也已有人公开演奏过。伦敦最早提到这一乐器是在 1767 年 5 月 15 日，是一位名叫布里克勒的小姐在柯芬园剧院举行的慈善音乐会，广告称这位小姐"将唱一首选自《犹滴》（*Judith*）的名曲，由迪布丁先生在一种叫作 Piano Forte 的新乐器上伴奏"。估计迪布丁先生就是当年活跃于音乐戏剧界的著名的查尔斯·迪布丁。巴赫的独奏是在为约翰·克里斯蒂安·费舍尔举行的慈善音乐会上，费舍尔是一位著名的双簧管演奏家兼作曲家。那是在草屋顶剧场，时间是 1768 年 6 月 2 日。巴赫弹的琴有四个半八度，是他从约翰内斯·楚姆佩处买的。楚姆佩是撒克逊人，1750 年来到英国，专事钢琴制造。布罗德伍德要到 1777 年才开厂。

约翰·克里斯蒂安·巴赫在英国打开局面后不久，出现了一位很受欢迎的钢琴家：德国人约翰·塞缪尔·施勒特尔。他在伦敦大获成功。但他的艺术生涯很短，他同一个英国姑娘结婚后被岳父收买。他岳父说，女儿不能嫁给一个低下的以音乐为职业的人，又是一个外国人；因此拨给施勒特尔一笔年金，让他当绅士。一直到维多利亚时期，音乐家在英国都是不受尊重的，除非像费利克斯·门德尔松那样有钱有教养。（亨利·詹姆斯的小说《黛西·米勒》中的温特伯尔尼先生把意大利人乔瓦内利先生比作音乐家和其他可怕的东西。"他不是绅士，"温特伯尔尼这个美国人断言，"他是音乐教师，或者蹩脚作家，或者三流画家。"）

在美国，托马斯·杰弗逊这位孜孜不倦的小提琴家和音乐爱好者到1771年时有了一架钢琴。到1774年，约翰·布伦特已在费城制造钢琴。到1779年，维也纳一地已有三百多个钢琴教师。钢琴的地位越来越稳固。1790年，海顿说自己已改掉弹大键琴的习惯，还劝朋友买钢琴。《大众音乐报》在1800年时写道："大家都弹（钢琴），大家都学音乐。"此时，钢琴已牢牢站稳脚跟。它的正常音域为五个八度，共六十一个琴键（今天为八十八个琴键）；一般使用膝盖带动的踏板，虽然在英国创用的脚踏板正逐渐流行；音色和联动装置很轻巧，装置琴弦的铁板尚未问世。1800年前的钢琴都用木板，因此没有多大共鸣；琴身也不结实，琴弦和槌子时常断裂。许多早期钢琴有大键琴式的音栓。连钢琴制造者也要过一段时间才能意识到，力度变化必须用手指而不是靠机械的音栓配合来取得。钢琴发明后，过了一百五十年左右，才发展成我们今天所用的铁木结构的大型乐器。

直到十九世纪初，有两种钢琴吸引着专业钢琴家。一种是维也纳钢琴，一种是英国钢琴；各有各的信徒。莫扎特喜欢维也纳（亦即德国）钢琴的联动装置，轻巧，传送力较小，按键几乎不用压力。莫扎特的对手穆齐奥·克莱门蒂则推动着英国钢琴的发展。英国钢琴比较大，弦上得较紧，声音较亮，不那么容易操作，但便于产生炫技的效果。一位大钢琴家约翰·尼波穆克·胡梅尔概括了二者之间的区别：

（胡梅尔写了一本书，1827年英语版的扉页上，书名十分奇妙：《钢琴弹奏理论与实践教程，从最基本原理到最完美的演奏风格的必需知识，应有尽有》。）

再没有力气的手也能舒坦地弹奏德国钢琴。演奏者可以在上面表现各种程度的明与暗，反应快而清晰，有圆润的长笛般的音色，在大房间里，同伴奏的乐队构成很好的对比，也不需太用力，不会影响演奏的速度。

英国钢琴也有不少优点，特别要称赞它的音色丰满持久，虽然它不如德国琴弹起来那么灵便。英国琴的触键重得多，琴键下陷深得多，因此，同音重复时槌子不能那么快复位……作为补偿，英国钢琴的丰满音色使旋律具有特殊的魅力，甜美动听。

十九世纪二十年代的另一位重要钢琴家弗里德里希·卡尔克布雷纳在他的《教程》一书中也提到英国钢琴和维也纳钢琴：

> 维也纳和英国的钢琴产生了两个学派。维也纳学派以演奏精确、清晰和快速著称。因此，那里制造的钢琴极其好弹……在德国几乎没有人知道用踏板。英国琴声音丰满、联动装置重。英国人的演奏风格磅礴，特点是优美的歌唱性；必须用大踏板来掩盖钢琴固有的干燥感觉。杜赛克、菲尔德和J. B.克拉默在不换和弦时都用踏板，他们都是克莱门蒂所创的那个学派的主要人物。杜赛克用得特别多，公开演出时几乎用个不停。

在钢琴的发展过程中，键盘演奏家需要一段时间才能忘掉大键琴或古钢琴的技巧。这需要全新的指法、触键和基本的声音哲学。倒不是说以前的钢琴家不注意指法；库普兰在《大键琴演奏艺术》（1717年）中详谈指法，他自称建立了一套新的体系，但现代学者不予承认。很可能是老巴赫制订了现代指法的基本原理。在他以前，右手的拇指和小指几乎不用。右手弹音阶时，一般上行只用3、4指，下行用2、3指；左手音阶则用1指和2指上行。巴赫似乎是允许拇指从其他手指下面穿过去的第一人，至少有这方面的理论，引起广泛注意。多梅尼科·斯卡拉蒂用的指法一定是相当现代化的，不然就无法演奏他的许多音乐，可惜他的子女没有才华，不能像卡尔·菲利普·埃马努埃尔·巴赫、约翰·克里斯蒂安·巴赫和威廉·弗里德曼那样继承父亲的衣钵。应该指出，J. S.巴赫还是倚重从手指上面跨越的老技巧。在他留传下来的不多的指法标记（也许总共一百小节）中，他总是让右手的3指从4指上面跨过去；这样就不可避免地导致了些微的节奏不平衡，学者称之为"不均等节奏"。尽管如此，巴赫似乎仍是大量使用拇指的第一人。在他年轻时，大演奏家们都只在跨度太大的情况下才不得不使用拇指，后来他常常把这件事作为笑话讲给子女们听。是他帮助纠正了这一点，他的这些原则在德国被称作"巴赫指法"。

他的儿子卡尔·菲利普·埃马努埃尔（见图3）写出了指导性的论著。这部巨著《键盘乐器的正确演奏法》的第一部分出版于1753年，第二部分出版于1762年。读者对象是大键琴和古钢琴演奏者。"新问世的钢琴造得结实的话，有许多优点，虽然触键必须仔细训练，那可不是一项容易做到的任务。"尽管如此，弹钢琴的人争购《键盘乐器的正确演奏法》一书，把它看成指法、风格以及与键盘乐器操作有关的一切问题的指南。

C. P. E. 巴赫是巴赫的次子，享有令人敬畏的声誉。他不仅精湛地演奏键盘乐器（以及弦乐器），而且是重要的作曲家，创作了许多形式的音乐；他自然也对键盘曲目作出贡献，他作于1742～1787年的一套套钢琴奏鸣曲涵盖了钢琴开始排挤大键琴的整个时期。因此而产生的风格变化体现在 C. P. E. 巴赫的奏鸣曲里，从纯粹代表大键琴技巧的写作进化到包含因有了新乐器而可能获得的种种效果的风格。他的音乐受到极大的尊崇。莫扎特称他"是父亲，我们都是子女"。贝多芬十分欣赏他的键盘音乐，直到1809年还赞不绝口："C. P. E. 巴赫的键盘乐的曲谱，我有的不多；但就是那位艺术家的那几首曲子，不仅给我最大的乐趣，还够我仔细研读的。"下一年，贝多芬向他的出版商要所有可以买到的 C. P. E. 巴赫的作品。克莱门蒂说："关于指法和新的风格，不论我知道什么，总之，我所懂的关于钢琴的一切，都是从这本书上学来的。"

C. P. E. 巴赫和他父亲不同，他对钢琴有着深刻的实践知识。他供职于腓特烈大帝宫廷时，对希尔伯曼的钢琴性能有了透彻地了解。后来他离开那里（可能对老是为吹长笛的皇帝伴奏感到厌倦。传说有一次皇帝吹完一段独奏后，有一个大臣说："多好的节奏！"巴赫低声咕哝："节奏乱七八糟！"），去汉堡接替泰勒曼。

1 约翰·塞巴斯蒂安·巴赫。这张粉笔画系他的堂兄弟戈特洛布·弗里德里希
作于 1736 年，即巴赫试弹希尔伯曼的钢琴、发现它有待改进的那一年。

2

3

2 巴赫的幼子约翰·克里斯蒂安·巴赫，画系根兹巴洛所作。1768 年巴赫举行
　英国首场公开钢琴独奏会。
3 巴赫的次子卡尔·菲利普·埃马努埃尔·巴赫。他在《键盘乐器的正确演奏
　法》中整理介绍钢琴技巧。莫扎特曾说："他是父亲，我们都是子女。"

他的钢琴演奏给人印象深刻。1770 年一份音乐杂志上有人描写巴赫参加演出的一场音乐会："听到了许多男男女女的业余音乐家的演奏，但巴赫先生的演奏令人叹为观止，尤其是他让我们看到他在那架声音宏伟的钢琴上的灵巧动作。"

作为 clavier（当年是所有键盘乐器的总称，包括管风琴在内）演奏家，C. P. E.巴赫的技巧显然不可和他父亲、亨德尔或斯卡拉蒂同日而语；听众喜欢的是他的表情。查尔斯·伯尼是一位经验丰富而可信的见证，他被巴赫新颖独特的态度所震慑。伯尼在《音乐的现状》中写道："他今天的演奏使我深信以前在他的作品中所察觉的——他不仅是有史以来最伟大的键盘乐作曲家，也是就表情而论最佳的演奏家。别人可能也有他那样快速的演奏，可是，他具有各种各样的风格，虽然他把自己紧紧圈在表情型那一类。"那时，表情型（expressive）和炫技型（virtuoso）演奏家之间壁垒森严；人们觉得属于其中一类，就不可掌握另一类。

所以说，写《键盘乐器的正确演奏法》的人是一个经验丰富的演奏实践家，这本书汇总了到那时为止有关这个课题的一切知识。作者讲指法，讲装饰音，讲演奏实践，讲音程、数字低音的弹奏法、伴奏和即兴作曲。他讲的音阶指法出奇的现代化，拇指频频从下面转移，只留下极少 3—4—3—4 连接的痕迹。（可是他不允许拇指或小指上黑键，除非万不得已。）巴赫主张拱形的手指、放松的肌肉，特别注重姿势。书中阐述的原则被奉行甚至剽窃在弗朗西斯·林利（1790 年）、詹姆斯·胡克（1788 年）等许多无名小卒的钢琴教程中。也有不少重要的钢琴家和理论家受 C. P. E. 巴赫的影响。杜赛克在 1799 年出版的《钢琴或大键琴弹奏艺术》中声明以"绝不要破坏手的自然姿势"为座右铭时，不过是对 C. P. E. 巴赫的追随。1830 年前出版的键盘练习手册中，很难找出一本不受巴赫此书影响的，这是事实。

除了他对技巧的意见外，巴赫对内容处理的看法也大大影响了整个古典主义时期的演奏。他甚至花大段篇幅讲述自由速度（tempo rubato），那些以为自由速度是浪漫主义时期现象的人可能会大吃一惊。其实巴赫只是最早阐释它的人之一（自由速度是历来就有的，没有它，音乐就像节拍器，没有人性，听不下去）。鉴于巴赫关于自由速度的论述被莫扎特接受，自由速度后来在十九世纪的演奏实践中又如此重要，巴赫的这番具有历史性的言论值得我们全文引录：

> 在进入一个表示消沉、温柔或悲伤情绪的延长记号时，习惯上总是稍微放宽阔些。这就是自由速度。自由速度不过是听起来似乎比小节的正常划分多几拍或少几拍。可以用这种方式"改变"一整个小节、小节的一部分，或者几个小节。最难但是最重要的是所有同样时值的音符必须弹得时值完全相同。（换言之，不要改变音符的时值：四分音符仍是四分音符，八分音符仍是八分音符。）如果一只手节拍自由，另一只手严格遵照节拍，可以说这位演奏家就做到了要求的一切。只有在极少数情况下，两只手的声部才对齐。前一个乐句若以 *rubato* 结束，后一乐句开始时也可以用 *rubato*；但结束时像不用 *rubato* 的句子一样，所有声部必须同低声部对齐。这最适用于缓慢的音符、温存或忧伤的旋律，不协和和弦比协和和弦合适。
>
> 恰到好处地演奏这种速度要求巨大的判断能力和高度的敏感性。具备这些条件的人不难把一场演奏塑造得天衣无缝，挥洒自如而毫无斧凿之痕，他能驾驭任何形式的经过句。然而，单靠练习是做不到的，没有适当的敏感，无论怎样苦练，也练不出正确的自由速度。上声部一旦拘泥于节拍的束缚，自由速度就变味了，因为这时其余声部都必须按照拍子演奏。其他乐器的演奏家和歌唱家在伴奏下进入自由速度，要比键盘乐器独奏家容易得多……**大多数键盘乐曲都含有自由速度的经过句**。（黑体系本书作者所加。）

莫扎特的关于自由速度的教导虽然简短得多，但道理基本相同——用巴赫的概括来说，就是"一只手似乎在抗拒节拍，另一只手严格遵照节拍"。莫扎特自

11

然和其他所有的音乐家一样，恭恭敬敬地读过 C. P. E. 巴赫的著作，而今天的大多数音乐家都没有读过。其实，每所音乐学校都应该将其列为必读书目。没有一本书比它更能说明十八世纪的演奏实践了，而且从它那里能了解到十八世纪的一个关键词：趣味。

今天，我们说一个音乐家具备趣味时，一般是指他不把自己的个性过分地强加给他所演奏的音乐。但是，每个时代有它对趣味的独特理解。十八世纪的理解和今天恰恰相反：趣味是指音乐家把自己的个性——技巧、风格和音乐修养——投入他所演奏的音乐的能力，不论演奏的音乐是否属于他本人的创作。但凡事都有分寸，据以判断音乐家的趣味。如果他在乐谱的骨架上确实有自己的创造，那么他就是有良好的趣味；如果超出他应该恪守的分寸，过分陶醉于愚蠢的、毫无生气的、没有新意的技巧卖弄，他的趣味就很成问题。

十八世纪有头脑的音乐家和今天有头脑的音乐家一样，皆郑重思考这一问题。这个问题在两百年前更加尖锐，因为演奏家的选择余地比今天大。他可以选择怎样弹奏数字低音；而弹奏巴洛克和洛可可音乐中十分重要的装饰音时，他的选择余地就更大了。如何恰当地演奏那许多装饰音的确是现代音乐学术界最伤脑筋的问题之一。各个国家的符号和标记不同；不仅各个国家弹得不同，还有充分理由让我们相信，各个城市对如何弹奏装饰音的看法都不同。J. S. 巴赫亲自把有些装饰音写全，作为指南。浪漫主义时期以前的教程无不连篇累牍地介绍说明装饰音。C. P. E. 巴赫写道："装饰音以及装饰音的弹奏是良好趣味的重要组成部分。"

除了乐谱本身允许的选择余地外，十八世纪演奏家还要自己添加装饰音和华彩乐段，不仅习以为常，而且是硬性规定。例如，音符上加延长记号的意思在今天是保持，在十八世纪是邀请演奏者自由发挥。杜赛克在 1799 年写道："它是不加限制的休止或延留，以便主要演奏者得以在有此记号的音上驻留，或根据他的趣味和爱好自行装饰或发挥。"C. P. E. 巴赫在他的《六首带变化重复的键盘乐器奏鸣曲》（1760 年）的前言中写道：

句子重复时必须变奏，今天已经是对每一个演奏者的期望。听众要求每一个乐思重复时有所改变，有时根本不考虑乐曲的结构或演奏者的技能是否允许作这样的改变。只有这样的装饰，特别是配上一大段装饰得稀奇古怪的华彩乐段，才能使大多数听众喝彩。演奏的两大手段竟被如此糟蹋，真是可悲！人们不再有耐心弹奏谱上的音符，哪怕是第一次演奏的新曲。没有喝彩声是不好受的。

演奏者在原曲的基础上即兴装饰的好坏体现了他的趣味。可以想见那些炫技大师脑海里的自我中心的小齿轮是如何疯狂地利用那些机会的。C. P. E. 巴赫和其他权威一再呼吁要克制：

　　必须避免滥用装饰音。调味料太多会毁掉最美味的菜肴，花饰太多会损害最完美的大厦的外观。无关紧要的音符以及本身已够晶莹夺目的音符应该不加装饰音，因为装饰音只是用来增加音符的分量和含意，使之与其他音符有所区别。不然的话，就会犯错误，犹如演讲者在每一个字上都加重音，自以为加深印象，其实反而没有重点，一片模糊。

人性就是如此，演奏家根本不理会像 C. P. E. 巴赫那样有理性和良好趣味的音乐家的呼吁。

　　十八世纪的那种放肆就是死不悔改，今天也未绝迹。十九世纪初，炫技大师仍是我行我素，很少有器乐家完全按照谱上的音符弹奏。歌唱家比其他音乐强盗更加自作主张，不遵从谱上印好的音符。格鲁克在进行著名的歌剧改革时曾试图阻止这种无政府状态。"我认为我不应该……为了让歌唱家露一手，炫耀他能随心所欲地变奏一个乐句，在言犹未尽的地方结束一首咏叹调。"他在《阿尔切斯特》（1767 年）的序言中深恶痛绝地写道。但是，直到 1816 年，小提琴家、作曲家兼指挥路易·施波尔还在抱怨佛罗伦萨的一个女高音格奥尔吉夫人唱罗西尼的《坦克雷迪》中的一首咏叹调，说她唱得很好，只是在主题再现时"装饰得太厉害，乃至曲调也听不出来了"。至于意大利的乐队，施波尔说："它们没有轻响的层次，这个且不计较；可是乐队队员各凭自己兴之所至装饰一通，结果像是乐队调音，而不像什么协调的演奏。"1819年，施波尔听著名的亚历山大·布谢在一首海顿四重奏里拉第一小提琴，布谢"加了太多不合适而又趣味不高的装饰音，听得我倒胃口"。

这样乱来，似乎是那时的风尚。如果让我们听当时一般水平的管弦乐队演奏莫扎特交响曲，很可能觉得它面目全非。有意思的是，C. P. E. 巴赫在对大多数演奏家如此不负责任的现象感到焦虑之余，呼吁作曲家记写乐谱时力求精确。（然而约翰·阿道夫·沙伊贝就是为了 C. P. E. 巴赫提倡的这种做法，在 1737 年攻击过 J. S. 巴赫，怪他不留出演奏者自由活动的余地。沙伊贝抱怨道："每一个装饰，每一个小小的装饰音，我们认为属于演奏方面的一切，他都要在谱子上一一写明。"）C. P. E. 巴赫说，作曲家"把作品记写下来时，除速度记号外，还标上有助于说明乐曲内涵的各种术语，这样做是明智的"。

这正是迫切需要的东西。尽管沙伊贝这么说，J. S. 巴赫的音乐几乎没有速度或力度标记，大段大段地没有任何提示表情的线索。贝多芬以前的作曲家都吝于使用标记。是贝多芬扭转乾坤。他的有些指示写得十分明白，不仅为当时所未见，也几乎是以后所未闻。以前只有简单的 *grave*、*andante* 或 *allegro*，他采用 *allegro con brio ed appassionato*、*un poco meno andante ciò è un poco più adagio come il tema* 或 *Mit Lebhaftigkeit und durchaus mit Empfindung und Ausdruck* 等标记。贝多芬对于演奏他的作品的要求简直不可理喻：他要求一个个音符都按照谱上所记写的那样弹，不准多一点什么，也不准少一点什么。有一次，他对学生卡尔·车尔尼大发雷霆，因为车尔尼没有按照乐谱弹。第二天贝多芬道歉说："你一定要原谅作曲家，他希望人家完全按照谱上所记的弹，不论你在其他方面弹得多么优美。"贝多芬的另一个学生费迪南德·里斯说，只有过两次，贝多芬允许他加几个音——一次是弹《"悲怆"奏鸣曲》的回旋曲时，一次是在《C大调钢琴协奏曲》的回旋曲中。贝多芬让里斯用双音弹几个经过句，增加一些光彩。据里斯称，贝多芬自己很少会添加音符甚至装饰音。有意思的是，那样坚持要求忠实于原谱的作曲家兼钢琴家，除了贝多芬，只有莫扎特一个。

然而，即使是贝多芬，在应付演出和出版的实际需要时，也不得不变通一下原则。他担心《"槌子键琴"奏鸣曲》太长太难，写信给里斯说："万一这首奏鸣曲不适合伦敦，我可以寄去另一首；或者你可以删去 *Largo*，直接从末乐章赋格开始；或者你可以用第一乐章，下面接 *Adagio*，然后用谐谑曲作第三乐章——整个删除 *Largo* 和 *Allegro Risoluto*。你也可以只弹第一乐章和谐谑曲，作为整个奏鸣曲。你自己决定怎样做最好。"

到贝多芬的时代，历史上第一次有了弹别人作品的钢琴家。这种事在十八世纪中叶几乎是从来没有的。别的不说，专业钢琴家就不多。C. P. E. 巴赫和他的弟弟 J. C. 巴赫是最早公开演奏钢琴的人。另外还有几个，其中倒有好几位女士——弗朗琪丝卡·冯·奥恩布鲁格、卡罗琳·冯·格赖纳、芭芭拉·普洛耶和约瑟芬·奥恩哈默（莫扎特说起过此二人）、盲女泰蕾西亚·冯·帕拉迪斯、朱莉·康代尔。关于她们的记载很少，其实也无关紧要，因为要过许多年后，钢琴家才公开弹奏非本人创作的作品。遇上莫扎特、克莱门蒂或者贝多芬那样的钢琴家，算是听众的福气；其他钢琴家弹的都是自己创作的浅薄的协奏曲和变奏曲、圆舞曲、集锦曲、战斗音乐和土耳其禁卫军音乐。

公开音乐会的建制开始普及要到更晚的时候，可能起源于英国。十七世纪初，本·琼森就抱怨戏剧演出中的音乐和舞蹈比他的剧本更加引人注意，更能招徕顾客。许多人认为，清教徒执政时，音乐也没有停止。教堂音乐虽然式微，世俗音乐却在酒店旅馆盛行，有些"音乐会"会吸引优秀的演奏家参加。伦敦的巴尼斯特音乐会和维也纳的音乐家协会都成立于 1672 年。约翰·巴尼斯特是英国的一个小提琴家，他出了个划时代的主意——买票听音乐会，"一人一先令，随意点曲子"。1672 年 12 月 30 日，伦敦《新闻报》刊登了他的第一则广告：

> 请注意：约翰·巴尼斯特先生府邸，今称音乐学校的地方，在白僧侣广场的乔治旅馆对面，本星期一将有杰出大师表演，下午四时开始。今后每天下午同一时间都有演出。

塞缪尔·佩皮斯的日记中有不少关于公众音乐活动的记载。1678 年，托马斯·布里顿在他的煤店阁楼里办起他那些著名的音乐会。有一个同时代的人说："谁想痛快地乐一下，就可以去听许多著名演奏家摆弄那娱乐众人的音乐技巧。"亨德尔在那里弹过一架勒克斯大键琴和一架小管风琴。他的对手佩普施也在那里表演过。著名的莱比锡布商大厦音乐会开始于 1743 年，柏林的音乐练习协会成立于 1749 年。巴黎有圣灵音乐会，早在 1725 年由安妮-海厄辛斯·菲利多创立（名字听上去像女人，其实是个男的）。听众主要是专业人士和内行的业余爱好者。但不久便有中产阶级加入行列，欧洲各地都有。音乐正在走出宫廷和教堂。

音乐杂志、音乐评论家的出现，音乐印刷的进步，特别是中产阶级日益增长的文化意识（它也要去听音乐会）助长了人们对音乐的兴趣。

早期的音乐会是展览会；人们主要去看表演者，这是新鲜事，听众几乎像是去看怪胎。（今天也许还有人是这样，但至少我们声称音乐更重要。）那时从未听说过一个钢琴家、小提琴家或歌唱家在没有其他音乐家的帮助下独自一人开音乐会的。到李斯特那时才有独奏音乐会。总的说来，十九世纪三十年代以前的音乐会另有固定的格局：主要艺术家只出场两三次，演奏一首协奏曲，即兴一段，再来一个独奏，也许再为另一个演奏家伴奏。开始总是序曲或者什么管弦乐曲。那时所谓的乐队可以少至五件乐器，多至曼海姆那样光辉灿烂的大乐队。在小城市里，艺术家必须同六七个音乐家一起演出，他们往往是当地音乐俱乐部的业余爱好者，难得聚在一起，音都拉不准。独奏者当然得演奏一首自己的作品。十九世纪五十年代以前，没有不作曲的钢琴家或小提琴家。为了对当地某个名作曲家表示敬意，独奏者可能会演奏一首或一组不是他自己创作的作品。莫扎特在1783年写给父亲的信中详细开列了他在维也纳演出的节目单，是很典型的：

（1）新作《哈夫纳交响曲》(莫扎特在键盘乐器上指挥）；

（2）朗格夫人唱我在慕尼黑作的歌剧《伊多梅尼奥》中的咏叹调"如果父亲失去"，由四件乐器（！）伴奏；

（3）我演奏为常规音乐会写的协奏曲中的第三首（C大调，K.415）；

（4）亚当贝格尔唱我为鲍姆加滕伯爵夫人写的戏剧场景（K.369）；

（5）我最近一首"终场音乐"中的短小的协奏交响曲（K.320）；

（6）我演奏我的《D大调钢琴协奏曲》(K.175)，它在这里极受欢迎。我曾寄给你其中的回旋曲和变奏曲；

（7）泰伯小姐唱我最近一部米兰歌剧《卢乔·西拉》中的片段"我走，快走"；

（8）我独奏一段短小的赋格（因为皇帝在场），接着弹歌剧《哲学家》中的一个变奏曲，被要求再来。我便用格鲁克的《麦加朝圣》中的一个曲调"无知群氓这么想"进行变奏（莫扎特无疑是即兴演奏赋格和变奏的）；

（9）朗格夫人唱我新作的一首回旋曲（K.416）；

（10）《第一交响曲》的末乐章（即重复《哈夫纳》的末乐章）。

1770年莫扎特由父亲陪同去意大利演出时在曼图亚的皇家学院作过一次"展览"(与其说是音乐会，还不如说是展览会，尽管有人写"乐评"）。学院有几个专业音乐家，节目单由他们规定。先演奏了莫扎特写的一首交响曲，然后他担任钢琴协奏曲的独奏，对着手稿视奏。然后给他一首独奏奏鸣曲，不仅要他视奏，还要他进行变奏；变奏以后，还要他移调弹奏整首作品。然后要他根据提供的歌词当场创作一首咏叹调，自己边唱边在键盘乐器上伴奏。接下去，乐队首席给莫扎特一个主题，让他根据主题即兴创作一首奏鸣曲。然后叫他即兴创作一首严格赋格，还要他在三重奏中拉小提琴。最后让他在键盘乐器上指挥一首自己创作的交响曲。这时莫扎特才十四岁。没过几年，他就把钢琴推上今天的地位；他是最早的一位大钢琴家。

要像油在流
莫扎特

  三岁时，他已经在大键琴上按键，不像一般幼儿那样没有目的地乱按，而是仔细选择三度和其他协和音程；他可以这样自得其乐地按上几个小时。四岁学弹小步舞曲，五岁便自己创作小步舞曲。他的听觉极其灵敏，听到四度音程便不舒服；他的听觉又是极其娇弱，听到太近的小号声便会晕倒，像死去一样。六岁被父亲——一位著名的小提琴家、教师、理论家及修养全面的音乐家——第一次带出去巡回演出，以后便是不断地巡回演出。沃尔夫冈·阿玛德乌斯·莫扎特（见图4～5）的童年便是这样度过的。

  莫扎特的音乐会和我们理解的不同。他的父亲是学识和贪婪的古怪结合，把他和比他大五岁的姐姐玛丽亚·安娜（也是一位有修养的键盘乐器演奏家）作为神童到处展览。他是个多么了不起的神童，不用教便样样能做：能拉弦乐器，能即兴演奏，能作曲，能流利地演奏任何键盘乐器，任何音的结合一听就能说出是哪些音。父亲利奥波德利用孩子赚钱，丝毫不感到羞耻。他使孩子誉满欧洲。在此过程中几乎泯灭了孩子的灵性，成天旅行对孩子的健康也不利。莫扎特长大后怨恨父亲，虽然历史书籍和传记中都不提；他之所以急于永远离开萨尔茨堡，原因之一就是摆脱父亲的指挥。当然也有他对萨尔茨堡大主教的痛恨，但最主要是父子间的恩恩怨怨。从二十世纪心理分析的角度来看，父子间的许多信件令人毛骨悚然，总有一天会引起一个精通音乐的高明的精神病医生的注意。

　　莫扎特小时候主要弹奏大键琴、古钢琴和管风琴。直到 1778 年去巴黎，那时已二十一岁，才开始专门弹钢琴（此前肯定已经对它有足够的实践知识）。1777 年去曼海姆时，母亲写信向父亲汇报儿子在那里一鸣惊人，"但他的演奏同萨尔茨堡时不同，这里到处都是钢琴，而他居然会弹得那么超群，从来没有人听到过这么精彩的演奏；总而言之，凡是听到他演奏的人都说，再也找不出第二个来。"从 1777 年这一年起，莫扎特集中精力专攻钢琴，虽然他还保留着古钢琴并继续在家里使用（和钢琴一起）。1777 年以后的键盘音乐，也就是说 K.414 以后的大部分奏鸣曲和所有的协奏曲都是为钢琴构思的。（这是大多数学者的意见，虽然一位权威人士阿莱克·海厄特·金认为莫扎特转得还要早些，在 1774 年。为此，金写了一篇振振有词的专论。）

　　其实在去巴黎之前，莫扎特已经在试用钢琴。在去巴黎途中，他和母亲在奥格斯堡停下来试几架施泰因造的钢琴。约翰·安德雷亚斯·施泰因想出几个新点子，用在钢琴的联动装置上，得到莫扎特的充分肯定。莫扎特在 1777 年 10 月 17 日至 18 日给父亲的那封著名的信中写道：

　　　　这次，我将一上来就用施泰因的钢琴。在没有看见他造的琴以前，一直喜欢用施佩特的琴，可是现在我情愿用施泰因的；施泰因的琴的止音效果比里根斯堡的好多了。我重重地敲下去后，不论手指留在键上还是抬离，声音一发出就会停止。不论我怎样触键，音色总是均匀的：从来没有轧砾声，从来不会忽轻忽响或者根本不出声；一句话，永远是均匀的……他的琴之所以优于其他琴是因为它们装有擒纵器。造钢琴的人中想到这一点的，可谓百里挑一。没有擒纵器，就不可能避免音敲出后的振动和噪音。触键时，琴槌一敲击琴弦，便返回原处，不论你是否继续按住琴键。他（施泰因）亲口告诉我，说他造了一架这样的钢琴后，自己坐下来，试弹各种各样的经过句、跑动句和跳音，对它进行修改加工，直到能要它怎样就怎样。他只是为音乐而操劳，不是为赚钱；不然他早就可以不干。他常说："如果我自己不是那么热爱音乐，略有一点键盘乐器弹奏技巧，我早就对这个工作失去耐心了。但我喜欢有一架不使演奏者失望而经久耐用的钢琴。"他的钢琴的确耐用。他保证音板不断不裂。他为钢琴造好一块音板后，便把它露天放置，任它淋雨淋雪、烈日烤炙，经受磨炼，看它是否龟裂。然后才装榫头，胶牢，使乐器十分牢固结实。他看到龟裂很高兴，因为这使他相信不会再出麻烦了。他还真的故意砍上几刀，再胶合起来，为了使它更加坚固。这样的钢琴他已经造了三架……四点钟时，乐长来了，后来圣乌尔里希教堂的管风琴师施米特鲍尔先生也来了，他是一位圆滑的好好先生。我在那里视奏了比克的一首奏鸣曲，个太好弹，miserabile al solitó（照例枯燥乏味）。我实在无法形容乐长和管风琴师的惊讶，他们不断地在胸前划十字。在这里和慕尼黑，我弹了好几次我的六首奏鸣曲，全部都是凭记忆弹的……最后 D 大调的那首（K.284）在施泰因的钢琴上弹来效果精美极了。用膝盖的装置在他琴上也比其他钢琴好，我只消抵住它，就很灵。膝盖稍微移开一点，就感觉不到丝毫的回响。

　　别的不提，这封信至少说明莫扎特了解钢琴，不仅作为一个钢琴家，他对钢琴的结构着迷，知道得很多。他显然不仅喜欢施泰因的钢琴，还喜欢施泰因这个人。他提到的膝盖装置是踏板。英国钢琴早已有了今天这样的踏板，但是，脚踏板要再过几年才成为德国和奥地利的规范。施泰因的钢琴要价相当高，这是莫扎特没有买的原因之一。可能是他父亲不允许。父亲在回信中说，他很高兴听说施泰因先生的钢琴这么好，"可是也实在太贵了"。莫扎特最后有了一架钢琴，是维也纳的安东·瓦尔特在 1784 年左右制作的。这架琴没有踏板，瓦尔特为莫扎特装了一个踏板附件，用脚而不是用膝盖操作。琴的音域大约为五个八度——从低音 C 下面的升 F 音到高音 C 上面一个八度的 E 音。

莫扎特去世后，钢琴的发展呈跃进之势，浪漫主义钢琴家喜用的钢琴要响得多，音域要大得多，相比之下，莫扎特的钢琴简直像玩具。至少十九世纪的钢琴家会把它看作玩具，因为他们没有历史头脑。我们今天就不是这样看问题的。第二次世界大战后不久，有几个钢琴家——特别值得一提的有保罗·巴杜拉-斯科达、约尔格·德穆斯和维吉尼亚·普莱曾茨——开始收集莫扎特和贝多芬时代的钢琴，甚至用它们录制唱片。但是真正强调使用"旧时乐器"（authentic instrument）的运动直到二十世纪七十年代才蓬勃开展。

今天把莫扎特的乐器叫作"fortepiano"，估计是为了有别于今天的大三角钢琴（grand pianoforte）。现在已常常听到古典主义时期的音乐在原来的乐器上演奏，那是指"fortepiano"，指用羊肠弦、低琴桥、没有腮托、用从前那种弓子演奏的小提琴，指没有活塞的法国号和管乐器，指低半个音的音高。

那也意味着，听惯了用现代乐器演奏古典主义时期音乐的人需要重新适应。听真正的十八世纪乐器或其复制品演奏莫扎特协奏曲，是全新的听觉经验。织体听上去更稀薄而清晰，实际技巧听上去更自然。音乐突然呈具现代乐器所不能产生的优雅风度和匀称比例。可惜，这场运动也吸引了一些赶时髦的艺术家。他们没有想象力，有时连专业的技巧也没有，把音乐演奏得像节拍器，枯燥无味。

莫扎特的信详细而大量地提供了他对键盘乐器的看法。不像贝多芬，莫扎特直说他认为什么是好、什么是不好的演奏。还有一点不像贝多芬：贝多芬因耳聋而中止演奏，莫扎特则一直演奏，直到 1791 年去世。莫扎特在欧洲的演奏声望和作曲一样高。虽然他葬在贫民公墓，但不是因为他不受器重，没人赏识。不仅约瑟夫·海顿这样有声望的同行称赞他为欧洲最伟大的音乐家，广大的鉴赏家以及公众无不承认这一事实。莫扎特没能利用这一点，那是另外的问题。莫扎特生平的这一方面尚未有人彻底研究。有些人认为，莫扎特可能赚钱不少，不过他和妻子康丝坦采不善理财，浪掷一空。莫扎特去世时很穷，这是事实；但去世前几个月家里雇佣人、自备马车，还送康丝坦采去矿泉疗养，也是事实。

作为钢琴家，莫扎特不属于对手克莱门蒂那种火辣辣的炫技大师。在听众面前，克莱门蒂首先是钢琴家，其次是音乐家；莫扎特则首先是音乐家，其次是钢琴家。他主张自然——弹奏自然、演释自然、键盘姿势自然。他在奥格斯堡（1777 年）听一个叫汉姆的女孩弹琴时，为她的姿势感到苦恼。"她肯定有音乐天赋，才学三年就能把曲子弹得那么好。可是她弹琴时给我的感觉，很难表达。我觉得她奇怪地做作。她直僵僵地坐在琴上，长长的手指怪模怪样……我忍不住要哈哈大笑。"（莫扎特的信里一再出现"哈哈大笑""把我都笑死了"这样的话，一次比一次不高兴，笑得让人生畏。莫扎特会不耐烦、傲慢，说得客气些，是盛气凌人。每当他写"把我都笑死了"时，接着必然有难听的话。即使他是莫扎特，是前所未有的最伟大的音乐天才——或许正因为他是莫扎特？——他对于资质平平的不幸的人从不同情，而是随时都可以"笑死"。他不是好同事，对于同行难得说一句好话。）

在奥格斯堡刺激莫扎特的笑神经的不止那个汉姆家的女孩。他向家人汇报自己弹的《斯特拉斯堡协奏曲》（K.218）"像油在流。无人不赞美我的音色美丽纯净"。接着，他回忆了施泰因的八岁女儿玛丽亚·安娜。她是个神童，长大后嫁给钢琴制造师安德雷亚斯·施特赖歇尔，成为贝多芬的好朋友。莫扎特详细描写了这个孩子的弹奏：

　　　　谁要是能看她、听她弹琴而不失声大笑，准是和她父亲一样是块石头

（Stein 一姓的德语原意为"石头"）。她不坐在键盘中间的位置上，而是对着高音区，便于她动来动去，扮鬼脸。她转动眼珠傻笑。重复一个经过句时，第二遍总是弹得慢些。如果弹第三遍，那就更慢了。弹经过句时，手臂抬得极高；经过句中需要强调音时，不用手指而用手臂，而且十分夸张、笨拙。最好笑的是弹到应该像油在流的地方时（"像油在流"这句话一再出现在莫扎特的信中）需要换指，她却懒得动脑筋，到那时，干脆不弹那些音，提起手来，再舒舒服服地接下去——这种方法很容易敲错音……她也许会成功，因为她很有音乐天赋。不过，用这种方法不会有多大进步，永远达不到快速的标准，因为她在尽量让手变得沉重。再说，她永远也达不到音乐中最根本、最困难、最主要的要求——节奏，因为她从小就千方百计地不按照节拍弹奏。我和施泰因先生讨论这个问题，至少讨论了两个小时，我几乎说服了他，现在他样样都征求我的意见。他一向很喜欢比克（伊格纳茨·冯·比克，1733～1803，作曲家兼钢琴家），但是他现在亲眼看到、亲耳听到我是更好的演奏家，我不做鬼脸，然而演奏极富表情，据他承认，迄今没有人能在他的钢琴上弹出这样的效果。人人都对我的节拍之严格感到惊讶。这些人不懂，在 *adagio* 中弹自由速度时，左手应该继续严格按照节拍演奏。他们弹起来，左手总是跟着右手走。沃尔菲格伯爵和比克的另外几个崇拜者在前几天的音乐会上公开承认我彻底击败了他（比克）。

这封信说明了许多问题：莫扎特安静地坐在键盘正中的位置；弹奏时不做鬼脸；弹奏乐曲的重复段时，速度从来不变（可能加些变奏，如果不变奏，那他是当时绝无仅有的一个了）；他不喜欢抬高手臂，喜欢手腕放松，手指永远贴近琴键。

从这一切，我们可以看到，莫扎特的演奏是古典主义的理想典范。没有过分的力度，而是适中、克制、连奏像"油在流"。他为自己的音色和精确的技巧感到骄傲，从来不"遗漏"一个音符。他能想快就快。最重要的是他的节奏无可挑剔。从他批评施泰因的女儿节奏不稳定的话中，不难看出他对节奏稳定的重视；他弹奏慢乐章时用自由节奏。就他这话的字面意思来看，他的左手保持基本节奏，右手进行变化，而不是让左右手同时变化节奏，从而丧失整个节拍。莫扎特这种严格的要求在实际演奏时很难做到。他所做的可能是节奏易位而不失去基本的节拍脉搏。很可能他的左手并不像说的那样纹丝不动。但是，不论怎样，节奏总是严格遵守的。

莫扎特的头脑可能十分精密，他的钢琴演奏没有避重就轻的余地。他寄给姐姐几首奏鸣曲，吩咐她"演奏时要有丰富的表情、趣味和热情，要背出来"。但最重要的是弹得"精确而得体"。提到他在教曼海姆的一个学生罗莎·卡纳比希弹他的一首奏鸣曲时，他说："如果我是她的老师，我会把她所有的乐谱都锁起来，拿块手帕盖住琴键，让她先右手，后左手，只练音阶、颤音、波音等等，用很慢的速度，直到每只手都练得很好。"练得不够稳和技巧有缺点，令他蔑视，特别在有经验的音乐家的演奏中。1778 年，莫扎特听过著名的阿布特·福格勒视奏他（莫扎特）的一首协奏曲，他对父亲说起此事时很不客气：

> 他用 *prestissimo* 弹第一乐章，用 *allegro* 弹 *andante*，回旋曲的速度更 *prestissimo*；低声部不按谱上所写，不时发明另一种和声与旋律。速度这样快，还能做些什么；眼睛来不及看，手来不及弹，那有什么用处？那样的视奏和屙屎撒尿没有两样……受不了，你能想象。然而，我不好意思对他说"你太快了"。再说，弹快比慢容易得多，因为在难弹的经过句中，你可以漏掉几个音而不被人发觉。可是，这能算是优美的音乐吗？弹得快时，左右手可以换来换去而没人看出或听出，那能算是优美吗？视奏的艺术在于什么？在于按乐曲应有的速度演奏；倚音等等一字不漏，谱上写什么弹什么；表情和趣味得当；让人家以为是演奏者自己的作品。福格勒的指法也糟糕。他左

手的拇指长得像已故的阿德尔加瑟（安东·阿德尔加瑟，萨尔茨堡作曲家和键盘演奏家，莫扎特接替他的宫廷管风琴师的职位），高音部的下行跑句全用右手的 1 指和 2 指。

可怜的福格勒用的是 C. P. E. 巴赫以前的老指法，莫扎特即使用过，也早已不用了；而且可能从未用过。除了对福格勒的恶毒攻击，把他的视奏比作大小便以外，这封信还有一点很有意思，那就是莫扎特对待键盘的态度是健全的。他要演奏者彻底地执行谱上记写的音符，而且要"以适当的表情和趣味"。当然还要精确。莫扎特对他姐姐的最大恭维是说她弹得比他自己还要精确；果真如此的话，这太有趣了。不管怎么说，莫扎特是一位极其严格的钢琴家，无比自豪而认真地完成自己的音乐任务。他能展露非凡的技巧，但是更注重音乐价值。

"趣味"一词在莫扎特的信中出现的次数甚至比"像油在流"更多。对"趣味"这个十八世纪的字眼很难下定义。每个音乐家攻击缪斯都是以"趣味"的名义。但不论它是什么，莫扎特凭其高贵的音乐头脑，他的趣味大大胜过任何一个同时代人。他厌恶廉价的效果，他的演奏肯定是富有想象力的音乐修养的典范。凡听过他演奏的人无不赞赏他如歌的音色，他的即兴演奏能力令人目瞪口呆。和当时的音乐家一样，他自然会在演奏自己（和别人）的音乐时加许多装饰音。这同他在写福格勒的那封信中说的要严格按照谱子弹的话并不矛盾。莫扎特从来不改变和声或旋律的内涵，谱上所记的音符总是一字不变地弹出来。然后，再引用一次那封信上的话，"以适当的表情和趣味"加以扩展。对十八世纪任何一个演奏家的要求不能少于这些。

莫扎特的视奏和即兴自然是同行的话题。奥地利作曲家安布罗斯·里德写道："我有幸听到不朽的沃尔夫冈·阿玛德乌斯·莫扎特在许多人面前演奏，我的惊讶是无法形容的。他不仅熟练地变奏手上正在弹的东西，还即兴作曲。我从来没有见过这样伟大、这样美妙的事。"弗朗茨·尼梅切克、卡尔·迪特斯·冯·迪特斯多夫、约翰·弗里德里希·罗赫利茨等许多听过莫扎特演奏的人都支持里德的说法。莫扎特演奏自己的作品时，没有一次是完全相同的。有他自己的话为证。1783 年的家书中说，每一次弹《D 大调钢琴协奏曲》，"总有临时想到的什么弹出来"。他和当时的许多音乐家一样，不愿意让自己的手稿传来传去，生怕被人抄袭、被人模仿、被人剽窃。乐曲一旦卖给了出版商——这种事，莫扎特不多——当然就由不得自己控制。但在收钱卖稿以前，没人能仔细看一下他的总谱。（后来的帕格尼尼到演出时才发给乐队协奏曲的分谱，演出结束立即收回。那样的伴奏效果，不堪设想！）

即兴艺术在严肃音乐家中可以说已经失传（二十世纪出现在爵士乐中），莫扎特一定特别擅长。即兴是思考和演奏同时进行的艺术。音乐一旦记成谱子，就不再是即兴。音乐头脑越高明、技巧越高明，当然即兴演奏得越好。贝多芬是第一个写下华彩乐段——在《"皇帝"钢琴协奏曲》中——的人；在他以前，担任独奏的人应该是临时即兴演奏华彩乐段。每一场音乐会都留出一段即兴演奏的时间，独奏家根据提供的主题发挥成集锦曲，或者据此当场创作一首赋格曲（那确实不容易）。当然，钢琴家都会有一套公式应付。例如，减七和弦随时备用，又容易拆成琶音。即兴演奏者一直拿它大做文章，在键盘上飞上飞下，听上去印象深刻，其实不难。莫扎特的"C 大调"（K.394）和"c 小调"（K.396）钢琴幻想曲中那些减七和弦的散漫的组织和奔泻会不会是记写下来的即兴演奏？完全有可能。而且这两首曲子如此优秀，远非当时任何乐曲所能比拟；不难理解，莫扎特的同时代人何以如此激动和敬畏。怀疑它是记写下来的即兴演奏的另一个标志是，这两首乐曲的钢琴风格比他的协奏曲和奏鸣曲中的任何东西都更加"钢琴化"。估计莫扎特原来用的技巧可能比印成谱子传下来的更加奢丽，更像炫技大师的手笔。一般认为，莫扎特的有些手稿，如《"加冕"协奏曲》的慢乐章，只剩一个架子。我们愿付出任何代价，只求能听一听莫扎特自己弹他的 c 小调或 G 大调协奏曲，那无懈可击的清晰度和节奏，还有那"趣味"，都是令竞争者却步的绝唱！

钢琴技巧的发展途径没有走莫扎特的理想途径。没有人怀疑莫扎特的伟大，但却是克莱门蒂和贝多芬的演奏为十九世纪的李斯特们和陶西格们铺路。莫扎特去世后没几年，他的演奏被认为虽然优美，但是老式；虽然正确，但是缺少戏剧性。欧洲刮起新风。新的乐派在他们的声音洪亮的大琴上追求的是戏剧性和纯粹的炫技。卡尔·车尔尼声称，贝多芬对他说过，莫扎特的触键固然"干净利落，但是略嫌空洞、扁平而过时"。有一本贝多芬的会话本上记写着 1825 年卡尔·霍尔茨的问话："莫扎特是不是一位优秀钢琴家？"这是霍尔茨写在本子上的。贝多芬肯定是大发牢骚，因为后来霍尔茨写道（感觉像在辩解）："但那时（钢琴）还处于摇篮中呢。"

不仅钢琴处于摇篮中，钢琴技巧和分句观念也处于摇篮时期；莫扎特为自己的连奏——那"像油在流"的连音（把连续出现的音连接起来，中间听不出裂痕）而感到骄傲。许多二十世纪的钢琴家甚至学者应该明白，在莫扎特那个年代，大多数经过句都不用连奏，除非特别标明。一直要到十九世纪，多亏克莱门蒂、贝多芬和约翰·克拉默，像现在这样的连音奏法才问世。从他们三位以后，凡是谱上所记的音乐一概都用连奏，除非标明不用。而每一个十八世纪的音乐家不厌其烦地指出，连奏在钢琴家的词汇中不太重要。C.P.E. 巴赫在他的《键盘乐器的正确演奏法》中写道："既非断奏又非连奏的音"——这是任何一首乐曲的主体——"应保持一半时值，除非音符上方标有 *Ten.* 或 *tenuto* 一词。"当时一位重要理论家弗里德里希·威廉·马尔普尔格在他的《钢琴演奏指南》（1765年）中写道："除了连奏和断奏外，还有平常的演奏方式，即手指在弹第二个音之前抬离琴键。这种平常的弹奏方式从来不加标记，因为是理所当然的事。"丹尼尔·戈特洛布·蒂尔克在他著名的《钢琴教程》（1789 年）中这样说："用平常方式弹奏时，就是说既不断奏也不连奏时，手指应该在音符的书面时值将要结束前抬起。"

大多数十八世纪的钢琴家是这样弹琴的，没有理由设想莫扎特不这样弹；连奏是例外，不是常规。克莱门蒂可能是创始沿用至今的这种风格的钢琴家。他完全摆脱十八世纪那些只在有特殊标记处把音连接起来的思想，到 1803 年基本已结束公开演出以后，在他的《钢琴弹奏艺术》中写道："最好的一条规则是按住琴键，充分保持每个音的时值。"克莱门蒂用大写的"FULL LENGTH"强调充分保持。这显然不是他旦夕间想出来的；他有意识要推翻旧风格，最后成功了。他的键盘风格几乎一下子就赶走了莫扎特的风格（虽然这种古典风格还是残留在胡梅尔甚至十九世纪后叶的朱利叶斯·爱泼斯坦等钢琴家身上）。

早在 1798 年，莫扎特才去世七年，贝多芬就已经沉醉在新风格里。他叫车尔尼注意它。"最重要的是，"车尔尼在回忆录中写道，"他叫我注意连音。他自己掌握得精彩绝伦，而当时其他钢琴家不以为然，因为当时还在流行那种短促而不连贯的奏法（从莫扎特那时候流传下来的）。"Sic transit（就这样消失了）……贝多芬的思想得自克莱门蒂，克莱门蒂是莫扎特所痛恨的钢琴家。也难怪他恨他，莫扎特这位钢琴家之王在 1781 年同克莱门蒂公开较量，可能输给了他。他在信中谈到那次较量时的怒气证明了克莱门蒂的实力。莫扎特这次没有"笑死"，而是十分恼怒。这次比赛给两位音乐家都留下值得思考的问题；但是，乘风破浪走向未来的是克莱门蒂。

4　六岁时的莫扎特，画作者佚名。这个小大人已是音乐会舞台上的老手。

5　1779 年莫扎特一家。小莫扎特和姐姐娜内尔在琴旁，父亲手持小提琴，墙
　　上挂着母亲的肖像，凝视着他们。

6

7

6 穆齐奥·克莱门蒂在 1794 年最盛时期，以空前的技巧使莫扎特震惊，缔造
　　了现代的钢琴演奏学派。
7 进入暮年的克莱门蒂，富有而备受尊敬。

三度、六度和八度

克莱门蒂

莫扎特是在一触即发的情形下同克莱门蒂（见图 6～7）较量的。那位意大利出生的英国大师比莫扎特大四岁，当时在欧洲知道他的人还不多。但是 1780 年第一次去欧洲演出时，他的声望已先他而至，因此皇帝约瑟夫二世为最伟大的奥地利钢琴家和最伟大的外国钢琴家安排了一次比赛。

比赛在十八世纪和十九世纪初是很常见的。贝多芬参加过几次，李斯特和塔尔贝格两位劲敌在贝尔焦约索公主的沙龙中面对面地较量过。约瑟夫二世急于听听克莱门蒂，因此叫他同莫扎特对抗。两位钢琴家在 1781 年 1 月相会。克莱门蒂告诉学生路德维希·贝格尔初见莫扎特时的情况：

我才到维也纳几天，就收到为皇帝演奏钢琴的请柬。走进音乐室，看见一个人，装束高雅，我还以为是皇室侍从呢。一开始交谈就转入音乐话题，发现彼此都是艺术家——莫扎特和克莱门蒂——真是由衷地高兴。

那一晚可热闹了。莫扎特知道皇室几架琴的质量，所以借用了图恩伯爵夫人的一架施泰因琴。同克莱门蒂弹奏双钢琴时，皇帝叫莫扎特用皇宫里的琴；莫扎特报告说，琴的音调不准，有三个琴键起不来。"那没关系。"皇帝陛下神气活现地说，活像一个经理告诉手下的斗士，对面角落里的那个孩子斗不过咱们。

克莱门蒂先弹了一首即兴的前奏曲和《降 B 大调奏鸣曲》(Op.47/2)。(莫扎特虽然嘲笑克莱门蒂的音乐，但在《魔笛》的序曲中采用了这首奏鸣曲的主题。) 克莱门蒂继而表演他的特长——一首以三度和其他双音为主的触技曲。接下去轮到莫扎特。他也即兴演奏了一首前奏曲，继以一组变奏。大公夫人拿出几首帕伊谢洛的奏鸣曲（莫扎特后来抱怨道："作曲家的手稿写得乱七八糟。"）让两位钢琴家视奏。莫扎特弹快板乐章，克莱门蒂弹柔板和回旋曲乐章。两人各从这些奏鸣曲中选一个主题，在钢琴上加以展开。可能是莫扎特取一个主题弹奏，克莱门蒂配和弦。然后，莫扎特发展他的素材，而克莱门蒂在第二架钢琴上伴奏。然后倒过来。最后可能以宏伟的双钢琴演奏，把所有的旋律素材交织在一起结束。

胜负未定。传说是克莱门蒂赢了。但是有一位名叫朱塞佩·安东尼奥·布里迪的旁观者留下了一份关于这次比赛的记载，他说皇帝同大公夫人打赌，认为莫扎特会赢——结果皇帝赢了。几年后，著名作曲家卡尔·迪特斯·冯·迪特斯多夫在他的自传里记载了他和皇帝的一次谈话：

皇帝：你听过莫扎特演奏吗？

我：听过三次了。

皇帝：你觉得怎样？

我：凡是识货的人不可能不喜欢他。

皇帝：你听过克莱门蒂吗？

我：听过。

皇帝：有人倒是更喜欢他，以格雷比格为首。① 对此你怎么看？要说老实话。

我：克莱门蒂的演奏只有功夫。莫扎特的演奏既有功夫又有趣味。

皇帝：我就是这么说的……

赛后，克莱门蒂十分大方，赞羡莫扎特的触键像歌唱，趣味高雅。莫扎特就没有那样的气度，以沃坦处置亨丁那样的手势向竞争对手一挥。莫扎特在1782年1月16日的信件中用四句话概括了他对克莱门蒂的感觉："他是个优秀的大键琴演奏家，仅此而已。右手十分流利。最拿手的是三度经过句。除此以外，没有丝毫的感情；只不过是架机器。"

然而，莫扎特对克莱门蒂并没有等闲视之，在1783年写给姐姐的信中吐露真情，他一直在看克莱门蒂的几首奏鸣曲：

凡是听过或弹过这些奏鸣曲的人一定会觉得它们一钱不值。没有出色的或惊人的经过句，只有六度和八度。请姐姐不要多弹那些经过句，那会有损于你那安静均匀的触键，手会失去天然的轻巧、灵活和平稳的快速。说穿了，那有什么好处？就算你真的能够以极快的速度弹六度和八度（谁也做不到，包括克莱门蒂本人在内），得到的至多是恶狠狠剁砍的效果，别的什么也得不到。克莱门蒂是江湖骗子，意大利人都是这样。他在奏鸣曲上写明急板，甚至最急板和2/2拍，自己弹的却是快板和4/4拍。我亲耳听过他这么做，所以我知道。他真正拿手的是三度经过句；但那是他在伦敦日夜苦练出

① "格雷比格"是约瑟夫二世的乐队中的小提琴家兼指挥弗朗茨·克赖巴赫的误读。

来的。除此以外，他什么都不行，绝对不行，因为他根本没有一点表情或趣味，更不用说感情了。

贝多芬的看法不同，勃拉姆斯也不同，二十世纪的许多学者和恭恭敬敬地学习克莱门蒂奏鸣曲的钢琴家更不用说了。莫扎特之所以不喜欢他可以归诸两个原因。在克莱门蒂身上，莫扎特第一次遇到多方面技巧比他强的人（克莱门蒂肯定是两人中技巧更华丽的一个）。此外，克莱门蒂所代表的一切，几乎都是莫扎特讨厌的。不管莫扎特在其他方面怎样，他是一个纯洁高尚的音乐家。克莱门蒂的炫技表演，音乐的铺张华丽，以及他的近乎浪漫主义的转调（倒不是说莫扎特的转调不够大胆，但克莱门蒂的转调绝对是浪漫而不落俗套的，直接影响了贝多芬），这些都是莫扎特所不能接受的。说句公道话，1781 年的钢琴家克莱门蒂同 1790 年的钢琴家克莱门蒂远远不是一回事。

莫扎特不能向克莱门蒂学习，克莱门蒂倒是能向莫扎特学习。大多数学者相信，自 1781 年的那次比赛以后，克莱门蒂发现，除了技巧还有许多东西，音乐家可以有更大的作为，不必一味博取上流社会的惊叹声。到后来，他尽量避免提到莫扎特的名字。二十五年后，路德维希·贝格尔问他，1781 年时是否已经是现在的风格了？他回答说"不"。接下去补充说，仔细品味著名歌唱家的演唱后，他慢慢获得了比较旋律性的高贵的演奏风格。还有，英国钢琴的结构改进了；从前的英国钢琴的结构妨碍演奏的歌唱性和连音。我们不能忘记，和莫扎特较量的时候，克莱门蒂只弹过洪亮的英国钢琴。莫扎特在声音亲切的维也纳钢琴上弹奏的如歌风格一定对他大有启发。

莫扎特讨厌的这个人在 1752 年 1 月 23 日生于罗马，长大后成为那一时代最有趣、最色彩鲜艳的音乐家。连童年也有点不一般。他被彼得·贝克福德领养——也许说"买下"更好，那是富有而古怪的贝克福德家族。彼得是议会成员，是小说《瓦蒂克》的作者威廉·贝克福德的亲戚。是彼得·贝克福德阁下说服克莱门蒂家让他把小克莱门蒂——那时他十四岁——带到英国来的。贝克福德是个收藏家，也是音乐鉴赏家，他看到这孩子身上的天赋。克莱门蒂乖乖地在威尔特郡贝克福德家里学习，没有浪费时间。后来在 1820 年，他对一位法国作家阿马代·梅罗说起他年轻时在贝克福德庄园的生活：

> 他的生活是这样安排的：一天练大键琴八小时。如果为了让贝克福德爵士高兴而不得不进行一些应酬，练不足每天规定的时间，他就记下缺欠的时间，第二天补足。有时他得一天连续练琴十二或十四小时以补足他自己给自己硬性规定的日程。他经常练习和钻研的是 J. S. 巴赫和 C. P. E. 巴赫的作品，还有亨德尔和斯卡拉蒂的作品。从两个方面入手：一是练手指技巧，二是学器乐作曲。

这样，1773 年在伦敦露面的是一位训练有素、具有高度纪律性的青年音乐家，轰动一时。他当时的音乐会都是弹大键琴，不久便转弹钢琴，从此只弹钢琴。除了去欧洲开过几次音乐会和推销他的钢琴（他最后成为钢琴制造者）外，他基本上都在英国。是声音洪亮而送得远的英国钢琴塑造了克莱门蒂的风格。在贝多芬出道前，克莱门蒂在锐势、大胆、活力和华丽光彩方面远远超过同时代的每一个人。莫扎特的演奏唤起人们的崇敬，特别是专业人士的崇敬；但是克莱门蒂的演奏使听众兴奋，这是莫扎特从未做到的。克莱门蒂被称作现代钢琴学派的缔造者，钢琴演奏和钢琴作曲领域中的哥伦布，钢琴技巧的鼻祖。他的艺术生涯大约三十年，生命的最后二十五年里很少演出（1832 年在英国去世）。他没有必要演出，因为他很有钱。他受过教育，喜欢科学，十八世纪九十年代初便同朗曼布罗德里普音乐出版与钢琴制造公司联手。后来公司改名为克莱门蒂公司。他对自己主持生产的钢琴的联动装置的改进贡献不小。1802 年，他去欧洲待了几年，带了几架钢琴和一个青年去演示他的琴，这个青年就是他最优秀的学生约翰·菲尔德。公司生意兴隆。

克莱门蒂从巴黎旅行到圣彼得堡和莫斯科，在维也纳时曾想拜访贝多芬，同这位伟人结识。但是，不能有失礼数。到底谁比谁显要？应该由谁先走出这第一步？所以，虽然应该都认识彼此，但克莱门蒂和贝多芬那时没有打过招呼。贝多芬和他的学生费迪南德·里斯，克莱门蒂和他的学生亚历山大·克伦格尔常常同在天鹅饭店用餐，坐在面对面的桌子上，却装作对方不存在的样子。学生当然只好遵从老师。好像贝多芬先有上前相认的意图，偏偏他的兄弟从中作梗，告诉贝多芬说应该让克莱门蒂先来拜访他，而不应该他去拜访克莱门蒂。克莱门蒂的朋友们说的也一样：克莱门蒂名气比贝多芬大，再说年纪也比他大。那是 1807 年的事。几年后，贝多芬和克莱门蒂还是见面了，相谈甚欢，还做成了几笔交易。克莱门蒂获得在英国出版贝多芬作品的专有权。洽谈结束后，克莱门蒂写信给英国的合伙人弗雷德里克·科勒德，喜形于色："略施小技，又无损于自己，我终于征服了那位高傲的美人贝多芬。"

克莱门蒂是出名的吝啬鬼。他的一个学生伯努瓦-奥古斯特·贝尔蒂尼冷冷地写道："他在自己家里十分节俭，在别人家里却纵情享受。"他和有些音乐家不同，什么都要，抓住不放，去世时十分富有。1807 年一场大火把工厂烧掉，损失四万英镑，他居然能挺过来。他对待菲尔德的方式最能说明他敛财的态度。贝克福德把克莱门蒂带来英国时，是贝克福德支付一切，全数负担克莱门蒂的教育费用。可是，当克莱门蒂收菲尔德为学生时，这个爱尔兰孩子的家人必须支付一大笔钱；孩子还必须在工厂里干活，当学徒。克莱门蒂的贪财引发一些有趣的评论。施波尔在俄国遇见克莱门蒂，他的日记中写道：

> 晚上，我有时陪他到钢琴仓库去，菲尔德常常被迫在那里成小时地演奏，向顾客展示钢琴的优点……早在那时，已经流传着许多关于克莱门蒂这位富翁贪财的故事。我在伦敦再次遇见他时，他变本加厉。大家都知道，师

父给菲尔德的工资少得可怜，还要他为有幸得他指教而缴费。我目睹过一次克莱门蒂的真正意大利式的小气。有一天，我看见师徒俩卷起袖子在洗袜子和别的东西。他见了我非但不停顿，还劝我学他的样，他说圣彼得堡的洗衣费太贵，而且那种洗法会把衣服洗坏的。

小气也罢，不小气也罢，克莱门蒂在同行中及社交场合都很受欢迎。他为人随和、博学，精通多种语言，有古典学者风度，常常心不在焉，不太注意衣着，性格很有吸引力。1804年他同一位柏林姑娘结婚，第二年她因难产而去世。1811年，他找了一个英国新娘，得到了产业（"我是个年轻的意大利人，年老的英国绅士。"他曾经这么描述自己），住在乡下，专心作曲，比当地的乡绅更英国化。去世时，他被当作真正的英国人而葬在西敏寺。下一代大钢琴家中有一位伊格纳茨·莫谢莱斯为老年克莱门蒂作过一番可爱的描绘，说他和鸟儿一样早起，警觉而活跃，给他的印象是"我从没见过这样精力充沛的七十岁老人"。他偶尔在钢琴边坐下，便找许多借口，说手僵硬是因为在俄国时从雪橇上跌下来导致的。可是，莫谢莱斯很滑头，他指出："人们怀疑克莱门蒂之所以不愿意弹，是因为他跟不上这种华美风格的进步。"然而，老人在必要时照样能弹。在克莱门蒂七十六岁的纪念宴会上，他被请到钢琴旁。莫谢莱斯也在场，他记写道："巨大的惊喜！人人侧耳倾听。好久没有听到克莱门蒂弹琴了。他用亨德尔的一个主题即兴作曲，精彩的演奏使我们完全陶醉了。他的眼睛闪烁出青春的火焰……最使听众着迷的是即兴时转调的清新可爱。"莫谢莱斯动人地描述了克莱门蒂同瓦尔特·斯科特爵士的会面。那是在1828年为歌唱家亨利埃特·桑塔格举行的一次宴会上。饭后，克莱门蒂站起来说："今晚我来弹一曲。"人们欢呼起来。克莱门蒂即兴演奏，"朝气蓬勃，我们听得乐不可支，因为他很少在人前演奏。可惜你们没能看见那两位老人——斯科特和克莱门蒂——的痴狂；他们握手，轮流向桑塔格献殷勤，却并没有醋意"。

克莱门蒂的即兴演奏总是令人难忘，特别在业余爱好者中间。1820 年伦敦的《音乐杂志与评论季刊》上有一位没署名的作者描述他出席的一次集会：

> 有当代的许多大音乐家在场，克莱门蒂终于同意为大家演奏。他的眼中闪发的灵感，横扫琴键时那股古诗人般的热情，那令人赞美的效果，使众人惊喜不已。随后有人请杜赛克也奏一曲，我们忘不了他那谦虚而公正的回答："要想弹出那样的风格来，太不自量力了。"

莫谢莱斯是一位优秀的严肃音乐家，他曾经分析克莱门蒂对钢琴的贡献。他认为，克莱门蒂学派的主要特点是"训练惊人的演奏能力、过火的情感和最刺激的效果，利用弱音踏板和延音踏板的迅速无比的变换，或者利用各种即使不全盘排斥也只能极偶尔允许使用的节奏和转调"。莫谢莱斯并不特别喜欢这种学派——他属于维也纳学派——但是他清醒地看到，克莱门蒂的风格讨好听众，为年轻一代的钢琴家所接纳。

许多长寿的艺术家都会发现自己变得不合时宜，克莱门蒂也不例外。克莱门蒂去世前，李斯特已经是风云人物；大多数音乐家看到这位老祖宗时已忘记他的重要性——尤其是十九世纪三十年代的钢琴有了难以置信的改进，和世纪初克莱门蒂走红时的钢琴不可同日而语。想当年——尽管克莱门蒂带来了前所未闻的力度和光彩——最结实的英国钢琴的联动装置还是轻巧的，只用手指便能操纵。克莱门蒂从未觉得有必要把手抬高，像贝多芬那样，像李斯特和所有的青年钢琴家那样。克莱门蒂喜欢手的姿势保持安定，请莫谢莱斯原谅我这么说，根据一切记载，他从来不重重敲击。他也不能敲击，不然琴弦会一根根断裂。没有任何报道提到过克莱门蒂旅行演出时一路留下断弦的痕迹。相反，是他发明了叫学生手背上放着一枚铜币练琴的做法。他告诉学生说，只应该用手指工作，铜币如果掉下，那就说明手的姿势不对。在十九世纪三十年代，这已经过时，虽然铜币的思想一直到二十世纪还留存在某些地区。尽管手的姿势安定，克莱门蒂仍不失为精湛的技巧大师，浪漫主义以前的一位大钢琴家弗里德里希·卡尔克布雷纳声称，克莱门蒂是他听到过的钢琴家中最遒劲的一个。克莱门蒂的速度、音阶之清晰均匀，音色之丰满，技巧之精湛（双音以及一只手的八度颤音），弹慢乐章时表现的趣味——这些都是划时代的，使十八世纪末的钢琴家望洋兴叹。

在某种意义上，克莱门蒂创作的音乐也是最早充分发挥了钢琴这个新乐器的作用。海顿的键盘乐曲大都用古钢琴和大键琴，不用钢琴的技巧；莫扎特的协奏曲毫无疑问比克莱门蒂笔下的任何音乐不知高明多少，但也无可否认，克莱门蒂发挥键盘效果要比莫扎特好。他那些出色的钢琴奏鸣曲在 1773 年开始创作，然而其中的钢琴技巧的部署惊人地现代化。他的音乐含有许多预示贝多芬的和声的萌芽，难怪贝多芬对克莱门蒂异常钦佩。据贝多芬的第一个传记作者安东·辛德勒称，贝多芬把克莱门蒂"排在最前"。他认为克莱门蒂的作品是极好的教材，有助于培养趣味，也是"真正优美的"表演用曲。用贝多芬自己的话来说："学透克莱门蒂的人，同时也熟悉了莫扎特和别的作曲家；反过来则不然。"直到 1826 年，贝多芬还建议学生学习克莱门蒂的《钢琴演奏教程》，"肯定会有收获"。欣赏克莱门蒂的人不止贝多芬一个，克拉拉·舒曼在 1861 年 11 月 11 日的日记中写道，她同"约翰内斯·勃拉姆斯谈论曲式，很有意思。说到老的大师们的曲式最为自由，现代的作品却局限在最生硬最狭小的范围之内。他列举老一代的作曲家，克莱门蒂的地位之所以这么高，他认为是由于克莱门蒂的曲式恢宏而自由"。

克莱门蒂是一位多产的作曲家，写过二十余首交响曲、一百首奏鸣曲（其中六十四首是钢琴奏鸣曲）以及大量杂七杂八的乐曲。他的《艺术津梁》完成于1817 年。原来包含一百首练习曲，涵盖了钢琴技巧的各个方面；现代钢琴演奏艺术便是建立在它上面，直到肖邦的练习曲问世，才有了重要的增补。（今天的《艺术津梁》在大多数版本中被编辑成三十首练习曲。）克莱门蒂还是一位重要的教师，他的学生中出了十九世纪初的三个英雄人物——克拉默、卡尔克布雷纳和菲尔德。莫谢莱斯跟克莱门蒂学过一段时间，贾科莫·迈耶贝尔、亚历山大·克伦格尔、路德维希·贝格尔、查尔斯·迈耶这些重要的钢琴家都跟他学过。迈耶贝尔是很优秀的演奏家，但自从他的歌剧大获成功以后，便不弹琴了。

近年来，克莱门蒂成为有些人研究的对象，人们开始比上一代人更认真地对待他在音乐界的地位。现在人们明白，如果说莫扎特是第一个伟大的钢琴大师，那么，克莱门蒂就是第一个伟大的技巧大师，也是一个重要性迄今未被充分认识的作曲家。

侧坐和旅行演出
杜赛克、克拉默、沃尔弗尔、施戴贝尔特

总有这一天。十八世纪最后二十五年中，公开音乐会开始流行、钢琴家开始在国际上引人注目之际，这样一个问题不断被提出：在音乐厅演出时，钢琴家应该怎样坐？背朝着听众吗？还是正面对着听众？这是个从来没有过的新问题，因为莫扎特和克莱门蒂几乎都是在沙龙而不是在音乐厅演奏的。扬·拉迪斯拉夫·杜赛克（见图 8 ~ 9）解决了这个问题，一劳永逸。他率先以右侧对着听众坐，以达到两个目的：供人瞻仰他那高贵的侧影和钢琴琴身的弧度；抬起的琴盖可以起音板的作用，把声音直接送往大厅。杜赛克的同胞、布拉格钢琴家约翰·文泽尔·托马谢克（见图 11）大肆夸赞杜赛克的这一革命性创举。谁也无法否认这一点，托马谢克指出，他还补充说其他所有的钢琴家竞相仿效，"尽管他们可能没有漂亮的侧影供人瞻仰"。

杜赛克又是第一个重要的旅行演出的大师。莫扎特在神童时代去过巴黎后，只活跃于德国和奥地利。克莱门蒂巡回演出两次后，不再演奏，专门销售钢琴。但是英俊的杜赛克——第一次在巴黎演出后获得"美男子杜赛克"之称——一直在旅行，从法国到英国再到俄国。他是个红人，懂得炫技卖弄，同时也是个优秀的音乐家和了不起的钢琴家。在二十岁以前，他在欧洲各地奔波，展示他的侧影给狂喜的听众瞻仰，那是够新鲜的；同样新鲜的是他习惯于在琴旁坐下后，铺一块丝手巾在膝盖上，在装满麸皮（那时还没有松香）的大衣口袋里擦擦双手。

他使听众和同行欣喜若狂。托马谢克对他也许特别偏爱，但他对1804年杜赛克在布拉格的一场音乐会的记叙读上去很真切：

> 第一个独奏才弹了开始几小节，听众席上一片惊叹声"啊——"。杜赛克以其优雅美妙的姿态、神奇的触键，从钢琴上提取甜美而有所侧重的声音，那样子确实神奇。他的手指像是十个歌唱家的歌剧团，个个都有同等演唱才华，能够无比精确完美地完成指挥的任何要求。

如此夸奖他的人不止托马谢克一个。巴黎的弗朗索瓦·约瑟夫·费蒂斯也描写过杜赛克的演出引起的疯狂。那是在1808年，费蒂斯是欧洲最优秀的评论家，他说杜赛克的演奏使以前听过的一切相形失色。"这位艺术家的豪放而高贵的风格，使一架没有延续音响的乐器唱起歌来。总之，他的演奏是那么干净、精致、辉煌，为他赢得史无前例的胜利。"另一个法国评论家指出1808年杜赛克对巴黎的重要性。那时，巴黎的音乐很不景气，是庸俗而不是艺术当道。丹尼尔·施戴贝尔特是当时巴黎的钢琴英雄。"杜赛克，真正的钢琴演奏风格的缔造者"一来，横扫一切，包括施戴贝尔特和他的低廉的变奏曲。"很希望有杜赛克这样一个人来进行改革，从而使钢琴恢复它真正的伟大面貌，恢复它真正的身份。"

杜赛克的"歌唱风格"受到普遍赞赏，连他的对手卡尔克布雷纳（一个傲慢自负的人）都无可奈何地写道："我从来没有见过一个钢琴家能使听众如此神往。"费利克斯·门德尔松称他为浪荡子，有那么高的天赋，却不充分利用。果真如此的话（很可能是这样，因为杜赛克喜欢享乐，不喜欢刻苦练习），那么，没有发挥全力的杜赛克已经够惊人的了。

他是第一个充分利用踏板的钢琴家，是第一个在自己的出版乐谱上标明踏板记号的钢琴家。他也是第一个当众弹奏一架有六个八度的钢琴的人：那是在1794年，在伦敦弹一架布罗德伍德新设计的钢琴。杜赛克的指法也是大大超前于时代的，他先现了肖邦的在同一键上不击键而换指，以求连音纯净的想法——用杜赛克的话来说，"以保持振动，把一个乐句同下一个连接在一起"。他创作的音乐今天大都已被遗忘，虽然偶尔也会听到有人弹他的奏鸣曲。但是，他的音乐，不一定是整首曲子，不乏先知般的天才手笔。有时冒出肖邦式的、舒曼式的甚至勃拉姆斯式的音型写法与和弦（1955年版《格罗夫音乐与音乐家辞典》中刊印了两个迷人的例子，一个是正宗的舒曼，一个是地道而令人信服的勃拉姆斯）。

德国评论家路德维希·雷尔斯塔布在回忆录中称杜赛克是最早的欧洲钢琴名人，由此可见杜赛克的影响之大。雷尔斯塔布写道，1807年柏林最红的钢琴家是弗里德里希·希默尔，"但是杜赛克比他更伟大、比他受欢迎，不仅作为钢琴炫技大师，而且作为作曲家……他的显赫的技巧潜力为丰富多变的展开提供更广阔的基础，他为提高钢琴的地位所作的贡献比同时代的任何一个人都大得多，他在柏林的音乐生活中产生的影响至今还十分明显"。雷尔斯塔布是在1850年写下这段话的，当时杜赛克已去世三十八年。（顺便提一下，弗里德里希·希默尔之所以能在音乐史上占有一席之地，是因为他同贝多芬有一段嫌隙。他生于1765年，卒于1814年，任柏林的宫廷乐长，1796年同贝多芬比赛过。轮到希默尔即兴演奏时，这位好好先生犹豫了好一阵，无法决定用什么调，贝多芬不耐烦地插嘴问他什么时候才开始。希默尔正思索着怎样一鸣惊人，被打断后火冒三丈，粗暴地反唇相讥。不过后来还是讲和了。几个月后，希默尔写信告诉贝多芬，柏林新发明了一种盲人用的灯笼。贝多芬十分容易受骗，信以为真，在维也纳逢人便讲。得知是个玩笑后，贝多芬勃然大怒，按他一贯的做法，从此不再理希默尔。）

1760 年 2 月 12 日，杜赛克生于波希米亚的恰斯拉夫，在布拉格获神学学位。他从小就学音乐，于是决定专心弹钢琴。他在阿姆斯特丹开始演出，但后来中断演出生涯而去汉堡跟 C. P. E. 巴赫学习。打那时起，他的生活便是到处游历——俄国、法国、意大利、英国（自 1790 年第一次在英国演出后，在英国待了十二年）、德国。他娶过一个英国姑娘，一个歌唱家，两人开了一家乐器店，不久便倒闭了。杜赛克丢下妻子，躲债逃到欧洲大陆，从此再也没有见她。有一个可爱的传说，说他被一个公主掳走，听上去像神话。但他同普鲁士的路易·费迪南德亲王的友谊倒是千真万确的。

费迪南德爱好音乐到了狂热的地步，把著名的演奏大师都召在身边。他好像不仅是业余爱好，自己也作曲，有些作品非常专业。贝多芬对他的钢琴技巧相当推崇，认为他比希默尔好（我们知道他对希默尔有意见，所以那个评价算不了多大恭维），还说费迪南德"不像皇帝或亲王在演奏，倒像著名的钢琴演奏家"。亲王和杜赛克之间有着亲密的友情。1805 年住在亲王宫里的小提琴家施波尔对那里的活动描写如下：

> 我和杜赛克常常在早上六点钟被唤醒，穿着睡袍和拖鞋被领到会客室，亲王已经坐在钢琴旁，衣服穿得还要少，天气很热，真的只穿衬衫和内裤。这便开始练习、排练准备在晚上聚会时弹奏的音乐。亲王热心非凡，往往练上很长时间，客厅里都已经站满了佩挂勋章和奖章的官员。

大约一年以后，费迪南德战死于扎尔费尔德。杜赛克难忘丧友之痛，为他创作了一部作品，叫作《和谐的哀歌》。虽然杜赛克很容易找到新的眷顾者，但再也没有像之前那样的生活了。到了晚年，他不再是"美男子杜赛克"，因为长得太胖而难得起床。为了克服臃肿呆滞，他试用种种刺激品，最后成为酒鬼；1812年3月20日在圣热尔曼昂莱去世。

克莱门蒂退出舞台后，杜赛克最大的劲敌是克莱门蒂的学生约翰·巴蒂斯特·克拉默（见图10）。1771年生于德国，"光荣的约翰"——英国乐迷后来这样称他———岁时便被父母带往英国。说来也怪，十九世纪三十年代以前的伦敦吸引了几乎所有的欧洲大钢琴家：克莱门蒂、克拉默、胡梅尔、杜赛克、菲尔德、施戴贝尔特、沃尔弗尔、卡尔克布雷纳。他们来来往往，在伦敦工作许多年，常常几个人同时在那里工作。克拉默是最古典的古典派。他是神童，和所有的大钢琴家一样，十岁便登台演出，后跟克莱门蒂学琴两年，不久便开始在欧洲巡回演出。他的名气极大，尤其因为他在漫长的一生中开的音乐会不太多，特别在欧洲大陆，因此更觉可贵。他的每一次音乐会后，总留下一批敬畏的仰慕者。杜赛克的妩媚及浪漫主义的萌芽令人心醉，克拉默则恪守严格的古典主义。令人难忘的是他的纯净精确的演奏和清晰直率的音乐思维。里斯提到他的老师贝多芬说过这样的话：克拉默是当时唯一的一个钢琴家，"其他人都算不上"。出自贝多芬这么挑剔的人之口，这话分量不轻。克拉默曾经同贝多芬较量过一次，普遍意见是，贝多芬更有力、更雄伟，即兴比克拉默好；克拉默的演奏则更准确。

克拉默年轻时一定是非常灵巧的演奏家。他两手均匀、触键富有表情、连音卓绝，不太追求技巧，虽然他的技巧用来弹奏他最喜爱的两个作曲家——莫扎特和巴赫绰绰有余。克拉默是第一个注重演奏曲目的钢琴家，不弹他自己创作的音乐时，讲究曲目的协调。他本人当然是一位多产的作曲家，他写的练习曲至今犹为每一个青年钢琴家成长所必需。克拉默的演奏之流畅平滑令同行惊奇。莫谢莱斯不时提到克拉默的手指"在一个个琴键上滑行"。查尔斯·萨拉曼，英国的一位老钢琴家记得小时候听克拉默演奏时，"看约翰·克拉默手指弯弯地盖住琴键，双手移动之从容优雅，真是一大乐事"。莫谢莱斯把克拉默弹的莫扎特比作"遥远南方吹来的气息"。

从莫谢莱斯笔下，我们看到了克拉默其人。莫谢莱斯作为初出道的青年钢琴家，在伦敦同克拉默有过许多交往。他写道："克拉默绝顶聪明，人又风趣；善作犀利的讽刺，丝毫不放过自己和别人的缺点……嗜吸鼻烟成癖。好脾气的管家们都说，这位大师来过后，地板上全是他散落的烟灰，非得清扫不可。而我，作为一个弹钢琴的人，最不能原谅他的是，用鼻烟使他那贵族般的纤纤手指和外形优美的指甲变得难看，还常常堵塞琴键的联动装置。"克拉默准是成桶成桶地吸鼻烟。"那些纤细而形状优美的手指最适合弹奏连音，它们在键上的滑行几乎看不出来，他尽量避免断音和八度乐句。克拉默让钢琴歌唱，几乎把莫扎特的行板变成一首声乐曲。但是我讨厌他擅自增加装饰音——而且往往是毫无意义的装饰音——的做法。"莫谢莱斯的不满又提出了"趣味"的老问题。到莫谢莱斯听克拉默演奏时，克拉默对于装饰音的观念已经过时。浪漫主义即将来临。

克拉默很长寿，成为浪漫派眼里的老古董——如果帕德雷夫斯基今天还活着，偶尔还应邀登台演奏，肯定也是这样。克拉默死于1858年，青年一代钢琴家对他是又崇敬又觉得好笑而无奈。他们取笑（当然不是恶意地）这位德高望重的师长。1841年，李斯特在伦敦和克拉默弹二重奏时，心痒难熬。他称自己是毒堇，然后又风趣地说："旁边坐的这位是牛奶，是我的克星。"

第二年，威廉·冯·伦茨那个自命钢琴家、爱出风头的青年在巴黎听克拉默演奏。（1832年后，克拉默离开伦敦，定居巴黎教学生；1841年访问伦敦时同李斯特弹二重奏。）伦茨记得在1829年听过克拉默，当时简直为之着迷。他约好去见克拉默，在1842年的一天，战战兢兢地等候那位钢琴家无不敬奉的圣人。结果等到的却是一个保守的老人，不喜欢周围的一切。伦茨愿意谈论现在，克拉默愿意谈论过去。晚饭后，克拉默在琴旁坐下，弹起他最早写的三首练习曲来，伦茨吓坏了。"干巴巴的，像木头，粗糙；D大调的第三首中没有 *cantilena* 歌唱性……那次的印象是痛苦，十分痛苦。难道那人是克拉默吗？伟人活那么久，仅

8

9

8、9 扬·拉迪斯拉夫·杜赛克，第一个以侧面对着听众演奏的钢琴家。年轻时的
　　　侧影被认为值得欣赏，到了老年，"美男子杜赛克"变得又肥又粗。

10

11

12

13

10 约翰·巴蒂斯特·克拉默。贝多芬对"光荣的约翰"的印象比对当时任何一位钢琴家都要好。

11 约翰·文泽尔·托马谢克。他的回忆录提供了不少有关当时钢琴家的资料。

12 约瑟夫·沃尔弗尔。贝多芬的竞争者之一。大家都喜欢他，他的手能伸展十度。

13 丹尼尔·施戴贝尔特，江湖骗子，也许有一点才气。他弹钢琴时，妻子在一边摇铃鼓。曾和贝多芬比试失败而溜之大吉。

仅是为了落后于时代吗？"

他确实落后于时代。他的晚年紧紧裹在他那件莫扎特和巴赫的斗篷里，自负地远离钢琴界的革命青年。偶尔有一个伦茨那样的青年去接近这位老祖宗，他便痛骂现代学派——哗众取宠、追求音响，他称之为高级音乐体操。"那种音乐对我的衰退的视力和老年的手指来说太强烈了，"他会这么说，"从前弹钢琴是多美好（fort bien），而现在是好厉害（bien fort）。"

十八世纪晚期受欢迎的钢琴家还有约瑟夫·热利内克（热利内克神父）、利奥波德·科策卢、丹尼尔·施戴贝尔特和约瑟夫·沃尔弗尔。热利内克是波希米亚钢琴家，同时学神学，1786年任神职。他之所以被人记得，主要是因为同贝多芬的较量。在那个鲁莽的波恩青年到来以前，热利内克是维也纳最红的钢琴家，他写的变奏曲也很流行。后来闯来了贝多芬。一天，热利内克告诉小卡尔·车尔尼的父亲，说那天晚上他要去同一个不知名的钢琴家决一高下。"我会要他好看的！"第二天，老车尔尼问热利内克情况如何。听听卡尔·车尔尼怎么说吧：

> 热利内克垂头丧气，满脸愁容。"昨天是我终生难忘的一天。那个年轻人准是魔鬼的同伙，我从来没有听过有人这样弹琴。我给他一个主题即兴，从来没有听过这样漂亮的即兴演奏。接着，他弹了几首自己的创作，写得真好，实在美妙，他驾驭艰涩段落、得到的键盘效果，我做梦也不会想到。"
>
> "这人叫什么名字？"我父亲不胜惊讶地问。
>
> "一个矮小、难看的黑皮肤家伙，脾气似乎挺大的，"热利内克答道，"利希诺夫斯基亲王把他从德国带到维也纳来，让他跟海顿、阿尔布雷希茨贝格和萨列里学习作曲。他的名字叫贝多芬。"

热利内克创作流行变奏曲，就像造假币的人用模子刻印，大同小异，一文不值。千篇一律的一个主题、一段双音变奏、一段带些左手琶音、一段用和弦、一段切分音、一段右手琶音，而且离不开主属调。贝多芬很生他的气。热利内克会去贝多芬家里听贝多芬演奏，如果不请他进去，他就站在窗外偷听，事后跑步回家用刚才听到的主题写变奏曲。1794 年，贝多芬躲进一幢热利内克不可能偷听到他演奏的楼里。他在写给埃莉诺·冯·布罗伊宁的信中倾诉他的苦恼：

> 我多次发现，晚上我即兴演奏，第二天，维也纳就有人记下谱来，拿我的许多特点装点打扮自己。我看透他会写一些和我相仿的东西，所以决心抢先一步。(贝多芬抢先出版他的一套 G 大调钢琴与小提琴变奏曲。)……还有一个原因，我要将他们一军，那些维也纳的钢琴大家中有许多是我的死敌，我要用这种方式进行报复，因为我知道他们常常会弹这些变奏曲，这时就要这些先生们好看了。

利奥波德·科策卢是贝多芬提到的又一个竞争者。科策卢和杜赛克一样是波希米亚人，但作为钢琴家哪里也赶不上后者。莫扎特说过几句他的好话，他有可能继任莫扎特在萨尔茨堡的职位。但是，科策卢是维也纳最红的教师，去担任那个工作没有多大好处。再说，科策卢是一个谨慎的人，他知道音乐上的强手，这在某种意义上来说也是他的一大优点。他写信给朋友说："大主教对待莫扎特的态度使我却步，他居然能让那样一个人离开他，我还能指望受到什么好待遇？"（后来，他对莫扎特的态度发生改变，对这位伟大的同行说了一些小气的话。）

约瑟夫·沃尔弗尔（见图 12）是另一种类型的钢琴家，也算得上重要的炫技家。他在 1795 年前后从萨尔茨堡来到维也纳，受雷蒙德·冯·韦茨勒男爵的资助。男爵立即把他树立为贝多芬的对立面。沃尔弗尔师从利奥波德·莫扎特和米夏埃尔·海顿，在华沙是一位成功的钢琴家、作曲家和教师。此外他是一个身高一米八的英俊男子，手也很大。沃尔弗尔身上有一股随和乐天的气质，人很可爱。据费蒂斯称，有一个时期，他同一个名叫埃尔门莱希的歌唱家一起旅行演出。埃尔门莱希很会赌牌诈骗。沃尔弗尔跟他学会那一有趣行当的诀窍，音乐会不赚钱时，就上牌桌。在布鲁塞尔时，埃尔门莱希因赌牌诈骗被捕，逃脱后和沃尔弗尔同往英国。但是，消息先他们而至，社交界不接纳沃尔弗尔。这件事有些可能是编造出来的，《格罗夫音乐与音乐家辞典》说纯属无稽之谈，但是，当时有很多传说提到此事，说明并非完全捕风捉影。这位钢琴家的名字有许多不同的拼法，如 Wölfl、Woelffl、Woelfft 等等。

他被认为是风度翩翩的炫技钢琴家，有魅力、有教养、有礼貌。十八世纪九十年代一位维也纳评论家拿他和贝多芬相比，说贝多芬不如他。"沃尔弗尔的优点是：音乐修养全面，作曲庄重，极难的经过句在他弹来也是从容、精确、清晰的（当然这多亏他巨大的两只手）。他的演释，特别在 *adagio* 乐章中，永远是那么含蓄而讨人喜欢，令人不得不为之赞叹。"这位评论家说，沃尔弗尔还有一点比贝多芬强：他的态度和蔼，贝多芬则是"略嫌高傲"。沃尔弗尔需要时，也能露几手绝招，1801 年，《辩论报》称他为"欧洲最惊人的钢琴家"。托马谢克在自传中描写沃尔弗尔，说他是"身高一米八的钢琴演奏家，手指颀长无比，弹十度时毫不费力（二十世纪的人种比那时大），而且瘦骨嶙峋，周身好像机器人格格作响。别人无法弹奏的艰涩乐句，他弹来从容自如，触键动作不大但是干净，丝毫不影响安静的身体姿势"。

沃尔弗尔没有多大音乐理智，公众要什么，他就乖乖给什么。当时有些小提琴家会模仿谷仓场地上的声音等等，沃尔弗尔也搞这类哗众取宠的东西。1800 年在柏林开的一场音乐会上有"音乐逗趣"，包括用音乐描绘"安静的大海——风暴渐起——雷电、狂风暴雨——逐渐消逝——大海回归原样——过渡到一首熟悉的歌曲，演奏者据以变奏和即兴"。看上去很像德彪西的《大海》，可是给人的印象却不是这么回事，但至少说明沃尔弗尔是一个头脑灵活且善于随机应变的音乐家。有一次在美因茨，沃尔弗尔正在音乐会上即兴演奏，这时一个军乐队在音乐厅外面的街上演奏，沃尔弗尔立即接过军乐队的节奏，转调到军乐队所用的那个调上，接过所有的主题，当场在军乐队的伴奏下即兴演奏了一首协奏曲。

根据钢琴家的作品，可以大致猜测他的演奏风格。沃尔弗尔最著名的作品是《登峰造极奏鸣曲》（*Ne Plus Ultra*，许多版本写作 *Non Plus Ultra*），两手充满了三度双音，左手琶音上行达两个八度之多（这在当时十分先进），两手交叉的部分也不少。虽然谈不上音乐质量，但这首作品在当时准是新颖而激动人心的。杜赛克不服气，写了一首《山外有山奏鸣曲》（*Plus Ultra*）表示胜他一筹，但是沃尔弗尔不应战，事情就这样结束了。

十八世纪晚期真正的江湖骗子是丹尼尔·施戴贝尔特（见图13）。他公然诈欺，引起后人的愤怒，概括地表现在十九世纪下半叶奥斯卡·比伊的意见中："身上披挂着赞誉，跑遍欧洲，带着他那些垃圾创作、斗殴、风暴和狂欢；他胡乱弹奏，妻子配合着摇铃鼓。"这些都是千真万确的，施戴贝尔特在许多方面都是骗子。但是不能说他毫无才气，只是后来的评论家不愿意承认。他的个性也无助于他的声誉：他举止粗鲁、虚荣心极强、个人生活很糟糕。他债台高筑、潜逃躲债、欺骗出版商，而且如第一版《格罗夫音乐与音乐家辞典》称，"他似乎是窃盗成性"。在德国时，明明是德国人，却装成外国人，假装不会讲德语。第一次在他的出生地柏林演出时，乐团恨透了他的行为，再也不跟他演第二场。

施戴贝尔特的学习经历有点说不清。他没有跟过任何一个重要的老师，但是1787 年在巴黎站住脚，成为钢琴家和作曲家。他写的歌剧得到重视和并予以采用。后来他自己糟蹋自己，把以前卖给一个出版商的乐曲稍加改动，重新出售，结果只好匆匆离开巴黎，易地为上。他是不安定的流浪汉，哪个地方也待不长。1786 年到过荷兰和英国（在英国时创作了一首红得发紫的乐曲，叫作《风暴回旋曲》）。在英国娶了一个铃鼓专家，从此她出现在几乎每一场音乐会上，由他在钢琴上弹奏专门为她创作的所谓狂欢曲。1797 年他以巴黎为家；从巴黎逃走后，先到柏林，后在布拉格露面；1800 年来到维也纳，同贝多芬竞赛，一败涂地。巴黎的事情平息后他回到巴黎，后又去伦敦；1810 年去圣彼得堡，在那里度过余生。他的许多歌剧都是在圣彼得堡上演的。1814 年以后，他不再弹琴，只有一次例外，为了他的《第八钢琴协奏曲》的首演，日期是 1820 年 3 月 16 日。这首协奏曲的末乐章使用合唱，历史上用合唱作为协奏曲末乐章的，除了他，只有布索尼。

施戴贝尔特可能不是了不起的钢琴家，但是他的确给技巧宝库增添了一些财富。他显然是杜赛克以后、肖邦以前最善于使用踏板的钢琴家。他创用了震音。欧洲人称他为震音钢琴家，犹如后来塔尔贝格之被称为"老琶音"。他在键盘上上下飞驰弹震音，妻子在一旁发疯般地摇动铃鼓，两人掀起的轰动可想而知！可是也因此断送了一切。施戴贝尔特只会弹快速度，不会弹慢乐章，成为当时音乐家的话柄。踏板技巧的先驱居然不会处理慢乐章，真是奇怪！施戴贝尔特知道自己的弱点，因此他的奏鸣曲大都只有快板和回旋曲两个乐章。快乐章弹起来如火如荼，但即使是拿手的快乐章，他的技巧也并不完美，行家们说他左手较弱。然而，他的演奏具有惊人的独到之处，大大发展了舞台表演艺术，尽管音乐家同行都嗤之以鼻。同行的藐视一般是有道理的。托马谢克留下一份材料，绘声绘色地叙述了施戴贝尔特 1800 年在布拉格的演出：

施戴贝尔特裹着斗篷，只叫乐队试试间奏段和全奏主题反复段，自己却不碰钢琴。音乐会上演奏的四重奏，已经在他的住所关起门来排练过了。(这在当时是很典型的做法，因为没有版权保护；施戴贝尔特绝对不会让别人偷窃或模仿他那些宝贵的效果。) 演出和当时所有的音乐会一样定于七点开始，但是，这位艺术家出于莫名其妙的自大，喜欢迟到。达官显贵们不会耐心等待，而是以法语交谈，表示愤慨；到了舌蔽唇焦之际，乐队也准备打点回家之时，人们引颈企盼的大师终于上场，足足迟到一个小时。他气急败坏地到来，分发乐队分谱，打手势奏起序曲……音乐会最后一个节目是他用一个熟悉的主题即兴……***Pace caro mio sposo***，那即兴真丢人，只不过用颤音（震音）重复几遍 C 大调的主题，中间塞进几个小小的右手跑动句；不到几分钟，整首幻想曲便结束。他称这种叮叮当当的东西为幻想曲，再加上其固有的一些品德缺点，简直令听众目瞪口呆……作为钢琴家，他的触键干净而结实。右手练得十分精彩……左手的训练同右手毫不相称：笨拙、近乎低能、跛子般跟着……同来的有一个英国女人，他介绍说是他的妻子。那女人摇铃鼓为钢琴伴奏……毫不相干的两种乐器的新奇结合给人触电的感觉。先生们看不够那英国女子美丽的胳膊；女士们跃跃欲试地希望也能摆弄那玩意，施戴贝尔特的妻子就欣然应允收她们为学生……这样，施戴贝尔特在布拉格待了几个月，推销掉一大车的铃鼓。

仔细看看施戴贝尔特的钢琴音乐，也许会大吃一惊。这个江湖骗子固然写了一大堆无法接受的垃圾，但也偶有几句神来之笔。有些钢琴小曲布局优美，充满浪漫情调。他的《练习曲》（Op. 78）并不简单。第三首（A 大调）有门德尔松的先兆，第二十首（g 小调）是效果极好的双音练习。《第八钢琴协奏曲》的谱子似乎找不到了，但那个合唱的末乐章的确耐人寻思。它作于 1820 年，贝多芬的《第九交响曲》要到 1824 年才问世，虽然《合唱幻想曲》（为钢琴、乐队和合唱而作）写于 1808 年。施戴贝尔特是一个流氓，但他不是一个没有想法的人，他是世纪之交最有趣的一个钢琴家。

弦弹断，手抬高

贝多芬

在许多事情上，贝多芬（见图14～16）大大超前于时代，他的钢琴演奏也一样。他弹琴有空前的力量、个性和魅力。在许多方面，他可以称得上是第一位浪漫派钢琴家：他是一个为了表情而突破一切规律的人（十九世纪，"表情"一词取代了十八世纪的"趣味"一词），是一个按照管弦乐队方式进行思维并在钢琴上取得管弦乐效果的人。但当时只有他孤零零一个，在弗朗茨·李斯特成熟以前，没有第二个像他这样的人。

但是，他的钢琴演奏倒是引出了几个问题。例如，为什么贝多芬自己的钢琴曲的布局相对来说比较保守，有时甚至老派？克莱门蒂、杜赛克，连施戴贝尔特的出版乐谱上都有新的钢琴技巧，比贝多芬的奏鸣曲多；尽管贝多芬在音乐上比他们不知要强多少。当然可以这样解释，贝多芬更看重的是内容，不是技巧。他构思奏鸣曲时不一定会考虑钢琴，而是形式所表达的内容。有些钢琴作品可能十分难弹，但并不"钢琴化"。这可是两码事。（这话也可以用在贝多芬的同时代人弗朗茨·舒伯特身上。不过贝多芬本人是一个精湛的钢琴家，舒伯特则不是，虽然他完全可以应付。）

还可以这样解释，贝多芬在许多方面是自学成材的钢琴家。他小时候的老师不是专业钢琴家。专业钢琴家教学生时，一般会灌输学生对钢琴要尊敬（甚至奉若神明）的思想，结果百分之九十九的学生把乐器看得比音乐重要。贝多芬则相反，他首先是音乐家，其次才是钢琴家。企图把他当作第二个莫扎特展览的他那唱男高音的父亲，如果有足够的音乐修养，知道孩子会走上什么样的道路，准会气得发疯。1781 年前后，贝多芬的老师是克里斯蒂安·戈特洛布·内弗，内弗是波恩的宫廷管风琴师，他是贝多芬所有老师中最好的。他不仅体谅学生，而且和学生做朋友。1793 年，贝多芬写信给他说："感谢你在我学习这神圣的艺术过程中给予我这么多的指导。如果我有一天成为了不起的人，一定有你的一份功劳。"

内弗不从华而不实的"技巧性"音乐开始，他教贝多芬学《十二平均律键盘曲集》，还教他管风琴、乐理和作曲。贝多芬进步神速，老师急切希望让世人知道贝多芬的才能。他在 1783 年 3 月的简报中这样描述这个十二岁的学生："他弹琴的技巧熟练、有力量，（长话短说）他主要弹 J. S. 巴赫的《十二平均律键盘曲集》。凡是熟悉这部各种调性一应俱全的前奏曲和赋格集（它不愧为我们这门艺术的代表作）的人深知这意味着什么。"小贝多芬还是一位惊人的即兴演奏家、视奏家，十二岁就在波恩的乐队里弹大键琴、拉小提琴。正是这样的训练使他能做出音乐修养不同凡响之举，如在排练他的《C 大调钢琴协奏曲》时，因为钢琴调音不准，相差半个音，他就转用 B 大调弹奏。

1792 年，矮小又貌不惊人的贝多芬震撼了整个维也纳。他的演奏——他是作为钢琴家而不是作为作曲家发起第一次冲击的——压倒一切；倒不是因为他技巧精湛（也许还说不上），而是因为他有海洋般的深度，波涛汹涌，其他所有人的演奏不过像小河流水。维也纳人当然听过许多钢琴家的有教养的演奏——莫扎特、克莱门蒂、沃尔弗尔、克拉默，只举四个为例。比起他们来，贝多芬可能显得粗野；但是，有贝多芬那样粗犷的力量和构思的钢琴家还从来没有人见过：同时代人好比弓箭，他则是炮弹。众所周知，他弹给莫扎特听，莫扎特说："盯住这个年轻人，他会叫世人刮目相看。"有人说这是编造的故事。可是，也没有人能证明没有此事。反正，全维也纳都意识到，它将面临新的、原始的、粗犷的自然力，以无与伦比的和声胆略和对一切斯文的蔑视，满怀信心纵横驰骋于钢琴之上，攻克最遥远的调性，穿梭在最深奥的转调之间。

他的独创性从一开始便受到欢呼。卡尔·路德维希·容克尔在 1791 年指出，贝多芬的演奏"大大不同于常见的对待钢琴的方式，好像他自己闯出一条全新的道路"。这个评论家提到贝多芬的"火一样的表情"。人人都被贝多芬的火一样的表情所震撼。托马谢克第一次听到贝多芬演奏以后，在这位年轻钢琴家的光彩面前自惭形秽，一连几天不能碰钢琴。（后来，他理智地决定加倍努力练琴，脑海里却一直回荡着贝多芬的声音。）

贝多芬特别光芒四射的地方是他的即兴演奏。他的即兴演奏的确比照谱演奏要好，因为到维也纳后，他很少有时间也不大愿意练琴。贝多芬为即兴演奏作了多少准备，我们不得而知。大多数钢琴家确实事先有所准备，他们知道迟早会被听众唤出来用"Batti, batti"之类的熟悉曲调即兴演奏的。所以每一个钢琴家都储备足没完没了的经过句套式，需要时随时剪一段下来用。但是贝多芬即兴时，不论是否事先准备过，一听就知道他有见地，一个个乐思层出不穷。接着，他就会忘乎所以，狠狠地敲击钢琴，精巧的维也纳钢琴的琴弦就会砰然炸裂，或者琴槌断掉。没有一架钢琴在贝多芬手下能保全自己。车尔尼说贝多芬弹琴时样子"镇定自若"，但是这话和别人看到他弹琴时的情形对不上号：一个安静的演奏家不会敲断琴弦和槌子。当时的钢琴家几乎都是手贴近琴键弹奏的，而大量事实证明，贝多芬在键盘上和在指挥台上一样活跃。伊格纳茨·冯·赛弗里德告诉施波尔说，在一次公开音乐会上，贝多芬不知为什么暴跳如雷，开始的几个和弦一弹，就断了六根琴弦。

安东·雷哈说，一天晚上，贝多芬在宫廷里弹莫扎特协奏曲，"他请我为他翻谱，但是我大多数时候都是在把松掉的琴弦上紧。还有琴槌嵌在断裂的琴弦中间。贝多芬坚持要弹完协奏曲，我只好跳来跳去，拔出断弦、解开琴槌、翻谱，比贝多芬还辛苦"。（这大约是 1795 年或 1796 年的事。在公开音乐会上，贝多芬基本上只弹自己的作品，我们知道的仅有两次例外：1795 年 3 月 31 日，他在为莫扎特遗孀举行的义演音乐会上弹了一首莫扎特协奏曲；1796 年 1 月 8 日重复了一次。在家里，他当然会弹会读其他作曲家的作品。）贝多芬弹坏的钢琴比维也纳任何人都多。车尔尼欢呼贝多芬的"极其有力的表演"的同时，为他把琴弄得一团糟而道歉，说他的要求大大超出当时钢琴的承受力。这话说得极对，同时也婉转地说出了贝多芬是如何在钢琴上狠命敲击的。

很难想象贝多芬的即兴演奏，虽然《合唱幻想曲》的开端应该能让我们窥见一斑。J. B. 克拉默对学生说，没有听过贝多芬的人，等于没有听过即兴演奏。卡尔·车尔尼说，贝多芬的即兴是如此精彩，出类拔萃，常常听得人热泪盈眶，有些人还会出声啜泣，"除了他的乐思之美和新奇，除了他表达乐思方式之巧妙，他的演奏有一种说不出的魔力"。车尔尼描写那双发出如此魔力的手，说它们长满汗毛，手指特别是指尖很宽，伸展并不大，勉强够十度。这双手可以使许多人落泪，但还是有些保守派觉得贝多芬的和声没有控制好。托马谢克在 1798 年如此欣赏贝多芬的演奏，但是不习惯贝多芬"频繁地从一个动机大胆岔入另一个动机……这种性质的毛病往往削弱了他最伟大的作品"。但是在伊格纳茨·冯·赛弗里德看来，贝多芬的即兴演奏"是瀑布，是大自然的威力，势不可挡"。贝多芬的情绪处于战斗状态时，谁跟他比赛，谁就倒霉。那个令人受不了的施戴贝尔特曾经尝过贝多芬怒火发作的味道。

施戴贝尔特在 1800 年来到维也纳，（才）誉满巴黎（又匆匆脱逃）。朋友们

14

15

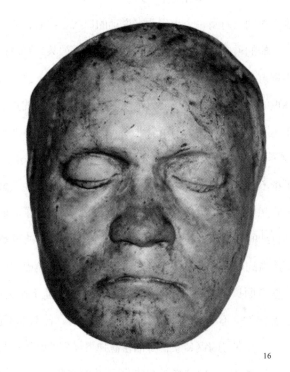

16

14　青年贝多芬，1801 年前后。此时的贝多芬一举成名，既是钢琴家又是作曲
　　家。

15　贝多芬在 1814 年。此时音乐家已不再演出。不过，四年后得到一架高贵的
　　布罗德伍德钢琴时，还是很高兴。

16　贝多芬的面模，弗朗茨·克莱因按真人制作于 1812 年。

担心贝多芬会对付不了他，特别是因为施戴贝尔特吹嘘自己从不脸红，他的牛皮吹得比他妻子的铃鼓还响。施戴贝尔特自然不屑于拜访贝多芬，那岂不有损他的尊严？两人终于在弗里斯伯爵府相遇，贝多芬在那里弹新作《降 B 大调三重奏》中的钢琴部分。施戴贝尔特屈尊听了，敷衍了几句"好家伙，不错"之类的恭维话，俨然一副大作曲家对另一个大作曲家说话的口气。接着，施戴贝尔特坐下来弹他的作品，用他的看家本领震音经过句制造了一番效果，那时还算新鲜。贝多芬听着，但不肯再弹。一星期后，两人又在弗里斯家相遇。这一次，施戴贝尔特准备了一首辉煌的钢琴与弦乐幻想曲，主题取自上星期听到的贝多芬三重奏。施戴贝尔特的乐迷欣喜若狂。这下不仅是他个人的问题，贝多芬非得展示实力不可了。他走到钢琴旁，顺路一把抓起施戴贝尔特写的大提琴谱子，颠倒放在钢琴上，用一只手指不屑地敲出一个主题，然后即兴演奏。他又生气又激动，斗志昂扬，那场景不难想象！没等贝多芬弹完，施戴贝尔特就溜走了。他再也不愿见到贝多芬，到维也纳的任何地方去都有一个条件：不准同时邀请贝多芬。

贝多芬制造新的效果、打破一切规则、运用的力度调色板宽广无比、极其富有表情，在这些方面贝多芬直接通向了浪漫派钢琴家。他不像莫扎特和克拉默，他怎样感觉就怎样弹，不循规蹈矩，不管是否弹错音，什么都不管。很有可能，他从来都不是一个音准好的钢琴家，哪怕在他弹得最好的时候；甚至在他耳聋以前，一定也是十分邋遢的。他"弹琴像作曲"。崇拜英雄的辛德勒也不得不承认，贝多芬的演奏"在纯净度方面"有许多不太令人满意之处。但是，辛德勒连忙补充说："凡经他的手弹奏的音乐都经历了一番新的创造。这些美妙的效果在很大程度上出自他那一致的连音风格，而这正是他的演奏最出色的特点。"除了莫谢莱斯这样的纯粹派以外，似乎没有人在乎贝多芬的技巧粗糙。但莫谢莱斯听贝多芬演奏已是 1814 年，那时贝多芬已经失聪，所以他埋怨贝多芬的演奏不够精确、不够清晰也是有失公允的。在 1805 年贝多芬因耳聋而不得不减少专业演出以前，有足够的实证让人正确无误地看到他的风格。

起先，他的技巧是相当好的。车尔尼指出，贝多芬的快速音阶、双音颤音、大跳等等技巧，没人赶得上他，连胡梅尔也不行。辛德勒谈到贝多芬的远音程和远调性的结合，加上他的特征性节奏和断音，衬着润滑的连音，"不像施戴贝尔特、杜赛克和其他一些人力求把一个个音拉成连贯的线条，贝多芬常常在断音上冲键（throw），从而产生喷泉水花四溅的效果，同他仍然保持的悦耳片段形成鲜明对比"。没有人提到过贝多芬的"歌唱风格"（这话常常用在其他钢琴家身上），因为他实在太强力型了。他用踏板也比当时的惯常做法多得多。车尔尼说，1803年（这时贝多芬的耳朵还能听见，还经常演出），贝多芬弹《c小调钢琴协奏曲》的慢乐章时，从头至尾都使用踏板。就算因为贝多芬弹的维也纳钢琴本身轻巧，延留音消失很快，这样使用踏板仍然令人难以置信。难道贝多芬忘记了弹钢琴的基本常识，因公开演出而紧张得忘记把脚抬离踏板了吗？可是我们确实知道他喜欢大量使用踏板，有他在《d小调钢琴奏鸣曲》（Op.31/2）开始处亲自写下的踏板记号为证。车尔尼说他用起踏板来，"比他在谱上所记的多得多"。真不懂阿图尔·施纳贝尔怎么会在他编订的贝多芬奏鸣曲的前言中这样写："……事实是，古典钢琴音乐中很少把踏板用作色彩手段。"

辛德勒的贝多芬传记中最动人的一段是写费迪南德·里斯观察贝多芬怎样弹自己的音乐。里斯从1801～1804年跟贝多芬学习钢琴，后来定居伦敦。不论里斯是否为优秀的钢琴家——他有很高的声誉，贝多芬的任何一个学生都会有很高声誉，但是伦茨称他为伐木工，大多数专家也同意此说——他至少是一个训练有素的观察者。他对贝多芬弹琴的风格说过一些美妙的话：

> 总的说来，他弹自己的作品十分随便，但是拍子绝对精确，偶尔但极其难得地加快速度。演奏渐强的段落时，他会用渐慢（对今天的纯粹派来说这样也够了）产生美丽而极其惊人的效果。有时，在演奏特定段落时，他会注入一种雅致而根本无法模仿的表情。他很少增加谱上没有记写的音符或装饰音。

辛德勒补充道，凡是他亲耳听到的贝多芬的演奏都是十分自由灵活的，几乎毫无例外。"他采用的自由速度是真正的自由速度，根据主题和情景的要求，丝毫没有漫画的色彩。"辛德勒把它比作"最干净、最口齿清楚的朗诵"。

辛德勒详细分析了贝多芬是如何演奏《E大调钢琴奏鸣曲》和《G大调钢琴奏鸣曲》（Op.14/1和14/2）的。辛德勒所著的贝多芬传记不难见到，但是今天的钢琴家大都不注意这段十分重要的分析及其意义。这段文字很长，但值得全文引录，因为它提出的问题比回答的问题更多；如果辛德勒是正确的话（没有理由不相信他），那么贝多芬对他自己的音乐的看法和我们今天所谓"忠实"的态度之间的差距，一目了然。

现在我要尽言语所许可，努力描绘贝多芬自己弹Op. 14的两首奏鸣曲的方式。他卓绝的演奏犹如音乐朗诵，两个成分（奏鸣曲结构的对比成分）清清楚楚，犹如一个优秀的演员用灵活的声音朗诵对话的两个角色。他遒劲而精神焕发地开始第一个 *allegro*，到第6小节松弛这些感觉，接下去的经过句

这里稍有一点 *ritardando*，为轻柔地引入那个恳求原则作铺垫。演奏这个乐句

层次极其细腻。到下面几小节

贝多芬用保持某几个音的方式，加上轻柔滑行的触键，产生如此鲜明的色彩，使听的人宛如真的看见一个活生生的人，听见他在恳切呼唤那薄情的女人。在下面几组八分音符中，

他在每一组的第四个八分音符上加强烈的重音，赋予整个乐句欢快的表情；到接下去的半音跑动句，恢复原来的速度，一直持续到下面这个句子进入，

用 *tempo andantino* 优美地强调低声部以及和弦上声部的第三音，如我在上例的最后两小节中所标出的，借以让耳朵分别听清楚两个成分。到第9小节，

他突出低声部，以原速结束属音上的终止，然后维持原速直到第一部分结束（也即到双小节线）。

　　第二部分，贝多芬用前两小节的 *ritardando* 引入降A大调的乐句。有力地起奏这句，从而给画面染上一层暖色。他赋予高声部的下一个乐句以妩媚的表情，在每小节的第一个音上加强烈的重音，并把它保持得长于谱上记写的时值，

而低声部弹得越来越温柔，手的动作似乎在爬行。

　　接下去的一个乐段辉煌地开始，最后几小节不仅 *decrescendo*，还伴以 *ritardando*。下一句用 *andante* 开始，

第 5 小节有一个小小的 *accelerando*，音量增大。第 6 小节又恢复原速。第一乐章的其余部分，贝多芬一直保持开始处采用的速度。

贝多芬在这个乐章中采用的速度虽然多，但都有美丽的准备，并且，恕我斗胆，所有的色彩都是水乳交融、十分细腻的。没有他在其他有些作品中为了赋予朗诵更高昂的振奋气概而作的那种突兀的变化。真正领会这一优美乐章精神的人会觉得第一部分不重复为妙：删除重复是许可的，这样，肯定会增加听者的满足感；同样一些句子重复太多次，反而会减少兴趣……

至于第二首奏鸣曲"E 大调"，它的主题和第一首相似。我只挑贝多芬弹几个段落的方式谈谈。在 *allegro* 第一乐章的第 8 小节

和第 9 小节，他放慢速度，更 *forte* 地触键，保持第五个音，如上图。通过这个方法，他赋予这个乐段难以描绘的真切而庄重的性格。第 10 小节

恢复原速，依然保持那强烈的表情。第 11 小节是 *diminuendo*，有点依依不舍的感觉，第 12 和 13 小节弹得和前两个小节一样。到中间乐章（指第一乐章的第二主题）的引子，

对话变得伤感，主要的速度是 *andante*，但是没有始终保持；因为两个主题中不论哪一个进入时，在第一个音符上总稍稍延留，成为

下一句

出现欢快的风格。恢复原速，保持不变，直到第一部分结束。

从这段起，

第二部分的特点是节奏气势益发辽阔，音量益发强大，可是，往后逐渐降落到轻盈雅致的 *pianissimo*。不需费神想象，对话的意义赫然可见。

第二乐章 *allegretto* 在贝多芬弹来，更像 *allegro furioso*。在到达那一个和弦

以前，保持同一个速度，他在那个和弦上作很长时值的延留。

在 *maggiore* 段，速度起得比较适中，弹得优美而富于表情。他不多加一个音，但是在好几个音上加重音，是别人万万想不到的。谈到加重音，我不妨这样说，作为一点总的看法，贝多芬给予所有的倚音，特别是小二度，以特殊的力量，哪怕是在快速跑句中。在慢乐章中，从倚音到主音的过渡美妙得像歌唱家在吟唱。

在我现在谈到的这首奏鸣曲的回旋曲中，贝多芬遵照所标记的速度，除了第一次和第三次延长的小节，他在这些小节中弹 *ritardando*。

Op.14 中的两首奏鸣曲，Op.2 的第一首奏鸣曲，Op.10 的第一首奏鸣曲，"悲怆"奏鸣曲（Op.13），《如幻想奏鸣曲》（Op.27）等等，都是感情画卷；在每一个乐章中，**贝多芬根据感情的变化而改变速度**（黑体系本书作者所加）。

好了！辛德勒的话说明了一点，其实不用他说也能猜想得到：贝多芬不是节拍器。可是到 1990 年还这样演奏那些奏鸣曲的话，就有点不对了。那样弹的钢琴家准会被轰下台，人们笑他不够格，笑他是风格上的白痴，根本不懂贝多芬，笨手笨脚地不会守住基本速度。里斯所谓的贝多芬"拍子绝对精准"，只能相对地理解。根据贝多芬当日的标准，他的节拍脉搏是严格的；而根据今天的标准，则是不能容忍的。二十世纪的钢琴家看贝多芬的钢琴风格犹如贝多芬看我们。如果贝多芬复生，我们会认为他的演奏无法无天；让他来听现代的贝多芬专家演奏，他则会认为他们枯燥、没有音乐、毫无表情。

贝多芬自己的演奏虽然自由，他训练学生却竭力按照古典规范：照我说的去做，别照我弹的去做。"手放在键盘上的姿势必须使手指不必过分抬高，这是弹琴的人学发音的唯一方法。"他遵循克莱门蒂的方法，坚持连奏，把老式的莫扎特方法称作"手指跳舞"或者"空中拉锯"。有一个学生是贝多芬不收的，那就是他的侄子卡尔。他让车尔尼去教，但密切关注侄子的进展，不断提醒车尔尼该怎样教。他说，车尔尼应该首先集中教他指法，然后教节奏，然后教音符，要"说得过去的准确"。贝多芬还坚持"不要因为无关紧要的小错误而打断学生，要等到弹完一首乐曲后再向他指出"。

贝多芬甚至还写了一些练习曲给这个孩子用。贝多芬早年一直推荐 C. P. E. 巴赫的各种钢琴教材，后来改用克莱门蒂。但他始终特别要求手的位置正确，要求学生练习各种调的音阶，尤其是拇指的应用。随着年纪越来越大，他和许多人一样越来越保守；但是他写的音乐却并不保守。他在 1814 年对托马谢克说过这样一段话。"众所周知，大钢琴家都是大作曲家，可是他们是怎样弹奏的？不像今天的钢琴家只会拿几段早就练熟的经过句在键盘上跑来跑去，欺世盗名！那算什么玩意？真正的钢琴家的演奏，"贝多芬继续说下去，越说越来劲，"是各方面配合和谐的整体，可以看作一部前后连贯、一气呵成的作品。那才是真正的钢琴演奏。其他的一文不值。"这是曲式大师的原话。

那么，贝多芬欣赏哪些钢琴家呢？对庸俗的施戴贝尔特和福格勒之流，他只有蔑视。莫扎特太老派，关于莫谢莱斯他也说过几句轻蔑的话。可是，他对克拉默的评价很高，对克莱门蒂十分敬重。他对几个女钢琴家颇感兴趣；但这是因为她们是钢琴家，还是因为她们是女人，就很难说了。可惜，他不像莫扎特那样在书信中谈论音乐家和演奏家。1817年他写信给玛丽·帕赫勒-科沙克时极尽溢美之词："很高兴你能再给我们一天的时间，我们可以演奏更多更多的音乐。你一定要为我演奏《F大调钢琴奏鸣曲》和《c小调钢琴奏鸣曲》（可能是Op.54和'悲怆'），你肯吗？没有人演奏我的作品像你那么好，包括那些大钢琴家在内；他们往往只有机械的功夫，要么就是矫揉造作。你是我的精神儿女的真正的抚养者。"

玛丽·比戈·德·莫罗格是另一个受贝多芬重视的女性。她可能真的很不错。海顿第一次听她弹琴时，把她搂在怀里，据说还对她说："亲爱的孩子，那音乐已不属于我，它是你的了。"贝多芬听她弹他的一首奏鸣曲后，情不自禁地说："那可不完全是我的原意，但是就这样弹下去吧。如果说那不完全是我自己，倒是比我更好。"玛丽在1814年看着贝多芬的手稿弹《"热情"奏鸣曲》；一个女人能做到这样，还有什么不能做的？很可能贝多芬迷恋玛丽。他在1807年写给她的一封信中笨拙地献殷勤——至少有心人会作此想：

我钦佩的亲爱的玛丽：

今天天气好极了——谁知道明天会怎样？——所以我建议中午一起去兜风。比戈（玛丽的丈夫）大概已经外出，当然无法请他同去。但是如果以此为理由而放弃我的计划，我看比戈他也不会赞成。只有上午是一天中最美好的时间，时不我待，为何不好好享受？

岂知比戈是个多心的人，害得贝多芬又写了好几封信向比戈先生和夫人道歉，支支吾吾地解释他那涉嫌"采花"的建议。贝多芬摆出一副受伤的姿态。"和蔼慈祥的玛丽怎么可以对我的行动产生如此恶意的联想？"贝多芬天生不是唐璜的模子里压出来的人。

玛丽·比戈不是专弹贝多芬音乐唯一的女性。多罗西娅·冯·埃特曼也专弹贝多芬，贝多芬把他笔下最难以捉摸的一首奏鸣曲——《A大调钢琴奏鸣曲》（Op.101）题献给她。贝多芬经常找她助演，两人之间的关系十分密切。她从1803年起跟他学琴，贝多芬需要钢琴家助演时，总去找她。克莱门蒂称她是一位大师。她嫁给一个军官史蒂芬·冯·埃特曼男爵，贝多芬对她永远彬彬有礼。

钢琴不断使贝多芬苦恼。他大半生用的都是维也纳钢琴，起先是五个八度多一点的音域，从《"华尔斯坦"奏鸣曲》起，改用一架六个八度的钢琴。但是他一直不满意，一直要制造商为他造一架更结实、声音更洪亮的琴。早在1796年，他给钢琴制造商约翰·施特赖歇尔写过一封信，很痛心："就弹奏方式而言，钢琴肯定还是最少人研究、最落后的乐器，常常让人觉得是在听竖琴。钢琴能唱歌，只要弹的人能感受到音乐。明白并深知这一点的人不多，老朋友，我很高兴你是其中之一。希望会有那么一天，竖琴和钢琴能被作为两件完全不同的乐器来对待。"那一天来得太晚，贝多芬没能享用到。1818年，约翰·布罗德伍德送给贝多芬一架华丽的大三角钢琴，音域超过六个八度——像一个声音洪亮的巨人，在当时来说，已完全不同于竖琴。贝多芬欣喜若狂，终生珍藏着它。

可是，近年来，有些学者开始怀疑贝多芬是否真的那么珍惜那架布罗德伍德琴。1970年，威廉·斯坦·纽曼在《美国音乐学协会学报》上撰文，声称贝多芬从未丧失他对从小伴他一起长大的维也纳型钢琴的爱好，他同施泰因和施特赖歇尔钢琴公司的关系终生不渝。但是，纽曼不得不指出，贝多芬从来不喜欢当时的任何一架钢琴。没有一架能满足他所追求的洪亮音响和宽大音域，直到1826年，即去世前一年，他还在说，钢琴"是且仍然是不够好的乐器"。还必须指出，到1810年，贝多芬的耳疾已经相当厉害，1818年收到布罗德伍德送他的钢琴时，听觉已丧失殆尽。这位耳聋的作曲家憋着一肚子闷气，一脸狂暴的神情，坐在琴旁，使劲捶打钢琴，错音也听不见。不久，他那心爱的布罗德伍德就变成一堆乱七八糟的钢丝。即使处于最佳状态时，贝多芬也绝不会让钢琴平安无事。里斯说，贝多芬的手碰过的琴，难得有不坏的。他还有一个习惯，把墨水瓶里的墨水倒在琴里；这对钢琴倒没什么害处。贝多芬去世前不久，一个叫约翰·安德雷亚斯·施图姆普夫的乐器制造师来拜访贝多芬，当即被带到布罗德伍德钢琴旁。施图姆普夫回忆那情景，心有余悸。他后来直言不讳道："不堪入目，高音区都哑掉了，断弦纠缠成团，就像荆棘林经受了狂风暴雨的肆虐。"尽管他已耳聋，尽管琴已破烂不堪，贝多芬偶尔还是能哄钢琴唱出音乐来。弗里德里希·维克——克拉拉·舒曼的父亲和老师，当然完全懂行——说，有一次去看他，贝多芬在弹琴，"亲切流畅，基本上像管弦乐布局，双手交叉依旧相当灵敏（有几次碰错音），编织出无比清晰、妩媚的旋律"。不过这样的时刻已不多见。欲知老年贝多芬的可怜和可怕相，不妨读一读约翰·拉塞尔爵士笔下的钢琴家，那位曾是维也纳桀骜不驯的怪杰、曾使听众热泪盈眶的天才演奏艺术家：

> 一坐在琴旁，他显然忘掉了周围的一切……脸上的肌肉肿胀、青筋凸起；眼珠疯狂地转动；嘴巴哆嗦着；人看上去像男巫，被自己请来的妖魔制服了……鉴于他严重的耳疾，他不可能听见自己弹的东西。因此，弹到轻柔处，一个声音也没有发出。他自己的"心耳"听得见，他的眼睛以及几乎看不出来的手指操作表示，他正跟着心灵深处的曲调，一步步淡去、消逝。其实钢琴已成了哑巴，就像这位音乐家已成了聋子……

过渡时期
车尔尼、韦伯

十八世纪的最后二十年里，诞生了一些可以被视为古典主义到浪漫主义的桥梁的重要钢琴家。

约翰·尼波穆克·胡梅尔略早两年，生于 1778 年。约翰·菲尔德生于 1782年，弗里德里希·卡尔克布雷纳生于 1785 年，卡尔·玛丽亚·冯·韦伯生于 1786 年，卡尔·车尔尼生于 1791 年，伊格纳茨·莫谢莱斯生于 1794 年。到他们成熟的时候，他们面临着一个十分复杂的时代，这个时代正在改变原来所熟悉的一切生活观念。他们出生时，对于社会和音乐的看法还是十八世纪的；到他们去世时，工业革命已经如日中天，浪漫派钢琴家主宰乐坛，令他们困惑苦恼不已。过渡时期的钢琴家学琴时用的是共鸣不大的小钢琴（即使是洪亮的英国琴和安静的维也纳琴之间的区别，比起十九世纪三十年代的钢琴来，也算不了什么），学习的是克莱门蒂和克拉默十分简洁的手指动作。这些都是优秀的钢琴家，其中不少人的确预示了各种浪漫主义公式的先兆。但他们没有接受浪漫主义，反以怀疑的眼光看待浪漫主义。他们生活于两个世界中间的夹缝里，很不快活。

一切都在变迁，一切都变得更快。火车，而不再是马车，把演奏家很快地从一个城市送到另一个城市。以前，一个钢琴制造商一年造二十架左右；到 1802 年，由于工艺的进步和蒸汽机的发明，布罗德伍德一年可生产四百余架钢琴，到 1825 年到达一千五百架。价格也随之降低。标准音高调高了；莫扎特的 A 音可能是 412，比我们现在的标准音几乎低半个音。钢琴的框架造得更结实，可以承受更大的张力后，标准音高可以调到演奏家们要求的更明亮的 435；槌子和琴弦更结实了；埃拉尔注册了双重擒纵器的专利，那种装置使钢琴家对于乐器的反应速度和灵敏度有了新的追求。十九世纪二十年代，欧洲各地普遍采用金属弦。1823 年，布罗德伍德创用钢质张力条；1825 年，巴布科克创用一次成型独块浇铸的框架。这个年代对钢琴、钢琴家和钢琴音乐的需求量惊人。1750 年，伦敦有十二家乐器店，到 1824 年达到一百五十家。

正如 C. P. E. 巴赫在十八世纪五十年代归纳整理了钢琴技巧，从克莱门蒂开始的过渡时期钢琴家也试图总结钢琴技巧。虽说结果是一片混乱，但时至今日，谈到钢琴技巧还不是照样如此？克莱门蒂在《钢琴演奏艺术入门》中命令学生手和臂的位置呈水平线。弗朗茨·欣滕，十九世纪二十年代一位知名的钢琴家和作曲家，同意克莱门蒂的说法，在他自己的著作《新教程》中写道，弹琴人的手臂"必须同琴键平行"。但是，胡梅尔和亨利·贝尔蒂尼（贝尔蒂尼所著《教程》被广泛使用了许多年，而且他本人也是当时最受欢迎的钢琴家之一）要求手和手腕"略朝外转"。杜赛克要钢琴家靠键盘的左边坐，以方便左手；而大多数权威要求钢琴家坐在键盘中央处；卡尔克布雷纳则喜欢中央偏右的位置。克莱门蒂说手掌和手应该保持不动，只动手指；杜赛克说手应该"朝大拇指倾斜"；胡梅尔要手指朝外倾斜，好让拇指在黑键上行动自由。卡尔克布雷纳说弹奏八度的秘诀是手腕放松；莫谢莱斯则建议手腕要紧。

为了帮助青年钢琴家，人们想出了各种各样的方法。1814年，约翰·巴蒂斯特·洛吉尔发明了人们议论纷纷的练指机。那是一个用铜和木头制的稀奇古怪的机械装置，夹在键盘上，以"保证"学生的手和手臂姿势正确。这个胡闹的玩意还确实在欧洲大陆风行一时，天知道它毁了多少天才。卡尔克布雷纳把练指机改成导指器，告诉人们说它可以通过把手臂同键盘调节得绝对平行来"积极决定"琴凳的高低。"用了导指器就不可能染上坏习惯。"接着，亨利·赫尔茨的指吊令世人目瞪口呆：它把手指插在吊着的弹簧圈里。后来又有手指体操器、练手器、袖珍练手器、手指技巧机等五花八门的玩意，都以练习少而效果好为号召。优秀的教师不为所动，继续教授惯用的好方法。这一世纪的两大钢琴派系正在形成。克莱门蒂的学生中有莫谢莱斯和菲尔德；莫谢莱斯教过门德尔松。胡梅尔的教学方法继续活在希勒、本内迪克特、亨泽尔特、塔尔贝格和恩斯特·保尔身上。贝多芬教车尔尼，车尔尼教李斯特、莱谢蒂茨基，以及值得尊敬的钢琴家兼教师西奥多·库拉克等许多人。李斯特和莱谢蒂茨基教的学生更是多得不计其数。

保持到几十年后才变的是公开音乐会的结构。和以前一样，钢琴家出现的音乐会上会有乐队——哪怕只有四个人，一概称之为乐队，除了钢琴以外，还有一把小提琴、一个歌唱家或者竖琴演奏者。直到十九世纪三十年代后期，还必须有一档钢琴家的即兴演奏。音乐的品质通常很糟糕。钢琴家可以弹别人作曲的三个不相干的乐章，拼凑成一首协奏曲。例如，路德维希·申克有一次弹一首协奏曲，第一乐章是里斯《c小调钢琴协奏曲》的第一乐章，第二乐章是贝多芬《"皇帝"钢琴协奏曲》的一部分，第三乐章是皮克西斯的《匈牙利回旋曲》。我们奉为伟大作曲家如巴赫、莫扎特、海顿、贝多芬的作品很少公开演奏，至少在十八世纪九十年代以前很少出现。后来，有一些钢琴家突然研究起大作曲家的作品来。克拉默是唤醒公众注意贝多芬和莫扎特作品的少数几个钢琴家之一。另一个钢琴家是现在已被人们忘记的亚历山大·皮埃尔·弗朗索瓦·博埃利。他早在

1810 年就专门弹巴赫，自己也写一些音乐，在开发钢琴的性能方面可与克莱门蒂媲美。克莱门蒂本人在公开场合会弹一些巴赫，在私人场合则大弹巴赫。还有一个人弹巴赫，就是约瑟夫·利帕夫斯基。车尔尼对他的钢琴演奏和视奏能力评价很高。玛丽亚·齐玛诺夫斯卡在欧洲各地演出，被称作"女菲尔德"，颇受歌德赞赏（歌德显然爱上了她，写了几首诗给她）；她偶尔也弹贝多芬。歌德认为她比胡梅尔高明，虽然这样想的人并不多。（"这样想的人更多是因她那美丽的脸蛋而不是美丽的演奏。"门德尔松曾冷冷地写道。）

如果说有一个重要作曲家的作品会被人演奏，那就是贝多芬。进入贝多芬圈子的音乐家当然都传扬贝多芬的福音。里斯在伦敦大弹贝多芬。西普利亚尼·波特是一位备受尊敬的英国钢琴家，曾于 1818 年拜访贝多芬；他在 1824 年和 1825 年把"C 大调""c 小调"和"G 大调"三首协奏曲介绍到英国。另外有一个英国人查尔斯·尼特在 1815 年同贝多芬接触过八个月，后来在英国首演《"皇帝"钢琴协奏曲》。贝多芬圈子里的莫谢莱斯在贝多芬生前演出过几首他的奏鸣曲。

尽管有这么几个人才，但整体水平很低。罗伯特·舒曼在 1834 年创办《新音乐杂志》时就为这个问题而苦恼。"贝多芬、韦伯和舒伯特去世才几年，钢琴上除了赫尔茨和欣滕，什么也听不到。"舒曼此话大体上没有错，虽然实际情况没有他说的那么糟；站在天使一边的热情的青年人往往会这么激进。他的看法得到了威廉·冯·伦茨的支持。伦茨于 1828 年从里加来到巴黎，对韦伯的音乐十分迷恋。他惊奇地发现，音乐家中几乎没人知道他心爱的卡尔·玛丽亚·冯·韦伯：

> 说真的，那时的钢琴演出曲目是些什么？呆板的细木工胡梅尔、赫尔茨、卡尔克布雷纳、莫谢莱斯；没有任何有创造性、戏剧性或表现力的东西。贝多芬尚未被人了解；他的三十二首钢琴奏鸣曲中，只弹三首——带变

奏的《降 A 大调钢琴奏鸣曲》(Op.26)、《升 c 小调"月光"奏鸣曲》、《f 小
调钢琴奏鸣曲》(出版商异想天开地取名"热情",这并不是贝多芬的主意)。
最后五首奏鸣曲被认为是这个德国理想主义者的败笔,说他不懂怎样写钢琴
曲。人们只认胡梅尔公司的产品;嫌莫扎特老派,写不出赫尔茨、卡尔克布
雷纳、莫谢莱斯——更差的不必言矣——那样的大手笔。

施波尔描写 1820 年的巴黎时,对巴黎的文化生活并不赞同。"在音乐会中很
少听到严肃而传神的音乐,诸如大作曲家的四重奏或五重奏。人人只求炫耀自
己;听到的全是曲调变奏、热门的回旋曲、夜曲之类的无聊玩意,唱的也全是浪
漫曲和小二重唱。"

可供严肃音乐家演出的音乐厅也不多,大演奏家通常在沙龙里或租歌剧院、
剧院、舞厅演出。直到十九世纪三十年代,柏辽兹、费蒂斯和卡斯蒂尔-布拉泽
还在悲叹巴黎缺少音乐厅。世纪之交的年代里,可供来巴黎的音乐家演出的场所
只有巴黎音乐学院的礼堂。在维也纳,一所骑马学校勉强被用来开音乐会。大学
礼堂和旅馆客厅都能而且的确会用来开音乐会。德国等到 1781 年才有莱比锡的
布商大厦;慕尼黑的音乐厅更是要到 1828 年才落成。施波尔在 1819 年说柏林没
有一所合适的音乐厅。伦敦使用阿吉尔厅和汉诺威广场厅,两者都很小(每个至
多坐八百人),都不是为音乐会而设计的,自然不会有包厢。门票一般是预售联
券,而且必须问清音乐会的主办人是谁。

虽然如此,钢琴家还是层出不穷,特别是出自卡尔·车尔尼(见图 17)的
门下。卡尔·车尔尼是最了不起的钢琴家,但是此时已不公开演出。车尔尼年轻
时的确偶尔登台演出过,但是他讨厌旅行以及公开演出的紧张感,所以宁愿待在
维也纳教教学生,作作曲,其他什么也不愿意干。他一生未婚,没有兄弟姐妹或
其他近亲,只有猫,家里总有七到九只,其中好几只大着肚子。车尔尼花很多时
间为生下的小猫找好人家收养。1857 年去世时,留下一大笔遗产,捐给维也纳音

乐学院和一些慈善事业。他是一个多产的作曲家，在他名下出版的作品编号超过一千，还有大量手稿。他头上戴顶便帽，同时摊着四五首作品在写，等待一首的墨水干透可以翻页之际，赶去另一首。逢到有人在屋里，还兴致勃勃地聊天。他的音乐并非毫无可取之处；二十世纪四十年代，弗拉基米尔·霍洛维茨发现了一首变奏曲（Op.33），效果极好，值得大大推荐。1850年以后再没有人演奏过，但很值得一看的一部作品是《练习奏鸣曲》（Op.268）。这是一部辉煌的作品，浪漫得出奇，其音型写法要求极其高深的演奏技巧。车尔尼创作的练习曲成百上千，虽不那么激动人心，但是自1830年以来，钢琴家无不苦苦学习，而且教育价值始终不减。

车尔尼1791年生于维也纳，贝多芬注意到他，并于1800～1803年间教他钢琴。这位音乐伟人在1805年为车尔尼这孩子写的一封介绍信上说："我荣幸地证明，卡尔·车尔尼这个年轻人在钢琴上取得的进步不同凡响，远远超过对一个十四岁孩子的期望。我认为他配得上一切可能的帮助，不仅因为我提到的进步，而且因为他具有惊人的记忆力。"车尔尼的父亲从波希米亚来到维也纳，教音乐为生。车尔尼跟随父亲启蒙，三岁弹琴，七岁作曲，到十岁时，卡尔已熟谙一切标准曲目。城里有另一个波希米亚人，名叫文泽尔·克伦普霍尔茨，是贝多芬的仰慕者，也是贝多芬的朋友。他在1799～1800年的那个冬天把小卡尔介绍给贝多芬，卡尔弹了一首《"悲怆"奏鸣曲》给他听，据说贝多芬说过这么一番话："这孩子有才华。我愿意收他做学生，亲自教他。让他一星期来一次。"1803年，卡尔不再跟贝多芬学习，但是仍保持着密切联系，弹奏贝多芬的许多作品，包括1812年2月12日《"皇帝"钢琴协奏曲》在维也纳的首演。

车尔尼的无与伦比的重要性主要在于教学。弗朗茨·李斯特是出自他门下的最著名的钢琴家之一，还有德勒、库拉克、耶尔、莱谢蒂茨基、贝尔维尔等等，都是下一代的重要艺术家。其中有不少成为教师。李斯特虽然不经常教学生，莱谢蒂茨基却经常教学，他从车尔尼那里学到许多东西，两人的教学法相仿。库拉克形容车尔尼的教学法是"实用的经验主义"。胡梅尔对于钢琴技巧先有一套看法，车尔尼则认为，在具体实践中，不可能有一套人人适用的方法。连指法也不可能一样，因为手的形状、大小和构造都不一样。所以，每一首乐曲都必须根据手的具体情况来应用。在他写的一些教科书中，车尔尼可能和别的理论家一样喜欢说教。（"拇指绝对不可以放在黑键上。同一个手指绝对不可以连击两个或更多的琴键。弹跑句时，小指绝对不可以上黑键。"）但在实际教学中，他似乎十分灵活，通过他的学生李斯特和莱谢蒂茨基传诸后世。车尔尼在钢琴演奏史上的地位，尚有待充分研究。那两位伟大教师的教学是否真正反映车尔尼的教学理念（如莱谢蒂茨基看上去那样）？果真这样，车尔尼是现代钢琴演奏的鼻祖无疑。但是车尔尼跟贝多芬学过，因此不妨假设，比起现代钢琴家来，李斯特和莱谢蒂茨基以及他们的学生弹的贝多芬更接近贝多芬，尽管现代钢琴家自恃学识渊博、文本精确，取笑李斯特和莱谢蒂茨基派演奏贝多芬时的浪漫。

　　车尔尼和克拉默等几个老一辈的钢琴家一样，随着年纪增大，渐渐跟不上时代。肖邦访问维也纳时去拜访过这位大师，甚至和他一起在两架钢琴上弹奏。肖邦在家书中写道："他是个好人，仅此而已。"肖邦一贯风趣，有点刻薄，"他又改编了一首序曲，用八架钢琴，十六个人演奏，还挺得意呢。"两人亲热地告别，肖邦回忆道："车尔尼这人比他的作品热情。"

　　另一个不常公开演出的钢琴家是卡尔·玛丽亚·冯·韦伯（见图18），虽然与车尔尼的原因不同，韦伯的原因是他太忙于作曲，忙于指挥上演自己的歌剧，忙于写评论抨击贝多芬的音乐。但他从小是神童，虽然受的教育不够，但是挺有演奏大师的才具。他一切都靠自己努力，仔细聆听当时所有的大钢琴家。他自己写于1810～1820年这十年中的钢琴音乐大大地超前于欧洲当时的任何作品，包括胡梅尔和莫谢莱斯在内。在那十年里，他比任何人都更努力探索钢琴的潜能，充分认识钢琴可能发挥的作用。他有丰富的想象力，像胡梅尔那样正确而干巴巴的钢琴家使他不安。他曾经对一个朋友说，胡梅尔没有研究过钢琴的性能。这是在 1815 年，评价的是一位公认的大师！但是，写的比说的有力，第二年，韦伯就写出那首伟大的《降 A 大调钢琴奏鸣曲》，充满了新意，还比贝多芬写的任何一首钢琴曲的技巧性都强。韦伯也创作过许多沙龙音乐，虽然质量不如奏鸣曲，也有不少精彩的、效果极好而且对当时人来说十分艰深难弹的篇章。

韦伯的手和沃尔弗尔一样大，左手伸展的跨度可以弹降 A—降 E—降 A—C 那样的和弦（《降 A 大调钢琴奏鸣曲》中），或是 F—C—F—A 或 C—G—降 B—E 那样的和弦（都在《创作主题变奏曲》〔Op.9〕的第四段变奏中）。他准能伸展至少十二度。他的钢琴音乐充满了笨拙的伸展、艰涩的跨越和辉煌的跑句。这是浪漫派喜欢的钢琴音乐，整个十九世纪中，少不了要弹《音乐会曲》《邀舞》《降 A 大调钢琴奏鸣曲》或《辉煌波拉卡》。伦茨说他在 1828 年带了李斯特去见韦伯，他描述了李斯特的反应——如果属实，听上去十分迷人；不过伦茨素爱夸大其词，所以，听的时候要小心。伦茨说了许多，其中有一段，说李斯特听了《邀舞》后爱不释手，弹了一遍又一遍，用八度弹小调段的第二部分，还试用其他办法进行加强。不知是否受到伦茨的影响，几年后李斯特谈起韦伯时，也是用尽溢美之词。他告诉学生瓦莱里·博阿西埃，说他认为韦伯的音乐之优美，与其他音乐相比，"犹如新世界的磅礴的大自然和美洲的原始森林之与欧洲的黄杨树围起来的窈窕园林相比"。李斯特果真说过那样的话吗？可是，当时的他正在读拜伦、卢梭和拉马丁……

约翰·彼得·皮克西斯今天已经被人忘记，然而他曾是一位十分重要的钢琴家、作曲家和教师。他写了许多作品，没有一首流传下来；但在他的鼎盛期，几乎没有一场音乐会的节目单上不见他的名字。他生于曼海姆，曾住在慕尼黑、斯图加特和巴黎，1845 年以后定居巴登巴登。有一个事实足以说明他走红的程度：贝尔焦约索公主决定邀请六位最伟大的欧洲音乐家在她那著名的晚会上演出，选中的六人为李斯特、肖邦、赫尔茨、车尔尼、塔尔贝格和皮克西斯。每人选用一部贝里尼歌剧的一个曲调作一首变奏曲，后来以《六人曲》为名出版。李斯特常

17

18

17 卡尔·车尔尼，1833 年。他师从贝多芬，作教学用曲数以千计，李斯特和
莱谢蒂茨基出自他门下。
18 卡尔·玛丽亚·冯·韦伯，大大超前于时代的一位钢琴家。

19

20

19 约翰·菲尔德，小时候被卖给克莱门蒂"为奴"，在俄国酗酒致死，但是他
的钢琴风格为肖邦的先驱。

20 弗里德里希·卡尔克布雷纳，自封为大师，自诩三年能把肖邦教成钢琴家。
但他的演奏确实十分清晰精确。

常公开演奏这首作品。施波尔称皮克西斯的演奏为"虚伪，但有热情"，不知所指。指弹错了音，还是指冒充艺术？

关于皮克西斯，我们知道的不多；我们只知道这个不幸的人有一个大鼻子，被人当作笑柄。海涅称皮克西斯的鼻子是"音乐界的稀世奇珍"。鼻子大也好，小也好，皮克西斯还挺兜得转，喜欢年轻姑娘。有一次肖邦去找皮克西斯，后来在家书中乐滋滋地写道："你想得到吗？他同一个十六岁的美丽姑娘在一起，他说要娶她。我去斯图加特时在他家里看见她的。"肖邦还说，起先皮克西斯不在家，他就和那姑娘闲聊。这时那伟大的恋人皮克西斯进来，就疑神疑鬼地看他们。"老家伙定一定神，拉住我的手，带我进房间。他忐忑不安，不知如何是好，生怕得罪我以后，我会变本加厉地利用他不在家的机会。最后，他陪我下楼，看到我脸带笑容——没想到居然会有人怀疑我做这种事，我不禁觉得好笑——便问当差的我来了多久。那个佣人的回答准是使他满意，不然他不会从此逢人便赞不绝口地夸我的才华。"肖邦觉得很有趣。"你们说呢？我成了个窃玉偷香的危险分子。"

从爱尔兰到波希米亚
菲尔德、胡梅尔、卡尔克布雷纳、莫谢莱斯

浪漫主义来临之前四个最重要的钢琴家是都柏林人约翰·菲尔德、波希米亚普雷斯堡人约翰·尼波穆克·胡梅尔、来自卡塞尔和柏林之间（生于驿车上）的弗里德里希·卡尔克布雷纳和来自布拉格的伊格纳茨·莫谢莱斯。其中，菲尔德最富诗意，也是最接近肖邦风格的人；胡梅尔是古典派；卡尔克布雷纳是技巧最璀璨的演奏家；莫谢莱斯从炫技钢琴家发展成为古典派，是四人中最优秀的音乐家。

其中最有趣的人是菲尔德（见图19），虽然他的天分没有得到充分发挥。他在1782年7月26日生于都柏林的一个提琴师家里。父亲是他的启蒙老师，后来跟一个叫作托马索·焦尔丹尼的人学琴。六岁已举行音乐会；学尽了都柏林能学到的一切以后，被送到一代宗师克莱门蒂那里。克莱门蒂可不会白白教他，他不

是那种人。菲尔德的父亲必须付一百金币的拜师费，才能投入克莱门蒂门下。克莱门蒂给他上了几节课后，立即叫他到自己的钢琴沙龙中去演示克氏制造的钢琴，就这样"教徒弟"。菲尔德自然从克莱门蒂那里学到许多东西，也从当时在伦敦的杜赛克那里学到不少。菲尔德是一个阴郁而乖戾的孩子，一生为自卑情结所苦恼。克莱门蒂待他像佣人，使他失去信心。他吃不饱，穿破衣。施波尔在自传中谈到过克莱门蒂是如何对待这可怜的孩子的。"菲尔德必须在仓库里成小时地弹琴，把克莱门蒂制造的钢琴的最大优点演示给顾客听。回忆中这个苍白而瘦长的青年的身影犹历历在目……菲尔德穿的衣服已经嫌小，他在琴旁坐下，伸出手放在键盘上时，袖子几乎缩到齐肘，整个身体显得极其僵直笨拙。"是的，他在琴旁坐下时，人们嘲笑他；可是，他一触键，嘲笑声就停止了，他的技巧完美无瑕，而且有一种施波尔所谓的"梦境般的愁绪"。也许今后将要创作的夜曲已经在这个青年的头脑里萌芽。他是一个固执的钢琴家，困难乐句会连续练上千百遍直到自己满意为止。不久，他变得欲罢不能，非练不可；身前放一盒筹码，每练完一遍，就拿出一个筹码，直到筹码盒子拿空才停止。

难怪他长成一个孤僻、落落寡合的人。但是他也成为一位有力的钢琴家，他属于那种在键盘上表现他从生活中得不到的种种憧憬和希望的类型。1802 年，克莱门蒂带他去巴黎，让他开了几场音乐会，给人留下深刻难忘的印象。在音乐会中，他弹了亨德尔和几首巴赫的赋格曲。一位评论家写道："如此精确，趣味如此卓绝，巴黎的听众报以无比热烈的掌声。"菲尔德诠释巴赫的良好趣味无疑得自克拉默，克拉默的音乐会中一般总有几首巴赫这位祖师爷的作品。（这是又一个证据，驳斥巴赫去世后被人遗忘，直至门德尔松在 1829 年重新上演《马太受难曲》才得以重振一说。只要翻翻十九世纪初以及更早些时候的法国、德国和英国的书刊杂志，便会看见巴赫经常被提到，且提到时都必然怀着无比敬意。）从巴黎到维也纳，后来又去俄国，在那里，菲尔德鼓起勇气离开克莱门蒂。1806 年克莱门蒂重返圣彼得堡时，发现菲尔德已是成功的钢琴家、作曲家和教师，尽管他日益懒散、粗鲁，开始酗酒。1808 年，菲尔德娶一个法国女演员为妻，五年后离异。1814 年出版最早的三首夜曲。1822 年，菲尔德迁居莫斯科。他的风流韵事成为莫斯科的丑闻，他过着放浪的生活，倾家荡产，样子像法斯塔夫。他拖着疲惫的身心在 1832 年重访伦敦和巴黎，结果他的演奏还是那么轰动。常为法国杂志写评论的弗朗茨·李斯特却感到不安，发表了一些真知灼见。李斯特指出，菲尔德在巴黎的音乐会不仅钢琴质量欠佳，而且菲尔德根本没有演艺人的气质。在光彩四射的李斯特（李斯特是演艺人气质最为强烈的钢琴家）眼里，菲尔德灰暗的神情像隔夜的香槟一样淡而无味。李斯特提到菲尔德的手几乎毫无动静——这是克莱门蒂在手背放硬币训练的结果。"他那毫无表情的神色唤不起人们的遐想……他镇静到近乎冷漠，不在乎自己可能会在听众身上引起什么反应。"李斯特总结菲尔德的演奏是"悦耳地做梦"。1838 年一位英国评论家的回忆肯定了李斯特的描绘。他说，菲尔德坐在琴旁一动不动，"只有手指在弹，没有多余的手或手臂动作。每一只手指击键时机械地用力，规规矩矩，可以发最响和最轻、最长和最短（即最快）的音而不见丝毫用力的痕迹"。

回到西方后，菲尔德四处走动，拜访熟人，听年轻人演奏，对谁都没有太好的印象。他听过肖邦的演奏后，说他是"病房里的天才"。他在意大利演出时，在那不勒斯病倒，出院时一贫如洗，一个俄罗斯家族在经济上援助他。他去了维也纳（住在车尔尼家里），然后回到俄国，于 1837 年 1 月 11 日去世。下面一段对话据说是菲尔德临终前说的：

"你是基督徒吗？"神父问。

"不是。"

"那么你是天主教徒吗？"

"说不上。"

"那么你是卡尔文教派的？"

"不是。我不信奉卡尔文，我信奉钢琴。"

他在俄国取得巨大的成功。第一次公开演出是在 1804 年的圣彼得堡，奥尔洛夫伯爵听后立即邀请他担任宫廷钢琴师。但是菲尔德拒绝了，"宫廷不合适我，我不懂怎样讨好宫廷"。在莫斯科，他不再贫困，他是那里最成功、要价最高的音乐家。上课时，他要求供应香槟，一面喝酒一面教贵族弹琴——也许谈不上"教"这个词。据说他不是一个好老师，讨厌上课的每一分钟时间；从来不讲色彩层次、分句之类的东西，只管手指，整节课如此。但如果真正碰上一个有才华的学生，他就会坐在琴前示范；那样，学生至少还能学到一些东西。他教学生别用踏板，他说钢琴上的种种任务都应该由手指来完成。但是，他的确要求学生弹好的音乐。他给学生布置的功课是巴赫、亨德尔、海顿和莫扎特，但是从来不弹贝多芬，他称贝多芬为"那块德国抹布"。

他不是一个讨人喜欢的人，他的怪脾气是俄国人的话柄。刚到俄国时，他看见做大衣用的毛皮，欣喜若狂，当即买了一块熊皮作披风。他喜欢这件披风喜欢到了穿着它上台演出的地步；这件披风也的确不止一次地救他免于冻死。一个俄罗斯的音乐爱好者在 1827 年 4 月 21 日的日记里写道："昨天有一场音乐会……菲尔德是唯一没来的人。他喝得酩酊大醉，要不是及时采取措施，他可能就此冻死。"想必菲尔德回英国去时话说得太多、牛皮吹得太大、酒喝得太凶而招人讨厌。莫谢莱斯描写过一次宴会上菲尔德的表现：

我喜欢他弹的连音，但是他的作品不合我的口味。没有比菲尔德的夜曲和菲尔德的举止之间的对比更触目惊心的了，他的举止往往有愤世嫉俗的味道。昨天，他从口袋里掏出一张他妻子的小照，大声宣布她原来是他的学生，他之所以同她结婚，是因为她从来不付学费，而且他知道她不会付他学费；这引起女士们一阵骚乱。他还吹嘘自己在圣彼得堡给女士们上课时打瞌睡，还说学生常常叫醒他问："你倒在这里睡觉，人家付每小时二十卢布是为了什么？"

莫谢莱斯不太欣赏菲尔德的演奏，认为它缺少精神、重点、层次和深度。但是莫谢莱斯听菲尔德时，菲尔德的顶峰时期已过去多年。就如李斯特在其他场合说的，在俄国被当作偶像崇拜了几十年，他已被惯坏，再加上酗酒和明显地缺少练习，种下恶果。不少钢琴家和评论家更尊敬盛年的菲尔德。菲尔德的名声极大，肖邦在 1831 年初到巴黎闯天下时，描写自己的成功时用的最佳比喻是："有修养的艺术家来跟我上课，把我的名字同菲尔德相提并论。"克莱门蒂称菲尔德为其最得意的门生。"他的演奏准确而无可指摘；他还有一种难以言传但可以感受的品质，谁也无法模仿。"菲尔德肯定是把歌唱的连音风格带到了前浪漫时期的顶峰。英国钢琴家查尔斯·萨拉曼称他为"真正伟大的钢琴家……浪漫而富有诗意，仿佛在诠释一个美丽的梦；他的触键具有歌唱性，他的演奏无比优雅细腻，他的表情富有感情，在当时确属无与伦比"。格林卡富有诗意地描写了菲尔德的演奏："他的手指像大大的雨点倾泻在琴键上，犹如珍珠落在丝绒上。"（"珍珠落在丝绒上"的说法从 1800 年用到今天，看来还会用下去。）

显然，菲尔德在许多方面是肖邦的榜样。众所周知，他那十八首夜曲及其左手的琶音音型法和贝里尼式的旋律，直接启发了肖邦的夜曲。（菲尔德嫉妒肖邦，特别是因为肖邦的夜曲极受欢迎，而他自己的遭到冷落。）作为钢琴家，他又和肖邦一样，注重音色和细致的力度。他无疑预示了肖邦的指法，在同一琴键上换指，以求得完美的连音。菲尔德还把杜赛克的踏板实验推进一步。不错，他的确叫学生不用踏板，用手指连奏。但是，哪一个教师不是这样教学生的？为的是没有学会爬的孩子不能让他走路。必须要用踏板的时候总会到来，菲尔德被公认为踏板效果无比细腻的大师。当然他仍然是个过渡性质的人物，是克莱门蒂门下的钢琴家，手背上没有少放硬币，立场是古典的。可是，他超越了所受的教育，和杜赛克一起成为最早的钢琴诗人。在这一点上，比起闪耀夺目的卡尔克布雷纳或头号古典派胡梅尔来，他是一位革新者，他的重要性要比他们大得多。

菲尔德甚至比盛极一时的安娜·卡罗琳·德·贝尔维尔更重要。贝尔维尔是车尔尼的得意门生，贝多芬对她很感兴趣。到 1830 年，人们把她同克拉拉·维克相提并论。罗伯特·舒曼承认贝尔维尔比他的克拉拉技巧好（在此他不可能是漠不关心的旁观者，因为克拉拉就要成为他的妻子了）。但是，他说克拉拉总体还是要更胜一筹，因为"安娜是诗人，而克拉拉是诗"。肖邦在华沙听过她的演奏。"还有一个贝尔维尔小姐在这里，法国人，钢琴弹得很好，极其轻盈雅致。"十年后，1840 年，他写了一封非常恭敬的信给她：

> 我有幸为你写的那首圆舞曲，求你留下。我不想出版它（后来出版了，为 Op.70/2），但我愿听你演奏它，亲爱的夫人，我愿去听你美妙的音乐会，在那些音乐会上，你如此卓绝地弹奏莫扎特、贝多芬和胡梅尔等大师的作品，我们众人的大师。几年前我在巴黎埃拉尔家听你弹胡梅尔的柔板，至今犹萦回于耳。说真的，尽管这里有杰出的音乐会，但很少有钢琴音乐能使我忘记那天晚上听你演奏后的喜悦。

肖邦没有向别人客套地表示恭维的习惯；贝尔维尔一定是很好的。她在 1831 年嫁给英国小提琴家安东尼奥·詹姆斯·乌里，两人一起巡回演出。1846 年后，她专心作曲，出版了一百八十首曲子，几乎都是不高明的沙龙音乐。

值得注意的是，肖邦完全接受胡梅尔，认为他是了不起的古典派大师。十九世纪三十年代的音乐家很少有不接受这一说法的，如果说有一个作曲家能永垂不朽的话，那准是胡梅尔。胡梅尔（见图 21 ~ 22）生于 1778 年 11 月 14 日。他接受古典主义，是顺理成章的事；他是海顿和莫扎特的学生。后者特别喜欢这个孩子，1785 年把他接到大学院街的家里住了两年。十岁时，孩子被父亲接走，去欧洲巡回演出四年。后来，胡梅尔被带去伦敦，1793 年，海顿在伦敦教过他一阵。两年后又在维也纳教过他一段时间。十年后，胡梅尔接替海顿——从 1804 ~ 1811 年——担任埃斯泰哈齐亲王的乐长（后因玩忽职守而被辞）。他会抽出一部分时间到各地开音乐会，但主要还是集中在教学和指挥上，当然还有作曲。他于 1811 ~ 1816 年在维也纳；1816 ~ 1820 年在斯图加特；1820 年到 1837 年 10 月 17 日去世，在魏玛任乐长。

他用的是维也纳钢琴，演奏以清晰、匀净和节奏稳定见长。胡梅尔准是接近克拉默风格的钢琴家，莫谢莱斯谈到过这一点。1830 年胡梅尔重访英国时，不仅缺少青年的精力和弹性来投入伦敦的音乐生活，而且"英国人发现克拉默的连音和胡梅尔不相上下，当然更喜欢本国天才，为克拉默而骄傲。胡梅尔看到报上许多人持这种观点，可能很生气，因此有人请他和克拉默弹二重奏时，他拒绝了。这一来使人们对他更加不满"（莫谢莱斯语）。但是在维也纳，作为那里的居民、名流，他产生了轰动效应。他的演奏使维也纳分成两派。车尔尼写道："我从来没有听到过如此新颖而光彩夺目的难句，如此清新优雅的演奏，如此亲切温柔的表情，或者如此趣味高雅的即兴。"车尔尼赶紧去跟他上课。人们自然拿他的演奏同贝多芬对比。胡梅尔仰慕者称贝多芬的演奏嘈杂、不自然，踏板用得太多，不干净，乱七八糟。贝多芬派则称胡梅尔的演奏缺少想象力，"单调得像中世纪的轮擦提琴，手指位置令人联想起蜘蛛"。双方在某种程度上可能都有道理，虽然到 1811 年，贝多芬的演奏一定已经错误百出了。胡梅尔和贝多芬有过时好时坏、相处不易的交情，最后因贝多芬撕碎胡梅尔改编的四手联弹《菲岱里奥》序曲，把这任务交给莫谢莱斯而破裂。贝多芬临终时二人言归于好，胡梅尔是贝多芬葬礼上抬棺材的人之一。

胡梅尔为人却不优雅，粗鲁、笨拙、邋遢、满脸麻皮。车尔尼称他为"很突出的一个青年人，一张不起眼、不招人喜欢的脸不停地抽动着"。车尔尼还批评他的"穿着毫无趣味可言。几乎每只手指都戴着贵重的钻石戒指"。到晚年长成庞然大物，家里和宫中餐厅里的桌子必须特地锯掉一块，他才能坐下用餐；弹琴时，呼哧呼哧气喘吁吁，大汗淋漓。

但他是一位有修养的音乐家，除了贝多芬外，是当时最伟大的即兴演奏家。有人甚至认为他比贝多芬还强，因为他更有教养。施波尔干脆称他为所有人中最伟大的即兴演奏家，还举例说明他的能耐：

> 我特别高兴地记得一天晚上的即兴，他弹得那么精彩，后来不论在公开或私人音乐会上再也没有听见过。客人们正要告辞，有几个女士觉得时间还早，请胡梅尔再弹几首圆舞曲。他对女士总是很殷勤、有求必应，就在琴旁坐下，弹几首她们想听的圆舞曲；隔壁房里的年轻人就跳起舞来。我和另外几个艺术家已拿了帽子要走，被琴声吸引住，就围在琴旁用心地听。胡梅尔见此情景，立刻转弹一首自由的即兴幻想曲，可是仍然保持圆舞曲的节奏，跳舞的人丝毫不受影响。接着，从我和另外几个在晚会上弹奏自己作品的人那里取用几个容易结合的主题和音型，编织在他的圆舞曲里，每次重复时都加以变奏，而且一次比一次丰满、一次比一次表情风趣。他甚至最后把它们用作赋格主题，尽情发挥他的对位技巧而不影响跳舞的人的兴致。接着，他回到华丽风格，最后结尾的演奏晶莹璀璨，对他本人来说也属罕见。在终曲中，用过的所有主题一个个不断呈现，整个演奏以真正富于艺术性的风格完美结束。

铁面无私的英国音乐评论权威亨利·福瑟吉尔·乔利有一次听到胡梅尔的即兴演奏，欣喜若狂：

> 凡是听过胡梅尔即兴演奏的人，绝对忘不了。它是那样风度翩翩、真情泉涌，令人难以置信。作为演奏家，对风格的自制力令人赞美（表现在速度

的分寸和控制方面，我听过的同时代人或后人无一能望其项背），既不妨碍他的幻想或幽默，又能使他充分发挥他的幻想和幽默——因为他知道自己绝不会离题跑偏、借口遐想联翩而陷入混沌。即兴中出现的主题极其新鲜、明快、多样化，他处理这些主题或严格或荒诞，根据当时的兴之所至；或者用一个最普通的曲调，加上装饰、烘托、改变，使它以种种最活泼的形式给人以新的喜悦。我记得有一次听胡梅尔这样处理奥柏的《马萨尼耶洛》中的几个人尽皆知的曲调，长达一个半小时之久，信手拈来即成一首那不勒斯幻想曲，无可挑剔的优美音色和演奏被南方的明亮神采点缀得朝气蓬勃，是他把歌剧中的教堂赞美诗、渔人合唱、塔兰泰拉和马萨尼耶洛在熟睡的菲内拉身边唱的咏叹调编织在一起的。

胡梅尔是维也纳乐派的顶峰。他继承莫扎特的钢琴演奏风格，几乎是最后一个。不过，胡梅尔比莫扎特更辉煌，技巧更有力。他的演奏方式从容自然，继承了克莱门蒂的八度和双音。根据他的教学来看，他的手指是靠近琴键的。这位以正确著称的钢琴家实在太古典了，不大动感情。托马谢克在布拉格听他演奏后，在 1816 年总结如下："胡梅尔的触键阴柔多于阳刚，使我不禁想起沃尔弗尔的演奏……胡梅尔弹得很美好，从不失去严格的速度，这种美德现在很少奉行。"胡梅尔极少用踏板，这是和他的古典立场相一致的。在他所作的《钢琴演奏艺术理论与实践教学大全》一书中，他说脚一直放在踏板上弹琴"是掩盖不纯净、不清楚的演奏法而用的外衣"。他建议主要在慢乐章中用踏板，即使在慢乐章中，也仅仅"用在和弦变化相距甚远的地方"。其他踏板效果一概"没有价值，不论对演奏者还是对乐器来说"。

他编的许多教程被奉为福音。今天已很难想象那些书在十九世纪前半叶所起的重大作用。胡梅尔在书中系统阐述技巧，每一个问题都会谈到：他和车尔尼在这一方面统率全局一整个世纪。但也是他，使后来人搞不清古典时期的颤音究竟怎样弹。直到贝多芬，包括贝多芬本人，颤音总是从上面一个音开始，几乎都是这样弹的。但是在《钢琴演奏艺术理论与实践教学大全》里，胡梅尔在1825年左右决定一个新时代应有新思想：

> 关于颤音，我们一直遵循古人，一直从上面的辅助音开始……但在指触和手的位置上，每件乐器都有其特点，钢琴也一样；没有理由把控制嗓音的规则不加变动或改进地用在钢琴上。有两个重要的理由促使我订下一条规则：一般说来，每一个颤音都应该从上面标有颤音记号的主要音开始，而不是从上方的辅助音开始，除非明确提出相反的要求。

原来是胡梅尔在捣蛋。他的理由是：颤音的主要音给予听觉的印象应该比辅助音更为强烈；在钢琴上，用主要音开始一般比较方便。这些话不无道理；但是胡梅尔忽略了古典颤音的和声依据，那恰恰是上分音——主要音上面的半音或全音——所产生的不协和的闪烁。不管怎样，他是造成十九世纪后期，甚至直到二十世纪末，人们误解古典音乐演奏要点之一的罪魁祸首。

他在当时是一位备受尊敬的作曲家——当时对他的评价过高，今天却评价过低。最流行的一部作品是著名的《七重奏》，据车尔尼说，这部作品在维也纳第一次演出（1820年左右）后，由于形式新颖、光彩夺目，轰动一时，人们在路上也会停下来谈论，简直像谈国家大事。时至今日，它仍不失为一部卓越的作品。胡梅尔固然是古典派，但他的音乐已濒临浪漫主义，已含有肖邦的先兆，十分卓越。胡梅尔的《a小调钢琴协奏曲》和肖邦的《e小调钢琴协奏曲》的开头如此相似，不可能是偶然。他的《b小调钢琴协奏曲》中璀璨华丽的音型写法——而且十分钢琴化——肯定影响了肖邦这位波兰作曲家。我们也不可能不注意到肖邦熟悉今天已被遗忘的胡梅尔作于1815年的Op.67——一组二十四首小前奏曲，从C大调开始，用遍二十四个调性。他们两人互相认识：1828年在华沙见过面，后来肖邦又去维也纳拜访过胡梅尔。

有好多年，胡梅尔仅仅是历史书上的一个名字。他的音乐完全消失，只剩下一首钢琴曲——《降E大调回旋曲》。多亏二十世纪七十年代的浪漫主义复兴，今天我们能够听到不少胡梅尔的音乐。大多数是唱片；音乐会上弹的人还不多，偶尔会听到《a小调钢琴协奏曲》《b小调钢琴协奏曲》和《小号协奏曲》。唱片中不仅可以听到上述作品，还可以听到大量室内乐，包括一度风靡（今天听来仍旧十分可爱）的《七重奏》、所有的钢琴奏鸣曲和一些宗教音乐。

连弗里德里希·卡尔克布雷纳也因浪漫主义复兴而出了几张唱片。虽然二十世纪的重要音乐会上还没有听到过任何一首他的作品。他的拿手好戏《奔放的音乐》曾以其减七度、极快的八度和火红的经过句醉倒巴黎和伦敦的沙龙，已一去不复返了；他的歌剧、奏鸣曲和钢琴协奏曲都一去不复返了；其实去了也罢。

在某种程度上，卡尔克布雷纳（见图20）之于英国和法国，犹如胡梅尔之于德国和奥地利。两人都是代表克拉默的古典主义、靠近琴键的老派钢琴家，但卡尔克布雷纳是一位肤浅的音乐家，而且还是一个极其虚荣的庸人。他不仅自以为胜过其他所有的钢琴家，还巴结英法两国的贵族，进而把自己看成大老爷，猴急地忘记自己的平民出身。提到要人时从来不带姓氏，谈论贵族时那股亲密劲，就是要让人们相信他是勋爵和贵妇们的至交。这个浮夸自负的人常说："你知道吗，路易·菲利普曾经要授予我爵位，我表示感谢，但是认为还是不接受较好，因为我不是政治家，而且我必须保持独立人格。"后来他发展成偏执狂。有时，他会露出马脚来，有一次在柏林的阿道夫·马克斯教授面前"即兴演奏"时就是这样。几天后，马克斯收到一包寄自巴黎的新曲子，其中就有卡尔克布雷纳那首所谓的即兴创作——《奔放的音乐》。还有卡尔克布雷纳的儿子的故事也是传遍欧洲的笑话。卡尔克布雷纳训练儿子这位神童，到处吹嘘儿子的即兴演奏才能。法国国王决定考一考那十八岁的孩子。那孩子开始后不久便停下，转过脸向父亲求助："爸爸，我记不起来了……"

21

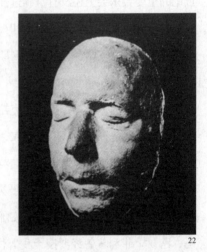

22

21 约翰·尼波穆克·胡梅尔，粗鲁、邋遢、笨拙，但他是最伟大的古典派钢琴
　　家。他把维也纳学派推上顶峰。
22 胡梅尔死后所制的面模。

23

24

23　伊格纳茨·莫谢莱斯，真正的过渡者。1815年左右作此石版画时，他是一个
　　年轻的炫技型钢琴家。

24　1859年的莫谢莱斯，已近事业的尾声。他是第一个公开演奏贝多芬奏鸣曲
　　的人，是门德尔松的老师，是十九世纪上半叶最纯净的音乐家，受人敬爱。

有这样的缺点，怎能不遭人攻击？人人都嘲笑他。门德尔松、肖邦、李斯特和希勒有一次合伙捉弄他。他们打扮成乞丐模样，在一家高雅的咖啡馆里拦截他，大声欢迎他，吵吵闹闹，使可怜的卡尔克布雷纳羞愧不堪。犀利的海因里希·海涅留给后人一幅简明的写照："（卡尔克布雷纳）之所以受到赞赏是因其没有缺点的举措、优雅可爱的风度、有一股糖果店的产品的味道、试图掩藏但终不能不露出尾巴的最下等的柏林人腔调。"1843年卡尔克布雷纳在巴黎开音乐会时，海涅报道说："他的嘴角依然挂着笑容，犹如最近在这里的博物馆开启埃及法老的木乃伊脸上所看到的那样。"克拉拉·舒曼的描写更加有趣。她去听音乐会，会上有人在弹奏卡尔克布雷纳的一首作品，她发现卡尔克布雷纳正坐在第一排，"甜甜地微笑，对自己和自己的创作感到十分满意。脸上的神情仿佛在说，'上帝啊！我和全人类都必须感谢您，因为您创造了我这样一个天才。'"

但是他的确弹得不错，五岁便公开演奏协奏曲。他从德国来到巴黎音乐学院，十三岁毕业。在伦敦住了十年，是一个时髦的钢琴家和教师。1824年定居巴黎直至1849年去世。他是普莱耶尔钢琴公司的一员，是走红的钢琴家，学生又多，因此去世时很富有。

他的演奏固然有感情和力度的局限性，但是，不能否认他的演奏精炼、雅致、精确。所有资深评论家，包括当时一些最优秀的音乐家，都提到他的风格纯净，演奏干净澄澈。恩斯特·保尔说："光洁得像一颗弹珠。从容不迫、镇定自若、带着和蔼的微笑。他指挥听话的手指，宛如将领指挥一队训练有素的士兵。"这种风格固然乏味，如路易斯·莫罗·戈特沙尔克所指出，但是无损于纯净的感情化的乐流。1836年，差点成为卡尔克布雷纳学生的查尔斯·哈雷出色地描绘了他的演奏：

> 他把我带进客厅，那里有一架最漂亮的大三角钢琴，我弹他写的《奔放的音乐》给他听。他提了几点关于速度的意见，说了几遍"很好""了不

起"，直到两手弹八度音阶的那几段。弹完那几段后，他让我停下，问我为什么用手臂弹八度，不用手腕？"瞧你快喘不过气来了。"他说（事实的确如此）。他可以连弹一个小时的八度音阶而丝毫不觉得累。"上帝为什么给我们手腕？"他说，"如果上帝弹钢琴，他肯定用手腕弹！"他还提了一些意见。他说我的手指抬得太高，必须更靠近琴键，特别是弹连音的乐句时，使它们更完美、音色更圆润响亮……然后，他示范我才弹过的那部分，让我明白他的要求。接着，他又弹了一段，前后弹了半个小时。你能想象我的喜悦。我第一次听一位著名音乐家弹琴，这半小时对我帮助极大。卡尔克布雷纳的弹奏有一种惊人的澄澈，清晰、干净利落；弹八度音阶易如反掌，又精确无误，特别是左手。他还有一种独特的对付钢琴的方式，特别在好听的乐句中，给人深刻的印象，但是我无法用言语描绘，主要原因是他的手指实在太靠近琴键了。

几个月后，哈雷听到肖邦的演奏，就此不再去卡尔克布雷纳那里。有趣的是，肖邦初到巴黎时也像哈雷一样拜倒在卡尔克布雷纳脚下。肖邦是乡下孩子，从欧洲小城市初到巴黎这个世界钢琴中心，托人介绍去见卡尔克布雷纳这个"欧洲钢琴界第一高手"，听他弹琴，然后写了一封十分可笑的信回家。"你不会相信我曾经多么想知道赫尔茨、李斯特、希勒等人。比起卡尔克布雷纳来他们都只是零……很难向你们描写他的镇静，他的迷人的触键、无比的匀净和对每一个音的控制。他是个巨人，凌驾于赫尔茨、车尔尼等众人之上。"肖邦弹给卡尔克布雷纳听，后者说了几句恭维的话，说肖邦有克拉默的方法、有菲尔德的触键（肖邦听了很高兴），不过没有正规的训练，只有他卡尔克布雷纳一个人可以教他，因为"等到他死后，他再也不能弹琴时，就没有人能代表他那伟大的钢琴学派了"。最后，卡尔克布雷纳说他愿意教肖邦三年。要是真让他教了，准会毁掉十九世纪最杰出的钢琴天才。幸亏理智占了上风，肖邦打消了跟卡尔克布雷纳学习的念头，特别在听了门德尔松的一番话后。门德尔松恳切地对肖邦说，肖邦随便哪一天弹的都比卡尔克布雷纳最佳状态下弹的要高明。反正门德尔松不喜欢卡尔克布雷纳和他的投机取巧。门德尔松冷冷地描写了一次卡尔克布雷纳"进来，弹几首新作。这人变得浪漫起来，偷希勒的主题、乐思之类的小东西，用升 f 小调（这是一个'浪漫的'调性）写些小曲，每天练几小时，一如既往，是一个自以为了不起的家伙"。

卡尔克布雷纳和其他成功的钢琴家一样，写了一本《教程》，在十九世纪五十年代出版。其中有些关于演释的意见很有意思，可以看出当时的钢琴家是怎样处理乐曲的。卡尔克布雷纳建议弹上行乐句时用渐强，弹下行乐句时用渐弱。小节中最长的音应该最响。旋律乐句结束时应该渐慢（贝多芬似乎也是这样）。乐句重复时，应该听上去不同：如果第一遍响，第二遍就应该轻些。

总之，这些观点和今天的好老师叫学生不要做的相反；但是，在当时，几乎整个十九世纪，人人都那样做。

真正的过渡者是伊格纳茨·莫谢莱斯（见图 23 ~ 24），他是一位敏感的音乐家、一位绅士，是音乐界一位德高望重的人士。菲尔德是个乖僻的人，公开演出不多；卡尔克布雷纳和胡梅尔很早就形成了自己的风格，不再改变。莫谢莱斯一生中却有三种不同的风格。他起先是炫技型钢琴家，虽然是属于克莱门蒂传统的炫技：手的位置十分安定；没有多余的动作，用手指和手的肌肉而不是用手腕和手臂；踏板用得极少。（迟至 1830 年，莫谢莱斯还在说："现在看来，好像一切效果都必须用脚来制造——人要手来干什么？就好像一个好骑手一辈子靠马刺。"这是真正的古典派在说话。）但是，就在这样一些限制之内，他能够使听众感到激动：以闻所未闻的精确的重复音——他是第一个以此闻名的钢琴家——和准确的大幅度跳跃以及快速进行的和弦。他名扬欧洲，以他所作的《亚历山大进行曲》征服欧洲。那是一组炫技性变奏曲，作于 1815 年，用尽了他的全身解数。而他的四手联弹《降 E 大调钢琴奏鸣曲》的问世，显示出他不仅是技巧高手，也是优秀的音乐家。他又是一位灵活应变的艺术家，懂得利用钢琴制造的新成果。他亲口说过，他在艺术上的成长，一半得自 1830 年新的埃拉尔钢琴的启发，那声音像"一把真正的大提琴"。最后是他的晚年，沉思而博学，听众和同行不像以前那么喜欢他了。在这一点上，李斯特对老莫谢莱斯的看法颇有普遍意义。李斯特说，莫谢莱斯在三十至四十岁之间弹得最为出色，可惜越老越变得婆婆妈妈，固执己见。

莫谢莱斯自己明白，问题出在他夹在两种学派中间而无法脱身。没有人能够完全摆脱自己所受的教育，莫谢莱斯的老师迪奥尼斯·韦伯（波希米亚作曲家兼教师）属于老一派。长大后，研究了肖邦和李斯特的创作后，他醒悟到自己的演奏缺少些什么（这是胡梅尔和卡尔克布雷纳所未能觉悟的），便朝着这个方向努力。他的出色而坦率的回忆录对读者推心置腹。1838 年左右，他一边思考着新音乐，耐心地研究它、弄懂它，一边虚心承认自己的失败，十分感人：

> 我弹奏四位现代英雄——塔尔贝格、肖邦、亨泽尔特和李斯特——的新音乐，发现他们的主要效果在于要求手指伸展得很大的乐句，极尽其结构各异的手之所能。我的跨度不大，再说我不属于讲究跨度的学派。我固然十分欣赏贝多芬，但我不能忘情于莫扎特、克拉默和胡梅尔。难道他们没有写出许多高尚的音乐，写出我从小熟悉的音乐来吗？现在，新方式更受青睐，我企图在两个学派之间走一条中间道路，绝不在困难前退缩，绝不轻视新效果，同时保持各种老传统的优点。

但是，莫谢莱斯从未能把两个学派结合起来。他不断地努力，而且胸怀坦荡地声称自己的哲学里或许有着谁也梦想不到的有用的东西。他第一次通读肖邦的练习曲时，承认它们新颖独特，但是他补充道："我的脑子以及受脑子指挥的手指却跟不上某些难弹、没有艺术性、我认为不可思议的转调。总的来说，我觉

从爱尔兰到波希米亚 | 菲尔德、胡梅尔、卡尔克布雷纳、莫谢莱斯

得他的音乐太甜蜜，不够男子气概，说不上出自一位深沉的音乐家之手……我不论怎样努力练习，却总是弹不流利。"后来有一天他听到肖邦亲自演奏，顿时改变了看法。"这下，我第一次听懂了他的音乐……那些难弹而没有艺术性的转调，那些像冒充内行的外行之作，那些我弹肖邦的音乐时从来弹不好的转调，不再叫我惊骇了；他的手指像精灵般不知不觉地滑了过去……够了，他是钢琴演奏家中独一无二的尽善尽美者。"后来，莫谢莱斯这位优秀的音乐家喜欢上了舒曼，1850 年以前很少有人会这样。"手指体操的最好训练场所是塔尔贝格的最新作，论灵气，当推舒曼。舒曼作品中的浪漫主义如此新颖，如此了不起，我必须步步深入地研究他的作品，才能正确掂估这一新学派的特殊的优缺点的分量。"

正是这种虚心可爱的天性，使同时代人喜欢、欣赏并尊敬他。莫谢莱斯那长长的一生代表了一个多么好的传统啊！1794 年 5 月 30 日生于布拉格，后定居维也纳（1816 年成为胡梅尔的劲敌；他同贝多芬的关系也很好）。1824 年，收十四岁的门德尔松为学生，师生间的友谊终生不渝。后来去巴黎，1826 年去伦敦，以伦敦为基地，但不时访问欧洲大陆。门德尔松请他加入新成立的莱比锡音乐学院，他欣然应允。在莱比锡音乐学院执教二十年，受到众人的敬仰，他把优秀学生带到家里，帮助他们踏上艺术之路。他也是个多产的作曲家，虽然他的作品现已被人忘记。最后一首还有人弹奏的作品是《g 小调钢琴协奏曲》，但也在 1900 年前后从音乐会曲目中消失，那时他已去世三十年。

莫谢莱斯是一位十分重要的钢琴家，作为演奏家，也作为一个象征。别的且不说，他是第一个以身作则地努力把最好的音乐带给人们、树立职业道德的技巧大师。莫谢莱斯认为，作为音乐家，他的一生应该是在完成神圣的使命；这种态度正是浪漫主义的先声。他是一位绅士，是银行家罗特希尔德家族、阿尔伯特亲王和欧洲王公贵族的朋友，是一位要求社会地位的艺术家——这一切都有助于使这一专业受到敬重。他铺平了后世艺术家走的道路。

在音乐方面，他的趣味高尚。他是最早的贝多芬派，十岁便记住了《"悲怆"

得他的音乐太甜蜜，不够男子气概，说不上出自一位深沉的音乐家之手……我不论怎样努力练习，却总是弹不流利。"后来有一天他听到肖邦亲自演奏，顿时改变了看法。"这下，我第一次听懂了他的音乐……那些难弹而没有艺术性的转调，那些像冒充内行的外行之作，那些我弹肖邦的音乐时从来弹不好的转调，不再叫我惊骇了；他的手指像精灵般不知不觉地滑了过去……够了，他是钢琴演奏家中独一无二的尽善尽美者。"后来，莫谢莱斯这位优秀的音乐家喜欢上了舒曼，1850 年以前很少有人会这样。"手指体操的最好训练场所是塔尔贝格的最新作，论灵气，当推舒曼。舒曼作品中的浪漫主义如此新颖，如此了不起，我必须步步深入地研究他的作品，才能正确掂估这一新学派的特殊的优缺点的分量。"

正是这种虚心可爱的天性，使同时代人喜欢、欣赏并尊敬他。莫谢莱斯那长长的一生代表了一个多么好的传统啊！1794 年 5 月 30 日生于布拉格，后定居维也纳（1816 年成为胡梅尔的劲敌；他同贝多芬的关系也很好）。1824 年，收十四岁的门德尔松为学生，师生间的友谊终生不渝。后来去巴黎，1826 年去伦敦，以伦敦为基地，但不时访问欧洲大陆。门德尔松请他加入新成立的莱比锡音乐学院，他欣然应允。在莱比锡音乐学院执教二十年，受到众人的敬仰，他把优秀学生带到家里，帮助他们踏上艺术之路。他也是个多产的作曲家，虽然他的作品现已被人忘记。最后一首还有人弹奏的作品是《g 小调钢琴协奏曲》，但也在 1900 年前后从音乐会曲目中消失，那时他已去世三十年。

莫谢莱斯是一位十分重要的钢琴家，作为演奏家，也作为一个象征。别的且不说，他是第一个以身作则地努力把最好的音乐带给人们、树立职业道德的技巧大师。莫谢莱斯认为，作为音乐家，他的一生应该是在完成神圣的使命；这种态度正是浪漫主义的先声。他是一位绅士，是银行家罗特希尔德家族、阿尔伯特亲王和欧洲王公贵族的朋友，是一位要求社会地位的艺术家——这一切都有助于使这一专业受到敬重。他铺平了后世艺术家走的道路。

在音乐方面，他的趣味高尚。他是最早的贝多芬派，十岁便记住了《"悲怆"

是优秀的音乐家。他又是一位灵活应变的艺术家，懂得利用钢琴制造的新成果。他亲口说过，他在艺术上的成长，一半得自 1830 年新的埃拉尔钢琴的启发，那声音像"一把真正的大提琴"。最后是他的晚年，沉思而博学，听众和同行不像以前那么喜欢他了。在这一点上，李斯特对老莫谢莱斯的看法颇有普遍意义。李斯特说，莫谢莱斯在三十至四十岁之间弹得最为出色，可惜越老越变得婆婆妈妈，固执己见。

莫谢莱斯自己明白，问题出在他夹在两种学派中间而无法脱身。没有人能够完全摆脱自己所受的教育，莫谢莱斯的老师迪奥尼斯·韦伯（波希米亚作曲家兼教师）属于老一派。长大后，研究了肖邦和李斯特的创作后，他醒悟到自己的演奏缺少些什么（这是胡梅尔和卡尔克布雷纳所未能觉悟的），便朝着这个方向努力。他的出色而坦率的回忆录对读者推心置腹。1838 年左右，他一边思考着新音乐，耐心地研究它、弄懂它，一边虚心承认自己的失败，十分感人：

> 我弹奏四位现代英雄——塔尔贝格、肖邦、亨泽尔特和李斯特——的新音乐，发现他们的主要效果在于要求手指伸展得很大的乐句，极尽其结构各异的手之所能。我的跨度不大，再说我不属于讲究跨度的学派。我固然十分欣赏贝多芬，但我不能忘情于莫扎特、克拉默和胡梅尔。难道他们没有写出许多高尚的音乐，写出我从小熟悉的音乐来吗？现在，新方式更受青睐，我企图在两个学派之间走一条中间道路，绝不在困难前退缩，绝不轻视新效果，同时保持各种老传统的优点。

但是，莫谢莱斯从未能把两个学派结合起来。他不断地努力，而且胸怀坦荡地声称自己的哲学里或许有着谁也梦想不到的有用的东西。他第一次通读肖邦的练习曲时，承认它们新颖独特，但是他补充道："我的脑子以及受脑子指挥的手指却跟不上某些难弹、没有艺术性、我认为不可思议的转调。总的来说，我觉

浪漫主义以及浪漫主义的规矩

浪漫主义钢琴家都不约而同地生在差不多的时候——门德尔松生于 1809 年，肖邦生于 1810 年，李斯特生于 1811 年，塔尔贝格生于 1812 年，亨泽尔特生于 1814 年。近年来，音乐学家对巴洛克和巴洛克以前的音乐进行大量研究，看不起十九世纪，置之不理。结果是，音乐家到今天才开始了解十八世纪的演奏价值观，学着不用十九或二十世纪的态度去对待巴赫或莫扎特；可是，他们（基本上）不知道，十九世纪的音乐也不能以二十世纪的态度去对待。我们今天对于十九世纪，特别是十九世纪上半叶，在许多方面知之甚少，犹如五十年前对于巴赫的装饰音的了解一样。

有些事实必须重新考虑。到 1830 年左右在巴黎开始兴起浪漫主义革命时，钢琴的形制已基本和今天一样，后来只有几处小的修改，如施坦威公司在十九世纪五十年代的琴弦交叉装置的革新。钢琴在欧洲的地位很难想象，它不仅是浪漫奏鸣曲》，后来在私人音乐会上把 Op.109 和 Op.111 介绍给音乐同行。这在当时是危险的音乐，基本无人知晓的音乐。听众中有人感到无聊，有人受到感动，也有人"被这位大师的浓墨重彩吓坏了，直到我弹那比较容易听懂的《d 小调钢琴奏鸣曲》，心情才平静下来"。他在担任伦敦爱乐乐团指挥期间，主持了 1832 年贝多芬《庄严弥撒》在伦敦的首演，后来又指挥《第九交响曲》若干次。

莫谢莱斯和门德尔松之间的友谊是音乐界的佳话。门德尔松第一次被带到莫谢莱斯面前时，莫谢莱斯就欣喜若狂。他写道："费利克斯这个十五岁的男孩是个奇才。跟他相比，其他神童算什么？不过是有些天赋的儿童罢了。"莫谢莱斯的当然不错，他高兴地关心着这个神童的成长。两人在专业上终生保持密切联系，门德尔松在一封又一封的信中谈到和莫谢莱斯一起弹琴的快乐。1829 年，两人在伦敦一起弹门德尔松的《E 大调双钢琴协奏曲》，门德尔松写信告诉家里说他高兴极了。"好玩极了。你无法想象我们怎样在琴上卖弄风情，一个追逐模仿另一个；我们是多么可爱……"

莫谢莱斯是最早的严肃的钢琴音乐家。他是克拉拉·舒曼和汉斯·冯·彪罗的先驱，是一个超越技巧、只凭着艺术的高贵行事的技巧大师。他曾一度销声匿迹，十九世纪四五十年代的年轻技巧型演奏家超过了他。他是当年的施纳贝尔，只是生得太早。但他从不怨恨，平静地接受日益衰老的事实，文雅而幽默。他照常练琴，看着生命流逝：

> 钢琴家依然纷至沓来。我承认，看到这类过路鸟在我的埃拉尔琴上伤感地啄拾或狠狠地敲一两个和弦时很不高兴。他们不肯好好听我怎样弹这架可怜的东西。对于他们，我等于是死人。他们不知道，音乐依然是我的生命必需品；到他们埋葬我的时候，我还会悄悄地拿老巴赫的触技曲和赋格填肚子；偶尔也会吃上一餐现代饭菜。

派音乐家最喜欢的乐器，而且是社交性乐器。青年女子必须会弹钢琴，在钢琴伴奏下唱歌。是钢琴在传播音乐，犹如二十世纪的留声机。作曲家每写好一首交响曲或室内乐曲，甚至歌剧，便立即把它简化成一架或几架钢琴用的缩本，或者改成钢琴二重奏。当年音乐就是这样传播的，这是专业人士和听众熟悉新旧音乐的唯一途径。年轻的查尔斯·哈雷和史蒂芬·海勒两人在巴黎一起疯狂地弹奏音乐自娱，最早熟悉舒伯特的《C大调交响曲》便是通过它的钢琴二重奏琴谱。海勒写道："当年所有的管弦乐巨著或乐队和合唱作品都是通过类似的改编形式而熟悉的。贝多芬的交响曲我们弹过多少遍，简直数不清，越弹越喜欢！尤其是因为听乐队演奏这些交响曲的机会少得可怜，巴黎音乐学院的音乐会一个演出季里才演奏两三首，所以，有些交响曲，例如'第四''第七'和'第九'，也许要过三四年才能听到一次。"

既然有这么多人弹钢琴，当然要听钢琴家演奏，也的确听到不少钢琴家。欧洲各地都有钢琴家出现，他们蜂拥而去巴黎，以巴黎为基地。（奇怪的是，那时候法国本土的重要钢琴家却不多。）巴黎来了李斯特和塔尔贝格这样的技巧大师、利奥波德·德·梅耶这样的重击手、肖邦这样的诗人、赫尔茨这样的沙龙音乐家、阿尔坎这样的怪人、海勒和亨泽尔特这样怯生的人、利托尔夫和鲁宾斯坦这样的外向型、克拉拉·舒曼和汉斯·冯·彪罗这样的博学型、德赖萧克这样的演艺型钢琴家。他们匆匆忙忙赶路，日复一日。1818年托马谢克关于巡回演奏家的记录千真万确，当时如此，今天也是如此："技巧大师们从不停留在一个地方，永远在旅途中，永远忙着准备音乐会曲目，从来没有时间学新的东西。结果，他们的曲目大都是重复以前弹过的乐曲，不过先后次序变换而已。"

不论男女，这些技巧大师无一不是帕格尼尼的精神后裔。也就是说，帕格尼尼是神气活现的偶像人物的原型，是祖师爷，是高于法律的法律。帕格尼尼伙同撒旦（他本身就是个魔鬼，当时的人们都这样认为），几乎亲自从舞台降临听众席，把听众笼罩在他的超人技巧的光环之中。钢琴家们看他、听他、设法模仿他

（李斯特和舒曼甚至根据帕格尼尼的随想曲创作钢琴曲）。不再有卡尔克布雷纳或者胡梅尔那样的靠近琴键的指法和分句。钢琴家阔步上台，一个个俨然是创造之主，两手高高抬起，敲出震耳欲聋的音响，配上夸张的身体动作。技巧从手指和手转到腕和臂上（常常还加上整个身体）。力量和演艺人招式把一切古典的属性挤入冥茫。李斯特正在做当代红伶蕾切尔都自叹不如的表演，谁还要去听莫谢莱斯？绝招一个接一个——塔尔贝格模仿三只手，李斯特在《半音的大加洛普舞曲》中的瀑布奔泻，德赖萧克的八度。钢琴演奏变成放纵，严肃的老派音乐家只能像笼里的母鸡一样对着绕笼徘徊的饥饿的狐狸咯咯叫。炫技大师是皇帝。1842年李斯特在柏林演出，结束后乘坐一辆六匹白马拉的马车，被三十辆四驾马车簇拥着，后面跟随着几百辆私人马车。"连宫廷官员也驾车进城去看热闹……他不是摆皇帝的'架势'离去，而是以皇帝的'身份'离去，欢呼的人群把他团团围住。"

如此看重炫技大师，独奏音乐会的建制自然应运而生。谁是第一个走上舞台，没有其他音乐家的帮助，赤裸裸地只剩下钢琴与听众直面相对的人？莫谢莱斯在回忆录中声称是他，其实不尽然。1837年，他的确宣布过专演钢琴音乐，许多同行为他捏一把汗。但是莫谢莱斯一意孤行，"不过也采取了预防措施，用了一点声乐，以缓和单调气氛"。既然用了声乐，莫谢莱斯的话就被推翻了。这份荣誉当归于李斯特。1839年在罗马时，李斯特开始不用任何配角，单独"展览"自己。他在1839年6月4日写给贝尔焦约索公主的信中这样描述：

> ……这些讨厌的"音乐独白"（我不知道该怎样命名自己的这些新发明）是我想出来对付罗马人用的，我很可能会把它带到巴黎来，我的脸皮越来越厚了！您能想象吗？旅途劳顿，凑不齐合乎常情的曲目，我只好斗胆独自一人开音乐会，学着路易十四"朕即国家"的腔调，潇洒地对观众说："我即音乐会。"为了满足您的好奇心，我抄写了一份"独白"的节目单：

1.《威廉·退尔》序曲，李斯特先生演奏；

2.根据《清教徒》片段创作的幻想曲，李斯特先生作曲并演奏；

3.练习曲和片段，作曲演奏者同上；

4.根据任意主题即兴演奏，同上。

注意，李斯特把这些划时代的节目叫作"独白"。此时"独奏音乐会"一称尚未诞生，虽然这种形式已用于单人的声乐或器乐表演。丹内利的《音乐辞典》收有 recital 一条："源自法语 réciter 一词，泛指由一人演唱或用一件乐器演奏的任何乐曲。"但此词并没有被普遍采用。首次采用此称的人可能是 T. 弗雷德里克·比尔，他同名人 J. B. 克拉默一起在伦敦创办了一家乐器公司。1840 年，比尔在汉诺威广场音乐厅为李斯特安排了一场演出；5 月 1 日，《约翰·布尔》报刊登广告，题为"李斯特钢琴 recital"。这似乎是此词首次公开使用。人们看不懂，"这是什么意思？在钢琴上怎样'朗诵'（此词原义为朗诵或背诵）？"到 1841 年，李斯特已确立了钢琴独奏会的形式，并如他对贝尔焦约索公主的许诺，把独奏会带到了巴黎。海涅报道了这件新鲜事："李斯特已开过两场音乐会，一反常规地独自演奏，没有他人相助。"

可是，千万别以为所有的钢琴家会立刻仿效，别以为独奏音乐会很快就会变成今天的样子。这样一个新兴事物需要时间来巩固稳定。起先，一切都是很随意的。李斯特在伦敦的打破惯例的"独奏音乐会"上弹了一两首曲子后，"从台上走到台下——台下的凳子排得让人可以自由走动。李斯特在房间里走来走去和朋友寒暄，像亲王那样降尊纡贵，直到他自己想起要回台上去继续演奏"。在演奏过程中，听众们谈天、大笑、抽烟、吃东西、走来走去。只有少数几个脾气乖张的大艺术家才要求听众安静。不过，从某方面说来，这是可以原谅的。那时的节目很长，特别是管弦乐团演出时，很少人能保持注意力集中而不分心。莫谢莱斯在 1830 年抱怨节目太长时说："（伦敦）爱乐乐团的音乐会场场都有两首交响曲、两首序曲，外加两首大器乐曲和四首声乐曲，这样是不对的。我最多只能欣赏一半。"1830 年前，这些马拉松音乐会上常被演奏的作曲家多半是帕埃尔、皮克西斯、温特、迈尔、魏格尔、胡梅尔、雷哈、翁斯洛、吉罗维茨或施波尔；贝多芬、韦伯、海顿和莫扎特的作品偶尔会演奏，1830 年后才越来越多。

听众也变了，庇护人制度开始成为过去式。到处办起了音乐学院：巴黎（1795 年）、米兰（1808 年）、那不勒斯（1808 年）、布拉格（1811 年）、维也纳（1817 年）、伦敦（1822 年）、布鲁塞尔（1832 年）、莱比锡（1843 年）、慕尼黑（1846 年）。私立音乐学校遍地开花。这些学校开始训练出毕业生，毕业生又开始在欧洲各地演出，听众——中产阶级平民——开始付钱去听音乐会。但总的说来，水平不高，永久性的乐团很少。音乐会需要乐队时，通常从歌剧院里招人，另外有什么业余演奏者就加什么。直到这一世纪中叶，除了少数几个大城市外，乐队水平都低得可怕。莫谢莱斯 1825 年在利物浦演奏协奏曲时，不得不将就着同一个只有两组四重弦乐器和"四支断气的管乐器"的乐队合作。1833 年在约克演出时，"唯一的和声支持是长笛"。甚至在维也纳也没有像样的乐队——要到十九世纪四十年代才有可以与巴黎、伦敦或莱比锡相比的乐队。在罗马，施波尔指挥过一个乐队，虽然它囊括了当地可以找到的最好的音乐家，但它是"在意大利为我伴奏过的最差的乐队。那些人愚昧无知、缺少修养，却狂妄自大，难以形容"。

施波尔知道自己在说什么。他是一位杰出的小提琴家和作曲家，是他开创了今天所理解的指挥这一风尚。到 1840 年，指挥这些了不起的人物已相当常见。从前，"指挥"是在键盘上或者用小提琴的琴弓带领演奏的；或许还有一个人专门打拍子。有人打拍子时，听众如果能够在打拍子的噪音之上听见正在演奏的音乐，已属大幸；因为打拍子的人是拿一卷卷紧的乐谱敲打谱架的。1800 年左右，柏林歌剧院里，伯纳德·安塞姆·韦伯用一卷塞满牛毛的皮革来打拍子。他打起拍子来力气极大，常常敲得牛毛到处飞扬。1794 年，纪尧姆·亚列克西斯·帕里斯已经在汉堡用一根一尺长的棍子指挥歌剧。不过，他的革新没有人跟进，直到施波尔开始推广。那是在 1820 年，施波尔面对伦敦爱乐乐团站立，从口袋里掏出他的秘密武器——一片木头——发出"开始"的指示。"有些负责人看到这种新颖的做法，感到吃惊而提出抗议。可是我求他们至少让我试一次，他们就平息了。"历史就此更新。没过几年，贝多芬的朋友、身材矮小而浓眉的英国著名钢琴家西普利亚尼·波特不用指挥棒而用眼睛盯着乐队，两手空空地使劲挥动——这比利奥波德·斯托科夫斯基早了三代人左右的时间。从施波尔起，钢琴家和其他独奏家开始同指挥密切合作。不管怎么说，那时的指挥本身都是器乐演奏大师，只有柏辽兹和瓦格纳两个人是例外。

到十九世纪六十年代，欧洲的听众变得老练，音乐会曲目的安排开始走上今天的道路。但是在浪漫主义早期，还是一片混乱。最伟大的器乐家，连天使般的克拉拉·舒曼，都迁就听众的低级趣味。不管愿意不愿意，反正得这么做。正如李斯特所说，他们是公众的仆人。当然不是每一个器乐家都幼稚得像那个要在十二小时内在钢琴上弹奏六百万个音的管风琴师（他连续不停地弹奏八小时二十分钟，从而赢得打赌），但也有人相去不远。音乐厅充斥着国歌曲调变奏曲、题目感伤的沙龙音乐（《爱之喜悦》《牧羊女的梦》）、向某人致敬的音乐、描写火烧的音乐（《马里亚泽尔大火记》）、地理音乐（《巴黎纪念》），特别是歌剧改编曲和集锦曲。如果说直到 1850 年左右钢琴独奏会上必不可少的一类乐曲，那就是歌剧改编曲，或者从流行歌剧中选一个主题而作的变奏曲。（听众喜欢看名家一起演奏，主办人会同时亮出李斯特、赫尔茨、塔尔贝格、莫谢莱斯等名流的名字，看他们摆弄几架钢琴，弹奏什么歌剧幻想曲，这些大钢琴家可以按自己的需要随意改动。）

在十九世纪中期以前，钢琴家都是按照现已被人遗忘的"严肃曲目"训练的。十九世纪三十年代求学的安东·鲁宾斯坦的学习曲目包括胡梅尔、赫尔茨、莫谢莱斯、卡尔克布雷纳、迪亚贝利和克莱门蒂。没有巴赫、莫扎特、贝多芬、舒伯特。（迟至1865年，戈特沙尔克还受到弗吉尼亚一位评论家的批评，因为他弹了戈特沙尔克的《最后的希望》以及类似的艰涩深奥的作品。他说戈特沙尔克还不如一个出色地模仿鸟鸣和动物叫的小提琴家。"那种音乐，"那个评论家写道，"外行也能感受和听懂；人人听得懂。欧洲至少没有那么落后，虽然那个伟大的克莱门特，那个介绍贝多芬的小提琴协奏曲的人，用提琴模仿谷仓院子里的声音来教化听众，还把提琴颠倒过来拉。"）门德尔松厌恶1830年慕尼黑的音乐生活。"连最好的钢琴家都不知道莫扎特和海顿写过钢琴曲。他们对贝多芬知之甚少，倒是认为卡尔克布雷纳、菲尔德和胡梅尔的音乐更有学问、更古典。"

然而，正是门德尔松在他那著名的1829年巴赫《马太受难曲》复兴中，大刀阔斧地砍、删这部作品，把它改成现代化。这被认为是最合理的做法，因为可以使音乐"适合演奏者的能力，有实践价值"。人人起而效尤。可敬的西普利亚尼·波特在英国演奏莫扎特的《d小调钢琴协奏曲》时，重新创作乐队部分，补写钢琴独奏。瓦格纳在自传中津津乐道如何改进格鲁克的《伊菲姬尼在奥利斯》，把有些乐句连接起来，穿插、创作衔接的环节，自己加写宣叙调，"其余部分，比较彻底地修改了整个乐器法"。然而，门德尔松和瓦格纳还是二十世纪最伟大、最审慎的音乐家呢！

我们可以哈哈大笑，但是我们很难设身处地。他们对音乐的观点不同，受浪漫主义及其种种憧憬的制约。唯我独尊，看世界也几乎以我为主。"我"是艺术家，"我"是演奏家，"我"的内心世界是我要描写的。卢梭早就表示出那种对表现自我的新渴望："我不同于其他人。即使不比他们好，至少和他们不同。"音乐对浪漫派来说不是像今天这样不容胡来；音乐属于神秘，它有一个或几个含意，一个或几个思想，同大自然，同灵魂、生命联结在一起。音乐表现思想感情的状态，所以必须有个标题，不论点明与否。十九世纪中几乎没有一个音乐家，包括克拉拉和罗伯特·舒曼、约瑟夫·约阿希姆和汉斯·冯·彪罗这样坚定的理性派，没有一个不在一首具体的乐曲中看到远远超越谱上所记音符的内涵。他们总是给音乐加上内容！李斯特的得意门生卡尔·陶西格信口解释肖邦的《船歌》，说"它讲两个人，一条秘密的威尼斯轻舟上的爱情场景；我们不妨称这一场面为情人幽会的象征……转入升 C 大调时（标有 *dolce sfogato* 处），我们看到亲吻和拥抱——再明白不过的了"等，不厌其烦。（如果当初肖邦把他的这首 Op.60 取另一个名字，不知又会怎样解释？不必为此担心，不论什么名字，都会给陶西格提示一个"再明白不过"的故事。）连门德尔松的《无词歌》那样简单的东西都不能幸免：休·雷金纳德·霍伊斯牧师在《我的音乐生活》中提供了对其中一首的分析，整整三页，充斥了"灵魂""精神""天堂""快乐""胜利"和"荣耀"之类的词，令人望而生畏。

李斯特告诉弗拉基米尔·德·帕赫曼关于肖邦的《f 小调幻想曲》的故事，声称那首作品的背景来自肖邦本人。事情是这样的：肖邦在弹钢琴，情绪抑郁。有人轻轻敲门，提示了幻想曲的头两个小节，第三和第四小节表示他请人进来。门一下子大开，进来了乔治·桑、卡米尔·普莱耶尔和李斯特等人。他们围着肖邦，听他弹激动不安的三连音。才同他吵过架的乔治·桑下跪求饶。最后的进行曲一段，客人们离去，留下肖邦独自完成这部作品。

愚昧无知、多愁善感的作家编造这类废话已经是够糟糕的了，作曲家自己竟然起而效尤，真叫人不知所措。舒曼就一直这样。他写完《幻想曲》的《夜间》后，高兴地发现其中包含着希萝和莱安德的故事。"你当然知道，莱安德每天晚上游过大海去见他的心上人……我弹《夜间》时，怎么也挥不掉这个想法。起先，他跳入大海；她呼唤他；他回答她；他同风浪搏斗，安全抵达对岸。接着是一段 *cantilena*，这时，他们相互拥抱着、躺着，直到必须分手的时刻。他怎么也不舍得离开，直到黑夜又一次把一切笼罩。告诉我，你听这首曲子时是否也有同样的感觉。"这封信是写给他的挚爱克拉拉的，她当然同意。希萝和莱安德的故事铭刻在十九世纪不少人的心中，也出现在许多作品中。例如，约阿希姆深信，勃拉姆斯的《F 大调交响曲》的末乐章就是表现这对情人的，C 大调的第二动机表现迎着波涛游泳的人。(但是克拉拉·舒曼称这首交响曲为《森林牧歌》,还为它勾画出完整的故事。)

　每当一首乐曲带着一个浪漫的标题出现时,分析家就欣喜若狂。十九世纪五十年代的贝多芬权威亚历山大·乌利比切夫在《"月光"奏鸣曲》(这不是贝多芬加的标题,它出版时的名字是《如幻想奏鸣曲》)的第一乐章听到单相思的痛苦,自怨自艾,像缺少柴薪的火焰。"旋律若断若续,月亮露出苍白的脸庞,一会儿又躲入飞逝而过的乌云背后。"乌利比切夫大力反对李斯特把第二乐章解释为"长在两个深渊之间的一朵花",他认为这样的描写"不恰当"。(文学家捍卫自己的解释,就像烦琐派学者捍卫一个神学难题时那样固执。)著名的柏林施特恩音乐学院的创始者阿道夫·马克斯觉得"月光"的第一乐章是"一首委婉的告别爱情的歌……生命随之而幽灵般平静地滑下无药可治的伤痛的深渊"。钢琴家路易斯·科勒觉得这个乐章里有一个墓园,有垂柳,有苍白的月光和骨灰坛;而贝多芬专家恩内斯特·冯·埃尔弗莱因则在其中听到"一颗疲惫的心灵发出的"温婉的叹息。彼得·科内利乌斯想得更大,觉得第一乐章是"一座雄伟的哥特式教堂……一个受祝福的神灵世界"。

　汉斯·冯·彪罗是十九世纪最优秀的音乐思想家,然而也未能免俗地玩起给音乐注入内容的游戏。八十年代,他在波士顿开了一场贝多芬作品独奏会,弹《A大调钢琴奏鸣曲》(Op.101)、《"槌子键琴"奏鸣曲》《迪亚贝利变奏曲》和《随想回旋曲》。为了帮助听众理解,他在节目单上对三十三段变奏一一加以解释:

　　　主题 I.进行曲风格; II.葬礼舞; III.对话; IV.第三人加入; V.第四人加入; VI.诲人不倦的颤音; VII.坦抒己见; VIII.温婉顺从; IX.拳击; X.逃亡者; XI.深思; XII.决心; XIII.反舌鸟; XIV.夜间的行列; XV.轻佻; XVI.左手的体操; XVII.右手的体操; XVIII.会晤; XIX.赛跑;

XX. 梦；XXI. 对照；XXII. 莫扎特差遣他的莱波列罗；XXIII. 技巧大师的急躁；XXIV. 挚爱之举；XXV. 踮着脚尖；XXVI. 邀舞；XXVII. 舞步失足；XXVIII. 地狱的加洛普舞；XXIX. 一阵忧伤（小调）；XXX. 愁绪扩散（小调）；XXXI. 巴赫和肖邦；XXXII. 复活（赋格）；XXXIII. 再见（小步舞曲和尾声）。

但是，比起他对肖邦的二十四首前奏曲的分析来，这算不了什么；那个解释可谓十九世纪最伟大的虚构之作。首先，彪罗给每一首前奏曲加了一个标题：

1. 团聚

2. 死的预感

3. 你像一朵花

4. 窒息

5. 变幻无常

6. 丧钟

7. 波兰舞者

8. 绝望

9. 幻觉

10. 灯蛾

11. 蜻蜓

12. 决斗

13. 损失

14. 恐惧

15. 雨点

16. 地狱

17. 巴黎圣母院广场一景

18. 自杀

19. 衷心的喜悦

20. 葬礼进行曲

21. 星期日

22. 急性子

23. 游船

24. 暴风雨

后来，彪罗还为每一首前奏曲提供一个完整的故事。这些解释得到威廉·冯·伦茨和李斯特的学生卡莱吉夫人的赞许，他们二人都说这些注解"无比准确地反映了作曲家的感情和用意"。按照这样无可挑剔的权威说法，《e小调前奏曲》描绘

肖邦肺病的一次发作。在左手部分，可以听到他沉重的呼吸；右手部分是发自胸腔的痛苦声音。第12小节，肖邦翻过身去，企图缓解痛苦，岂知压痛顿时加剧。密接和应处，他痛得呻吟，脉搏加快一倍，整个人濒临死亡的边缘。后来，他的呼吸渐趋平静（这些和弦必须是呼吸而不是弹出来的）。他的心跳越来越慢，越来越模糊，到停留在降B音上的那个和弦处（倒数第三小节），心跳突然有一刹那的停止。每个二分音符必须按四个八分音符打拍子，使这些拍子虽然听不出来，仍能感受得到。最后一个和弦表示他睡着了。

或者像升c小调的Op.10：

灯蛾在房间里飞——看哪！它突然躲了起来（延留的升 G 音），只见翅膀微微抽搐。一会儿，它又飞了起来，停在暗处——翅膀在扇动（左手的颤音）。这样反复几次。最后一次，正当翅膀重新开始颤动，房间的主人一下击中这可怜的虫子。它抽搐一下……死去。

　　读这段文字所花的时间几乎同弹这首乐曲一样长。彪罗笔下最令人难忘的注解——虽然二十四篇注解篇篇都是杰作——当数 E 大调的 Op.9，可谓超现实主义：

　　这里肖邦深信自己已经失去表达的能力。他决心看看自己的脑子是否还能产生乐思，便用槌子敲头（这里的十六分音符和三十二分音符应该严格遵循节拍，表示槌子连击两下）。在第三和第四小节，能听到徐缓的血流声（左手的颤音）。他找不到灵感，感到绝望（第五小节）；他又拿起槌子敲头，更加用力（渐强的过程中三十二分音符连续使用两次）。到降 A 大调才重新找到力量。他终于得到平静，寻找原来的调，满意地结束。

　　把彪罗逼到最后，他也许会承认自己的解释过于夸张了一点，说这样做不过是为学生提供一个情感上的依托。他会说，这些解释不过提示前奏曲的表情和感情，不能刻板地当真。但是，这种愚蠢的行为竟然出自一位被尊为一代宗师的音乐家，令人难以置信。

　　在一个能够不动声色地接受这些"解释"的审美环境中，还会有谁去注意学术研究？不出所料，果然没有。按照十九世纪的浪漫主义理想，个性高于一切，因此，个性比音乐更重要。这样一个观念有前人的例证：说到底，十九世纪三十年代，距古典时期不算太远，古典时期的演奏家必须通过增加装饰音或即兴演奏或改进谱上所记音符来表示他的趣味。十八世纪没人在乎这种做法，十九世纪也

113

浪漫主义以及浪漫主义的规矩

没人在乎。李斯特毫不在乎地用贝多芬《降 A 大调钢琴奏鸣曲》（Op.26）的主题和变奏作为第一乐章，用"月光"的末乐章来结束，拼凑成一首钢琴奏鸣曲。彪罗演奏韦伯的《音乐会曲》时"加上了一些效果"；在音乐会上，他常常把李斯特的《第十二号匈牙利狂想曲》同《第二号匈牙利狂想曲》的后半部分合在一起弹奏。这样做不足为奇，彪罗在写给老师的信中介绍了他的这种做法，而老师就是李斯特本人。李斯特从来不肯照搬别人的音乐，也从来不在乎别人改动他的音乐。亚历山大·西洛蒂有一次拿了《第十四号匈牙利狂想曲》去见李斯特，"告诉他斗胆作了几处改动，甚至删掉了几个经过句，征求他的意见"。西洛蒂弹完后，李斯特完全赞同。

李斯特编订舒伯特的钢琴作品时，得意扬扬地告诉世人，自己做的大大超出编辑的工作。他太爱舒伯特了，因此把他的音乐全盘编辑，而且骄傲地声明："把若干段落以及整部《C 大调幻想曲》按现代的钢琴形式重新写过，我敢说舒伯特听了也不会不高兴。""如果巴赫活在今天……"这种老的论调仍然盛行。伦茨便属于那一派的思想。当陶西格把《邀舞》大刀阔斧地改编时，伦茨迫不及待地追随，还为之辩解道，如果在几千人前弹奏这首乐曲，"当然必须得给它穿上参加盛大舞会时用的装束，在现代的奥林匹亚山神般的大三角钢琴的洪亮音响中响出，那种声音可以传送得很远，非韦伯那时的钢琴所能比拟"。注意那个实事求是的"当然"，门德尔松在 1840 年 11 月 14 日写给妹妹的信中也有"当然"一词。门德尔松写到巴赫的《半音幻想曲与赋格》中的琶音段落时这么说："我弹奏它们时，大胆地用尽各种可能的渐强、轻和响，当然还用踏板，并且重复低声部的八度。""当然"，有些东西成了理所当然，如同那一世纪晚些时候的泰蕾莎·卡雷尼奥把格里格协奏曲结尾的琶音弹成八度，就因为她的八度很出色，这个道理不言自明、毋庸争辩，也没有人责怪她，除非作曲家感到有点不好受。技巧惊人的亨泽尔特弹肖邦的《"黑键"练习曲》时，右手加用八度（真了不起！），左手的一些和弦做了扩展（亨泽尔特的左手伸展是出名的），还加上自己创作的几个小节。

这些作为并不限于钢琴。比较优秀的音乐家虽然接受艺术家的偏执，认为是一时的风尚，也接受演奏家有权对乐曲作一定数量的改动和增补，但是对于过多的改动增补也感到痛心。施波尔就猛烈谴责过格奥尔吉夫人。歌唱家一直比其他音乐家更不注意谱上所记的音符；他们对谱子的注意，最多像非洲丛林人对蚊子那样。阿德莉娜·帕蒂第一次唱罗西尼是在一次晚会上，罗西尼亲自为她伴奏《塞维利亚的理发师》中的"Una voce poco fa"。她唱完后，罗西尼冷冷地问她刚才唱的那首咏叹调是谁写的。第二天，圣-桑遇见他时，他犹怒气未消。圣-桑转述罗西尼说的话："我完全知道，我的咏叹调多少应该装饰一番，我写的时候就有此思想准备。但是我写的音符竟然一个都不剩下——那未免太过分了。"肖邦在巴黎写信谈到男高音鲁比尼时，对他的音乐作为颇感兴趣："他用真嗓发声，不用假声。有时连续唱两个小时装饰性短句（不过，有时装饰太多，而且故意抖嗓）。他还不断地唱颤音，为他招来最大的喝彩声。"歌唱家和器乐家一样，以最高权威的名义为所欲为。十九世纪初最重要的声乐教师、伟大的曼努埃尔·加西亚如此教导学生："一个乐思要演唱得有味，必须每一次重复时都全部或部分地改变。以主题重复为美的乐曲——回旋曲、变奏曲、波兰舞曲、咏叹调和有第二部分的谣唱曲——特别适宜改变。这类改变应该是大量的，而且越来越多样化，有不同的侧重点。只有开始主题的呈示可以保持原来的淳朴面目。"

钢琴教师对学生说的也大抵如此。连车尔尼这样严格的教师都允许自由运用渐慢和篡改，浪漫派的所作所为更不用说了。车尔尼在他的《钢琴教程》中允许渐慢，几乎到处可以渐慢——在正主题回复时、把乐句同旋律分隔开时、在强重音的长音符上、在转入另一种速度时、延长后、快速经过句渐弱时、渐强经过句中、重要经过句进入或结束时、"作曲家或演奏家遐想联翩"的经过句中（那岂不等于无论何处）、在作曲家标明 *expressive* 处、颤音或终止结束处。我们怎么理解这样一段半推半就的话："每一首作品必须按照作曲家规定的速度演奏，演奏家必须遵循。但是几乎每一行音乐都有某些音符和经过句需要略微渐慢或渐快，加以润色，增加兴趣。"这话可以理解为允许自由速度，但也可以是为胡来开绿灯。可以说，直到最近八十年间，才有基本节拍观念，才有审慎运用渐慢、渐快、自由速度和极端的力度这些表情手法的观念这类东西，更不用说忠实于谱上的音符了。1905 年，西奥多·莱谢蒂茨基制作了一个自动钢琴纸卷，弹的是肖邦的《降 D 大调夜曲》。莱谢蒂茨基是李斯特以后最受欢迎和尊敬、桃李满天下的教师，好几个二十世纪最伟大的钢琴家出自他的门下。可是，莱谢蒂茨基是怎样弹奏这首夜曲的？撇开见仁见智的处理不谈，他用了新的和弦、一两段新的华彩，作了不少改动。按照今天的标准来说，简直不能容忍。但在 1905 年，谁也不当它一回事。此说有弗朗西斯·普朗泰、弗拉基米尔·德·帕赫曼和帕德雷夫斯基的老唱片为证，较晚的艺术家如拉蒙德、达尔伯特、格林费尔德和弗里德海姆更能证实此说。根据今天的标准，他们的演奏随心所欲、节奏不稳定、不学无术、自我中心。可是，今天责怪他们的东西，恰恰是十九世纪赞美他们的东西。听 1875 年以前出生的钢琴家，或者想象他们怎样弹琴时，我们这些生活在新世纪的人必须改变对音乐的整个看法。那时的人们对事物的评价不同。弗朗茨·李斯特会觉得阿图尔·施纳贝尔弹的贝多芬和舒伯特枯燥无味、没有想象，施纳贝尔会觉得李斯特弹的贝多芬和舒伯特古怪、任性、夸张。谁能判说哪一个正确？按照各人晚年的标准，两人都正确。

但是，每一代人都亲睹重点的变迁；从他们的唱片来看，生于 1850 年以后的钢琴家的演奏的价值观，显然和他们的上一代大不相同。1870 年后出生的钢琴家尤其不同。

十九世纪末、二十世纪初，圣-桑写了一篇关于李斯特的文章，结束时说，回忆这位举世无双的钢琴家的演奏，足以安慰青春不再的感慨。听过李斯特的人今天都已作古，但是在二十世纪八十年代后期还有一些听过拉赫玛尼诺夫、霍夫曼、列维涅、戈多夫斯基、罗森塔尔、弗里德曼、莫伊谢耶维奇等浪漫主义时代大师的老人健在，虽然人数日减。回忆他们的演奏仍是莫大的安慰。后一份安慰，我们也能享受，因为我们有他们演奏的具体例证；而听李斯特、陶西格、安东·鲁宾斯坦乃至莫扎特演奏的安慰我们没有，这当然是指留声机唱片。

从唱片中可以听出，浪漫主义晚期的钢琴家避免浪漫主义早期的漫无节制，把浪漫主义的钢琴艺术推至顶峰，树立了前所未有的浪漫主义演奏规范。一般说来，他们集中演奏"自己"的音乐，也即从肖邦、舒曼和李斯特直到那一世纪末的音乐。演奏曲目不广：很少弹巴赫，除非是经过改编的；对海顿和莫扎特不感兴趣；贝多芬的作品只弹有名的几首；对德彪西似乎有点害怕，只弹几首短小的、比较流行的；他们如果长寿的话，会把拉赫玛尼诺夫放进曲目。

他们都是个人主义者，表面上很少共同之处。的确很难把大相径庭的键盘观点联系在一起，如火红的弗里德曼和冷峻、安详、古典的霍夫曼，如贵族、威严、声如古铜的拉赫玛尼诺夫和活泼、小品式的帕赫曼，热情的莫伊谢耶维奇和宁静、尽善尽美的戈多夫斯基。但是，仔细听这些浪漫主义晚期钢琴家灌录的唱片，发现作为艺术家尽管不同，其实还是有许多共同之处，共同遵奉一系列今天已基本上被遗忘的钢琴传统和音乐传统。

例如，声音——声音要纯净。凡是听过最后几个浪漫主义钢琴家演奏的人坚持说，他们从不发出难听的声音，他们的唱片也证实此说。声音是浪漫主义的一个理想。歌唱家、小提琴家、钢琴家都应该发出优美的声音。当时，没有人像现在这样胡说八道，把钢琴看作打击乐器。他们知道怎样把一个个声音连接成水乳交融的连音；怎样突出一个旋律，使它像大提琴独奏那样歌唱；他们可以不用重击而获得浓厚的音响，他们的音响混合足以使第一次接触他们唱片的青年惊讶、神往。

十九世纪晚期钢琴家的另一个特点是速度波动。人们以为他们大量使用自由速度，其实不然。即使要用，也是有趣味、有节制的。说来也怪，德国钢琴家比斯拉夫钢琴家更明显地使用自由速度。但是所有的晚期浪漫主义钢琴家不断改变

117

基本速度（在许多方面类似辛德勒描写的贝多芬的演奏），用渐慢来宣告第二主题或对比段落，用渐快来提供一阵子激动；但处理得不致丢失基本节拍、不致打断线条或扭曲结构。最优秀的浪漫主义钢琴家绝对不是自我放纵的人，这一点怎么强调也不过分。他们的演奏一般很少具有乖僻、篡改或错读内容、疯疯癫癫的炫技或滥用趣味等人们普遍认为的浪漫主义的通病。他们是音乐贵族，貌似自由的演奏有着严格的节奏控制和情感控制。他们的技巧也比今天听到的任何人都要好。这么说似嫌唐突，但你只要听一听列维涅录的《蓝色多瑙河》、莫伊谢耶维奇录的李斯特音乐会练习曲《轻盈》、霍夫曼录的李斯特《威尼斯与拿波里》、拉赫玛尼诺夫录的舒曼《狂欢节》，你就会听到一种已经从地球上基本消失的高层次的技巧。

速度波动的同时，他们深知乐曲的下方声部线条如何进行。浪漫主义晚期的钢琴家都把低声部的比邻音符（特别在慢乐章中）连接起来，求得色彩与和声效果，他们深知怎样使旋律线同低声部相平衡。当然，他们还注重作曲家有意写出而今天被演奏家有意忽视的内声部。

其实这不仅是浪漫主义的特点。贝多芬和莫扎特的许多乐曲都包含内声部，或明或暗。根据海顿和莫扎特时代出版的乐谱上的种种符号来判断，完全可以相信，当年的演奏家早已采用一般认为起源于十九世纪三十年代的手法（速度波动、左手的旋律线）。对于过去的演奏实践，我们还有不少东西需要了解。但是，多亏十九世纪出生的音乐家灌录了唱片，我们至少有一些具体的例子，可以说明浪漫派是如何处理音乐的。

肺结核、浪漫派、诗人
肖邦

使浪漫主义的钢琴艺术走上轨道，赋予它迄今未见减缓迹象的势头，这一切是肖邦（见图 25～28）一个人的功劳，从无到有，演化出十九世纪最优美、最新颖的钢琴风格。他是第一位新派钢琴家，是他挣脱了古典主义的紧箍咒。他的演奏风格的基本要素、他的指法和踏板法的创新基本沿用到德彪西和普罗科菲耶夫出世。肖邦的练习曲一出，就没有可争议的东西了。

他身材瘦弱、面目端秀、体重不过一百磅出头，高鼻子、棕色眼睛（有人说棕色，有人说深绿色）、肤色白皙、手长得很美。他像个势利的交际花，把周旋于上流社会看得比什么都重要。讲究修饰，穿着入时（像个纨绔子弟），自备马车，思想举止精当，高兴起来可以很风趣，善于模仿别人，审美趣味极其保守。他很有钱，会挥霍，总是抱怨没有更多钱。"你以为我赚大钱吗？马车、白手套花掉的钱更多；可是没有它们，就谈不上高尚趣味。"他十分注重高尚趣味，高尚趣味对他来说比当时正在席卷欧洲的浪漫主义运动更重要。他尽量不卷入那场运动，甚至不喜欢"浪漫主义"这个字眼。德拉克洛瓦可以说是他最亲密的朋友，但是他不懂甚至不喜欢德拉克洛瓦的画。

对于音乐也是一样。他同当时所有的音乐家都相处得不错，但是不喜欢他们的音乐。他憎恶柏辽兹的乐曲，认为李斯特的音乐空洞乏味，对他的朋友史蒂芬·海勒说舒曼的《狂欢节》根本算不上音乐，对门德尔松的作品不屑一顾，对舒伯特不感兴趣，贝多芬使他不安——这头波恩的猛兽兴风作浪、挥舞大槌，使他害怕。只有两个大音乐家，他觉得还有点意思，那就是巴赫和莫扎特。他崇拜他们。他也崇拜贝里尼的歌剧。肖邦是一个痛恨浪漫主义的浪漫派。

这是一个悖论。肖邦恰恰是早期浪漫派中日后最受欢迎的一个。他创作的音乐可以说全部成为常演曲目，至今还很少见不演奏肖邦的钢琴独奏会。门德尔松当年被奉若神明，现在已经失色；李斯特数量惊人的作品今天很少留在常演曲目中（虽然有复兴的征兆）；舒曼的大量钢琴乐曲中至多只有十来首经常有人演奏。可是，人们对肖邦的喜爱有增无减。

肖邦当时是一个革命者。许多人觉得他的音乐奇特、无法解释，或许有点神经质。有些评论家，像德国的雷尔斯塔布、英国的乔利和戴维森不接受肖邦的许多作品，认为它们乖僻，充满了刺耳的不协和音。（的确，像《a小调前奏曲》那样近乎无调性的乐曲即使在今天也不容易接受。）伊格纳茨·莫谢莱斯不是音乐行家中唯一觉得肖邦的音乐难以理解的人。李斯特这位浪漫派中的浪漫派谈到肖邦的"不协和和声大胆、和弦奇怪"，在他写的肖邦传记中称肖邦为"一个离经叛道、标新立异的人"。从一开始便真正理解他的人是舒曼。舒曼把他介绍给德国，为《把手给我主题变奏曲》写一篇评论，其中有一句话成为名言："先生们，脱帽致敬吧！出了一位天才！"肖邦对于舒曼的那篇充满溢美之词的评论（以后还有许多相继出现）感到困窘，对朋友们抱怨，责怪舒曼使他成了大傻瓜。（使肖邦感到又好笑又尴尬的那篇评论文章可能是弗里德里希·维克1831年发表在《切奇利亚》杂志上的。舒曼和维克的评论极为相似，甚至连措辞也相似。）

对于肖邦的钢琴演奏，倒是齐声赞美。他是多么了不起的演奏家！海勒说到肖邦修长的手，"突然张开，覆盖住三分之一的键盘。像一条蛇突然张大嘴巴，囫囵吞下整只兔子"。（一百多年后，阿尔弗雷德·科尔托就肖邦的手写一首散文诗："……那皮肤，通过那皮肤的毛孔，一切鄙俗都消失不见。"）门德尔松是一个出名的吹毛求疵的人，也被肖邦的演奏迷住。尽管不喜欢它所代表的一切，他仍为之着迷。听过几次后，门德尔松写信给他的姐姐范妮说："我相信，如果你和父亲听他弹上几首他写的较好的乐曲，像他弹给我听的那些，你也会这么说的。他的钢琴演奏与众不同，同时又那么出神入化，完全可以说是炉火纯青的演奏大师。"门德尔松认为肖邦是"佼佼者中的佼佼者。他制造崭新的效果，像小提琴上的帕格尼尼，做出了从未有人认可的事情"。当然，门德尔松仍是门德尔松，免不了抗议肖邦在速度和节奏上的放肆。舒曼听音乐比门德尔松开明，永远乐于接受新事物，留给我们一篇可爱的文章，描写肖邦自己弹《降A大调练习曲》（Op.25/1）。"如果认为他要我们听出其中的每一个音，那就错了。不如说它是降A大调和弦的起伏，在某些地方用了踏板更大声地突出，但总是优美地交织在和声中。延留音上有一个美妙的旋律，中间，次中音声部从和弦中明朗地跳出，加入正旋律……"

是制造这些效果的人自己发明了这些效果。他在华沙时的老师约瑟夫·埃尔斯纳不可能教给他这些东西。埃尔斯纳是一个好教师，但是一个老派的音乐家，专叫他的这个学生写奏鸣曲和其他古典作品。那种修养的音乐家不可能打开青年肖邦的眼界，让他窥见新学派。更何况，根本还没有什么新学派可言，虽然菲尔德、施波尔、胡梅尔和韦伯的有些作品包含了一些浪漫主义的种子。作为作曲家，肖邦受到上述四人的影响，还有其他人的影响；作为钢琴家，他没有受到任何人的影响，是他自己创始了新学派。他在1831年来到巴黎，才二十一岁已是成熟的音乐家，和李斯特同为欧洲最伟大的钢琴家。初到巴黎时也许还是一个乡巴佬，但是他知道自己的价值和使命。虽然跟卡尔克布雷纳的相处耽搁了几个月——他对卡尔克布雷纳演奏的迷恋是音乐史上最可笑的事情之一——但他几乎立即恢复正常。他有清醒的头脑，加上门德尔松、埃尔斯纳和家人的劝告，使他拒绝接受卡尔克布雷纳要教他三年的莫名其妙的建议。肖邦权衡利弊：

> 在德国，我不可能向谁学到东西；因为虽然有人觉得我欠缺，但是谁也不知道我缺什么。我也看不到阻碍我更上一层楼的自己眼睛里的梁木。三年的时间太长了。连卡尔克布雷纳仔细审察过我以后，也承认这一点：这应该使你相信，天才大师是没有嫉妒心的。但是我愿意熬上三年，如果果真能使我前进一大步的话。但是，我不要成为卡尔克布雷纳的复本。没有什么能干扰我闯出一番新世界的愿望，这个愿望也许大胆，但不能说不高尚。

事实的确如此，在 1831 年，欧洲没有一人能教肖邦，只会毁掉他的天赋才华。他从华沙来时已经成熟，胸有成竹，目的明确。他已经创作了那两首钢琴协奏曲、许多前奏曲，不论在作曲或钢琴方面，再也没有什么重要的技巧可学（当然随着年岁增长，感情更加深刻、更加宽广）。

天知道他是从哪里得到的这些了不起的思想？不错，他从小就是神童，但是，哪一个大钢琴家不是神童出身？肖邦是早熟，但早熟在大音乐家中不足为奇。他小时候一听音乐就哭叫；五岁，学会姐姐能教他的一切；十六岁，是华沙音乐学院的骄傲，家家大门为这位年轻的天才敞开——恰尔托尔斯基亲王、波托茨基伯爵、萨皮哈亲王、车维汀斯基亲王、扎亚切克总督、路贝茨基亲王、拉齐维尔亲王、索温斯基将军，那么些拗口的波兰望族的名字！在那些府第里，肖邦学到他那无懈可击的风度和过优裕生活的趣味。十八岁，他征服维也纳；二十岁，离开波兰，取道维也纳和斯图加特前往巴黎。巴黎是他梦寐以求的目标，他在日记中写道："我什么时候才能到那里？要过几年？五十年吗？"

问题是，到巴黎以前，肖邦很少接触那些席卷欧洲的新思想。他从约翰·菲尔德和胡梅尔那里吸收了一些东西。但他的风格、他的和声结构、对待钢琴的方式、功能性装饰音的运用（不像李斯特和其他许多技巧大师的音乐，肖邦的华丽经过句几乎都有旋律功能，到了成熟期更是无一不有旋律功能，不是单纯的华彩）、他的令人叹为观止的和弦与转调、自由速度的风雅、用在马祖卡和波兰舞曲中的民歌因素——这一切都是他在二十一岁前已经独立培育的功夫。他是历史上最令人难以置信的天才。

肖邦到巴黎后不久，李斯特便和这位波兰人结识。当时李斯特是——以后仍是——大炮、日场音乐会的偶像、披着长长卷发的演员、使女子一见钟情的男人、钢琴界的帕格尼尼。肖邦羡慕他的力气，就像身体柔弱的人那么强烈地羡慕壮汉。肖邦年轻时就羡慕强壮的体魄，曾经写到过一个不知名的莱曼先生："我羡慕他的手指。我用两只手掰开面包，他只用一只手就把面包捏成薄片。"那是1828年的事；立志以钢琴征服世界的十八岁的肖邦已经知道，不能拼力气，只能用智慧。在维也纳演出时，他准备好听到人们批评他的音响不够。他的成功是巨大的，但肖邦写道："到处都在说我弹得太轻，或者说太纤巧，因为这里的人听惯了艺术家用力捶打。"他在华沙首次演奏他的《f小调钢琴协奏曲》时，能听见他弹琴的人欣喜若狂，"楼座的人听不见，埋怨我弹得太轻"。音响不够是肖邦技巧的唯一缺点，如果这也称得上缺点的话。在巴黎，他几乎只在沙龙里演奏，那里人人都能毫无困难地听到他。

可是，这不等于说他不希望自己有大一些的力气。他想做的和他能做的是两回事。有一次，他听一个青年弹他的《军队波兰舞曲》，那个青年弹断了一根琴弦，不好意思地道歉。肖邦说："年轻人，如果我有你的力气，照应有的样式弹那首波兰舞曲的话，等我弹完，琴上准是一根琴弦都不剩了。"又有一次，他写信给海勒说："李斯特在弹我的练习曲，听得我心神荡漾。我真想偷他那种方式来弹我自己的练习曲。"肖邦和李斯特之间的关系是又爱又恨。他们相互尊重，甚至相互欣赏。李斯特确实有不少地方得益于肖邦，而肖邦对李斯特总是怀有一丝嫉妒和怨恨。这种不易相处的友谊时断时续，长达多年。肖邦在当丹街 38 号住过一阵，李斯特住在拉斐特的法国旅馆，相隔没几条马路。两人常常见面。李斯特对这位柔弱的同行十分大方，曾经要在《音乐报》上为肖邦的一次音乐会写评论。评论家恩内斯特·勒古韦告诉肖邦，李斯特的评论举足轻重，李斯特"会为你缔造一个美好的王国"。肖邦苦笑道："对，在他的帝国版图下的一个王国。"在写给朱尔斯·丰塔纳的一封信中，肖邦忍不住捅了一刀。他说，李斯特"会活着当议员，也许甚至当国王，在阿比西尼亚或者刚果；但他的作品的主题将在报纸上安眠"。如果约瑟夫·诺瓦科夫斯基的故事属实的话，肖邦曾当面顶撞李斯特，不是背后发牢骚或者生闷气。诺瓦科夫斯基讲到 1843 年的一次晚会，会上李斯特弹一首肖邦的夜曲，添加了各种各样花哨的装饰。肖邦叫李斯特照谱上所写的弹，不然干脆别弹。李斯特的自尊心受伤，说："那你自己弹。"肖邦就自己弹奏。这时，李斯特拥抱肖邦，向他道歉："像你这样的作品是不应该乱动的。"这是浪漫的编造？还是确有其事？不过，这个故事很有可能是真的。

大多数传记称，1843 年后肖邦几乎不同李斯特来往，原因是李斯特在肖邦家里调戏一个青年女子。这话听上去很可疑。肖邦不是那么拘泥礼节的人，他是个花花公子。反正迟至 1848 年，即肖邦去世前一年的几封信里还提到"我的朋友李斯特"。1852 年，李斯特推出一本肖邦的传记，可能全部（肯定有一部分）是李斯特的情人卡罗琳·塞恩-维特根斯坦公主所写。李斯特对于这本书的风格和结构没有把握，把手稿寄给圣伯夫。圣伯夫这位著名评论家极其委婉地告诉李斯特，整部稿子一塌糊涂，必须重写。可惜李斯特没有采纳他的意见。李斯特是了解肖邦最深的人，有许多内容可写；可是，以他的名字出版的这部令人生气的传记竟是一篇自鸣得意、绚丽矫饰、文笔拙劣的论文，大谈民族音乐之类的东西，很少谈到肖邦。这位公主不仅是有史以来最拙劣的散文家，还是一个十分愚蠢的女人。

由于肖邦讨厌公开演出，所以，很少在沙龙以外的场所演奏。得肺病后身体益发虚弱，力气小得连一个 *forte* 也弹不出。作为补偿，他用层次无限的 *pianissimo*（他一定有非凡的控制，可能比历史上任何一个钢琴家的控制更好），如此细腻轻盈，以致弹到正常的 *forte* 时，听上去竟像雷鸣。到最后，他的弹奏一定是像出窍的幽魂，细弱的音冉冉消失在空中。有一次，塔尔贝格听完肖邦的独奏会回家，一路大声嚷嚷。他解释道："听了整个晚上的 *pianissimo*，我需要听一些噪声。"

有什么东西可以同有肖邦的沙龙相比？十九世纪三十年代的巴黎是世界的文明之都，音乐界、文化界、艺术界或科学界有点名声的人都会去参加那些晚会。肖邦可能同大提琴家奥古斯特·弗朗萧姆或者女低音歌唱家玛丽亚·玛利夫兰或者男高音阿道夫·努里特合演一档节目。如果李斯特在场，就四手联弹，李斯特弹高声部，肖邦弹低声部（他总是坚持弹第二声部，以免他的声音被淹没掉）。或者双钢琴演奏，由门德尔松或莫谢莱斯弹第二架钢琴。晚会上会做游戏。海涅可能在肖邦的伴奏下即兴讲故事。肖邦可能坐在琴旁模仿李斯特弹钢琴，李斯特投桃报李。乔治·桑、玛丽·达古伯爵夫人（她已是两个孩子的母亲，同李斯特私奔，生下一个孩子嫁给了李斯特的学生——钢琴家兼指挥汉斯·冯·彪罗。那个孩子就是科西玛，后来又离开彪罗转而和瓦格纳同居，最后嫁给瓦格纳）、巴尔扎克、德拉克洛瓦、拉马丁、戈蒂埃、罗西尼（偶尔出来，通常人们去他家）、维亚多-加西亚、尤金·修、迈耶贝尔等人围在琴旁。

是李斯特促使肖邦和乔治·桑走到一起的。乔治·桑长得娇小、黑头发、大眼睛、抽雪茄，是女权主义者和成功的小说家。她的风流韵事是巴黎的话题。同丈夫离异后，曾经做过朱尔斯·桑多、普罗斯珀·梅里美、阿尔弗雷德·德·缪塞、米歇尔·德·布尔热、彼得罗·帕杰洛，还可能包括李斯特等人的情妇。她同肖邦的关系比较持久，虽然经过第一年的狂喜后，两人的关系趋向柏拉图式。

125

最终破裂后，给双方都留下永久的创伤。

肖邦的钢琴风格是如此新颖独特，被同时代人讨论分析得如此透彻，因此不难想见其真正风貌。有两点是必须考虑的——独具一格的自由速度和古典倾向。他的演奏由于没有力气而受到力度局限，但是在它的范围内，应有尽有——得心应手的技巧、富有想象力的踏板效果（他一直用普莱耶尔琴，认为埃拉尔琴"太固执"），触键和音色的变化层次细致得令人难以相信，指法破旧立新。哈雷在1836年听肖邦演奏后，说聆听时一切分析思维都不见了。"你不会去想他把这一个或那一个难点弹得多么完美；听着听着，仿佛在听他即兴创作一首诗。"特别使哈雷和其他人激动的是肖邦的自由速度，当年没有一个人能模仿，而且往往被人误解。

肖邦的自由速度是天生的，这是波兰的特征，而肖邦把它用进他弹的一切音乐。在不习惯那些微妙的节奏错位的人听来，节拍似嫌扭曲。1842年肖邦正在给威廉·冯·伦茨上课，迈耶贝尔走了进来。当时正在弹那首《C大调马祖卡》（Op.33/3），伦茨叙述当时的情景：

> 迈耶贝尔自己坐下；肖邦让我继续弹下去。
>
> "那是2/4拍子。"迈耶贝尔说。
>
> 肖邦叫我重弹一遍，用铅笔在琴上大声地打拍子作为回答，眼光闪亮。
>
> "2/4拍。"迈耶贝尔静静地重复说。
>
> 我只看见过一次肖邦生气，就在这个时候！苍白的脸颊泛起淡淡的红晕，他看上去十分英俊。
>
> "是3/4拍。"他大声嚷嚷，而他说话从来都是轻声轻气的。
>
> "我把它放在歌剧里做芭蕾音乐，"——此处的歌剧是指《非洲女郎》，当时尚未公开——"到时候让你看看。"
>
> "是3/4拍。"肖邦几乎尖叫起来，自己弹这首乐曲。反复弹了几遍，还

跺脚打拍子——他气得发疯！可是没有用，迈耶贝尔坚持说是 2/4 拍。两人不欢而散。

伦茨描写的这个小插曲听起来是真实的。还有可靠的哈雷为证，哈雷同肖邦的友情长达十三年：

> 他的演奏的一大特点是节奏完全自由，然而是那么自然，我多年来居然没有发觉。大概在 1845 年或者 1846 年，我有一次大胆地对他说，他的马祖卡舞曲（那些瑰丽的珍宝）在他自己弹来，大多数像是 4/4 拍，不像 3/4 拍，因为他在小节的第一拍上停留太长。他竭力否认，最后我请他弹，而我出声地每小节打四拍，不多不少正好。接着，他大笑，解释说这种舞蹈的民族性就是这么怪。更精彩的是听 4/4 拍时，得到的印象是 3/4 拍节奏。当然并非首首如此，但有许多马祖卡是这样的。后来我知道不该提这样的意见；他对我特别友善，才没有生气，不像有一次迈耶贝尔说了同样的一句话，也许口气太傲慢了一些，导致一场严重的争吵，而且肖邦再也不原谅他。

这就是说，肖邦的自由速度，至少是马祖卡中的自由速度，与众不同；它幅度更宽，那是波兰的民族特色，同时代人因此感到困惑不解。他在弹非本民族的音乐时，自由速度可能用得少多了；但是他的自由速度肯定都是有控制的，不是任意胡来的。萨拉曼在 1848 年听肖邦演奏时专门提到："尽管我先前听过肖邦那么多的自由速度，仍发现他在拍子、重音和节奏方面是那么精确，哪怕他正弹得充满激情、幻想，无比欢畅。"李斯特和伦茨都证实了肖邦对自由速度的控制。哈雷也同样证实了。李斯特说它像"激动、破碎、被打断的速度，像灵活的进行，同时又陡峭而缠绵……他的所有作品都应该用这种有重点、有韵律的摇曳和平衡来弹"。这里的"有韵律"一语是关键；肖邦在精确而有韵律的节奏方面是雷打不动的，像他的学生米库利所说，他的琴上永远有一架节拍器。自由速度绝不意味可以任意放肆。肖邦弹的自由速度的秘密是，不论做什么暂时性的节奏错位，永远不失去每一个音符的时值感；节奏可以有松紧，但是基本的韵律脉搏绝不变化。四分音符依旧是四分音符，附点八分音符依旧是附点八分音符。（有多少钢琴家把八分音符弹成四分音符，因此面目全非！）不管哈雷和迈耶贝尔怎么说，肖邦的自由速度一定保持着精确的韵律。他们打不准拍子，那是因为肖邦那样的自由很不寻常、前所未有；肖邦的处理对于任何一个接受老一派教育的人来说实在太新颖了。肖邦的自由速度，除了幅度较宽以外，可能与莫扎特没有什么不同。莫扎特曾经写道，弹柔板的自由速度时，左手必须继续严格按照速度。伦茨不可能看到莫扎特的这封信，他引用肖邦的话说："左手是指挥，绝不可以动摇或退却；右手爱怎么弹就怎么弹、能怎么弹就怎么弹。一首乐曲长几分钟，整首乐曲弹下来就是几分钟，然而细节处可以有越轨之举。"李斯特的名言表达的意思大同小异，不过用了比喻："你看见那些树了吗？风在树叶间玩耍，生命在树叶下面展开、成长，但是树依然是同一棵树——那就是肖邦的自由速度！"一句话，需要变化多少就变多少，但是基本节拍绝不可以丢失。

人们只能猜测，这里的猜测就是许多十九世纪钢琴家借自由速度之名放肆之处；肖邦从不这样，因为他的古典主义气质实在太浓了。肖邦和古典主义听上去好像水火不相容，但他是所有浪漫派中最革命、最古典的一个——古典在于他的曲式基本上（除了两首奏鸣曲和两首协奏曲）都同内容配合得天衣无缝，写作技巧精致优美，很少赘笔，没有肤浅的经过句。巴赫永远是肖邦的灵感，音乐会演出前，他总是关起房门弹《十二平均律键盘曲集》。去世那一年，他常和德拉克洛瓦在一起，这位伟大的画家在日记中回忆他和肖邦一起度过的一个下午："那一天，他跟我谈论音乐，人显得有精神起来。我问他音乐中的逻辑在于什么？他教我体会什么是对位、什么是和声，赋格多么像是音乐中的纯逻辑，深刻领会赋格就是认识音乐的全部理性和全部协调的一个因素。"我们这位瘦弱的浪漫派肖邦说起话来竟然像个乐长！然而，他身上永远有着古典主义的因素。他的用尽各种大小调的前奏曲，至少在调的概念上，是受到《十二平均律键盘曲集》的启发（肖邦的第一首前奏曲，C 大调的那首，不就是表示对巴赫的敬意吗？巴赫平均律的第一首用的也是 C 大调。用慢速弹这两首，相似之处实在明显，不可能是巧合）。练习曲都用大小调关系开始，虽然很快就淡化消失。

除了巴赫以外，肖邦还十分喜欢莫扎特，他的演出曲目中反复出现《E 大调三重奏》（K.542）。他和贝多芬不太投机，虽然曲目中偶尔包括《降 A 大调钢琴奏鸣曲》（Op.26）；他对哈雷说，《降 E 大调钢琴奏鸣曲》（Op.31/3）"很庸俗"。门德尔松的《无词歌》并不庸俗，但是他也不喜欢。都不喜欢。肖邦只对巴赫和莫扎特心驰神往。他深入地研究他们的音乐，他们二人的作曲理念明显表现在他自己的音乐和钢琴演奏中。

他的演奏虽然纤巧，在小房间里却从不令人失望。莫谢莱斯说，肖邦的 *pianissimo* 只需要一丝气息："他不需要有力的 *forte* 来制造必要的对比，却永远能听到德国派要求于钢琴演奏家的管弦乐效果。"肖邦的技巧无懈可击，他的演奏绝对清澄透彻，但那还不是使同时代人叹绝的东西。使他们叹绝的是肖邦的自在、诗意和细腻。弹自己所作的《船歌》的高潮时，他不照标记的 *fortissimo* 而用 *pianissimo*，哈雷惊叹道："但是层次如此细腻，听后令人怀疑，也许是新的弹法比习惯的更好。"这样的细腻和色彩配以完美的连奏，相得益彰。布罗德伍德钢琴公司的阿尔弗雷德·希普金斯是肖邦晚年一个可靠的观察者，他不仅于 1848 年在伦敦听过肖邦演奏，还是肖邦的钢琴调音师（他本人也是一位优秀的钢琴家、历史学家和研究大键琴的先驱）。肖邦在伊腾街 99 号得阿黛莱德·萨托里斯夫人家等一些地方演奏，可以坐大约一百五十人，对病弱的钢琴家来说，这样的大小正好。1848 年他去世前不久，据一个目击者说，肖邦消瘦得"像透明的一片"。

希普金斯留下一份材料，记载肖邦的超级 *pianissimo* 和歌唱般的连奏。他说肖邦大量使用踏板，特别在左手的琶音段落中，"像音的海洋中波涛汹涌。他弹琴时两肘贴近身体，只用手指触键——没有手臂的重量。两手的位置简单自然……采用一路弹下来最方便的指法，虽然可能违反规则。他常在同一个键上换指，像一个管风琴演奏家"。肖邦从来不避讳在黑键上用拇指（那是车尔尼-胡梅尔学派的古典主义者不赞成的做法），也不怕拇指在第五指下面转过去，或者手指从黑键滑到白键上，甚至从白键滑到白键。

希普金斯说肖邦只用手指弹琴，可是不要因此以为肖邦一直都是这样。他病入膏肓，当然只好尽量少动，他已经虚弱到肩和臂不能大动的地步。肖邦亲口说过弹琴必须用上臂，这是有案可查的。也许这样说比较合理：肖邦是所有大钢琴家中身体动作最不夸张的。法国教育家马蒙泰尔甚至说，在手指的平等和两手的完全独立方面，肖邦溯源于克莱门蒂的学派。此话不无道理。

肖邦不喜欢在公众场合演奏，加上身体有病，因此一生中极少公开演出。钢琴家的声望全靠三十场左右的音乐会建立起来。他不需要多演出，授课收入已经十分丰厚，乐曲出版也赚了不少钱。他主要是上流社会的教师，学生很多（"我必须给年轻的罗特希尔德夫人上课，接着是从马赛来的一位夫人，接着是一位英国女士，一位瑞典女士……"）。他显然只有一个天才学生。那个学生叫卡尔·菲尔奇，是匈牙利人，身体纤弱，金头发，十五岁时死于肺病。"刃太锋利难入鞘。"莫谢莱斯伤心地对乔治·格罗夫爵士这样说。李斯特说"等这个小家伙登台演出，我只好关门大吉"时，指的就是菲尔奇。一个叫作保罗·根斯贝格的青年，和菲尔奇一样年纪很轻时去世，也被认为是肖邦少数几个真正有卓越天分的学生之一。其他学生的名单不过是社会名流——玛塞琳·恰尔托里斯卡公主、C.德·斯普卓公主、多波尼伯爵夫人、伊丽莎白·车尔尼切夫公主、布罗尼卡男爵夫人等等。这张名单可以长达好几页。肖邦是一位十分走红的教师。除了小菲尔奇以外，门下还出了几个优秀艺术家。其中有些从事音乐事业，虽然没有一个人表现出卓绝的独奏技巧。乔治·马蒂亚斯成为巴黎音乐学院的杰出教师；卡尔·米库利（他编订的肖邦作品是多年的典范）在伦伯格教书；古斯塔夫·舒曼（同作曲家舒曼没有亲戚关系）是柏林的一位有声望的教师。阿道夫·古特曼利用他曾是肖邦的学生和朋友的身份，大做文章，但是没有人把他看作重要的钢琴家。古特曼体格魁梧，手很大，肖邦很羡慕他的力气。伦茨称他为"钢琴上的粗人，不过身体健壮，有大力士的体魄……我在肖邦家听过他，他弹琴像脚夫……肖邦想把这根铁杵磨成针，可谓煞费苦心！"肖邦把《升 c 小调谐谑曲》题赠给古特曼。

作为教师，肖邦十分认真，经济上和艺术上都很认真。他很准时（"我一切都根据钟"），早上八时开始，把学生带进工作室。那里有两架钢琴——一架是普莱耶尔的大三角，一架是小的立式钢琴，肖邦伴奏用。一堂课二十法郎，学生把钱留在壁炉架上。肖邦本来就讲究衣饰，上课也穿着得无可挑剔：头发卷曲、皮鞋锃亮、衣服雅致。一堂课应该是一个小时，但是有时不止一小时。

他的学生米库利说，肖邦先用克莱门蒂教初学者，然后用克拉默、莫谢莱斯和克莱门蒂的《艺术津梁》，也用巴赫、亨德尔和斯卡拉蒂；教程度高的学生时，肖邦挑选教材很大气，不计较他个人对同时代人的作品的看法。他给学生学习的曲目中有莫扎特、杜赛克、菲尔德、胡梅尔、里斯、贝多芬（到 Op. 57 为止）、韦伯、莫谢莱斯、海勒、希勒，甚至舒曼、李斯特和塔尔贝格——当然还有肖邦自己的作品。肖邦教学时，很多时候在第二架琴上示范和讲解。他很苛刻，至于他的教学效果好坏，学生们意见不一。一个说："他只会自己弹得像个天使，然后叫我也这样弹……最叫人头痛的是……每一次弹，处理都不一样。"另一个说肖邦很有耐心、很宽容。肖邦的助手之一鲁比奥夫人的说法恰好相反，说他脾气急躁；米库利说肖邦的有些公主和伯爵夫人学生挂着眼泪离去，证实脾气急躁之说；马蒂亚斯看见过肖邦气得砸椅子；这一切说明肖邦对待学生的方式不同，各人所见都是通过特定的环境。任何一个老师都是如此：对待有才华的学生，老师都会宽容而有耐心；对待愚蠢的学生谁都会不耐烦。

25   26

25　肖邦的好友德拉克洛瓦 1838 年作的画。这是这幅名画的素描稿。

26　路易吉·卡拉马塔 1840 年画的肖邦。很好地勾画出这位打扮得像花花公子，
　　但是细腻敏感的波兰作曲家。

27　肖邦在 1849 年死于肺病前几个月。伊吉科夫斯基－西多夫的《肖邦传》称
　　它是正式照片，不是人们通常以为的达盖尔银版照。

28　肖邦死后所制的面模，奥古斯特·克莱辛格塑造。克莱辛格是肖邦多年的情
　　人乔治·桑的女婿。

27

28

133

肖邦原打算出一本钢琴教学的书，留下了一些摘记。这些摘记十分重要，并不是因为提到什么重要内容，而是由此可见肖邦自己的教学方法。下面是肖邦的一些意见（没有使用他的原话，除非是加上引号的）：

一切依赖好的指法。

卡尔克布雷纳只用手腕弹琴的方法是错误的。除了手腕、手和手指外，还应该用前臂和上臂。

柔顺极为重要。（肖邦教学生的前几堂课上最常说的话是"放松……自然"。）

手不要摊平。手指伸得笔直，动作就不可能放松自然。

卡尔克布雷纳建议学生在练习技巧时看报，这是错误的。不能那样！练习不是单纯的机械动作，要求思想高度紧张和集中。

避免肌肉疲劳。（肖邦担心学生因练习过多而昏昏沉沉，建议一天至多练三小时。）

正确使用踏板是要一辈子学习的功课。

集中练连奏。听大歌唱家唱歌。"如果你想弹我的谐谑曲（降 b 小调）中那段长长的 *cantilena*，去听听帕斯塔或鲁比尼的演唱。"（肖邦一生尊崇优美的歌唱，是贝里尼的朋友，他的夜曲企图在约翰·菲尔德式的低声部上表现贝里尼式的旋律。大歌唱家的连音风格肯定影响了肖邦的演奏。）

手指的力气各不相等，必须专门训练以充分发挥每一个手指的能力。（肖邦嘲笑一些企图把十只手指练得力气均等的教师和学派，认为那是海外奇谈。）"人们习以为常地企图把十只手指训练得同等有力，那是违反自然的。还不如教学生掌握层次细腻的音质，至少我是这样看的。弹什么都用一种层次的音色，不是我们的目的。有多少手指，就有多少不同的声音。"

这些话今天听来可能没有什么稀奇，但在十九世纪四十年代，具有预言的性质，大大走在时代前面，同传统的教学断然决裂。在这一点上，肖邦是第一个现代派，如同他是第一个现代钢琴家一样。太遗憾了，他的"教程"只留下这么几页铅笔字；幸而已足见其全貌，一个活灵活现的肖邦：有神奇的控制、独具一格、诗意、细腻、既古典又浪漫的钢琴家和音乐家，力量虽小，精神和心志却比天高，甚至超过李斯特——虽然李斯特是最伟大的钢琴家、最伟大的演艺人、最重要的作曲家、十九世纪最著名的教师。

雷鸣、闪电、蛊惑、性感

李斯特

李斯特（见图 29 ~ 32）演奏时，女士们扔向舞台的不是花束，而是珠宝首饰。她们狂喜得尖叫，有时晕过去，能动弹的人则疯狂地冲向舞台去端详这位男神的面貌。她们争夺他故意留在钢琴上的绿手套。有一个女士找到李斯特抽剩的雪茄烟蒂，至死把它藏在胸口。有些女士找到李斯特弹过的钢琴的断弦，如获至宝。这些破烂的东西被装在框里供奉。李斯特举行的不是音乐会，简直是狂欢节。困惑不解的海涅有一次问一个妇科医生，请他解释李斯特引起的歇斯底里属于什么性质。海涅写道，这个医生"谈到磁、电和触电；谈到一个点燃着无数蜡烛、坐满了几百个洒香水流臭汗的人的闷热的厅堂里发生的传染病；装模作样的癫狂；心痒难熬；音乐的春药以及其他无法明言的东西"。海涅讲他听过一场音乐会，会上两个匈牙利伯爵夫人为了争夺李斯特的鼻烟盒，扭打在地，直到精疲力竭。

李斯特完全知道自己所产生的轰动，还推波助澜，增加戏剧性。他能使听众吓得六神无主。一个名叫亨利·里夫斯的英国人在巴黎听过李斯特的演奏，他是这样描写这位大人物的风采的：

> 只见李斯特的脸上呈现极大的痛苦，夹杂着快乐的微笑，这种表情从来没有在任何一个世人的脸上看见过，只有早期几个大画家笔下的救世主耶稣有这种表情。李斯特的手在琴键上奔腾，我的座椅下的地板像铁丝在震动，这位艺术家的手和身体随情绪失控时，整个听众席被音响笼罩。他晕倒在帮他翻谱的朋友怀里，我们手忙脚乱地把他抬出去，这个情景实在可怕。全场的人吓得呆若木鸡，后来希勒走上前来，宣布李斯特已经苏醒过来，恢复得还算好。我搀扶德·西尔古夫人上车，我和她抖得像白杨树上的叶子；直到此刻记写此事时，还抖个不已。

有些不客气的评论家——哎！人心叵测！——不客气地暗示，是李斯特出钱请那些女人晕倒和打架的。但是，凭他的长相和名望，他一生中不乏女人为他晕倒。少年英俊时，女人为他神魂颠倒；年老时，穿上袈裟，高贵的脸上长着大疣，女人照样为他疯狂。他是一个骄傲的人，从来不让人忘记他是弗朗茨·李斯特。1875 年，他去世前十一年，李斯特在莱比锡开音乐会。一个记者为伦敦的《音乐记事》写的报道称：

> 十一时整，束腰的袈裟上一头银发和一张熟悉的脸庄重地走进房间，以西泽大帝的屈尊姿态接受人群的掌声。李斯特久久站在那里，让一副副望远镜仔细端详他那俊秀的面容，然后……开始一首即兴幻想曲。弹了几小节前奏后，取瓦格纳的《皇帝进行曲》的主题，一步一步发展为狂风暴雨，雨点

般的跑句、冰雹般的颤音、闪电般的琶音和雷鸣般的和弦，直到最后，头发披散在额头上。头一仰，把头发甩回去，这时琴旁的身影令人联想起我们青年时期照片上灵气风发的神情。

他是个自大狂，谁不把眼睛盯在他身上，他就受不了。在音乐会上，乐队全奏时，他说话、做手势、打拍子、跺脚、摇动身体，故意让他常爱佩在身上的勋章奖牌叮当作响。台上往往放三架钢琴，选用其中任意一架。难得有钢琴最后不断弦断槌子的。1840 年，有一位英国评论家痛心地指出，李斯特曾"因为他做了会使青年学生受到严厉处分的事——那就是，狠狠捶击并敲坏两架精美的钢琴"，而被授予一套早餐用银器。怪不得精明的老弗里德里希·维克在比较李斯特和塔尔贝格时说，李斯特弹琴是有灵感的做作，塔尔贝格弹琴是有灵感的空虚。

李斯特几乎早就有这些怪动作，但不是一开始就有的。他不像肖邦，作为钢琴家和一位重要人物，他有个发展过程。当然他有惊人天赋，可是他的天赋没有得到适当的培育，有流产之虞。他只跟过一个重要的老师，即卡尔·车尔尼；车尔尼这位优秀的教师在 1819 年听到李斯特的演奏时（当时李斯特八岁），大为惊骇。多年后，车尔尼谈到少年李斯特给他的印象时说：

> 他是个瘦弱的孩子，脸色苍白，弹琴时像喝醉了酒在椅子上摇来摆去，我不时担心他会摔倒在地上。再说，他弹琴完全不规则、不用心、乱七八糟，一点都不懂正确的指法，手指在键盘上任意胡来。然而，他的天赋极高，使我惊讶。我让他视奏一些东西，他纯粹靠本能弹下来。那方式让人感觉到，他是大自然亲手造就的一个钢琴家……我还从来没有过像他这样渴切学习、有才华或勤奋的学生。根据大量的经验，我知道，头脑超前于体力的天才往往会不注重扎实的技巧，因此，头几个月必须用于调整加强他的机械灵活度，防止他以后染上坏习惯……由于我使他很快学会每一首乐曲，他成

为了不起的视奏家，甚至能当众视奏难度很大的作品，而且弹得十分完美，宛如学过好长时间的作品。我还设法教他即兴的技巧，常常给他主题，叫他即兴演奏。

车尔尼把李斯特介绍给贝多芬，那好像是 1823 年的事。据说贝多芬听了李斯特的音乐会后，亲吻这个孩子的前额。后来李斯特说确有其事，但今天的学者们持怀疑态度。因为当时贝多芬耳疾加重，几乎从来不去听公开的音乐会。可能在私人场合见到过李斯特，要吻也是在私人场合的事。大约就在那时，李斯特离开了维也纳。车尔尼说李斯特的父亲太早把他带走，"正在紧要关头"，说老李斯特只关心如何剥削儿子，用他赚钱。十六年后车尔尼在巴黎听李斯特时，发现这位学生的弹奏"在各方面都是野而乱的，尽管掌声雷动"。这是车尔尼这位古典主义者的意见，但当时很少有人认同。

离开老师以后，李斯特发疯地工作。十几岁的李斯特是一个相当温顺而浪漫的青年，没有后来那样锋芒毕露。彬彬有礼、毫不狂妄，1828 年给查尔斯·萨拉曼的印象是"一个可爱而纯朴的男孩，毫不矫揉造作"。他力争做一个有学问的人，弥补没有受到的学校教育。通过苦读，他自学成材。1832 年，他写信给一个朋友说："这两个星期，我的脑袋和我的手指像两个被罚苦役的人。我身边放满了荷马、圣经、柏拉图、洛克、拜伦、拉马丁、夏多布里昂、贝多芬、巴赫、胡梅尔、莫扎特和韦伯。我学习他们的作品，狼吞虎咽；每天还要练习四五个小时（练三度、六度、八度、震音、重复音、终止式等等）。唉！只要不发疯，准会让你在我身上看到一个艺术家的样子。"一米五高的书架上的东西，他到底消化掉多少，也许可以打个问号；但是，他的记忆力很强，完全像一个有教养的人——虽然练震音和重复音到底能带来多大的修养，难免使许多音乐家疑惑。李斯特这话在某种意义上泄露了天机。其实，那时他的练习目标已经是当一个演艺家，而不是艺术家。幸亏他有足够的天赋，能在演艺和艺术两方面都一展所长；

只要他愿意，弹起古典作品来，可以毫不逊色于欧洲任何一人。但他基本上是浪漫主义者。同达古伯爵夫人的艳事从此决定了他的社交地位，在此以前，他是一个玩世不恭的人，像欧洲所有的浪漫派青年一样，装出一副拜伦的模样。对他敬畏备至的哈雷给我们勾画了1836年的李斯特，这段文字值得纪念：

> 他颀长身材，十分清瘦，脸庞小而苍白，额头出奇的高而美。平直的头发长得披到肩上，看上去很怪，一激动，或者一打手势，头发就翻到脸上，把鼻子整个遮住。他不讲究衣着，外套好像随便披在身上，不戴领结，只套一个窄窄的白领子。这个怪人动个不停：一会儿蹬脚，一会儿挥舞手臂，一会儿这样，一会儿那样。

李斯特是匈牙利埃斯泰哈齐亲王府的一名低阶官员的儿子，但在1811～1886年这漫长的一生中尊若君王。他兼有天才和魅力，无须追求成功。倒是成功来追求他，柏辽兹酸溜溜地这么说过。他成为欧洲最出名的人，为争取艺术家的平等地位所起的作用比谁都大。单就这一点来说，他已是欧洲青年人中的英雄。伟大的维也纳评论家爱德华·汉斯立克称他为"那一时代一个超凡绝伦的人，现代精神的最卓绝、最可爱的化身"。他高昂地行动在王公贵族中间。他真的取笑过他们，让他们知道谁比他们更优秀。他拒绝为路易·菲利普演奏，以此表示不敬。普鲁士的腓特烈·威廉四世给他钻石，他把它们扔到舞台两侧。他不请巴伐利亚的路德维希一世来听他的音乐会，因为两人是情敌，争夺洛拉·蒙特兹的感情。由于宫廷礼节不允许以私人名义给西班牙的伊莎贝拉二世发请柬，所以他不为她演奏。俄罗斯的尼古拉一世在他弹琴时讲话，李斯特站起来说："尼古拉讲话时，音乐必须静默。"这句话传遍欧洲。李斯特缔造了自己的王国，要求得到国王般的尊崇。他甚至不吻女士们的手，而是女士们吻他的手。他俨然像个国王，从不收学生一分钱。聪明的艾美·费伊在风靡一时的《在德国学音乐》一书中生动描写了李斯特的音乐课——学生们集合在一起，不安地等候着，窃窃私语。下午四时，大家开始叽叽喳喳地说："老师来了。"

老师走进房间。大家起立，对他鞠躬。女士们吻他的手。李斯特大方地叫大家坐下。通常没有人对他说话，除非他先开腔。他看看钢琴上的一堆谱子（这架琴已破旧，欧洲每一个希望成材的人都在上面敲打过，剩下乱糟糟的一堆破烂），哪一首曲子引起他的兴趣，哪一个准备这首乐曲的人便应皇帝之召走上前来，弹奏一遍，李斯特听后提出意见。有时，他不耐烦地把那不幸的人从琴旁推开，自己弹将起来（他的学生西洛蒂说，在那架破琴上弹出如此美妙的音乐，"不亲耳听见的人是无法想象的"），班上的女孩子一个个晕过去。老师微笑中含有愠意，但他心里是高兴的。

只有一个音乐家能够超越李斯特带给听众的震撼，那人便是帕格尼尼。李斯特有许多音乐会演出习惯是效法帕格尼尼的。李斯特总是向最优秀的楷模学习。1831 年 3 月 9 日，帕格尼尼在巴黎歌剧院首次演出，李斯特、戈蒂埃、雅南、乔治·桑、德拉克洛瓦、德·缪塞、罗西尼、奥柏、海涅和巴黎的所有小提琴家一起聆听了这场演出，顿时为之神往。他生平第一次看见一位尽善尽美的演艺人（还是历史上尽善尽美的一位炫技大师）在表演。帕格尼尼成为李斯特一生的决定性影响之一，李斯特力图超过帕格尼尼，在钢琴上制造相当于帕格尼尼在小提琴上制造的效果。

另一个重大影响是肖邦。李斯特在 1832 年第一次听肖邦演奏。他从肖邦那里得知，钢琴不仅是炫技的乐器，还能做出细腻的表情。帕格尼尼打开了超凡的辉煌炫技之门；肖邦打开了诗意、风雅、用心灵演奏之门。这样，李斯特集众家之长：练就一副相当于帕格尼尼的小提琴的过硬技巧（他改编的六首帕格尼尼随想曲把钢琴技巧带到前所未闻的高度）；改造狂风暴雨式的炫技，吸收肖邦所创用的色彩和诗意。李斯特比任何一个钢琴家更多地融技巧、演艺和诗意于一炉。近年来音乐界虽以轻视音乐家李斯特为时髦，但我们已慢慢醒悟到，在那咄咄逼人的锋芒，有时不过是弄虚作假的背面，有着一颗那一世纪最惊人、最富创造力的头脑。李斯特是一位咄咄逼人的音乐家，处于最佳状态演奏时，能把深刻的音乐性加诸其他质量之上。难怪有些竞争者认为老天不公平，怎么能把钢琴天才和音乐天才都集中赐给一个人。

此外，他至少还有一点，是那个冷酷的撒旦似的意大利小提琴家所缺少的，是那个小个子肖邦所希望拥有的。李斯特年轻时容貌俊俏得令人惊异——修长身材、金黄头发、高贵、潇洒的气质，还有铁打的体力，一上台就足以使所有的女士晕头转向。他也对她们投桃报李，全欧洲都在兴奋地谈论他的风流艳事。大致按时间来排，先后有过卡罗琳·德·圣克里克、阿黛拉·拉普吕纳雷德伯爵夫人、玛丽·达古、玛丽·迪普莱西（即茶花女玛格丽特·戈蒂埃，经小仲马和威尔第的《茶花女》而名垂青史）、洛拉·蒙特兹、玛丽·普莱耶尔、玛丽亚·帕夫洛夫纳（撒克逊大公夫人）……何需开列下去？最后一次韵事是同波兰出生的抽烟的卡罗琳·塞恩-维特根斯坦公主。她在基辅与李斯特相遇后，抛弃了丈夫和三万个农奴的财产和李斯特同居。1856 年，两人决定结婚，但是由于教会的裁决，不得举行婚礼。卡罗琳公主经常陪伴着李斯特，比李斯特多活一年，完成了她的《教会外在软弱的内在原因》一书的最后一卷。她是一个狂热的教徒，专门写神学方面的书籍，包括八卷本的《浅谈灵修会期间上流社会女性的作用》。李斯特到底爱她什么？在与卡罗琳公主同居期间，他还有另外的安慰，其中有一个是所谓的奥尔加·亚尼娜伯爵夫人。那是一个醋心重、脾气躁的哥萨克女人，1870 年邂逅李斯特这个老巫士，同他发生关系，拿了手枪以自杀相威胁。（她没有自杀，也不是什么伯爵夫人和哥萨克人。）

不仅女人爱慕李斯特。坐在琴旁的李斯特使所有人都瞠目结舌——哪怕他们不怎么喜欢他这个人或者他的演奏。门德尔松在 1825 年第一次听李斯特演奏后的印象并不佳，也许不无道理。那时，李斯特才十四岁，音乐上尚未成型。门德尔松比他大两岁，当时可能弹得比他好。但是，到了 1840 年，尽管从灵魂深处厌恶李斯特的作为，门德尔松不得不承认，李斯特"弹琴的技巧比任何人都高明……那种速度和手指的完全独立，还有通透明亮的音乐感，堪称无与伦比。一句话，我从没听过一个演奏家能够把音乐的感受如此传送到每一只手指尖的"。门德尔松和李斯特不可能成为至交；门德尔松的音乐立场太矜持、太淡泊、太古典。在性情、审美观和社交方面，两人相去千里。门德尔松是莫谢莱斯学派的钢琴家：手指飞快、用手腕弹、从不追求雷鸣般的音响。他是一个有修养、有风度的钢琴家，不是炫技型钢琴家，也不想成为炫技家。李斯特的一个学生，安东·特雷列茨基，曾经写到一次宴会，李斯特和门德尔松两人都在场。他说，门德尔松弹李斯特的《第四号匈牙利狂想曲》，弹得"极其可憎"。门德尔松知道自己弹得一团糟，便转入自己的《升 f 小调随想曲》，弹得光辉灿烂。然后，他请李斯特弹。李斯特弹了同一首随想曲，门德尔松听后承认自己不如李斯特。他抓起李斯特的右臂，仔细端详后说："李斯特琴艺赢了我，要翻本，只好比一比拳击了。"可是，仔细检查了李斯特的体魄后，又只好甘拜下风。这样，事情也就过去了。但是，几年后，李斯特说："门德尔松虽不记仇，但绝不会忘记此事。"

　　白发的好好先生莫谢莱斯第一次听十七岁的李斯特演奏时，完全被征服了。"至于他的演奏，在力量和难点的掌握上，超过我所听过的一切。"多年后，两人年龄俱增，莫谢莱斯仍然不明白，何以只见李斯特"两手飞来飞去"，能够弹奏最危险的跳跃而不出错。哈雷第一次听李斯特时的感觉和托马谢克第一次听贝多芬一样。可怜的哈雷坐在那里"惊得发呆"，说不出话来，回家时"萎靡不振，这样的演奏技巧和力量，我一辈子也休想学到"。

　　（哈雷继续道）他是巨人，鲁宾斯坦在他自己的事业巅峰期时说过，和李斯特相比，所有的钢琴家都只是儿童，这话一点不假……李斯特周身是阳光，光芒四射，征服听众，那力量无人承受得了。对他来说，没有演奏上的困难，再大的困难在他手下都像是儿童的游戏。最超凡绝伦的一个优点是水晶般的澄澈，即使在最复杂、别人无法弹奏的经过句中，也通透明亮，仿佛他用照相技术把它们印在听众的耳朵里。他令乐器发出的音量，我此后再没有听到过，然而从不粗糙、从不"狠狠捶打"。他的胆略和天才一样杰出。在一场李斯特演奏、柏辽兹指挥的管弦乐音乐会上，《赴刑进行曲》（柏辽兹的《幻想交响曲》是一部配器无比华丽的作品）一结束，李斯特坐下，弹起他自己为钢琴改编的这一乐章，效果竟胜过整个乐队，听得群情激奋，难以形容。

事情就是这样。克拉拉·维克感到绝望，因为"我们苦苦练习仍没有起色的东西，李斯特拿起谱来一弹就成"。她和哈雷一样，1838 年第一次听李斯特就被征服。"我哭出声来，太感动了。跟李斯特相比，其他大师显得那么渺小，包括塔尔贝格在内。"罗伯特·舒曼的感受差不多。"除了帕格尼尼外，我从来没有看见一个艺术家有这样巨大的能力可以征服、带领、提高大众。"舒曼唯一的遗憾是李斯特应该把他的天才用于更高的音乐目标。伦茨把听众普遍的感觉概括为一句话：李斯特一出现，其他所有的钢琴家都消失了。

肖邦可以说是彻底解放钢琴技巧的人，但李斯特是把成果传遍欧洲的人。肖邦可以说是两人中更好的一位钢琴家，但是他缺少驱使听众痴狂的力气、能量、潇洒和性感。就欧洲而言，是李斯特解放了钢琴。在他以前，所有的钢琴家弹琴都是手尽量靠近键盘，只有贝多芬一人除外。李斯特把这一切都颠覆了。他是第一个在钢琴上弹出管弦乐来的人，他早期曲目中最流行的乐曲是他改编的贝多芬和柏辽兹的交响曲，这不是偶然。李斯特上台，一甩那头长发，两手高高举起，扎下来落在键上。琴弦绷裂，空气中弥漫着洪亮的声音，当这位大师之王在键盘上来回扫荡之际，一个崭新的钢琴色彩世界和激情世界诞生了。

在这样的音响洪流面前，没有人敢和它匹敌。十九世纪三十年代，李斯特最大的劲敌是西吉斯蒙德·塔尔贝格。这位出生于瑞士的大师一定有他的独到之处。塔尔贝格第一次到巴黎是在 1836 年，李斯特正同他的伯爵夫人在外地（离开巴黎已十八个月）。巴黎立刻分成两派：塔尔贝格派和李斯特派。李斯特听到有人觊觎王位的消息，张大了鼻孔，赶回巴黎，岂知塔尔贝格已经离去。李斯特在埃拉尔的沙龙开了两场晚会，都由柏辽兹在《音乐报》上写评论。据柏辽兹称，李斯特在艺术上已经成熟到难以认出原来面貌的程度。他说，李斯特以前的演奏夸张、节奏不稳定、装饰过多；现在的演奏有身价、有音乐修养。李斯特在向缺席的塔尔贝格挑战的音乐会上弹贝多芬的《"槌子键琴"奏鸣曲》；柏辽兹写道，迄今为止，这首奏鸣曲"对每一个钢琴家来说一直是狮身人面像之谜。李斯特是伊底帕斯，他破译此谜的方式准能使坟墓里的作曲家充满惊喜和骄傲，如果他能听到的话。一个音不多，一个音不少（我听他弹时，对照手里的谱子），丝丝入扣，不擅自变化速度……李斯特把一部尚未被人理解的作品弹得如此明晰，从而证明，他是主宰未来的钢琴家"。

在柏辽兹和挤在埃拉尔沙龙里的四百来个行家面前，李斯特只弹最优秀的作品。在大众音乐会上选的曲目则不同。他同塔尔贝格要到 1837 年才相遇，那种场合下，他又选了不同的曲目。李斯特在相遇前写过一篇评塔尔贝格的音乐的文章，说得它一钱不值。这篇评论发表在 1837 年 1 月 8 日的《音乐报》上；李斯特直率地说，塔尔贝格的作品平庸、做作、空虚、千篇一律、沉闷。"也许这话听上去太严厉……""听上去"这个词用得实在可爱。李斯特在写给乔治·桑的信里说，他急切地希望听听人人为之疯狂的塔尔贝格的全部作品，"所以我一整个下午关起门来，认真研究"。李斯特机灵，塔尔贝格也精明。巴黎盛传这样一个故事：李斯特拜访塔尔贝格，建议两人合开一场双钢琴音乐会。塔尔贝格婉转地拒绝说："不，我不喜欢有人伴奏。"

29

30

31

32

29　1830年左右的青年李斯特，此铅笔画系安格尔所作。人和画一样好看。

30　是磁？是电？是触电？李斯特的独奏会使女士们陷入狂欢节的迷乱。这张不
　　知名作者的漫画记录了李斯特演奏时的普遍现象。

31　李斯特在1859年。时年四十八岁，但仍是最有拜伦气质、最富活力、最难
　　以抗拒的音乐界人士。

32　老骥伏枥、志在千里，1885年前后的李斯特和学生伯纳德·施塔文哈根。
　　李斯特仍忙于教学，甚至还偶尔公开演出。

因此，李斯特和塔尔贝格之间产生嫌隙。塔尔贝格于 1837 年重返巴黎，3 月 12 日在音乐学院演出他的《神佑吾王幻想曲》和《摩西幻想曲》。接下去的一个星期日，李斯特包下歌剧院回敬塔尔贝格，弹李斯特自己作曲的《尼俄比幻想曲》和韦伯的《音乐会曲》。这应该算是打了个平手，可是李斯特包租歌剧院的行为，表现出更大的魄力。3 月 31 日，贝尔焦约索公主（她也是个不错的业余钢琴家）邀请两人在她的沙龙为意大利难民义演，那是社交界的盛会。3 月 26 日的《音乐报》刊登了演出信息："最令人关注的无疑是两位天才同时登台，二人棋逢对手，是音乐界争论的热点，犹如当年罗马和迦太基之难分高下。李斯特和塔尔贝格先生将轮流演奏。"法国人总是拼不好李斯特的名字，有时写成 Litz，有时拼成 Lits 或 Listz。票价四十法郎，巴黎能去的人都去了。还有不少音乐家也参加了演出——马萨尔、乌尔汉、多勒斯、布罗德、彼埃雷、马蒂厄、热拉尔迪以及女艺术家塔卡尼和皮热。这些人仿佛在真空里演唱或是演奏，没有人搭理他们。所有的眼睛和耳朵都盯住李斯特和塔尔贝格；李斯特弹他的《尼俄比》，塔尔贝格弹他的《摩西》。结论是：塔尔贝格是世界上最好的钢琴家；那李斯特呢？李斯特是独一无二的钢琴家。

李斯特随着年纪的增长越来越复杂，他的音乐也不断在成长。他一直是一个复杂的人——是天才、虚荣、慷慨、情欲、宗教、势利、民主、文学欲望和憧憬的混合体：一半是拜伦、一半是卡萨诺瓦；一半是梅菲斯托弗尔、一半是圣方济；一生不安地探索，艺术、宗教和肉欲各方面的要求撕裂着他。他接受了一项不干涉他的任何重要活动的神职工作，倒是十分有代表性的。他在 1865 年当神父，在罗马受戒。李斯特神父的牧职不重，他只受戒七级神职中的四级，因此他不能主持弥撒或听取忏悔。起先，他在梵蒂冈有静室——那是当然的。后来，他每年有四个月住在戴斯特庄园，其余时间分别住在罗马、魏玛和布达佩斯。

钢琴家的生涯并没有占用他太多的时间。1847 年声名极盛时，他停止了音乐会活动，再也不作为收费的艺术家公开演出；但这不等于说他不继续公开演出，几乎到去世前他还在演出。恭维话和公众的崇拜对他来说和空气一样重要，不过他一般只在慈善音乐会上义演。他花费越来越多的时间进行教学，集中精力于魏玛宫廷音乐总监的工作，使魏玛成为新音乐的基地。大部分活动围绕瓦格纳转。魏玛是世界上所有音乐才子——钢琴家、作曲家、小提琴家、歌唱家、指挥纷至沓来的圣地，他们都是在李斯特的监视之下来的。他哪还有时间做自己的事？但是，他做了。李斯特一生忙得不可开交，然而他的创作数量惊人。单是他的创作——钢琴曲、交响诗、各种合唱和乐队曲、改编曲、协奏曲、编订不同作曲家的作品——看一眼《格罗夫音乐与音乐家辞典》中汉弗莱·塞尔编的李斯特作品目录，就令人头晕目眩。单是抄写这么些谱子，就不知道李斯特哪来的时间，更不用说作曲了。还有他的教学任务，他自己的演奏，他审的稿以及浩如烟海的通信。到最后，他不得不减少工作量。早在 1862 年，他已经在若干种音乐杂志上声明，谢绝转寄乐谱或其他音乐文字给他。欧洲的音乐家无不寄作品请他演奏、指挥或提掖。到 1881 年他开始感到厌倦，他写道："我不喜欢写信到了极点。我怎么能一年回答两千多封信而不失去理智？"

在音乐方面，李斯特似乎无所不能。作为指挥，他没有得到多大赞誉；但是瓦格纳写道，当李斯特指挥《唐豪瑟》时，"我看到了第二个我，惊讶万分。我在创作这部作品时的感觉，李斯特在指挥时都感受到了。"李斯特的本领大得吓人，在一个控制严密的社会里，准会被视为巫士而绑在火柱上烧死。复杂的乐曲，他能听一遍后立即弹奏，不用看谱。美国作曲家和理论家珀西·戈奇厄斯弹他自己写的一首奏鸣曲，李斯特听后坐下，不看手稿，就在琴上示范如何改进某个段落，戈奇厄斯无话可说。

毫无疑问，李斯特是两个最了不起的视奏家之一（另一个是卡米尔·圣-桑），十九世纪的音乐家都可以为他那神奇的视奏能力作证。一次，门德尔松在埃拉尔那里给李斯特看他写的《g 小调钢琴协奏曲》的手稿，门德尔松说笔迹很潦草，几乎看不清楚，李斯特却一路看一路弹了下来，"尽善尽美，比任何人的正式演奏还要好"。门德尔松把这个故事讲给费迪南德·希勒听时，后者毫不惊奇。"他早就知道，李斯特弹大多数作品都是第一次弹得最好，因为他有事可做；第二次弹时，总要根据自己的意愿添加些什么。"格里格讲李斯特视奏他的《a小调钢琴协奏曲》的故事已是众所周知，对于格里格的另一次经验，人们不太熟悉。那是 1868 年格里格第一次见李斯特，带去了一首小提琴奏鸣曲。格里格的钢琴弹得也很不错。

（格里格写道）你必须记住：首先，他从来没有见过也没有听过这首奏鸣曲；其次，这首奏鸣曲有小提琴声部，一会儿高、一会儿低，独立于钢琴声部。李斯特怎么做的？他一股脑儿弹了下来，包括小提琴和钢琴的一切枝节。不仅如此，他弹得更丰满、更辽阔。小提琴端端正正坐落在钢琴声部中间。他名副其实地一下子扑在整架钢琴上，一字不漏，弹得真神！有气派、有灵气、有独到的悟性。我记得我高兴得大笑，像孩子一样。

李斯特弹乐队谱也一样精彩。1876 年，一个名叫奥蒂斯·巴德威尔·博伊斯的美国作曲家在魏玛拜访他时，带去一份乐队总谱。李斯特叫他自己弹。博伊斯谈起这件事时，感觉相当有趣：

我正想好好露一手给那位大师听，忽然觉得，我的钢琴才能实在太渺小了；从来还没有过这样的事。我还觉得我那部无辜的作品会因为有缺点而得不到他的重视。他显然注意到了我的忧虑，立刻宽慰我说："还是我自己来弹吧，可以更好地了解细节。"说着就坐下，看看配器的布局，一页页翻到底，追踪一个个主题和过程，把底片印在了他的脑子里。然后他便在钢琴上弹奏起乐队总谱，弹得这么融会贯通，实在惊人，我以前没有，此后也再没有听到过这样的演奏。试弹过乐队总谱的人都知道，十个手指怎么也弹不下所有的细节，非得从无数声部中摘取重要的因素，理顺发展的线条才行。李斯特却一应俱全。没有一个对位或配器的特点能逃脱他的注意；他还边弹边发表意见，丝毫不影响演奏。

希勒说李斯特视奏作品时总是第一遍最好，这话说得很有意思，而且很对。钢琴上的事对李斯特来说太简单了，再弹第二遍就觉得无聊了，除非给乐曲添加些什么，才能使他提起精神。他从来不肯照谱上所记的弹奏，不动一下音乐就不舒服，即使在乖乖地为柏辽兹弹《"槌子键琴"奏鸣曲》时也是如此。后来，他责备自己放肆（肖邦说："李斯特处处都要插一手。"），可是并不就此改掉。1840～1850 年是他的极盛期，那时弹的古典作品一定是面目全非的；萨拉曼委婉地批评道："他很难满足于简单的技巧活，非得发挥和'改编'，往往极尽奢华……李斯特的演奏固然十分壮丽，但是，像贝多芬、韦伯和胡梅尔这些大师的作品并不需要他增加那些装饰。"李斯特和约阿希姆一起合作奏鸣曲，但只有在演奏新曲子时，这位德国小提琴家才感到兴奋，因为这时的李斯特会老老实实照谱子弹。如果是第二或第三次演奏，李斯特就会把简单的经过句改成八度或三度，或者把简单的颤音改成六度。即使演奏贝多芬的《"克鲁采"小提琴奏鸣曲》，他也会放肆地搞这类玩意儿。俄罗斯作曲家亚历山大·鲍罗廷在 1883 年拜访李斯特后，也有此类的证词。鲍罗廷钦佩这位七十二岁高龄老人的钢琴功夫，但是"弹了一遍后，有时就开始加上自己的东西，一首作品到他手下逐渐变样，成为以它为基础的即兴创作"。这一来，可难为了钢琴家们，因为李斯特的威望极高，再好的音乐家都以他的演释为定本。别的钢琴家再弹这一首作品时，人们就开始责备他没有弹出同样的效果来。为了自我保护，他们纷纷模仿李斯特，把音乐弹得"更有效果"。

所以，如果今天李斯特还像当年不负责任的时候（而不负责任完全可以说是他的常规）那样弹琴，他准会叫有责任心的音乐家和评论家口吐白沫。虽然如此，他的技巧功夫能堵住今天最辉煌的技巧大师之口。人人都说，困难对他来说是不存在的，错音——年老后演出中时常出现的错音——不过是粗心，不是功夫不到家的缘故。他不在乎弹错音。那位美妙地介绍十九世纪七十年代欧洲乐坛的美国青年艾美·费伊写李斯特为一些贵宾演奏时的情况时这样描述：

> 他正弹着一阵阵滚滚而来的琶音，委实波澜壮阔，突然在打算结束的最后一个高音上差半音。我大气都不敢喘，心想他会不会就此打住，不上不下，和声悬而未决；会不会像凡夫俗子一样改正错误，重弹这个和弦。岂知，他脸上泛起微微的笑意，仿佛说"别以为区区小事会把我难住"，立刻趁势就着错音的和声在钢琴上游了开去，然后再来一次波澜壮阔的扫荡，一箭中的。我从没见过这么巧妙可爱的乐曲。这样的急智，是典型的李斯特。他不让你有机会说"他弹错了"，而逼得你说"瞧他是多巧妙地走出困境的啊"。

不管怎么说，李斯特的神话令人震惊；我们有时怀疑他是否真的具有他的同时代人所说的那种技巧。他当年是第一，这是无可置疑的；可是，从那时到现在，技巧已经走过很长一段路。可惜我们永远无法知道答案了。李斯特的崇拜者，也是他的重要学生之一阿图尔·弗里德海姆说，在某些"专门化"的技巧方面，罗森塔尔和戈多夫斯基超过了李斯特。德高望重的教师鲁道夫·布赖特豪普特称许多钢琴家的技巧比李斯特高明。但他们两人都没能在李斯特经常演出的盛期听他演奏。很可能，李斯特在生命的最后三十年里根本不练琴。

顺便提一笔，布赖特豪普特曾说李斯特的手很大，可以伸展十二度。这不大可能；虽然关于李斯特的手的大小，有许多矛盾的说法。李斯特早期的一个学生威廉·梅森说，李斯特的手的伸展没有什么特别之处。艾美·费伊说李斯特的手"很窄，手指长长的、细细的，好像指关节比别人多一倍"。另一个学生卡尔·拉赫蒙德似乎能一锤定音，解答这个问题。拉赫蒙德于 1882 ～ 1884 年在魏玛跟李斯特学习，写过一本叫《和李斯特生活在一起》的书，没有出版。有一次，李斯特弹《"槌子键琴"奏鸣曲》的慢乐章时，他在场。

> 最后一个和弦慢慢地重复四次时，我看着他的手。他的手的位置通常不按常规。我突然发现他的每一只手都勉强能够到十度，不分解就无法安详地弹奏这个和弦。

这个和弦是左手的升 F—升 C—升 A 和右手的升 A—升 F—升 C。拉赫蒙德引用李斯特自己的话说："公众称赞我的手大，你看，我刚好够十度，足以应付。"

至于李斯特的曲目，他什么都弹。只要弹过一遍，他就永远不会忘记。艾美·费伊在十九世纪七十年代曾精彩地讲述了一件事：有人提起李斯特四十年前弹过的赫尔茨的一首艰涩而无聊的曲子。李斯特当即坐下，完整地弹了出来。在私人场合，在朋友和学生中间，他会弹最杰出的作曲家的音乐。1839 ～ 1847 年巡回演出时，他弹了一些（当时）令人惊奇的东西。李斯特的全部曲目随时都在手上。大庭广众之下，他当然不断弹奏自己的拿手好戏；不过也弹从巴赫以来的许多名作。艾伦·沃克在他写的《李斯特传》的第一卷附录里收了李斯特的音乐会曲目，包括巴赫的《哥德堡变奏曲》，贝多芬钢琴奏鸣曲（包括最后的五首），肖邦，一些舒伯特、韦伯和舒曼，贝多芬、门德尔松、肖邦、韦伯和巴赫的协奏曲（巴赫的三架钢琴协奏曲），当然还有大量自己的音乐。然而，他一刻不忘自己是"公众的仆人"，用他自己的话来说。他知道公众要的是什么，于是便给他们什么。哈雷讲过一则故事，听后不免对李斯特产生看法：

> 他在音乐学院礼堂开的某一场音乐会的曲目里有《"克鲁采"小提琴奏

153

鸣曲》，由李斯特和马萨尔演奏。马萨尔是音乐学院的教授，是一位备受尊敬的知名小提琴家。马萨尔正要开始引子的第一小节，听众中有人喊道："《恶魔罗勃》！"那时，李斯特刚创作了一首根据那部歌剧主题改编的幻想曲，十分精彩，每次弹奏都极为成功。这一喊之后，"要听《恶魔罗勃》，弹《恶魔罗勃》"的喊声顿时淹没了小提琴的声音。李斯特起立鞠躬，并说："我永远是公众的仆人，你们要在奏鸣曲之前还是奏鸣曲之后听那首幻想曲？"回答是："《罗勃》！《罗勃》！"李斯特转向马萨尔，挥手让他下台，连一句道歉的话也不说。他的确光彩夺目地弹奏了那首幻想曲，听众群情激奋。然后他把后台的马萨尔唤上场，一起演奏"克鲁采"。但不知怎么，听了总觉得不合时宜。

后来，李斯特逐渐退出舞台。年老后，这类自我为中心的事情便较少发生了，但从未能改掉。李斯特不是技巧理论家，一定从来不思考自己是怎样取得效果的。他显然采用依靠重量的技巧，两肩放松，手和手指的位置相当高，双手略朝外，以便自然地弹下 E 大调音阶（艾美·费伊特别提到这一点）。他的演奏风格可能相当晚才形成，因为 1831 年时，他还告诉学生瓦莱里·博阿西埃不要用手臂和肩膀弹琴。当时，李斯特还没有脱离车尔尼的影响，还没有听到肖邦——肖邦自由而独具一格的演奏对他影响极大。李斯特是贝多芬技巧之子，是安东·鲁宾斯坦的精神父亲，这是说他不拘泥细节的精确，不求每一个音每一个音阶都恰在其位。重要的是效果，是音响，是起音的激情、俏皮和大胆，在钢琴上弹出乐队配器，充分发挥钢琴的性能。这不等于说李斯特不能富有诗意和庄重地弹琴，他愿意怎样就能弹得怎样。但他代表的是自然力，同循规蹈矩而往往没有血色的古典风格形成对比。他是空前绝后的豪迈型钢琴家。必须指出，豪迈超越技巧。许多钢琴家有技巧，但只有少数几个能够把技巧用来完成激动人心、令人屏息静气的英勇业绩，那才是豪迈。豪迈需要特殊的头脑，加上一套特殊的纪律。

　　李斯特和他的学生开创了十九世纪的豪迈派，使音乐的道德派大为头疼。年轻的钢琴家都师法李斯特，如同二十世纪四十年代的年轻人都师法弗拉基米尔·霍洛维茨。学院派开始担忧。路易斯·科勒是一个高度受人尊敬的钢琴家和作曲家，曾经跟李斯特学过。他写过一段话，很像出自今人之笔，在1874年（《新音乐杂志》）哀叹新派技巧大师的态度和修养。科勒说，他们听上去都一个样：弹琴没有灵魂，精确得像机器；他们都想"玩弄奇才"，学李斯特弹琴，甚至模仿他装模作样，让头发覆盖眼睛。科勒说，李斯特拿得起、放得下；而他的仿效者"不自然地逼出不合适的音色、毫无意思的渐快和渐慢、没完没了的自由速度，叫人不知所云，搞不清是弹的人还是听的人脑子有问题"。科勒忍受不了，然而又找不出一个不属于李斯特学派的重要钢琴家。李斯特从十九世纪二十年代起一辈子教琴，桃李满天下，著名的有汉斯·冯·彪罗、威廉·梅森、卡尔·陶西格、拉斐尔·约瑟菲、索菲·门特……名单简直开不完。詹姆斯·赫尼克在他写的传记中开列的李斯特学生的名单长达多页，犹未开全。

　　当然，李斯特好心肠，接受了数以千计其实不能算是学生的学生。这些人只是听课，偶尔弹上一两次给他听，回去就挂牌标榜自己是李斯特的学生。谁都能弄到一封介绍信，求见这位慈祥的老人，他则是来者不拒。西洛蒂愤愤地说，任何人都可以去听李斯特在魏玛上课（星期二、四、六下午四时至六时），不付一分钱。李斯特在魏玛的学生之多，导致市民们不得不要求保护，谁要是开着窗子练琴，就会被课以三马克罚款。但这批挂名学生中也不乏事业一直持续到二十世纪的巨匠。李斯特最后八年的学生中有尤金·达尔伯特、莫里茨·罗森塔尔、阿尔弗雷德·赖泽瑙尔、卡尔·波利希、亚历山大·西洛蒂、阿图尔·弗里德海姆、阿黛拉·奥斯·德·奥赫、埃米尔和格奥尔格·利布尔、康拉德·安索盖、伯尔尼哈德·施塔文哈根、弗雷德里克·拉蒙德和维亚纳·达莫塔。达莫塔是这一些名人中最后去世的，他大部分时间待在他的祖国葡萄牙，1948年去世，比拉蒙德晚几个月，时年八十岁。

作为教师，李斯特没有一套完整的教学法体系。1845 年后，他只教程度高的学生，不集中教技巧（"脏东西放在家里洗"），主要是辅导。李斯特这人变幻莫测，有时极其严苛，有时得意、随和。学生愚蠢的话（有不少愚蠢的学生。彪罗说，在最杰出的钢琴家家里能听到最拙劣的演奏），李斯特会暴躁而刻薄。有时他为学生大量示范演奏，有时一连几天不碰钢琴。但最优秀的学生能从他，从这个曾经被贝多芬吻过、曾经是肖邦的朋友和塔尔贝格的劲敌的人，从这个一生的辉煌业绩名副其实地跨越整个十九世纪的人那里学到许多东西。李斯特的一生是崇敬的象征，他完全应得这样的崇敬。他的一生是一场漂亮的胜仗。尽管年轻时有失算、爱出风头，尽管他虚荣、拿别人的作品瞎鼓捣，最终，他成为一位传播肖邦、贝多芬、舒曼、瓦格纳的福音的钢琴家、未来时代的音乐的代表、帮助欧洲几乎每一个青年作曲家的人。他自己的音乐通往瓦格纳（是李斯特在《特里斯坦与伊索尔德》以前发明了那个"特里斯坦和弦"）、理查·施特劳斯和法国的印象派（在他最后的几首如《乌云》那样的古怪而非炫技性的乐曲中）；最重要的是，他的钢琴演奏启发了世界上每一个器乐家，这就是李斯特。

老琶音、沙龙音乐家和对美国的渗入

塔尔贝格、梅耶、赫尔茨

　　李斯特最大的劲敌在钢琴和性格方面同李斯特的差异无可再大了。李斯特以洒脱的手势在键盘上撒野；西吉斯蒙德·塔尔贝格（见图33～35）正襟危坐，以极少的手势制造效果。不过，塔尔贝格也有自己的绝招。他有一种功夫，让听众觉得他的演奏不可能只是两只手的作为。他的特色是用两个拇指弹奏旋律，在钢琴的中音区，用从键盘最下面到最上面的琶音环绕旋律，听上去好像有三只手。这个主意得自竖琴家帕里希·阿尔沃斯的启发。这种功夫并不难，只是听上去（和看上去）的感觉比实际弹奏难得多，不过在十九世纪三十年代是个新玩意，引起极大轰动。塔尔贝格立即获"老琶音"（Old Arpeggio）之称。听众欣喜若狂，从座位上站起来看他是怎样做的。

　　塔尔贝格是一个异常完美而规矩的技巧家，自称是莫里茨·冯·迪特里希斯

33

33　西吉斯蒙德·塔尔贝格在 1835 年，同李斯特进行较量前两年。他的血管里
　　流着高贵的血液，外貌亦然。

34　少年西吉斯蒙德·塔尔贝格。比李斯特晚生一年，许多人认为他的才华和李
　　斯特相当。

35　演出生涯即将结束时的塔尔贝格。人们仍称他"老琶音"，听众兴奋地探究
　　他是怎样取得三只手的效果的。

34

35

坦伯爵和韦茨勒男爵夫人的私生子。他彬彬有礼，充满贵族气质，因此大家信以为真。其实不然。他的父亲是汉堡的商人，姓塔尔贝格，母亲姓施泰因。他小时候来到迪特里希斯坦家，伯爵让他上最好的学校。他很早就显露不凡的才具，跟胡梅尔和莫谢莱斯学习，1829年第一次在维也纳登台。英俊的长相、贵族的气派、天赋的才华顿时吸引了一批崇拜者。他和李斯特一样，特别得女士们的欢心，不过他温情而不出格。他的音乐会不会发展成崇拜李斯特的女士们制造的那种荒唐事件。然而，舒曼写道："如果有人批评塔尔贝格，德国、法国和欧洲其他国家的女孩子都会起而攻之。"

他勤奋练琴。爱尔兰作曲家文森·华莱士有一次听他通宵达旦地练他的《唐·帕斯夸莱幻想曲》中的两个小节。他常常在清晨三点钟起来练琴，的确练就一手无可挑剔的技巧，音阶均匀得令人难以相信，颤音如小鸟婉转，和弦精炼。即使是完成最令人咋舌的技巧，他也端坐而不加多余的身体动作。莫谢莱斯写道："他坐在琴上时，整个举止像士兵。嘴唇紧闭，外衣密扣。他告诉我说，这种自我节制的态度是通过练琴时嘴上抽土耳其烟斗训练出来的；烟斗不长不短，正好保持他坐直不动。"塔尔贝格当然不赞成李斯特那样的发烧式起音；他曾经写道：弹旋律应该"不猛烈敲击琴键，而是靠近、小心翼翼，有精神有力气地压琴键……弹奏温柔优雅的旋律时，音符必须像揉面一样，好像手没有骨头，手指是天鹅绒"。压和揉这种说法很含糊，但是塔尔贝格能获得他所要的效果。据说李斯特曾经羡慕地说："塔尔贝格是唯一能在钢琴上拉小提琴的人。"

专业钢琴家都从专业考虑，对技巧特别敏感，塔尔贝格的同行发现塔尔贝格的严格态度有不少可取之处，并且大义凛然地把他树为李斯特的对立面。可爱的老萨拉曼在1901年还记得塔尔贝格的演奏：

> 好像什么都难不倒他。他和李斯特一样，能弹显然无人能弹的东西。但是，和李斯特不一样的是，他从不为了求得技巧的成功而夸张地装模作样。

他的手腕和手指具有惊人的力量和灵活度，但是他总是细腻地调节力量。最响的***fortissimo***在他手下也从不嫌吵。自己的作品主要在公开演出时弹，最能显示他那令人叹为观止的技巧。但最能使人信服他是一位真正伟大的钢琴家的，是听他演奏贝多芬，他弹得实在、凝练，古典风格，对贝多芬这位大师的音乐不加丝毫装饰。

最后一句是对李斯特的讥刺。塔尔贝格的风格虽然讲究技巧，但同古典学派一脉相承，难怪克拉拉·舒曼那样立足古典的钢琴家会迷恋塔尔贝格精致的触键和澄澈的演奏。不过，克拉拉是一个敏感的音乐家，她指出塔尔贝格缺少"更高的诗意"。哈雷也说，塔尔贝格的演奏优美而冷酷，而且永远一个模样。"据说，即使深更半夜从熟睡中唤醒他来演奏，他也会弹得一样周到、一样完美。这话有道理。"然而，他的银铃般的清晰使所有钢琴家着迷，汉斯·冯·彪罗提到塔尔贝格的演奏时说它"精致、诗意、尽善尽美"。

门德尔松是一个古典派，讨厌李斯特许多做作的姿态，他认为塔尔贝格泰然自若，"在他的相对局限的天地内，作为真正的技巧家来说，更加完美"。在1840年3月30日写自莱比锡的一封信里，门德尔松把李斯特和塔尔贝格作比较，进行了精辟、重要（出自当时最敏锐的音乐头脑之一）而十分浅显的分析：

> 塔尔贝格的幻想曲（特别是根据罗西尼的《湖泊女郎》写的那首）是最精致最优美的效果的结集，是惊人的难度和装饰音的积累。一切都是那么恰如其分、洗练典雅，显示莫大的自信，炉火纯青、效果精美。他的手十分有力，手指却又那么熟练轻盈，可谓绝无仅有。
>
> 李斯特的手指在一定程度上很听话，能作细致的区分，他还有无与伦比的绝对的乐感。总之，我从没见过一个演奏家的乐感像他那样一直通达指尖，直接从指尖流露。以他的直率、惊人的技巧和经验，他可以远远超过所

有的演奏家，可是与此有关的思想才是最主要东西。思想，迄今为止，看起来大自然没有给他；因此在这一方面，大技巧家大都能赶上甚至超过他。但是，只有他，还有塔尔贝格，称得上是今天最高级的钢琴家，我认为是无可厚非的。

连舒曼都觉得塔尔贝格有许多东西值得钦佩。人们以为舒曼会讨厌塔尔贝格的音乐，他不是攻击过赫尔茨和欣滕吗？1830年肖邦在维也纳写的一篇风趣的攻击性随笔具体而微地概括了一切："至于塔尔贝格，琴弹得极其出色，不过不是我喜欢的那种人。他比我小；讨女士们喜欢；写《哑女》（奥柏的歌剧《波蒂契的哑女》）的集锦曲；靠踏板而不是靠手来弹轻柔的段落；弹十度轻而易举，像我弹八度一样；衬衫上镶钻石饰扣；不喜欢莫谢莱斯。"

塔尔贝格的为人倒是颇得人心。一个崇拜者送给他一座庄园，另一个崇拜者送他一幢维也纳的大厦。他衣着整洁，举止得体；这难道不是得自他的贵族血统？1843年，他同伟大的男低音歌唱家拉布拉什的女儿结婚。到1863年，他已赚够了一辈子也花不完的钱，退隐而去意大利种葡萄酿酒，1871年去世。塔尔贝格的退隐是彻底的退隐，家里连一架钢琴也没有。

他的演出足迹遍及整个欧洲，他也是第一个去美国演出的大艺术家。1856年，他在纽约首次登台，树立了新的标准。他在波士顿的独奏音乐会使《邮报》的评论家写出修辞空前绝后的文字：

> 笼罩在这座壮丽的大都市上空的气氛中难得回荡着如此壮丽的音乐、如此沁人心脾的曲调，星期六早晨从天才西吉斯蒙德指尖"如群蜂飞舞"般飘向蔚蓝的苍穹。

这些文字足以使人看得眼珠都凸出来。由于这类报道，塔尔贝格不得闲暇。

从 1856～1858 年冬，单单在纽约一地就演出了五十六场音乐会，有时一天三场。他自然几乎只弹自己的作品（在音乐会中，他一般出场两次，一次在休息前，一次在休息后；加起来难得超过四首曲子）。生于英国的美国钢琴家理查德·霍夫曼声称，塔尔贝格的美国之旅曲目一共包括大约十二首他自己创作的歌剧幻想曲；可是此话并不确切。翻翻当年的报纸，看到他的确弹过《"月光"奏鸣曲》、几首门德尔松的小曲甚至贝多芬《c 小调钢琴协奏曲》的第一乐章。人们来是要听他的三只手效果，他当然遵命。有一次特别难忘，塔尔贝格同美国偶像路易斯·莫罗·戈特沙尔克一起弹奏几首双钢琴作品。其中一首是《游吟诗人主题幻想曲》，据霍夫曼说轰动一时。"在《铁砧合唱》中，塔尔贝格在钢琴的中间音域弹奏美妙的双音颤音，戈特沙尔克在整个键盘上飞舞，产生的音量是我前所未闻的。"

塔尔贝格创作了五六十首根据歌剧主题改编的幻想曲。音乐不太高明，主要由于缺乏和声想象；但是效果极佳，高度适合钢琴性能，往往很难，深得当时人们的喜爱，乃至群起效仿。他的幻想曲基本属于一个模式，《根据多尼采蒂的唐·帕斯夸莱主题的大幻想曲》是其中的典型。一个相对安详的长达五页的引子后，进入一个如歌的段落，进行变得略不平静，右手出现分解琶音，左手出现八度。接下去是他的拿手好戏：次中音声部的主题上上下下都绕以琶音和弦，还有一些难度很大的颤音。紧接着是一段 *leggierissimo* 的八度，从右手转到左手，同时，主题仍在次中音声部里唱出。这里的写法很巧妙。八度继续，接下去是半音经过句，采用细工镶嵌的音阶。高潮来临，由右手快速的、分解的琶音音型开路，这些音型把旋律用了进去。现在我们接近结束，旋律回到次中音声部，用辉煌的半音经过句、双三度和六度、快速的和弦累积镶边，最后是一个猛烈俯冲的琶音。从音乐上讲，这首乐曲没有多大意思，但是它的钢琴技巧很刺激，在塔尔贝格当年弹来，准能使听众毛骨悚然。在那些年代里，除了李斯特以外，没有人能为炫技而写出如此光彩夺目的乐曲来。

到演出生涯的晚期，塔尔贝格不再作曲。伦敦的一个捷克出生的教师威廉·库厄问他为什么，他说："唉！模仿我的人使我无法创作。"可是，他的音乐注定短命，今天已被人们遗忘，他本人也只剩下影子。李斯特跟着时代前进，不断成长；塔尔贝格抱住他那一小袋过时的绝招，满足于当一个炫技大师。

塔尔贝格之前，有过四个国际人士访美：生于新奥尔良的路易斯·莫罗·戈特沙尔克、奥地利人亨利·赫尔茨、德国人利奥波德·德·梅耶、奥地利人阿尔弗雷德·耶尔。德·梅耶第一个到美国，是在 1845 年；第二年来了赫尔茨。赫尔茨至少还是一个精巧的沙龙钢琴家，人也风趣而有教养。德·梅耶（见图 36～37）则似乎是个骗子。这个狮子钢琴家（因他那狮子般的长发和对键盘的袭击而得名）1816 年生于巴登巴登，在维也纳随弗朗茨·舒伯特（不是大作曲家弗朗茨·舒伯特）学习，随即在欧洲各地演出。他是个小丑，是弗拉基米尔·德·帕赫曼的先驱。他会在琴旁坐下，觉得琴的位置不合意，便叫人来移动，这时，他便对听众演讲。有时，他只用拇指弹琴，有时用拳头和肘子；听众喜欢看他这样做。他当然只弹自己作的曲子，这样那样的幻想曲。保尔的《钢琴家辞典》提到德·梅耶的一段文字可谓英语中的神来之笔："作为演奏家，他在某种程度上证明，听众的笑神经屡屡被他触动。"他的拿手曲目是《摩洛哥进行曲》，这是一首炫技乐曲，没有任何摩洛哥的内容。最初的名字是《土耳其战歌》。柏辽兹倒是喜欢德·梅耶，拿他的两首乐曲配器——《摩洛哥进行曲》和《伊斯利进行曲》。他说德·梅耶的音乐有一种"迷人的独特风格"。

德·梅耶长得又矮又胖，还到处吹嘘，对人说自己是大钢琴家中独一无二的胖子。胖使他能够承受投入工作所需的大量体力消耗和神经兴奋。他这话至少有一点说对了：他捶击钢琴时用力极大，乃至大汗淋漓。他的曲目主要是歌剧改编曲、《"洋基佬"变奏曲》（表示对美国的敬意）和使听众目瞪口呆的《摩洛哥进行曲》。

赫尔茨（见图 38）被家人从维也纳带到巴黎，十五岁时获巴黎音乐学院的一等奖。他是另一种类型的人，肯定是一位精巧的钢琴家，有他自己的路子。他是沙龙之王，非常受欢迎，虽然一些伟大的同时代人个个都善意地取笑他。赫尔茨并不介意，他对自己也未必很认真。舒曼写道："他还要什么？不就是取乐和发财？"他的确发了大财。他的空洞、优雅的沙龙乐曲——数不胜数的变奏曲、回旋曲、进行曲、夜曲、奏鸣曲、集锦曲、改编曲、协奏曲、小曲——都是一贯的畅销品。他还对开钢琴厂感兴趣，并建造了一座音乐厅。空下来的时间就教学生，多得不胜负担。且看他是怎样教的：1828 年，查尔斯·萨拉曼要跟他学时，他只有早上五点钟才有空。十年后，法国杂志《海盗》取笑赫尔茨道：

> 亨利·赫尔茨先生，家住胜利街 38 号，是一位古怪的教师。他的课一般只上半小时——十分钟整理亨利·赫尔茨先生的大卷发和领结；十分钟从裤子口袋里掏出他的表，那是布雷格店里的名牌，恭恭敬敬地挂在琴上；最后十分钟教课。胜利街 38 号的亨利·赫尔茨先生边教边抚摸自己头上的卷发……他早晨五点钟起床，半夜才睡觉，醒时就教钢琴课。他深更半夜教，清晨六点钟教——喝酒、步行、休息，不论做什么事，都边做边教。有时半夜醒来，还问听差接待室里有没有学生在等他。

肖邦和李斯特出名以前，赫尔茨和卡尔克布雷纳是巴黎的两大钢琴名家。赫尔茨的手指跑动飞快、音色浅而妩媚，足以同卡尔克布雷纳竞争而占优势。门德尔松对他们二人的感觉是又好笑又诧异，他在 1832 年写道，卡尔克布雷纳摇身一变，成了浪漫派：

> 他在弹奏他的梦，一个新的什么钢琴协奏曲，公然表示皈依浪漫主义。他说，起先是不明确的梦境，然后是失望，然后是爱的自白，最后是军队进行曲。赫尔茨闻讯，立即写了一首浪漫色彩的钢琴协奏曲，也加上一点说

明：先有一段牧人和牧羊女之间的对话，暴风雨大作，然后在晚钟声中祈祷，最后是军乐队进行曲。

赫尔茨使门德尔松想起走钢丝和耍杂技的人。一切都是为了钱；他去西半球也是为了钱。1845～1851年间，他在美国（1849年在加利福尼亚）、墨西哥和西印度群岛等地巡回演出。但是，第一个来美国的重要的、至少有国际声望的钢琴家是德·梅耶，他于1845年11月7日在纽约首演（演出前大做宣传）。他和他的经纪人赖特海默准备了一份传略、一幅漫画，印了许多份肖像，甚至宣传他的两架埃拉尔大三角钢琴。生平介绍中有德·梅耶为路易·菲利普和维多利亚女王演奏的画像（但是伦敦《音乐世界》杂志的一个记者不客气地指出，德·梅耶从来没有在法国或英国宫廷里演出过）。音乐会在百老汇会堂举行，赖特海默没能卖满座，所以租了一些马车驰到门前，装出一副生意兴隆的样子。德·梅耶的收益不错，虽然他的演出曲目挫伤了一些高尚的美国人的心灵，波士顿《音乐报》的评论员说在整个独奏音乐会中听不到多少音乐。这位评论家回忆并赞许地提到的真正称得上音乐的东西，只有《欢呼哥伦比亚》《洋基佬》和《威廉·退尔》。

赫尔茨在他暮年时写的一本有趣的小书《我的美国之旅》中称，他是在1846年10月29日第一次在纽约演出的。两天后，《纽约论坛报》发表了对音乐会的评论，其中有这么几句话：

我们不妨把他的演奏比作冬季寒冷的月光下霜仙子游戏时在窗上画下的纤巧花纹。他的和弦、他的组合是如此对称，他的手指是如此飞快而准确，仿佛一只小鸟从他的指间逃了出来，在空中起落飞舞。

这段美妙的文字下面的一句话，读来令人不安："可是，我们不得不坦白，

166

不朽的钢琴家 | The Great Pianists

他的演奏并不使我们感动。"

赫尔茨做的第一件事是聘请一个名叫伯纳德·乌尔曼的青年做他的新闻代理人，这个人很有韧劲，自己找上赫尔茨，说服他雇佣自己。赫尔茨从来没有听说过新闻代理。他问乌尔曼，新闻代理人都做些什么事。乌尔曼说："可以说什么也不做，也可以说什么都做。试用我吧，我会安排你的音乐会广告、印刷节目单，照料音乐会会场的一切。我会让报纸编辑注意你。报纸是艺术成功的中枢神经，如同金钱是战争的中枢神经一样。"赫尔茨同意试试，乌尔曼也证实了自己是值得雇佣的。

赫尔茨的书中介绍了他对美国、对美国的头面人物和国家制度的印象。他读过独立宣言（"在有关人类事务的发展过程中，当一个民族必须解除其和另一个民族之间的政治关系……"），深受感动。他遇见菲尼亚斯·泰勒·巴纳姆，后者让他同珍妮·林德一起开音乐会时挂二牌，他拒绝了。他提到乌尔曼的有些点子很有意思。有一个是音乐会上点一千支蜡烛，一支不多，一支不少。"这引起了美国人的好奇，"赫尔茨写道，"音乐会票子不到一天就销售一空。"赫尔茨上场演奏，一曲弹完，有人大声喊道："没有一千支蜡烛呀！"这个人一支支数过来，发现少了八支。

乌尔曼继续构思"稀奇古怪的事情来挑动音乐爱好者的热情"。有一个想法是开一场政治音乐会。曲目将包括《向华盛顿致敬》（独唱、合唱、五个乐队、一千八百位歌唱家）、《宪法协奏曲》（赫尔茨作曲并演奏）、一段赞扬美国人民天才的演讲、《凯旋大进行曲》（赫尔茨为四十架钢琴而改编）、《国会山》（颂赞大合唱，由赫尔茨作曲）、宏伟的终曲《欢呼哥伦比亚》（由费城及其邻近各地所有的军乐队演奏）。应该说乌尔曼的构想很美，可是赫尔茨不同意。他没有写四十架钢琴的音乐，只用了八架。乌尔曼抗议说："你不同意，说明你不了解美国人的性格。"赫尔茨没有让步，音乐会获得巨大成功。他在南部时听过黑人音乐（"班卓琴是像吉他的一种乐器"），是第一个注意到黑人音乐的受过正规音乐教育的音

167

乐家。

赫尔茨和德·梅耶不可避免地会撞车，结果发生了几起热闹的事件。在巴尔的摩，两人正巧前后演出。德·梅耶先演，结束后不叫人来把他的两架埃拉尔琴搬走。赫尔茨不肯罢休，闹得不可开交，东海岸的美国人看了场好戏。两人都向公众呼吁，去信《巴尔的摩太阳报》《广告报》和其他报纸。德·梅耶先发制人：

公开信

笔者身受巴尔的摩公众的厚爱，实不愿以私事惊动公众。但不得不简单公布事实真相……巴尔的摩公民知道，笔者于星期三晚在本市卡尔沃特厅举行音乐会，会后照例把琴留在那里。昨天早晨还被告知，琴的位置不可能给赫尔茨先生造成任何不便，不妨碍他昨晚在同一场所举行音乐会。万万没有想到，赫尔茨先生昨晚派人送来通知，翻译如下：梅耶的两架钢琴必须立刻搬走，否则将被扔到音乐厅院子里去。署名为 B. 乌尔曼。当时已快六时，正下着倾盆大雨。

收到这个唐突而令人气愤的通知后，梅耶先生……请他的朋友赖特海默先生立刻打电话给赫尔茨先生，商议此事。他在卡尔沃特厅见到赫尔茨先生，提出鉴于天气恶劣，钢琴应留在原处，同时也提到乌尔曼先生通知上的言语无礼。赫尔茨先生说他不清楚此事，但手下所做均得到他的批准。赖特海默当即着手搬琴，虽然冒很大风险，其中一架钢琴也因此受到损伤。

接下去，德·梅耶攻击赫尔茨有不道德的行为，说有一次德·梅耶不在费城时，赫尔茨宣布在纽约举行八架钢琴的音乐会。"那时，梅耶先生精美的埃拉尔琴中有一架在费城……赫尔茨先生擅自用此琴，擅自搬到会堂使用，对于产权的观念模糊而乖僻。"德·梅耶声称他不得不痛心地把此事公诸巴尔的摩公民。赫尔茨和乌尔曼不会就此罢休。他们也登广告，和德·梅耶一样写公开信。

公开信

利奥波德·德·梅耶先生在今晨《太阳报》上发表的公开信中向亨利·赫尔茨先生发难，挑起争端，矛头对准笔者赫尔茨先生的仆人，用词之粗鲁，不忍卒读。笔者不屑与之争辩，以免抬举他……只指出那封信的重要细节全属捏造。

乌尔曼进而详述细节。卡尔沃特音乐厅的舞台太小，放不下两位艺术家的钢琴。德·梅耶早该把琴搬走，可是他不搬。乌尔曼在早晨9时通知德·梅耶的一个名叫伯克的助手，大的那架钢琴必须搬走，小的留下无妨；可是德·梅耶一架也不搬。对于德·梅耶提出的第二条罪状，乌尔曼说，是德·梅耶自己当众提出让赫尔茨用他的埃拉尔琴的。接下去，乌尔曼疯狂地攻击道：

> 这些事有目共睹，公众自能分辨。德·梅耶先生向塔尔贝格、西沃里以及每一个他认为挡他道的艺术家发难。他恬不知耻地利用报刊争取群众，上次为了写吹捧文章的价钱而同伯查德打官司，现在又要把赫尔茨先生卷入一场争吵；这些正好说明他没有专业的本事，只好用其他办法来表现自己。

这封信气愤地署名为：伯纳德·乌尔曼，文学硕士，哲学博士，维也纳帝国理工学院学生。（有没有这么一所维也纳帝国理工学院？就算有，是否授予"学生"称号？）乌尔曼提到的伯查德是起诉这位狮子钢琴家的一场官司。德·梅耶雇佣过一个叫作伯查德的人为他翻译一份吹得天花乱坠的海报，从德语译成英语，还要伯查德把它登在美国报纸上。伯查德一一照办，索价二十五美元。狮子钢琴家大骂他敲竹杠，只付十元。伯查德提出起诉，这件案子在1846年11月11日的《纽约晚邮报》上有过报道。陪审团作出同情伯查德的判决，补付十五元。

德·梅耶反唇相讥，还颇为风趣：

致亨利·赫尔茨

　　昨晚的《爱国者报》发表了一篇文章，此人署名应为"servant"（仆人），却自封为"savant"（学者），奇文共欣赏……文章说，是我同意你在你的音乐会上用我的一架大三角钢琴，在此我郑重声明没有这回事……至于你的那位"学者"所说，伯克先生收到过要他在九点钟搬琴的通知，不是传错了话——这种错误实在不可原谅——就是故意说得含糊其词……先生，最后再进一言。你喜欢躲在你的"学者仆人"的幌子下面，借以回避向公众解释有失一位真正艺术家身份的无礼行为，我却要借此机会，提请公众注意本月9日和10日纽约报纸上拉佩蒂先生的来信，充分展露你的嘴脸，真叫人又觉得可怜，又瞧不起，真是不幸。你那位"学者仆人"不明智、且不说不公正地含沙射影，称美国报纸是雇佣工具，此事是他和一项我认为无可指责的工作之间的关系。

　　还有许多诽谤的话。乌尔曼既然重提伯查德的旧事，德·梅耶就打出拉佩蒂这张王牌。米歇尔·拉佩蒂是一位小提琴家和指挥，在纽约有一个乐团。赫尔茨聘请他在第一场音乐会上演出。不知什么原因，赫尔茨的以后三场音乐会改请了乔治·洛德。拉佩蒂伤心之余，在《纽约先驱报》和《纽约每日论坛报》发表公开信，声称洛德对赫尔茨施加压力，其实赫尔茨心里更喜欢拉佩蒂。

　　赫尔茨回家后在巴黎音乐学院当教授。他在美国赚的钱足以维持他的钢琴厂，他造的琴得到1855年世界博览会的一等奖后，生意蒸蒸日上。他于1888年去世。德·梅耶回欧洲后，决定再访美国，1868年又去了。那时，他的演奏已被视为过时。《德怀特音乐报》称它"比以前更夸张了"。乌尔曼犹记恨在心，在《德怀特音乐报》上写了一篇报道，称施坦威公司付了德·梅耶一万五千元，叫他演示他们的乐器。十九世纪六十年代后就不大听人说起德·梅耶。他死于1883年。

赫尔茨和德·梅耶的口水仗打完没几年，有一位真正优秀的钢琴家来到美国。他就是阿尔弗雷德·耶尔，曾跟莫谢莱斯学习，是一位很受欢迎的技巧家。他长得矮小敦实（彪罗在一封信中称他为"我们的胖子好耶尔"），音色特别甜美而有穿透力。1851 年 11 月 15 日他在纽约首演，受到热烈的欢迎，因此直到 1854 年才重返欧洲，第一场音乐会在特里普勒音乐厅举行，由意大利歌剧团和"阿斯特广场歌剧院的盛大乐团"（广告上这么写道）协奏。耶尔弹塔尔贝格的《梦游女幻想曲》、戈特沙尔克的《香蕉树》（优美地向东道国表示尊敬）以及若干首自己创作的沙龙乐曲。（最后一个曲目是《树上的鸟》，"在唱他的情人所作的曲，由米斯卡·豪泽作曲并演奏"。豪泽是当时活跃在纽约的一个小提琴家。）首演那晚刮着狂风暴雨，所以上座不佳。但是耶尔对评论应当是满意的。《纽约时报》写道："折磨听众的纤巧耳朵的德·梅耶苦心经营的效果和在琴键上吓人一跳的俯冲没有了，亨利·赫尔茨的驯服和冷漠也没有了。"《纽约时报》大大颂扬了耶尔。耶尔 11 月 22 日的第二场音乐会上有特别节目，海报上这样写道："阿尔弗雷德·耶尔先生不胜荣幸地向美国观众介绍一位音乐神童，阿德莉娜·帕蒂，年仅七岁。"

波士顿的《德怀特音乐报》在 1853 年 1 月 22 日发表一篇评论，很能说明美国人对耶尔的印象：

> 阿尔弗雷德·耶尔被公认为访问过美国的最优秀的钢琴家。凡听过他演奏不论什么音乐的人，都能明显感觉到他触键的光彩、经过句的清澈纯净和无比精炼，整首乐曲的表演布局严谨、层次分明、处理雅致……不论幻想曲速度多么快、曲折变化多么拥挤，不论奏鸣曲、三重奏或协奏曲写得多么致密、渊博、内涵丰富，他弹来点滴不漏、毫厘不爽，不论是音符还是表情，仿佛都是小儿游戏，仿佛从不知什么叫困难。

36

37

38

36 狮子钢琴家晚年。这是仅有的一张利奥波德·德·梅耶的相片。

37 德·梅耶同亨利·赫尔茨争吵期间的一幅漫画。注意画上的左腿，正用以击
键。

38 十九岁时的亨利·赫尔茨，沙龙的偶像。十三年后，1845 年来美国，同利
奥波德·德·梅耶吵得难分难解。

39

40

41

39 玛丽·普莱耶尔，十九世纪三十年代最受人赞美的钢琴家。柏辽兹爱上她，
　　但她嫁给了著名的法国钢琴制造商普莱耶尔。

40 八度英雄亚历山大·德赖萧克，当年的霍洛维茨。他的特长之一是左手用八
　　度弹奏肖邦的《"革命"练习曲》，不弹单音。

41 阿道夫·亨泽尔特，许多人认为他可以媲美李斯特，可惜，他公开演出时太
　　容易紧张。

耶尔同玛丽·特劳特曼结婚（特劳特曼是一个优秀的钢琴家，也是著名的教师，写过几本重要的演奏生理学方面的书）后，四处演出，以帮助提高美国的音乐水平。生于英国的理查德·霍夫曼也一样。霍夫曼师从莫谢莱斯、李斯特、德勒等人，1847 年来到美国，定居纽约，演奏钢琴、教学和作曲，1848 ~ 1892 年几乎每年同爱乐乐团合作演出，成为纽约音乐生活的固定内容。

做出贡献的还有其他人。从德国来的亨利·C. 蒂姆、威廉·沙尔芬贝格和丹尼尔·施莱辛格都定居纽约。蒂姆和沙尔芬贝格对于 1842 年纽约爱乐乐团的创立起了很大作用。施莱辛格据说是三人中最杰出的，可惜英年早逝。从波兰经维也纳音乐学院而来到美国的莫里斯·斯特拉科希在 1850 年前后开过几场音乐会，后来改行当演出经纪人。罗伯特·戈德贝克来自德国，受业于亨利·利托尔夫，定居芝加哥和圣路易。约翰·恩斯特·佩拉博据说九岁就能背奏全部《十二平均律键盘曲集》，七岁时从威斯巴登来到美国，1858 年被送往汉堡，后又送往莱比锡随莫谢莱斯和赖内克学习。1865 年回到纽约后开始演出，特别是舒伯特的作品；举行一系列早场音乐会，演奏当时所知道的全部舒伯特作品。

奥古斯特·海勒斯特德生于斯德哥尔摩，父母是丹麦人，师从李斯特三年，来美后在芝加哥音乐学院和威斯康星大学工作。生于费城的查尔斯·贾维斯是第一个未去国外求学的美国钢琴家。他举行了二十四场历史音乐会，帮助培养美国人的趣味。他的曲目包括三百首随时可以演奏的作品，熟悉七百余首乐曲。

美国钢琴界和音乐界一个更重要的人物是威廉·梅森，他曾去国外随亚历山大·德赖萧克和李斯特学习。1854 年回国时，学有成就、满怀抱负，没有一个美国音乐家能与他相比。他立即向困惑不解的美国听众介绍贝多芬、肖邦和舒曼；仿效李斯特举行没有别人参与的独奏会；专门演出最卓越的音乐。在十九世纪五十年代的美国，这样做的人只有他一个；在欧洲，除了他，也只有汉斯·冯·彪罗和克拉拉·舒曼。

梅森的朋友和同事中有一个英国人塞巴斯蒂安·巴赫·米尔斯。凭那名字就知道是音乐家。米尔斯随莫谢莱斯和李斯特学习，1859 年来美，当即成为美国最优秀的钢琴家。他从未加入美国国籍，但是经常在美国演出，大多数美国人都以为他是美国公民。他给美国介绍过几部巨著，其中包括 1865 年由他在美国首演的贝多芬《"皇帝"钢琴协奏曲》。来自德国的卡尔·沃尔夫索恩定居费城，专门演奏贝多芬和室内乐。1863 年演出三十二首钢琴奏鸣曲（在纽约，后来又到芝加哥演出），接着，又举行肖邦系列和舒曼系列音乐会。1873 年永久定居芝加哥，了不起的范妮·布卢姆菲尔德即出自其门下。沃尔夫索恩曾听过安东·鲁宾斯坦的七场"历史长河"系列音乐会，1877 年他超过那位俄国钢琴大师，演出了十八场历史音乐会。生于波士顿的卡莱尔·彼得西利亚赴欧随莫谢莱斯和李斯特学习。回国后，开舒曼系列音乐会、弹贝多芬系列并执教于新英格兰音乐学院。彼得西利亚在新英格兰音乐学院的同事奥托·本迪克斯曾随库拉克和李斯特学习，来美时已是有经验的独奏音乐家。在新英格兰音乐学院执教的路易斯·马斯也是李斯特的学生。新英格兰音乐学院在十九世纪最后二十五年里的教师阵容一定非常强大。

这些优秀、诚实的音乐家默默耕耘着，提高了美国的钢琴演奏水平和整体音乐水平。但是有一个人名气之响，超过所有人的总和，那就是可怜的瞎子汤姆。瞎子汤姆是乔治亚州的佩里·奥利佛家的黑奴，生于 1850 年左右，心智不健全，被到处展览，宣传为"莫扎特以来最伟大的音乐神童"。好像说他有绝对辨音力，什么东西只要听一遍，就能照式弹奏。公众对这个眼盲的弱智儿童的兴趣，主要是由 1862 年《大西洋月刊》发表的一篇长文引起的。文章作者是一位女性，据她说，瞎子汤姆极有天赋，再复杂的乐曲，只听一遍，便能弹奏。这位好心的女士显然对于音乐一窍不通，文章错误百出，可是当时美国很少有人能够指出。她描写瞎子汤姆的一次演出，读了叫人作呕。这个嘴唇肥大的孩子坐在琴前，主人奥利佛先生央求他，用蛋糕糖果哄他弹琴。"音乐会是音乐、哀哭和哄骗的混合。"每奏完一曲，瞎子汤姆不等听众就自己使劲鼓掌。"谁都能看出来，这是被囚禁在那可恶的形象和白痴的脑袋里的一颗美丽的心灵在追求光明。"美国和那作者一样幼稚，甚至让瞎子汤姆到白宫去展览，还大获成功。还出版了一本关于他的书——显然出自一名宣传员之笔——缔造了瞎子汤姆的神话。书中有这样的文字："作为他那出色的模仿能力的证明，他背诵了希腊文、拉丁文、德文和法文的文章，模仿苏格兰风笛、轮擦提琴、苏格兰提琴手、美国政治演说家、喜剧演员；总之，听见什么就能模仿什么。"

后来，《德怀特音乐报》对瞎子汤姆的才能提出质疑。有资格的观察家纷纷写信寄来，说明被吹嘘得那么神的事情，那个孩子连五十分之一也做不到，只能弹几个他熟悉的曲调。瞎子汤姆在 1866 年被带到英国，他的老板企图骗取莫谢莱斯和哈雷的证词——如果这两位尊敬的音乐家说一句话，至少可以证明瞎子汤姆有绝对辨音力。没过几年，瞎子汤姆便销声匿迹，1908 年 6 月 13 日在霍博肯去世。

其他沙龙音乐家和八度"革命"

普莱耶尔、德赖萧克

　　沙龙钢琴家在浪漫主义初期遍地开花，后来逐渐消失，从此再没出现。今天的"酒会钢琴家"也许最接近。不言而喻，沙龙钢琴家在沙龙而不在音乐厅里演奏；即使也在音乐厅演奏，但主要成就还是在沙龙。他们专弹十分轻松的曲目，以最低级的音乐垃圾刺激听众。

　　当然也有介于沙龙和音乐厅之间的钢琴家。在英国有威廉·斯特恩代尔·贝内特，他是门德尔松和舒曼的朋友，创作了优美的钢琴音乐。受业于车尔尼的奥地利神童西奥多·德勒很受关注，虽然门德尔松不喜欢他："他们把德勒捧得那么高，叫我吃惊。只有第一次听他弹时，我还有点兴趣；后来就觉得他太冷、太精明、太沉闷。"在德勒这个问题上，海涅的话很有趣："有人说他是二流钢琴家的最末名，有人说他是三流钢琴家的第一名。实际上，他弹得不错，娇滴滴的，讨人喜欢。至少非常妩媚，手指灵活得令人诧异，不过没有力量、没有精神。是一种纤柔的无力、精致的萎靡、清瘦的苍白。"赫尔茨以来的沙龙钢琴家个个都没有多大力气。力量会惊坏那些爱听他们弹琴的伯爵夫人和公爵夫人，那些人一概爱好伶俐、手指轻巧、精致和空虚。有钱而浅薄的上流社会付钱雇钢琴家为他们提供娱乐。

史蒂芬·海勒可能是最好的一位沙龙钢琴家，但是他害怕公开演出。他写作可爱的沙龙钢琴曲，当时有不少音乐家认为比肖邦的高明。它们当然不如肖邦，但是，有些今天还是值得一弹的。英国人亨利·利托尔夫很不错，彪罗把他同李斯特相提并论。利托尔夫随莫谢莱斯学琴，作为钢琴家的声誉不坏。他大量作曲，结婚多次，编订著名的《利托尔夫世界名作选》，那是一个价廉物美的版本，精确地收集了最优秀的音乐作品。他写的作品中只有一首留在常演曲目里——为钢琴和乐队而作的《第四交响协奏曲》中的谐谑曲。圣-桑一定十分熟悉，谐谑曲的整个钢琴布局和旋律模式同圣-桑这位后辈法国作曲家的创作十分接近。谐谑曲的音乐辉煌、悦耳、效果很好，如果说它足以代表利托尔夫的创作，那么利托尔夫的音乐还是值得一听的。

那个时代也有一些怪人。莫蒂埃·德·方丹以一曲贝多芬的《"槌子键琴"奏鸣曲》走遍欧洲，所有记载都说他弹得很糟糕。波兰狮的曲目很大，但没有一首弹得好。波兰狮就是安托万·德·康茨基，他的轰击使听众不寒而栗。他显然没有连续弹对过两个音，而且力度从来不少于 *fortissimo*。评论家都感到头痛，有一个评论家写道："上帝啊，拯救我们脱离战争、凶杀、猝死和波兰狮的钢琴演奏吧！"

轰动一时后销声匿迹、被人遗忘的钢琴家数以百计，雅各布·罗森海因据说是其中最好的一个，但不久便专门作曲，完全放弃钢琴。另一个优秀的钢琴家是玛丽·普莱耶尔（见图39），钢琴制造商普莱耶尔的妻子。婚前名玛丽·莫克，是莫谢莱斯的高足，还跟过赫尔茨和卡尔克布雷纳学习，李斯特、门德尔松和舒曼都很欣赏她。柏辽兹曾和她相爱，为了她，柏辽兹仓促地带着毒药和手枪从罗马的梅迪契庄园赶回巴黎，因为听说她变心了，他要杀死她，然后自杀。1848年，她当上布鲁塞尔音乐学院的钢琴系主任。她应该是一位杰出的音乐家，李斯特不仅欣赏她的演奏，还欣赏她的教学。费蒂斯更是对她佩服得五体投地："我听过所有的大钢琴家，从霍尔曼德尔、克莱门蒂到今天的名家们（时约1870年），但是没有一个像普莱耶尔夫人那样给我完美的感觉。"马蒙泰尔夸张地写道，她的演奏兼有卡尔克布雷纳的清晰、肖邦的敏感、赫尔茨的空灵和李斯特的炫耀。果真如此的话，她该是历史上最伟大的钢琴家了。

马蒙泰尔是巴黎音乐学院的教授，他的问题在于：在他所著的《名钢琴家》一书中几乎对每一个人都一律评价很高。巧的是，所论及的对象，有许多是他的学生。他的这本著作充满了从未对历史起过任何作用的人名，虽然当时曾经显赫过。试举几个如下：埃米尔·普吕当、阿梅代·德·梅鲁、法朗克夫人、皮埃尔·齐默尔曼、卡米尔·斯塔马蒂、路易·亚当、德·蒙热鲁夫人、勒费比尔-韦利、亚历山大-爱德华·戈里亚、路易·拉孔布、朱尔斯·舒尔霍夫、阿格拉埃·马萨尔、让-亨利·拉维纳、爱德华·沃尔夫、费利克斯·勒库佩、乔治·马蒂亚斯、伊利-米里姆·德拉博德、朱尔斯·科恩、卡罗琳·蒙蒂尼-雷莫里、奥古斯特-埃马努埃尔·万科贝尔。其中有几个成为受到高度评价的教师、作曲家或指挥，但是没有一个是震撼世界的钢琴家。利奥波蒂娜·布拉黑特卡虽是十九世纪二十年代维也纳的偶像，也未能震撼世界。肖邦曾说她"年轻貌美，是一个钢琴人才"，但同时也说她"敲得太厉害"。

亚历山大·德赖萧克（见图40）红过一阵。他来自波希米亚，在那里随托马谢克学琴，1838年起，以神奇的演奏震惊听众。在某个方面，他是当年的弗拉基米尔·霍洛维茨——身怀绝技的英雄，三度、六度和八度的大师。他是钢琴技巧发展史上的一个怪胎。老年克拉默听他演奏时惊奇得动弹不得。"这个人没有左手，两只都是右手。"德赖萧克的左手的确十分神奇，他专门为左手写了各种乐曲，如《神佑吾王幻想曲》。他弹得响而快，可能没有高深的音乐修养，但是他的确知道怎样使听众激动起来，彪罗在维也纳时就发现了这点。德赖萧克在维也纳一直很红，彪罗无法同他相比。为此彪罗形容他为"机器人，毫无才气，外表像个小丑"，称这位敌手的成功为"暴发户"，聊以为自己的失败辩解。但这样说不对。德赖萧克的确是一个了不起的技巧家；一位说话有分寸的胸有城府的观察家西奥多·库拉克说，德赖萧克的技巧比李斯特还好。在某些方面也许是的。欧洲开始谈论新的三位一体神：李斯特是圣父，塔尔贝格是圣子，而德赖萧克就是圣灵。他的音乐修养可能也不像人们所说的那样差。只是大多数人只记得他的绝招，谈论他的技巧，忽视了他对钢琴演奏艺术的真正贡献。汉斯立克直率地说，德赖萧克"圆满结束了炫技大师的那一脉，他们的辉煌技巧能够吸引和醉倒无数崇拜魔术般技巧、越惊人越欢喜的听众"。

一个美国学生纳森·理查德森曾经描写过德赖萧克的顽强固执。德赖萧克可以每天十六个小时不停地单练左手，直到能把八度弹得和单音经过句一样快、一样光洁。他为自己的八度感到骄傲，总要狠狠地展示一下。海涅有一次说，德赖萧克在慕尼黑弹八度时，只要风向对头，在巴黎也能听见。海涅评论德赖萧克在巴黎的首场演出时，把这个比喻进一步发挥："他的声音大极了。好像听到的不是一个钢琴家（Dreyschock），而是三乘二十个（drei Schock）钢琴家。音乐会那晚，风从西向南吹，你在奥格斯堡或许也能听到他那巨大的响声。隔开那么远来听，效果或许会更好些。在这里，在塞纳–马恩省河的这一带，听这位重量级打手弹琴，把耳膜都震破了。弗朗茨·李斯特，上吊去吧！比起这位雷神来你只是个普通的小神。"

但不全是雷鸣。他要弹得美时可以弹得非常优美。门德尔松说过这样的话："有些曲子他弹得如此令人赞叹，还以为在听一位伟大的艺术家呢，不过转瞬间又弹得如此糟糕，让你顿时改变看法。"克拉拉·舒曼最恨卖弄钢琴技巧，所以只看到德赖萧克最坏的一面。她说，德赖萧克有可观的技巧，可是没有头脑，

"他处理乐曲简直可怕"。

久而久之，德赖萧克很可能丢失了他原有的敏感，把音乐仅仅看作炫技的工具。他最拿手的绝招是弹肖邦的《"革命"练习曲》。事情是这样开始的，他无意间听见托马谢克说到钢琴演奏的进步。托马谢克指着练习曲说："如果有人能用八度弹左手这些单音经过句，我不会吃惊。"《"革命"练习曲》的左手部分全部是速度快、跨度大的琶音。德赖萧克听见这话，认真练了起来，连续六个星期，每天十二小时地练，直到终于克服所有困难。如果他真能按原速弹奏那些八度，那确是一个令人毛骨悚然的奇迹，这几乎是不可能的。然而，许多有资历的观察家说，他的确按照原速弹奏这首乐曲，而且每场音乐会都弹。

他的曲目有限，可以说是大钢琴家中曲目量最少的一个。莫谢莱斯评述过他的左手绝招，但也说德赖萧克只会弹十二首乐曲。莫谢莱斯这数字或许不精确，或许他只听德赖萧克弹过十二首乐曲，但是，他所说的关于德赖萧克视奏不佳的话完全可信。他写道："讲一件事给你听——德赖萧克正在和我一起练几首'音阶小曲'，他弹学生的部分，可是节奏老是不对，克拉拉跑到母亲身边大叫（幸亏用英语，德赖萧克可能没有听懂），'妈妈，德赖萧克先生没有学过音阶吗？'你能想象到我的惊愕，这个孩子说话没遮没拦。"

威廉·库厄在维也纳听过德赖萧克用八度弹《"革命"练习曲》，他讲李斯特如何棋高一着以巧取胜。李斯特在 1847 年来到维也纳，曲目中有一首肖邦的《f 小调练习曲》（Op.25/2）。他用八度弹第一小节，起先很慢，后来快些，后来再快些，只弹第一小节。后来右手用八度弹奏整首练习曲，按肖邦的正确速度。维也纳的听众明白他的意思。

关于德赖萧克，有一则可爱的故事。是理查德·曼斯菲尔德讲出来的，他的妈妈是维也纳宫廷里的人。德赖萧克第一次进宫为皇帝演出时，房间里窗户关着，十分闷热。德赖萧克开始出汗。皇帝听得很用心，看得更用心。钢琴家弹毕起立，面对皇帝，不敢擦脸上的汗。皇帝走近他说："亲爱的德赖萧克，我听过莫谢莱斯弹琴，"德赖萧克鞠躬。"我听过塔尔贝格，"德赖萧克鞠躬鞠得更低。"我听过李斯特，"德赖萧克鞠得非常非常低。"我听过所有的大钢琴家，但是我从来没有、从来没有见过谁像你这样出汗的。"

两个敏感的钢琴家

阿尔坎、亨泽尔特

有两个技巧大师，几乎同期享有非凡声誉，但不能归入钢琴演奏的主流：一个是查尔斯·亨利·瓦朗坦·莫昂日，更多人熟知的是他另一个名字——阿尔坎（1813～1888）；另一个是阿道夫·亨泽尔特（1814～1889）。不能归入主流的原因之一是他们不大公开演出。阿尔坎是个厌世的怪人，亨泽尔特太容易紧张。但是，二人都令同时代人咋舌。在某种程度上，阿尔坎是当时的查尔斯·艾夫斯——不大公开露面，过隐居生活，创作简直无法弹奏的惊人的音乐。二十世纪中期不乏对阿尔坎的崇拜。布索尼对他十分神往，称他的作品为"李斯特以后钢琴音乐的最伟大成就"。迟至二十世纪三十年代，埃贡·佩特里在独奏会上还演奏一套阿尔坎的练习曲，占半场时间。

关于阿尔坎其人，我们知道的不多。马蒙泰尔的《名钢琴家》一书介绍他时，加上了"神秘、谜一般"等形容词。阿尔坎生于巴黎、卒于巴黎，是正宗的犹太教徒，六岁进巴黎音乐学院，十三岁得钢琴与和声的一等奖，十四岁开始举行音乐会，十七岁已是有名的钢琴家。那时，他还没有染上足不出户的怪癖，他是一个有维克托·雨果、拉梅奈和乔治·桑参加的文学圈子的成员，他是肖邦和李斯特的知己——肖邦在他的音乐会上客串演出过，像是 1838 年 3 月 3 日在波普先生的沙龙里。那次音乐会的时间很长，第九个曲目是"贝多芬的《A 大调交响曲》片段，由阿尔坎、肖邦、古特曼和齐默尔曼在两架钢琴上演奏"。皮埃尔·齐默尔曼在 1820 ～ 1848 年间是巴黎音乐学院的钢琴系主任，曾经教过阿尔坎。肖邦在临终时还记得阿尔坎，为肖邦临终施礼的阿尔伯特·格尔西马拉在一封写给银行家莱奥的信里说，肖邦请求他"销毁许多不够好的作品"，命令他烧掉，"只保留'教程'的开始部分，我把它留给阿尔坎和雷伯，让他们派点用场"。拿破仑-亨利·雷伯是当时一个二流的作曲家。

　　阿尔坎二十五岁就离开音乐会舞台，专心教学和作曲。1845 年起不开音乐会，达二十五年之久。他教过很多学生，教学的名气几乎和他的朋友肖邦一样大。他难得离开住所，偶尔在时髦集会上演奏，听他的都是些"香水味浓重、锦缎衣裙瑟瑟响的太太"（伊西多·菲利普语）。他有疑心病，饭菜都自己买自己烧，只会见最要好的朋友。1880 年，一位研究钢琴和钢琴家的学者弗里德里希·尼克斯求见，看门人说阿尔坎先生不在家。问他什么时候在家？回答是"从来不在家！"1873 年，不知什么原因，他走出隐居生活，开始举行一些他所谓的小小音乐会。据说他的死因也和他的生活一样奇怪。老人正要从一个大书架顶上取一本希伯来文经书，不料整个书架倒下，把他压死。罗兰·史密斯写的一本阿尔坎小传中说这个故事纯属子虚乌有。但是虽然不能证明其为有，却也不能证明其为乌有。

　　阿尔坎的作品在 1838 年开始问世，通常很温和的舒曼在评论《悲怆体裁的小曲三首》（Op.15）时痛骂它是"虚伪而违反自然的作品……内容空虚……

外表一无是处"。乐曲中一定有十分强烈的东西，才会如此激怒舒曼。李斯特也评论了这部作品，但气度较大；当然，他们是好朋友。钢琴家和评论家都尽量回避阿尔坎后期的作品。他的《升 g 小调钢琴协奏曲》的第一乐章就长达一千三百四十三小节，比整个《"槌子键琴"奏鸣曲》还要长，叫人怎么说？人们把他比作钢琴界的柏辽兹，不无道理。他有七十六首有作品编号的乐曲出版，有不少没有作品编号的乐曲出版，还有更多的手稿。有些乐曲不过是沙龙性质，但有些富有想象力和独创性，离经叛道。从雷蒙德·卢恩塔尔和罗兰·史密斯开始，一些钢琴家演奏过阿尔坎的不少乐曲，并录成唱片；不幸，没有引起多大兴趣。

听过他盛年期演奏的人都说他是一个令人激动的钢琴家，特别是他的踏板运用，富有想象。他能弹自己写的音乐，说明他有惊人的技巧。李斯特告诉过钢琴家弗里茨·哈维格森，阿尔坎有他所见过的最精美的技巧。史密斯在设想阿尔坎的技巧时说，阿尔坎一定是"一个绝无仅有的钢琴家，兼备法国学派的各种优点——触键均匀、清晰、透彻、节奏严肃，有布索尼的真知灼见"。史密斯的话得到钢琴家兼作曲家弗朗切斯科·伯格的支持，后者在 1918 年写过一篇短文。伯格曾经去过阿尔坎的小小音乐会听他弹巴赫、门德尔松和他自己的作品。他早听说阿尔坎有一些音乐很野，所以有心理准备，结果却喜出望外。阿尔坎的演奏"出神入化……毫无夸张之迹……节奏和力度坚定、安详、明智……分句干净、层次丰富细腻……不滥用自由速度"。伯格的结论是，阿尔坎的"连音"可以说是他的演奏的最大特点。

另一个腼腆的钢琴家阿道夫·亨泽尔特（见图 41）不是厌世者。他只是害怕观众，是一种病态的恐惧。有一次，他在一家咖啡馆里被人认出，乐队向他欢呼，他害怕得突然触电似的在人群中乱跑，从厨房逃了出去。和乐队一起演出时，他躲在舞台侧翼，等开始的全奏段结束才冲出去，在琴上弹起来。有一次，他忘记丢下嘴里紧张地咬着的雪茄就上场了（是在俄国），只好嘴里叼着雪茄弹琴，逗得沙皇大乐。只要想到开音乐会，他就身体不适，一生开过的音乐会极少，比任何一个大钢琴家都少，包括阿尔坎在内。在后半生的三十五年里，至多三场（至少有几本参考书都是这么说的）。人家写信提供可观的演出费请他弹琴，他一概拒绝。知道有人在听，他就不能控制手指。威廉·梅森欣赏亨泽尔特，讲过一个故事，说明他有多紧张：

> 关于阿道夫·亨泽尔特，有一个故事，也是德赖萧克告诉我的，很有意思，特别是对于在大庭广众演奏感到紧张而为此苦恼的钢琴家来说。亨泽尔特家在圣彼得堡，每年夏天到德累斯顿亲戚家住上几个星期。德赖萧克正好经过德累斯顿，便在一天早晨去看他，上楼梯时听到美妙得难以想象的钢琴声。

> 他听得入迷，竟在门口楼梯上坐了下来，听了很久。亨泽尔特反复弹同一首乐曲，用一种特别温暖而动情的触键和美妙的连音，似乎一个音融化在另一个中，然而又丝毫不含糊、字字珠玑。亨泽尔特弹来充满感情，但他讨厌"多愁善感"。由于时间不够，德赖萧克只好通报自己的到来，这时他可能已经听了好几个小时。他走进房里，打过招呼后，问道："我刚才上楼时你在弹什么？"亨泽尔特说他在作曲，自己反复弹着听。德赖萧克表示欣赏那首乐曲，请他再弹一遍。想不到他弹得生硬、不准甚至笨手笨脚，原有的娇媚诗意和潇洒的风度竟荡然无存。德赖萧克说，这差距简直无法形容，但这只是因为紧张和羞怯的缘故，他完全无法控制。

这一切完全有可能。据艾丽丝·迪尔说，亨泽尔特第一次登台时，有一处记不起什么音，就此下台，不肯再回去。他生于巴伐利亚，随胡梅尔学琴。胡梅尔认为他是个年轻的无政府主义者，他则认为胡梅尔是老顽固。当他终于鼓足勇气登台演出时，给人的印象压倒一切。"李斯特、肖邦、亨泽尔特是大洲，陶西格、鲁宾斯坦、彪罗是大国。"威廉·冯·伦茨如此说。李斯特似乎也不胜惊奇。他对自己的学生说:"找找亨泽尔特的手的秘密,我当初没有要,不然我也能有像他那样天鹅绒般的一双手。"舒曼写评论热烈赞扬,称亨泽尔特是威力无比的钢琴家,使众人黯然失色,"他有发展最为平衡的双手,有铁的力量和韧劲,又有温柔、优雅、歌唱的特性"。亨泽尔特一定能够在钢琴上发出穿透力极强的声音。他的学生贝蒂娜·沃克企图描写他的触键,但后来说无法描写,说企图描写这个念头就是荒唐可笑的,接下去选用了几百个字眼,主要都离不开"水晶般""大海""珍珠""圣餐杯"和"花朵"。当然,学生往往爱自己的老师,所以他们的话不可全信。不过,许多、太多的优秀音乐家说过同样的话,因此不能说沃克的话没有根据。

亨泽尔特最惊人的一个技巧特点是他的伸展。他的手不算特别大,长得厚实、肉乎乎的,手指短。但是他苦练伸展,直到左手张开能弹下 C—E—G—C—F,右手能弹下 B—E—A—C—E。"像皮革!看它伸展!"他一边展示手掌一边说。他手的力量也极大,可以单凭手指弹出雷鸣般的乐队效果,而李斯特必须用手臂。年复一年的苦练使他的每一只手指绝对独立;音乐家听他弹巴赫,把对位弹得如此条理清晰,无不为之神往。

他或许是历史上最不能自拔的苦练家——比德赖萧克、戈多夫斯基更甚。集中精力苦练的一个原因是,他不像李斯特那样是天生的钢琴家。他不得不下苦功。到 1832 年,已养成每天练十小时的习惯,再也改不掉。即使在音乐会中场休息时、在火车或驿车上,他的腿上也放着一架无声键盘。这种欲罢不能的练习不可能有多大作用,甚至没有作用;它不过是消除紧张,是逃避,是赎罪。伦茨描写的亨泽尔特在家里的情形,叫人读后啼笑皆非:

像亨泽尔特那样每天练巴赫的,从来没有见过。他如此勤奋地练赋格,在一架用羽管蒙住的琴上,只听见槌子敲在蒙住的琴弦上发出的干巴巴的声音；像骷髅骨头在风中格格响！这样，这位伟大的艺术家避免了对耳朵和神经的折磨，因为同时他在读谱架上放着的一本厚厚的好书——《圣经》，这本书对于巴赫是再合适不过的伴侣了。弹完巴赫和《圣经》，他从头再弹。少数几个被允许在此神圣时刻接近他的人，在他的要求下继续谈话，丝毫不会干扰他。

"在家里"对亨泽尔特来说就是在圣彼得堡。他在 1838 年到那里，立即被任命为宫廷钢琴家，使查尔斯·迈耶大失所望。迈耶是一个在欧洲有良好声誉的钢琴家，在俄国师从菲尔德学习，定居圣彼得堡，在圣彼得堡演出和教学，但是一次也没有被请进宫去演奏过，而这是他唯一的愿望。可怜的迈耶伤心地离开圣彼得堡而去德累斯顿，在那里去世。亨泽尔特继之而成为钢琴名人，教许多学生（包括皇室成员），在宫廷里举行一系列早场音乐会；在小规模的听众面前，他弹得最好。他不喜欢听众，以朋友为主的小规模的听众，比大场合好。

亨泽尔特是个一板一眼的德国人，作为教师（他显然不喜欢教书），严厉到了近乎野蛮的地步。在音乐方面发表的意见也一样傲慢。有些现代派的东西，他从来不懂，贝多芬《第九交响曲》末乐章开始处的不协和和弦，他说是"怪物"。为了说明这一点，他背朝钢琴，在琴键上坐下说："它听上去就是这样。"他上课可是奇观。学生进来时个个发抖，亨泽尔特穿白套装、戴红土耳其帽，手持一把苍蝇拍。"开始！"令下，学生就弹起来，不久碰错了音。"错了！重来！"课这样进行着。"错了！错了！"同时，他在房间里来回走，一边拍苍蝇。如果对这个学生完全不感兴趣，他就不再努力减少俄国的苍蝇，而是放进几条狗来，和狗玩。难怪他从来没有教出过一个重要的钢琴家来。能使他感兴趣的学生受到的待遇好些，他会在第二架琴上示范。但亨泽尔特是出名的脾气暴躁，很少有人能使他感兴趣。他感兴趣的那些人最后也被他弄得心灰意懒。他逼他们拼命地练，还说他们没有才华。钢琴圈里流传着一句话："亨泽尔特是杀手。"

他也作曲。他的《f 小调钢琴协奏曲》一度是常演曲目，但在十九、二十世纪之交不再有人演奏。安东·鲁宾斯坦曾经听过亨泽尔特弹这首协奏曲，据说鲁宾斯坦说过："我惊叹他在钢琴上的灵活，特别是伸展的方式、宽阔的和弦及在键盘上令人难以置信的跳跃。不过，我发现，一般听众不识其伸展之不易；只有在场的钢琴家才懂得他的伸展是多么了不起。我找到这份协奏曲和他写的一些练习曲，练了几天，发觉白费时间，因为它们是根据他那不同寻常的手的构造而写的。在这方面，亨泽尔特和帕格尼尼一样是怪胎。"

亨泽尔特只有一首作品流传下来——《升 F 大调练习曲》，曲名为《如果我是一只鸟》。这首天真妩媚的小曲偶尔出现在独奏音乐会上。此外什么也没有。他死于 1889 年，比李斯特晚三年。他是十九世纪三十年代最后第二个伟大的浪漫派钢琴家（克拉拉·舒曼比他多活七年），是衔接胡梅尔、塔尔贝格、肖邦、舒曼和门德尔松，以及创始了音乐中一个奇妙时代的其他伟大人物的最后一个环节。

第一个美国人
戈特沙尔克

在十九世纪四十年代的欧洲人眼里，美国是一个蒸汽机、印第安人和野蛮的白人世界。1842 年，皮埃尔·齐默尔曼收到十三岁的路易斯·莫罗·戈特沙尔克（见图 42 ~ 43）的申请时，甚至不让他参加巴黎音乐学院的入学考试。他振振有词地说，从小在美国这样的蛮荒之地度过了十三年的人，不可能成为钢琴家。他建议这孩子回家去学修机器。戈特沙尔克没有回家，而是去跟查尔斯·哈雷学琴，后来又跟卡米尔·斯塔马蒂学。这个来自路易斯安那的神童极有才华，到巴黎三年后便登台，一鸣惊人，被公认为欧洲的大钢琴家。他那不寻常的出身居然没有影响到他。一个来自富有浪漫色彩的遥远的路易斯安那的外国人！长相英俊、举止得体！钢琴技巧超群！连肖邦、柏辽兹和卡尔克布雷纳都赞许不已！也许新世界的确在成长?《音乐法国》惊呆了，特别是看到戈特沙尔克还作起曲来。"一个美国作曲家,天啊!"这是 1848 年的事。《音乐法国》帮助读者准确地读戈特沙尔克的姓氏:"闭起双唇,舌头向前,样子有点像吹口哨,你就掌握要领了。"

戈特沙尔克 1829 年生于新奥尔良,父亲来自伦敦,母亲祖籍法国,生于新奥尔良。他的成长像所有的神童一样,十二岁已经学遍了新奥尔良的老师所能教给他的一切。家境相当富裕,他被送往巴黎。他好像没有从哈雷那里学到多少东西,也没有待多久。斯塔马蒂的教学比较刺激,刺激之一是有一个七岁男孩也在跟他学。那个孩子就是圣-桑(比戈特沙尔克小六岁半,比他多活五十多年)。有他在一起,外乡人戈特沙尔克得好好想想。斯塔马蒂终于把戈特沙尔克带出道,1845 年 4 月 2 日在普莱耶尔的沙龙演出时,消息不胫而走,名流纷纷前来,包括肖邦和卡尔克布雷纳。戈特沙尔克弹肖邦的《e 小调钢琴协奏曲》和李斯特、塔尔贝格的歌剧改编曲。据说肖邦走到后台,对他说:"孩子,伸出手来,我有预感你会成为钢琴家之王。"这个故事有可能是真的。法国著名评论家莱昂·埃斯屈迪埃也在音乐会现场,后来在《我的回忆》中记述了肖邦把戈特沙尔克搂在怀里说:"孩子,很好,很好。"卡尔克布雷纳没有到后台去,第二天早晨接见了戈特沙尔克,说了一些赞扬的话,不过对曲目有点意见:"你和斯塔马蒂应该选些我的音乐。我的音乐是古典的,而且人人喜欢。"

肖邦的预言本来可以实现。戈特沙尔克可以成为钢琴家之王——至少是一个高级贵族,只要他想。可是,许多因素加在一起——懒惰、缺少管教、耽于享乐——使他没能到达峰顶。不错,起初他的事业发展得和别的钢琴家一样顺利;首次登台后不久就走红,包括他写的音乐。他开始根据黑人曲调和拉丁美洲的曲调创作,他的钢琴曲在欧洲风靡的程度是今天难以想象的;而现在,他这个人和他的音乐已经被忘记得干干净净。"有谁不知道黑人舞曲《班布拉》?"当年的《音乐法国》巧妙地反问道。所有报刊都称戈特沙尔克为"名钢琴家",这等于说他已经到达了顶峰。人们把他和李斯特、塔尔贝格、赫尔茨、肖邦相提并论,特别是肖邦。先说两人长得有点相似，都是瘦长身材、贵族容貌、个子不高；两人都写作具有异国情调的民族音乐——肖邦用马祖卡，戈特沙尔克用种植园曲调；而且两人都是超凡绝伦的钢琴家。戈特沙尔克后来老实不客气地自称是"老肖邦派"。马蒙泰尔在谈论戈特沙尔克的台风时提到肖邦："他高贵而谦虚的天性使他富有同情心；富有表情的演奏和类似肖邦的音响引人入胜。"戈特沙尔克的创作使马蒙泰尔陶醉，"别有风味"。马蒙泰尔还把戈特沙尔克和肖邦相比，说两人都有"梦幻般的忧郁"神情，说得十分有理。这位法国教授说，戈特沙尔克的演奏有许多肖邦的特点——"某些旋律轮廓，某些曲折起伏……"戈特沙尔克"作为作曲家，接近肖邦；作为演奏家，必须放在李斯特和塔尔贝格之间。他能取得特殊的音响。他的演奏有时神经质，有时纤美，有时令人惊讶，有时让人如醉似痴。"阿道夫·亚当写道："……极尽肖邦之优雅，加上较强的个性。"

戈特沙尔克的音乐引起巨大反响，不足为奇。他有不少拙劣之作（虽然不乏历史魅力），但他的民族色彩的乐曲具有预言性质。戈特沙尔克不仅是美国第一个重要钢琴家，还是美国第一个民族音乐作曲家。他根据本地（和拉丁美洲）民歌因素写的作品令人赞叹；米约作于 1939 年的《丑角斯卡拉姆齐》的末乐章和作于 1920 ~ 1921 年的《忆巴西》在构思上和戈特沙尔克的《El Gibaro》和《香蕉树》没有多大区别。戈特沙尔克采用泼辣而极其复杂的探戈和伦巴节奏，为钢琴优美地铺陈。没有比戈特沙尔克的两首最流行的乐曲《垂死的诗人》和《最后的希望》更好地涉猎民族主义的作品了。这两首沙龙小曲伤感得令人难堪，在美国却红得发紫。我们可以一笑置之，可是戈特沙尔克的民族主义不容小觑。

戈特沙尔克的成功一个接一个。普莱耶尔称他为肖邦的继承人；柏辽兹形容他为钢琴诗人；塔尔贝格简直为他着迷。戈特沙尔克同君王贵族称兄道弟，出入最上流社会，风流艳事的数字可观。1850 ~ 1851 年的演出季，单在巴黎一地就开了至少七十五场音乐会。不仅如此，有些重要的钢琴家，如亚历山大·戈里亚、阿尔弗雷德·耶尔、约瑟夫·维尼亚夫斯基、埃米尔·普吕当，开始把他的作品纳入演奏曲目，使他的音乐异乎寻常地流行。柏辽兹写道："欧洲无人不知《班布拉》《香蕉树》《芒齐涅拉树》《大草原》和另外二十首精彩的幻想曲。"评论家听了他的音乐，歇斯底里地提到"新世界的歌，令人热泪盈眶的歌，发出如此悲哀纯朴的气息。一首把我们带进大森林……一首忠实表现克里奥尔人躺在吊床上摇荡……还有一首怎么说呢？是不是像穿越落基山脚下一望无边的大草原时被那肃穆的寂静和孤独吞没的感觉？"在《洛桑报》上写出这些热情迸发的文字的查尔斯·施里瓦内克可能一辈子都没有到过巴黎以西的地方。

戈特沙尔克在西欧各地演出，在西班牙住了一阵。他是应西班牙女王之邀前去的，一个嫉妒的弄臣"砰"地把马车门轧在他手上，险些葬送了他的前程。大量的文章评价他的演奏，使他的名字家喻户晓。那时，戈特沙尔克仍然弹奏别人的作品（后来几乎只弹自己的），包括贝多芬的《"热情"奏鸣曲》（作为他的重头戏之一）和巴赫、李斯特、塔尔贝格以及肖邦的作品。他是天生的钢琴家，从来不需要苦练（十七岁离开斯塔马蒂之后没有上过一次课，也不觉得有此需要），生来就有流利的技巧，特别擅长重复音和快速装饰音。踏板用得很多，大大发挥了钢琴的上方音区（这一点表现在他的许多乐曲中，他喜欢高音区快速的类似滑音的银子般的声音）。他的音色清澈、有穿透力，音量不大，不属于李斯特那样的"管弦乐型"钢琴家，更像沙龙型。评论家不断提到他"银子般的声音"和他的"钢铁般的手指"。他对于细腻的色彩效果特别敏感，演奏妩媚而有活力。总之，他是一位新颖独特、技巧娴熟而激动人心的钢琴家，足以和欧洲任何一个人物媲美。柏辽兹十分重视他的表演：

> 戈特沙尔克属于极少数具备一个尽善尽美的钢琴家的所必要的因素的人，种种条件以不可抗拒的威严围绕着他，给他君临一切的权力。他是一个有造诣的音乐家，他知道恰如其分地发挥想象用于表情。他知道节奏自由的分寸，过之会产生困惑混乱，而他从不超出限度。悦耳旋律的分句方式和轻

盈经过句从键盘上端撒落的方式精炼优雅。他的演奏大胆、璀璨、独树一
帜，令人眼花缭乱、惊讶不已……

戈特沙尔克征服欧洲后，回到美国。1853 年 2 月 11 日在纽约的尼布洛厅开
第一场音乐会，虽然几个星期前已在私人场合演出过。纽约的评论家疯了似的，
其中有一个向人们保证以后不用再提贝多芬了。戈特沙尔克刚在欧洲春风得意，
现在来震惊他的同胞了——准会让他们大吃一惊。纽约从没听到过这样的演奏。
他比赫尔茨、德·梅耶甚至耶尔以往的水平都要高明得多。不胜惊讶的《纽约先
驱报》称戈特沙尔克的演奏"更像乐队，不像一架钢琴……从来不知道钢琴还有
这样的能耐。他两手甩得头一样高，手指像长柄大槌落在共鸣的琴键上，那么准
确无误……他兼有李斯特的优美精雅和塔尔贝格的庄严宏伟"。当年是威廉·亨
利·弗莱任《论坛报》评论员，这篇评论估计是他写的。十九世纪四十年代，弗
莱在巴黎住过一段时间，听过李斯特和塔尔贝格的演奏。

娴雅而风度翩翩的戈特沙尔克自然成了美国社交界的红人，众望所归。他同
女演员埃达·克莱尔的恋情成为全国的话题。巴纳姆大人亲自手持礼帽找上门
来，请他演出三年，每年两万元，开支除外。戈特沙尔克听从父亲的话，拒不接
受。他们可能觉得自己做赚钱更多。然而他们的算盘打错了，虽然开始时的收入
确比巴纳姆提出的数字高得多。

对戈特沙尔克的评论一直不错，直到他去波士顿演出，撞上冷峻、古板、一
丝不苟的约翰·萨利文·德怀特，波士顿出生的牧师评论家。1852 年，德怀特创
办了他的《音乐报》，是美国最重要的音乐杂志，直到 1881 年停办。德怀特不像
当时的大多数美国评论家对音乐天真无知，他是一个无畏的斗士，捍卫他认为正
确的东西，而音乐上他唯以德国传统为是。他听戈特沙尔克时，先是承认这位钢
琴家演奏和触键优美（"我们从来没有听过如此清脆优美的演奏"），接下来就抡
起大棒（"可是手法的种种结合没有思想、没有内容，算得了什么演奏？"）。余下

的文字苛责戈特沙尔克的曲目，因为他只弹自己的作品，别的什么都不弹，还指责他的音乐肤浅。德怀特劝他弹些真正的音乐。德怀特是对的。可惜那时的戈特沙尔克已被宠坏，听不进批评。他和德怀特成了死对头，谁也不能、不愿理解对方。德怀特自视为伟大传统的捍卫者。（此外，他属于唯一神教派，主张废除奴隶制，他恨南方人。戈特沙尔克恰恰是南方人，但他是开明的南方人，不过德怀特不知道。）戈特沙尔克瞧不起德怀特，认为他是个自大的笨蛋。德怀特上当这件事并没有增加戈特沙尔克对他的敬意。在一场波士顿的音乐会上，戈特沙尔克偷梁换柱地抽掉节目单上一首自己的作品，改弹一首贝多芬的小品。包括德怀特在内，波士顿没有一个评论家发觉此事。

除一次短暂的休息外，戈特沙尔克在美国的生活是一次接一次的巡回演出。1857 年，他和十四岁的神童阿德莉娜·帕蒂一起去西印度群岛演出，他十分喜欢古巴，完全陶醉于热带的慵怠气氛，在那里一住就是五年。他的演奏质量在去古巴前肯定已经大为退步，弹别人的作品时，备受行家的批评。同时，塔尔贝格来美国访问，使戈特沙尔克相形失色。而且塔尔贝格的钢琴技巧状态比贪图享乐、娇生惯养的戈特沙尔克好。戈特沙尔克在美国演奏的曲目中也有几首别人的作品，包括韦伯的《音乐会曲》和两首协奏曲、亨泽尔特的《f 小调钢琴协奏曲》和《如果我是一只鸟》、一些肖邦的音乐（包括《降 b 小调谐谑曲》）、舒曼的双钢琴版《行板和变奏》、贝多芬的《"悲怆"奏鸣曲》等等。这些是在特殊场合演奏的。1857 年戈特沙尔克在纽约弹过亨泽尔特，碰巧遇上一个显然学过这部作品的评论家，写了一篇有趣的评论（作者为《费城音乐报》在纽约的通讯员，发表于 1857 年 1 月 28 日），说明戈特沙尔克是多么不负责任：

> 戈特沙尔克先生企图演奏亨泽尔特的协奏曲（Op.16）的第一部分。我们说"企图"不是因为他把中间难弹的跑句换上他所常用的简易弹法，左手部分完全省略；不是因为他漏掉许多音；而是因为除了这些省略和简化

不算，其余的困难他也穷于应付，顾不上一丝表情，顾不上任何艺术构思或处理。

和当时钢琴家的通病一样，戈特沙尔克擅自改动他弹的任何音乐，虽然一般不到像他弹亨泽尔特时那样侵害原作的地步。理查德·霍夫曼说他喜欢弹韦伯的《音乐会曲》，"是一个奇怪的选择，因为按谱上所记弹那些八度刮奏段，对他来说绝无可能，他咬指甲的习惯严重到手指几乎没有指甲的地步，在这种情况下怎么可能刮奏。他用八度经过句来代替，靠手腕两手交替；这是一个绝顶巧妙的办法，可惜，应有的效果大打折扣。他咬指甲的习惯根深蒂固，我看见过他弹完琴后琴键上血迹斑斑"。

戈特沙尔克的余生可一笔带过。1862～1864 年间开了一千五百多场音乐会，乘火车和马车旅行；南北战争时是一个天真的旁观者（虽然他的父亲蓄奴，但在 1857 年父亲去世后，戈特沙尔克给了黑奴自由；他是一个开明派、废奴派，他同情北方），为各式各样的听众演奏。1865 年，辗转不停的戈特沙尔克在西海岸矿区城镇演出，风餐露宿，对旧金山大施魅力，同那里一个青年女子的恋情发展成丑闻；戈特沙尔克抢先一步上船，逃脱警察的追捕。他从那里前往秘鲁，一路演到布宜诺斯艾利斯，给皇帝佩德罗二世留下很好的印象，开始在巴西组织音乐节。1869 年在巴西去世，时年四十。有人说他死于霍乱，有说死于腹膜炎，有说被一个嫉妒的丈夫杀死。现代学术界倾向于盲肠穿孔引起腹膜炎一说。遗体被运回美国，葬于布鲁克林的格林纳达墓园。

他生前一直用法语记日记，去世后由他的姐妹们在 1881 年翻译出版，题为《一个钢琴家的笔记》。这是一本好书，其中所记对于南北战争的印象无出其右。书中并非只谈音乐，而是充满了从一个文质彬彬、风趣而有修养的人的角度观察美国生活百态的感受。戈特沙尔克有新闻记者的眼力和不错的文学风格，不引录几段似乎不过瘾：

圣路易是密苏里的州府，约有二十万人口。这是一个沉闷乏味的小城……我被介绍给一个年老的德国音乐家，他不梳头，胡子很浓，身材像头狗熊，脾气像被猎狗围困的野猪。这号人我知道，到处可见。应该让许多伟大的无名音乐家知道，不修边幅是模仿波恩的那位伟大交响乐作曲家的孤僻乖戾行为的拙劣赝品……再说，肥皂同天才并不是水火不能相容；而且现在已经证明，每天用梳子梳理头发对大脑并无损害。

×　　　　　×　　　　　×

他们害怕南军进行反击是旨在进军华盛顿……算我倒霉，我过两天要在那里开音乐会。我知道怎样使听众满座，不过那有危险。我只要宣布弹一首我写的《联合》或《狄西兰变奏曲》。前一首里插用《洋基佬》和《欢呼哥伦比亚》，后一首是南方的黑人曲调，南军从战争一开始就把它用作国歌；博勒加德的部队总是吹着《狄西兰》的音乐进攻北军的。人心已到这一地步——两派人士肯定会把音乐厅坐满，肯定会殴打起来；我可以赚进三四千元，但我也可能是第一个在混乱中被掐死的人。

×　　　　　×　　　　　×

林肯总统是典型的美国西部人。他的性格不太符合他们心目中的元首形象。高高瘦瘦，佝偻背，瘪胸膛，手臂过分长，鹤一般的腿，一双大脚，瘦长身架上的关节比例不均，像葡萄藤裹着衣裳，这一切使他看上去稀奇古怪。要不是高高的额头、善良的表情和诚恳的神色吸引注意，令人忘记他的外貌，真会叫人讨厌地吓一跳。

×　　　　　×　　　　　×

我相信，总有一天会有智者发现，光阴是流动的液体，随着它暴露于其间的道德氛围而伸缩。没有人能使我相信，在埃尔迈拉感化院（的星期日）和一星期的其他日子是由同样十二个小时组成的。

42　美国偶像路易斯·莫罗·戈特沙尔克。1845~1853 年欧洲的钢琴明星。这幅
　　石版画作于 1853 年，回美国的那一年。

43　十年后，蓄须、佩戴勋章。重要演出时，戈特沙尔克总是佩戴勋章上台。

198

44

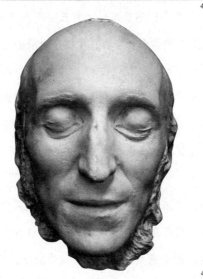

45

44 费利克斯·门德尔松。"他的手指在键盘上荡漾唱歌。"
45 门德尔松死后所制面模。他是一位最完美、最自然的钢琴家。

魔鬼捕捉敢于歌颂艺术家享乐生活的诗人。

× × ×

（密执安州阿德里安的）音乐会真不光彩。七十八元！人们说宁可去看
"一场黑人的表演"。他们对一元钱一张的门票暴跳如雷……一元钱门票！成
了普天下的话题。人人谈论此事，怨气冲天，好像海报上写明一元，就已经
把钱从他们口袋里掏出来似的。

× × ×

新泽西是世界上开音乐会最差劲的地方，除了非洲中部以外。

× × ×

八点半到旅馆，匆匆喝下一杯茶，其味不佳，赶去办事。晚饭吃了一条
鲱鱼！坐了九小时火车！不管怎样，有五百人出了钱，买你两小时的诗意、
激情、灵感。但是我偷偷向你坦白，他们今晚准会上当。

× × ×

我遇见一个布卢默。布卢默是女权主义者布卢默夫人创始的一个派别的
信徒。美国有许多女律师和女医生。我不支持女人争取权利。除非遇上一个
年轻貌美的女权主义者，我才会改变看法。

× × ×

我每一天都为美国人的音乐趣味被培养和发展的速度而惊奇。刚从欧洲
回来时，我一直哀叹听众对纯感情（也即音乐性强）的乐曲的兴趣不大；他
们无动于衷。要使他们感兴趣，必须狠狠地敲击；只有宏大的乐章、力度、
噪声享有钢琴音乐的特权，不是讨人喜欢，而是叫人忍受。我是第一个美国
钢琴家，不凭艺术造诣，只凭出生得早。在我以前，没有钢琴音乐会，除非
是特殊情况，即有名气很大的人从欧洲来美国演出。人们不论愿不愿意，不
为兴趣，单单为了好奇或者赶时髦，也有责任前往一睹名人的风采。现在，

钢琴音乐会是常事，甚至变成流行病，和一切好东西一样被滥用……我不禁为自己曾尽我绵薄之力在国内传播音乐知识而感到一丝骄傲。

戈特沙尔克的确以其独特的方式帮助提高美国的音乐水平。1854 年他回国以前，美国的钢琴独奏会行将沦为娱乐品，有一个名叫沃洛夫斯基的人同时弹两架钢琴，还声称能在一小节里弹四百个音（他没有说小节有多长；反正也没有人把它当回事，因为谁都认为音是无法计数的）。戈特沙尔克回来后的十五年里，情况大为改变。他本人使音乐焕发珠光宝气，另一方面，有古斯塔夫·萨特、威廉·梅森、亨利·蒂姆等——都是比戈特沙尔克更严肃、更优秀的音乐家——默默地耕耘着。戈特沙尔克带来的珠光宝气还确实迷住了不少美国人，艾美·费伊在德国听到戈特沙尔克的死讯时十分悲痛地在信中写道："报上如果还有什么关于他的报道，你一定要寄给我，因为我和其他九万九千九百九十九个美国姑娘对他的迷恋至今仍萦回心头。"

戈特沙尔克晚年一定感受到了生活对他的冷落。偶尔萌生过回巴黎的念头，巴黎人还常谈起他，他的作品在巴黎还卖得出去。几次有人请他，但他都回绝了，他心里一定明白自己已属老朽，怎么也比不过青年钢琴家——陶西格、鲁宾斯坦、彪罗之流。表面上则推说不好意思。"巴黎是我取得巨大成功的第一个舞台，回去使我感到痛苦。我承认在祖国并不成功，现在的美国是黄金宝山埃尔多拉多，是艺术家的梦想；和人们夸大地报道的珍妮·林德在美国赚的大钱（其实也不算太夸大）相比，我的失败更觉得触目惊心。"

时代在变，他在日记里也这么写，但是他并未随着时代改变。他没有摆脱单纯的卖弄，没有转而演奏最上乘的音乐，却满足于用他的沙龙小曲和小花招逗乐听众。他是赫尔茨、卡尔克布雷纳和塔尔贝格一脉的最后一个钢琴家——只靠弹奏，不靠感人的演释或正直的修养而出名的钢琴家，最后一个只弹自己作品的钢琴家，一个垂死的学派的代表。早在 1862 年从古巴回来时，有些评论家就已经开始取笑他的曲目狭隘。《音乐评论与世界》指出，至于戈特沙尔克，"大约二十五年前，音乐会演奏家能以自己创作的六首幻想曲逗乐听众若干年，还能因此而出名。这种情况幸亏已经改变，虽然根据戈特沙尔克先生的作品的某些特点和他沾沾自喜、乐此不疲的精神来看，他恐怕并未意识到这一改变。"戈特沙尔克表面上装得无动于衷，但是，当他为几个银圆卖命时心里怎么想？当年巴黎沙龙的宠儿、塔尔贝格龙袍的继承者、被奉为肖邦第二的他回首前尘有何感慨？本可以成为伟大钢琴家的他大概会耸耸肩膀。"一千年后还不都一样？"他在日记中写道。接着，坐下来在琴上弹起《垂死的诗人》，第一百万零一遍。

德高望重的钢琴家
门德尔松、哈雷、克拉拉·舒曼

塔尔贝格、德赖萧克、戈特沙尔克、赫尔茨等技巧大师都是演艺人、是大炮、是沙龙音乐家、是早场音乐会的偶像，丁零当啷各有其道。他们的对面是一些伟大而品德高尚的人，是献身崇高音乐、神圣名字和艺术理想的音乐家。起先，他们虽然重要却只是少数，但最终人数越来越多，一统天下。使音乐而不再是特技占领天下。演释家开始出现，他们认真对待"演释"一词，不超越大师所作音乐的范围。开始出现一类新人——表演音乐家，他们不一定是作曲家。这些人在真正的音乐厅而不在沙龙演奏，帮助建立了音乐会演出的制度。到十九世纪六十年代，这些新人发起的斗争基本胜利，音乐会曲目开始呈现类似今天的形式。而且，钢琴首府开始从巴黎他迁。领导这场斗争的钢琴家中有许多是德国人，费利克斯·门德尔松（见图44～45）就是其中之一。门德尔松是浪漫派演奏家中最严谨的一个，他也许不是一个优秀的音乐会钢琴家，大多数公开演出是在乐队的伴奏下以独奏家身份演出自己的作品；但他一定是一个完美的器乐演奏家，是和莫扎特或圣-桑同一级别的神童。他四岁开始弹钢琴，八岁开始作曲，那时已熟记所有的贝多芬交响曲，并能在钢琴上弹奏。年轻时的创作力可能比莫扎特还略胜一筹，因为他十六岁已经创作了那首著名的八重奏，下一年继之以《仲夏夜之梦》序曲。莫扎特在那个年纪还没有拿出什么可以与之相比的东西。（有趣的是，门德尔松和莫扎特一样，有一个才女姐姐；范妮·门德尔松也是一个辉煌的钢琴家。）

青年门德尔松激起老师莫谢莱斯一阵又一阵的赞叹。莫谢莱斯发现这个十五岁的孩子已是很有修养的艺术家。他每隔一天来上课。"只消一点暗示，他就能领会我的意思。"像这样的音乐天赋，门德尔松自然是音乐史上最伟大的即兴演奏家，可能比胡梅尔更胜一筹。关于他的即兴演奏的报道，让人看到十九世纪前半叶音乐学术界的状况。我们还不能忘记，门德尔松有着这一时期中最敏锐最诚实的音乐头脑。例如，希勒描写过十六岁的门德尔松用亨德尔的《犹大·马加比》的主题即兴演奏："我简直说不出哪一方面更精彩——是技巧娴熟的对位，是绵延不断的乐思流转，还是热情、富有表情而超凡脱俗的弹奏，这是他的演奏特点。这时，他一定满脑子都是亨德尔，因为他用的音型都是彻底亨德尔式的。他那些三度、六度和八度的经过句清晰有力，确实宏伟。"我们完全有理由提问：即兴中用了三度、六度和八度，还能说是"彻底亨德尔式"吗？但是十九世纪早期是历史上最不会提出那类问题的时代。说到底，难道不是门德尔松这位伟大的学者兼历史学家复活了巴赫的《马太受难曲》吗？萨拉曼进一步介绍门德尔松的演奏，介绍当时认为合适的巴赫风格：

我记得 1844 年 6 月为著名小提琴家中最悲怆的天才海因里希·恩斯特举行的一场晨间音乐会上的一件趣事。莫谢莱斯、塔尔贝格和门德尔松一起演奏巴赫的《d小调三重协奏曲》——三位都是巨匠！每个人要演奏一段即兴的华彩。莫谢莱斯是著名的即兴演奏家，一马当先，弹了一段精彩的华彩；接下去是塔尔贝格，效果更加璀璨；门德尔松懒洋洋地靠在椅背上听他们弹，然后慢条斯理地接过协奏曲主题的线条开始他的华彩。突然，门德尔松精神抖擞，美妙的八度铺天盖地而来，就此结束。这效果难以言传，听后终生难忘。听众兴奋得把最后的掌声都给了门德尔松。

门德尔松的演奏一定是自然、活泼、惊人的纯净精确、踏板用得极少。他不是专业演奏家，但也的确可以在慈善或义演音乐会上演奏贝多芬、亨德尔和巴赫。他可能是当时唯一不弹歌剧改编曲或沙龙音乐的钢琴家，包括克拉拉·舒曼在内。但那显然并不影响他的成功。许多说话可信的音乐家提到过门德尔松使听众欣喜若狂的能力。他的技巧足以胜任一切，特别适合快速跑句。关于他的触键，萨拉曼写道："精巧细致……手指在键盘上荡漾唱歌。"人们异口同声地说，门德尔松的《g小调钢琴协奏曲》，没有一个钢琴家能弹得像他本人那样好。一个名叫约翰·埃德蒙德·考克斯的英国音乐家弄不懂门德尔松怎么会既轻盈又有力，他写道："弹各种细腻的力度层次时，他的手指像鸿毛；而在弹奏遒劲奔放的力度时，他有一种把握、一股锐气，令人透不过气来。不论一个又一个经过句的困难有多么巨大，没有一个音弹得含糊。"考克斯十分清晰地描绘了门德尔松所具备的气质，那种天赋再高也不能或缺的气质：那就是，人格的力量越过台前的脚灯影响听众。"他还没有碰键盘，就有一种不妨比喻为愉快的通电感觉传到听众身上，使听众着迷——那种感觉要等到最后一个音结束后才消除，那时，被屏住的呼吸似乎必须哭一声或者咽一口口水才能恢复正常。"

费迪南德·希勒是胡梅尔的学生和门德尔松的朋友，同时也是肖邦、李斯特、舒曼、迈耶贝尔、凯鲁比尼、罗西尼、柏辽兹、勃拉姆斯等所有人的朋友。他是浪漫主义时期又一个鄙视浅薄玩意儿的钢琴家。他是巴赫和贝多芬音乐的演释家（把《"皇帝"钢琴协奏曲》介绍给巴黎），是一个完备的音乐家（指挥过莱比锡布商大厦音乐会以及其他许多音乐会）、严肃的作曲家和德高望重的钢琴家。生于威斯特伐利亚的查尔斯·哈雷（见图46）也是这样一位音乐家，后来到英国创办了哈雷管弦乐团。哈雷四岁学琴，十一岁开音乐会，十七岁在巴黎求学，二十九岁定居英国。他的曲目很有分量：巴赫、贝多芬、莫扎特以及最优秀的室内乐作品。据他的自传称，他是伦敦第一个演奏贝多芬奏鸣曲的重要钢琴家。但此说值得怀疑。哈雷讲他1848年在伦敦开音乐会的事：

> 埃拉先生（约翰·埃拉，一家叫作音乐协会的演出公司的主任）问我打算弹什么，听说我要弹贝多芬的钢琴奏鸣曲时，大呼"不行！"，力图解释在公开音乐会上不可以演奏这样的作品；据他所知，从来没有人在音乐会中弹过独奏奏鸣曲，他不敢冒险把独奏奏鸣曲提供给订票的人。我跟他争了好几天，他才让步。他终于同意，后来不胜欣喜地发现，我选的那首奏鸣曲（Op.31/3）大受欢迎，有几位女士听过后，特意安排下午的聚会再听我演奏。

哈雷做了许多工作来普及贝多芬，特别是贝多芬的晚期奏鸣曲。1852年，他在自己家里举行半公开的独奏会，专门演奏贝多芬，引起公众极大兴趣。到1861年，他开始在圣詹姆斯厅举行类似的独奏会，十八场共弹了三十二首奏鸣曲。他显然是历史上第一个弹整套贝多芬奏鸣曲的钢琴家。这位优秀的音乐家在英国各地指挥交响乐和歌剧，大力树立柏辽兹的地位，担任曼彻斯特皇家音乐学院的院长，代表音乐艺术中的精华。他也作为自动翻谱器的发明者而名垂青史：哈雷总是看着乐谱弹奏，因此他发明了一个用脚操纵翻谱的装置。有人去听他的音乐会，竟是为了去看琴谱不用手而鬼使神差地一页又一页地自动翻的奇景。有些音乐家，像理查德·霍夫曼为此有些不安："看到乐谱被一只看不见的手翻转，实在不安，甚至影响到听一位大艺术家时应该产生的音乐乐趣。"1888 年，萧伯纳评价哈雷时说道："查尔斯爵士不是一个耸人听闻的演奏家，但是凡听过他弹这首奏鸣曲（贝多芬的 D 大调，Op.10/3）的 *largo* 乐章的人，都不同意'他的演奏冰冷机械'之说……关键在于他让人尽量少听到哈雷，尽量多听到贝多芬。"

十九世纪最重要的"古典"钢琴家——犹如小提琴的约瑟夫·约阿希姆——是克拉拉·舒曼（见图 47～48），娘家姓维克。"纯"音乐和"纯"技巧的对立在她身上表现得最为突出。克拉拉知道自己的定位，非常认真对待。她故意把自己树立为传统的保护者，一听见李斯特的名字，就提起裙子愤然离开。年轻时，她和别人一样，迷恋李斯特的演奏；随着年纪的增长，她开始重新思考这件事。她常说："在李斯特以前，人们正常弹琴；有了李斯特以后，人们要么敲打要么窃窃私语。对于钢琴演奏的没落，他应该于心有愧。"1856 年，她拒绝在维也纳的莫扎特音乐节上演奏，因为指挥是李斯特，她不愿意受到污染；茨维考（她丈夫的出生地）的舒曼纪念碑揭幕时，她不愿出席，因为有李斯特在场；她编辑舒曼作品全集时，把赠给李斯特的那首《C 大调幻想曲》的题词删掉。她对李斯特的厌恶近乎病态，她说的关于李斯特的话，几乎句句值得怀疑。例如，她在晚年告诉爱德华·斯派尔一个故事。她说，李斯特曾经怂恿舒曼写一首钢琴五重奏。舒曼写成那首《降 E 大调钢琴五重奏》后，李斯特来莱比锡，坚持当晚就要听。克拉拉满城跑，找来四个弦乐演奏家。演奏定于当晚七点，李斯特九点才到。听完后，（克拉拉说）他盛气凌人地把手放在舒曼肩上说："不行，不行，亲爱的罗伯特，这算不了真正的音乐，只是乐长之作。"李斯特可能不喜欢那部作品，但是他有修养、老于世故，绝不会说出克拉拉加诸他的那些话。她对这件事耿耿于怀。（李斯特和他那一学派对克拉拉也无好感。欧内斯特·纽曼引用过李斯特的话："如果想听舒曼的作品被弹得不成样子，你就去听克拉拉。"汉斯·冯·彪罗故意学她的风格弹给学生听，还带刺地说："舒曼夫人就是这么弹的。"）

关于克拉拉，有一点：她永远认为自己正确。她从前是神童，现在是大钢琴家，嫁给一个大作曲家。裹在这三重保险衣下面，她说起话来总是像替天行道。她的早年生活不可能太快活，首先她不是早熟的婴儿，相反，她到四岁才开始说话或懂得别人说的话。1819 年，她五岁时，父母离异，父亲于 1828 年再婚。弗里德里希·维克是一个老派钢琴家，当克拉拉五岁开始显露音乐天赋时，他非常谨慎、非常严格地加以训练。倒不是逼她超负荷地练琴，他是一个聪明的老师，不会那么做。很长一段时间里，每天只准她练两个小时。不过，维克十分专横自大。他把克拉拉的生活限定于一个方向发展，管头管脚。有什么不符合他的要求，就大发脾气，经常折磨这敏感的孩子。在 1827 年的日记中，克拉拉写过这样一段话："父亲一直希望我能有所改变，但总是大失所望；今天说我依然懒惰、粗心、没有条理、任性等等，特别在弹琴和练琴方面……他当着我的面把谱子（欣滕的变奏曲）撕得粉碎，说从今天起不给我上课，只许我弹音阶、克拉默练习曲和车尔尼的颤音练习。"她的生活只有音乐、音乐、音乐。克拉拉长大后伤心地说："父亲从来不准我看书。"

她八岁就弹莫扎特和胡梅尔的协奏曲。第二年在布商大厦一位来自格拉兹的佩尔塔勒小姐的音乐会上首次登台，作为助演之一，弹卡尔克布雷纳的《根据摩西进行曲改编的四手联弹变奏曲》的高声部。再下一年，罗伯特·舒曼来到维克家，满怀抱负想当钢琴家。后来，他成为一个不错的钢琴家，虽然还不到技巧大师的水平；但是，他的右手第四指受伤，抱负变成泡影。他发明了一种装置，用以恢复第四指的力量，岂知反而毁了它。他只好转向作曲，反正他一直打算作曲。那时，舒曼像兄长般爱护九岁的克拉拉。到 1830 年，克拉拉的琴技已趋成熟，去德国各地开音乐会。那时弹的曲目中有一首肖邦的《把手给我主题变奏曲》（是舒曼"发现"的），除了肖邦本人外，她是第一个演奏此曲的人。维克是老派音乐家，但是他思想开明，一听就知道曲子好坏；他让克拉拉把它放在保留曲目里。

不过，他还不是那么革命化。克拉拉早年在父亲操纵之下的曲目以赫尔茨、卡尔克布雷纳、欣滕和胡梅尔为主。她还不足十二岁，反正还不到弹大曲子的时候。但是到 1833 年，她的趣味成长了（除了天生的良好鉴别力外，舒曼一定也是一个动力），她开始公开演奏巴赫和舒曼的作品。她还介绍许多肖邦的作品给德国人。幸亏她父亲让她的音乐发展听任其本能的支配。在 1834 年给朋友的一封信中，维克写道："见面时，我有许多话要对你说，关于巴黎的肖邦、皮克西斯、李斯特和罗伯特·舒曼的几个门徒创作中的新学派，浪漫主义……我相信，这个学派是连接莫扎特和贝多芬的钢琴音乐的桥梁。它的难度是前所未有的，可是，莫扎特和贝多芬的音乐在当年不也是那样吗？历来如此。"维克的眼光十分犀利；1838 年第一次听到李斯特时，他惊诧不已，脑子立即忙碌起来，权衡利弊得失。"那是一生中听到的最精彩的音乐会了，对克拉拉不可能没有影响；但愿克拉拉不要学他那许多无聊的怪癖——这是一个老教师要管的。"这个老教师胸襟开阔，愿意从任何来源采撷精华给他的女儿克拉拉。

李斯特是第一个开独奏音乐会的钢琴家，可是，在打破十八世纪格局方面，克拉拉起的作用比李斯特更大。直到 1835 年以前，艺术家通常必须自己雇乐队，和乐队一起演奏自己的作品，安排客席艺术家来分担节目，节目中要插小曲增加变化，最后以即兴演奏结束。但是到了 1835 年，克拉拉基本上只用极少几个艺术家作为助演，而且只弹最上乘的作品。这条路是门德尔松开创的。1832 年 11 月 9 日和 12 月 1 日，门德尔松演奏了贝多芬的《华尔斯坦奏鸣曲》和《降 E 大调钢琴奏鸣曲》（Op.27/1），这显然是这两首奏鸣曲的首次公开演出。1837 年克拉拉在柏林演出整首《"热情"奏鸣曲》，就现有资料来看，这是柏林人第一次听到这首奏鸣曲。更有甚者，克拉拉是背谱演奏的。莱谢蒂茨基认为她是有史以来第一个当众背谱演奏的钢琴家。为此，有些圈内人称她"难以忍受"。直到十九世纪四十年代末，人们还认为不看谱演奏大师的作品有失体统，是不尊重大师的艺术。克拉拉不在琴上放谱子招来不少议论，大多数是贬斥。贝多芬的朋友贝蒂娜·冯·阿尼姆说到克拉拉时称之为"那个最叫人受不了的人"，生平从没见过。

46

46 查尔斯·哈雷爵士，历史上第一个公开演奏全套贝多芬奏鸣曲的钢琴家，是
在 1861 年。他还发明了自动翻谱器。

47

48

47 中年的克拉拉·舒曼，事业如日中天。她是十九世纪中叶最重要的古典派钢
  琴家。

48 克拉拉·舒曼的暮年。萧伯纳称她"高贵、美丽、诗意"。

"装模作样坐在琴旁，不用谱子演奏！比起她来，德勒把谱子放在面前，显得多么谦虚！"但是也有人，包括重要人士，赞赏她的行为。诗人弗朗茨·格里尔帕策称她是"天真的孩子，打开了贝多芬埋藏他那伟大心胸的百宝箱"。（随着岁月之轮的流转，克拉拉年老后不信任自己的记忆力，常常放谱子在琴上，弹协奏曲时必然放着谱子。）

克拉拉和罗伯特·舒曼不顾维克的激烈反对，在1840年9月12日结婚。我们能够理解父亲的痛苦，眼看着克拉拉"浪掷青春"在一个没有钱且性情怪僻的作曲家身上。但是他反对这场婚姻的方式应受谴责。他拒不同意，上告到法庭，制造罗伯特酗酒的谣言。总之，他的作为像一个鬼迷心窍的人。他很快便离开了克拉拉的生活；克拉拉一心爱着舒曼和他们的孩子——玛丽、艾莉萨、朱莉、埃米尔（仅十四个月便夭折）、路德维希（弱智）、欧根妮、费迪南德和费利克斯。她的公开演出自然大为减少。她照料家庭，听舒曼作曲，勤于思考。"我越少公开演出，就越瞧不起机械的炫技。对亨泽尔特的练习曲、塔尔贝格和李斯特的幻想曲一类的音乐会小曲不再有胃口。"这种看法一半受了舒曼的影响，舒曼是最纯粹的音乐家。

钢琴家如果不每天练四至六个小时琴，技巧会出问题。舒曼意识到了这一点："从音乐教育的深层来说，克拉拉没有停滞，而是前进了。她只生活在上乘的音乐中，因此她的演奏在思想、感情方面都有提高。但是，她没有时间把技巧练到万无一失的地步。这是我的罪过，可是没有办法。克拉拉知道我必须充分发挥我的才能，打铁趁热。"即使在顶峰时期，克拉拉的技巧也不属于李斯特、塔尔贝格或门德尔松一路，她的演奏不属于那种以技巧为目的的类型。

婚后，克拉拉巡回演出过几次。那几年的生活也因"汉堡的勃拉姆斯先生"来见她的舒曼而更有意思。1854年，丈夫精神崩溃后，克拉拉必须重拾旧业。她东山再起，演奏的曲目令人敬畏，包括《"槌子键琴"奏鸣曲》。那时她三十五岁。这位女士有着钢铁般的意志，她的好友珍妮·林德求她在演奏曲目中加入一些听众易懂的东西，克拉拉寸步不让。"只要不违背我的信念，我会迁就听众的。"她可能还提到过舒曼的信念，舒曼的精神是她毕生的动力。直到去世，每场音乐会演出时，她必穿黑衣纪念丈夫，身子佝偻着，头几乎碰到琴键。

没过多久，克拉拉便征服了欧洲。别的不说，她是一位普及优秀音乐的先驱；到1860年，即舒曼去世四年后，公众已经完全接受了浪漫主义。"她的那种类型"的节目也被完全接受。她恢复了独奏钢琴家的生活，日程排得满满的。她的活动之一是扶持勃拉姆斯的音乐。她自然而然地把她心爱的勃拉姆斯树立为她深恶痛绝的李斯特—瓦格纳联盟的未来音乐的对立面。克拉拉和勃拉姆斯之间有着十分密切的关系。毫无疑问，他爱她；而她似乎也喜欢他。要是没有舒曼的影子永恒地插在两人中间……

1878年，克拉拉第一次执教，任法兰克福音乐学院钢琴系主任，一直干到1892年。后来逐渐耳聋，1890年最后一次公开演出。1896年在法兰克福去世，比勃拉姆斯早一年。她门下最出名的学生有范妮·戴维斯、阿黛拉·韦尔纳、莱奥纳德·博维克、娜塔莉·亚诺萨和克莱门特·哈里斯。后来定居美国的卡尔·弗里德伯格也跟她学过。

她从来不是英雄型钢琴家，也从来不改变父亲授予她的技巧。那种演奏避免任何暴力或冲动，避免多余的身体动作；手指贴近琴键，琴键是压下去而不是敲下去的；弹和弦用腕，不用臂和肘。她的手很大，弹十度绰绰有余。父亲灌输给她的至理名言是：手指击键绝不能出声，只允许听到乐音。尽管用的是这种手靠近琴键的技巧，她照样能使钢琴发出丰满而色彩绚丽的音色。对此，凡听过她演奏的人无不同声称绝。从她坐上钢琴的那一刻起，父亲就集中训练其音色。他写道："我定下的第一条也是最重要的一条原则是，必须培养优美的触键，如同教唱歌的老师要教好唱歌，必须立足于培养优美的嗓音一样。"克拉拉的学生富兰克林·泰勒曾经描写过克拉拉的声音：

在她手上没有什么粗糙或丑陋的声音。的确，听她弹一首优美的乐曲后（她从来不弹不好的音乐），你总会发现它竟然包含这么多以前没有发觉的美。这当然一半是由于她弹出来的音有一种奇特美丽的音质，丰腴而有生气，但是毫不粗糙；即使在最响的段落，也是靠手指的压力而不是敲击来获得这种音质的。她弹琴丝毫没有剧烈的动作；弹经过句时，手指贴近琴键而不是敲击琴键，和弦靠腕抓起，不是从肘部用力敲出的。

克拉拉的音乐构思宏大。艾美·费伊称她为"健康的艺术家"，萧伯纳一听就意识到"她是多么高贵、美丽、诗意的演奏家。这样的艺术家是评论家寻求的圣杯"。克拉拉总是努力服从她所看到的作曲家的意图。伟大的奥地利评论家爱德华·汉斯立克和别人一样谈到这一点，还谈到她对每一种音乐的鞭辟入里的理解。"在炫技性的某一方面，可能有人会胜过她，但是没有一个钢琴家像她那么巍然屹立于各种技巧的交叉点上，集各种技巧之长，表现整个和谐的美。"汉斯立克说她总是努力"按每一首乐曲应有的音乐风格清楚地表现这首作品……她可以被称为最伟大的钢琴家，不仅是最伟大的女钢琴家，如果她的体力不是因性别而受到局限的话……一切都是那么清晰、明朗、轮廓分明，像铅笔素描"。

铅笔素描的比喻十分恰当，因为她使用踏板有克制，避免过于突兀的自由速度效果，同李斯特学派的汹涌澎湃的管弦乐效果相比，显得亲切，甚至矜持。她讨厌快速和空洞的经过句。阿德莉娜·德·拉腊写道，如果学生"以空洞的炫技弹奏快速的华彩音型"，克拉拉就绝望地朝天伸出双手，大喊："这不是经过句！多么美丽的地方，为什么匆匆掠过？为什么不逗留欣赏一番？"她激烈反对炫技。克拉拉的自由速度有克制，使一些晚期的浪漫派十分为难。作为舒曼的妻子，她被奉为演奏舒曼音乐的最高权威，特别在英国，她说的话和她演奏的舒曼等同于法律。帕德雷夫斯基初到英国演奏舒曼时，受到冷落，因为克拉拉已经使英国听众习惯于有克制而几乎没有自由速度的舒曼。帕德雷夫斯基当然大量使用自由速度，正好同克拉拉相反。他亲口说过，尖刻地，眼神里闪着恶意："那位太老的老太太弹的舒曼已经成为传统，我侵犯了那个传统；其实我不过是在 *fortissimo* 处照弹 *fortissimo* 而已；只是舒曼夫人那位可怜的老太太弹不出来罢了。"说此话时克拉拉已接近她生命的尾声，这位女祭司错音百出，听力衰退，几乎听不见音乐。她有权保持她的癖好，我们也珍视亲爱的舒曼夫人暮年弹奏她丈夫的协奏曲时的形象，走上台来的是

一个矮胖的老太太，戴一顶便帽。经久不息的掌声欢迎她。她在琴旁坐下，六七个细微动作安顿坐好，把裙子抖抖松。指挥正要开始之际，她突然站起身来，走到乐队中间，特别关照第一双簧管吹某一个经过句时要跟着她。然后回到钢琴旁坐下，再重复一遍刚才的动作。终于，她准备就绪……

暴君和理性主义者
彪罗、戈达尔

　　如今出现了按自己的理解忠实于乐曲的钢琴音乐家。不错，当时的要求允许他们比二十世纪中期的钢琴家享有更多的选择余地。钢琴家仍是得天独厚的人，要对不多的几个得天独厚的稀世奇才负责。但是，到十九世纪六十年代，集锦曲、用奥柏和罗西尼的主题写的幻想曲、即兴和炫技、为炫技而炫技的东西已近绝迹。钢琴家如今已是"演释家"，弹奏真正的音乐：巴赫、贝多芬、舒伯特、肖邦、门德尔松、海勒，甚至舒曼。如果曲目中有歌剧改编曲，那必然是李斯特的哪一首超级练习曲，绝对不会是赫尔茨或塔尔贝格的幼稚的音符游戏。独奏会曲目开始定型，按时期排列，到今天仍不脱这一格局：弹一点巴赫和斯卡拉蒂，弹贝多芬、肖邦和其他浪漫派，最后来一首李斯特的狂想曲结束，让听众欢欢喜喜回家。钢琴家当然也弹一些时髦而昙花一现的作品，这种东西每个时代要多少有多少。

十九世纪三十年代，钢琴演奏以巴黎为中心，出现了几大学派——严峻的德国风格、热情的俄国风格、雅致的法国学派和折中的英国学派。同时，钢琴这个乐器发展成为基本上今天这个模样：有了铁铸的框架；到 1865 年，琴弦的张力已可以提高到每平方英寸十六吨（今天是三十吨）。家家购买钢琴。到 1850 年，法国已年产钢琴一万台；英国年产两万五千台。音高随张力的增大而提高，技巧大师不断要求标准音越来越高、声音嘹亮的钢琴。

能阅读的公众越来越多；不是指阅读文学作品，是指识谱并能在琴上弹奏的人。业余爱好者增多，音乐出版商忙于为他们提供乐谱。凡是管弦乐和室内乐的新作品，同时都出钢琴缩本，便于懂行的业余爱好者跟上最新动态。业余爱好者甚至开始学弹贝多芬和舒伯特。贝多芬的最后几首奏鸣曲自然使他们感到棘手。崇拜贝多芬的伦茨对着 Op. 111 摇头。三连音那段变奏中，他慎重地数了一下，有 1944 个三十二分音符。他说，那么多音，人是弹不下来的。可是，克拉拉·舒曼以事实证明，许多以前认为无法弹奏的音乐其实不然；汉斯·冯·彪罗（见图 49）更是一劳永逸地证实了这一点。

德国学派之所以能够叱咤风云数十载，彪罗的功劳比谁都大：通过他那人格的力量、娴熟的技巧、坚忍不拔的毅力和犀利的睿智。他是德国音乐家的鼻祖，要求苛严、专制、暴躁、颐指气使、自信不凡、音乐修养不俗，加上具有行政能力和领袖气魄，而且病态地恶毒反对犹太人（可能得自他崇拜的偶像瓦格纳）。他不仅是钢琴家，也是重要的指挥家，他把梅宁根公爵的乐团训练得个个团员都能不看谱演奏。他是瓦格纳圈子里最受尊重的人，指挥过 1865 年《特里斯坦与伊索尔德》的首演和 1868 年《纽伦堡的名歌手》的首演。在指挥《特里斯坦》那段时间，他同李斯特的女儿科西玛结婚。后来科西玛又同瓦格纳相爱，生下三个孩子，最后同彪罗离婚，改嫁瓦格纳。

彪罗在 1830 年生于德累斯顿，度过常见的神童阶段后，就正式开始工作。

49

50

49　汉斯·冯·彪罗，聪明、易怒、专横，是李斯特的第一个高足。

50　阿拉贝拉·戈达尔，1853~1890 年前后英国最重要的钢琴家。首次登台时演
　　奏《"槌子键琴"奏鸣曲》，这在当时是需要很大勇气的。

218

51

52

51 卡尔·赖内克，曾任教于莱比锡音乐学院，他的许多学生均去李斯特处深
   造。

52 卡尔·陶西格，可能是李斯特最杰出的学生。许多人认为他是那个世纪最无
   懈可击的钢琴家。卒于1871年，时年三十岁。

他从一开始就有敏锐的头脑和征服一切的决心。十五岁时给妈妈写的一封信中已经显露他所取得的进步以及他给自己定下的目标，那时他还在莱比锡音乐学院跟随路易斯·普莱蒂学习：

关于我的钢琴学习，你可以放心。我真的可以说"我像一个黑奴那样努力干活"。我每天早晨练颤音练习、各种简单音阶和半音音阶、冲键的练习（用一首莫谢莱斯的练习曲、一首施戴贝尔特和一首巴赫的两部赋格。两只手都弹八度，是戈德施米特建议我这么做的〔奥托·戈德施米特是门德尔松的学生，后来成为珍妮·林德的丈夫〕）、车尔尼的触技曲（是普莱蒂先生给我的）、莫谢莱斯和肖邦的练习曲。所以我觉得不必再练什么贝尔蒂尼、克拉默或克莱门蒂，肖邦的练习曲已够我练的，完全可以替代其他所有的练习曲。但愿你觉得我做得对。我昨天练完了菲尔德的《A 大调钢琴协奏曲》；我只学第一乐章——普莱蒂先生认为其他几个乐章没有多大价值。下一次上课，我开始学门德尔松的《d 小调钢琴协奏曲》。除此以外，我还在自学巴赫的赋格、克伦格尔的卡农、奥伯龙的《魔号》、胡梅尔的幻想曲、一首贝多芬奏鸣曲（D 大调"田园"），还复习老的曲子，如肖邦的《塔兰泰拉》和夜曲、亨泽尔特的变奏曲和《春之歌》以及胡梅尔的《b 小调钢琴协奏曲》。

1849 年是这个孩子生活中的转折点，他在魏玛遇见李斯特，自然是心悦诚服："……多么完美的一个人……令人钦佩！令人惊叹！"不过，那时候他还没打算跟李斯特学，虽然肯定知道音乐将是自己终生的职业。他进入柏林大学，名义上学法律，忙于给一份政治杂志撰稿；还写音乐评论，一篇篇文章热烈歌颂未来的音乐；同时也不放松自己的钢琴学习。

听李斯特听得多了以后，我专门研究了一下自己弹琴的欠缺之处，例如，有点业余爱好者那样的不稳定、构思上有点生硬而放不开；我必须完全改掉。弹现代乐曲时，我必须更洒脱些。一首曲子的技巧难点克服以后，必须更多地放纵自己，听从当时的感觉；只要不是无才之辈，绝对不会有荒唐或不得当的思想感情。

有意思的是，彪罗才二十岁时，就能准确地指出自己演奏的主要缺点——不够放纵、不够真情流露。他是这一世纪最优秀的音乐思想家之一，但是他太有教养，不容情感放肆，因而他的演奏倾向于冷冰冰，考虑得过于周密。他从不放纵自己，但这是预备期的他。1850 年，彪罗听李斯特指挥《罗恩格林》后，再也忍不住了。他请李斯特给他上课，李斯特欣然允诺，对彪罗的母亲说："汉斯显然具有最罕见的音乐组织天赋，他的演奏才华很容易使他名列大钢琴家之首。"李斯特说得对，彪罗成为他的第一位高足。彪罗对指挥也同样感兴趣，以后的事业就来回于钢琴和乐队之间。如果说彪罗在此前一直辛勤工作，那么到了李斯特门下则更成了一个工作狂。"我把大部分时间花在技巧训练上，每天四五个小时。使我的事业得以成功的一切都成了殉难者：我手指的肉就像善良的基督一样钉上十字架，为了使它们成为头脑的驯服工具，钢琴家就必须这样。"他还抽时间攻读博士学位，写音乐评论，作曲，树敌。"我在这里极其惹人讨厌。"

到 1853 年，彪罗已经可以举行音乐会了。公开演出两年后，他在柏林的施特恩音乐学院教学，同时为报纸写评论文章。他崇拜李斯特到了娶李斯特的女儿科西玛为妻的地步；科西玛和他一起生活了十二年后离异而和瓦格纳同居。彪罗相继担任慕尼黑皇家歌剧院的指挥、慕尼黑音乐学院院长、汉诺威宫廷剧院院长、梅宁根宫廷乐队总监、法兰克福的拉夫音乐学院和柏林的克林德沃斯音乐学院教师。他三次访问美国，第一次在 1875 ~ 1876 年，由奇克林钢琴公司负责，原定一百七十二场音乐会，实际演出了一百三十九场。（施坦威公司在 1864 年曾经同彪罗洽谈过一次访美演出，但是没有谈成。）他的合同约定两万美元的酬金，比后来任梅宁根乐队指挥的薪水高出一倍以上。这次演出成功与否很难说，彪罗对美国的尖刻批评对他的演出很不利，他的话被登在报纸的头版。1889 年和 1890 年的第二次、第三次访美演出比较成功。

第一次访美时，他是继 1872 ~ 1873 年鲁宾斯坦访美之后的最著名的钢琴家。美国报界对这个矮小且不苟言笑的彪罗着迷，出现了几幅生动的写照。例如《音乐行业评论》上的一篇，作者显然是个好斗的民主派：

> 彪罗先生生就一副军人的长相，我们相信，每个方面都应以军人视之。他知道作为领导者应该怎样指挥，更重要的是，作为演绎者应该怎样服从。他上场来，手持礼帽，腰背笔挺，纽扣孔里插着一串奖章……他对听众深深地鞠躬——这种习惯令人恶心，是陈规陋习的残余；当年，演员被人瞧不起，等于是社会的弃儿，是听众的卑下的仆人——终于在琴旁坐下。

他很容易发脾气。在巴尔的摩时，他反对在琴上贴奇克林公司的招牌，走过去把它撕掉。"我可不是活广告。"巴尔的摩的一个记者报道了他的话。他把招牌面朝下放在舞台上，"恶狠狠地瞪了它一眼，好像在看一条毒蛇，接着用德语咕哝，听得出 Lump（流氓）和 Schweinhund（卑鄙）等字眼"。排演那天他还踢了那块招牌，"以平心头之恨"。

彪罗起先对美国颇有好感，认为"这是个十分奇怪但十分舒适、极其了不起的国家"。相比之下，"欧洲已是老弱病残"。他仔细观察美国女性，情不自禁地表现对耳朵的偏爱："我特别喜欢她们耳朵的形状和特点。美丽的耳朵是女人迷人的魅力；一只丰满而轮廓分明的耳朵像块磁石。"他在芝加哥发过脾气。芝加哥的报纸攻击他的演出曲目过于严肃，他火冒三丈。在一次音乐会上，他对听众说，评论家认为"美国教育还不到听最优秀作曲家的成熟地步，所以我应该只弹些《甜蜜的家》、《夏日最后一朵玫瑰》和《洋基佬》之类的小曲。对此，我的第一个回答是，我是德国艺术家，我一直在伟大音乐家的庙堂里做礼拜。第二个回答是，我有幸在世界各地演奏过，美国听众是最好的听众。尽管如此，让我先提供一份所谓大众音乐的样品，作为前奏"。接着他弹起了《马赛曲》，故意用丑化而夸张的方式演奏。

他一生都在欧洲和美国大出风头，以他的智慧、脾气、讽刺（勃拉姆斯说过："汉斯·冯·彪罗说的赞词也像盐落在眼睛里，叫人流泪。"）以及无可非议的音乐修养使人们惊羡和畏惧。他的脾气近乎传奇。作为教师，他是神圣的恐怖分子。他常常接管李斯特的班级，进行清洗；对李斯特的一个青年女学生说她应该被清扫出去，"用扫帚还不够，要用扫帚柄。回家去吧！"对一个弹李斯特的《玛捷帕》的女孩子的"表扬"是：她弹这首描写骏马奔腾的练习曲的唯一资格是她拥有马的灵魂。在他自己的音乐会上，他怒目直视听众，出声批评他们的态度，直到他们安静下来。舞台上放着两架钢琴，随他高兴换来换去。艾美·费伊觉得这很有趣。"他的表情是最大程度的傲慢、目空一切。演奏时看着所有的听众……脸上的神情仿佛在说，'你们都是蠢货，我不在乎你们如何评价我的演奏。'"他至死保留着那些怪习气，岁月并没有使他成熟。哈罗德·鲍尔记得彪罗托着丝礼帽、提着手杖上台，（像李斯特那样）脱下手套，在琴旁就座。听众如果这时不注意他，可要倒霉了！

他是个说一不二的人，他要怎样，就得照办；和他共事一定很难。1876 年，詹姆斯·赫尼克在费城听他弹柴科夫斯基的《降 b 小调钢琴协奏曲》（早一年，他在波士顿作世界性首演），是本杰明·约翰逊·朗指挥的。赫尼克说，指挥成了多余的人，"因为彪罗从键盘上发出所有的提示，而且出声咒骂指挥、乐队、作品和他自己"。他常常教训听众，在音乐会上撒手不弹，听不得批评，总之，好像普天之下唯他独尊。有一次在维也纳，他原定指挥《爱格蒙特序曲》，上台后却对听众宣布，既然《Fremdenblatt》的评论员对他上次演奏的《爱格蒙特》不满意，他又不愿再次对不起贝多芬，因此改为勃拉姆斯的《学院节庆序曲》。这是一件小事，可是这位老人身上还真有不凡的气概。威廉皇帝对彪罗的怪脾气感到厌烦，说了一句"谁要是不喜欢这个国家，他可以踩掉鞋上的灰尘离开"。彪罗在开完柏林的最后一场音乐会后，放下指挥棒，弯下身子，抽出手帕，擦掉鞋上的灰尘，离开德国而去埃及，不久（1894年）便在那里去世。

作为钢琴家，他以"激情的智慧"而著名。不过有些人省略掉了"激情"一词。他的记忆力惊人（有时过于依赖记忆，结果出一些错音），弹琴和指挥都不用谱子。据理查·施特劳斯说，他的手不大，只能伸展一个八度。他的曲目包罗万象，但他的特长是贝多芬，他是第一个集中演奏贝多芬的钢琴家，而且在欧洲到处介绍贝多芬的最后五首奏鸣曲，常常在一场音乐会上连演五首。1881年在维也纳这么做时，汉斯立克佩服得五体投地。这样的惊人之举，那里从来没有过。1889年4月1日至11日，他在纽约百老汇剧院举行了一系列独奏会，演奏贝多芬的二十四首奏鸣曲。其中有一场音乐会的曲目是Op.109、110和111；另一场演奏《"槌子键琴"奏鸣曲》，应观众要求加演时，重复其中的赋格。他的技巧其实不足以胜任，但是很少有人在乎，因为大家都认为反正他已经把音乐的内涵和盘托出了。为这些音乐会写评论的亨利·克雷比尔眼光犀利，他写道，彪罗的演奏能够"揭示规律、秩序和对称的美，具体表现美的基本因素——沉静"。克雷比尔说他的演奏很客观，但不是没有气质。"凡是愿意给想象的乐趣加上理性的欣赏的人，从彪罗的演奏中得到的喜悦绝非其他任何一个钢琴家所能给予的。"

但也有一些不太客气的人。詹姆斯·赫尼克本来就是个彻头彻尾的浪漫派，认为彪罗"只有理性。他弹的巴赫、贝多芬、肖邦和勃拉姆斯都只有头脑，没有感情。他气质迂腐"。彪罗的演奏肯定具有强烈的学究气，正如其人，少见的迂腐。克拉拉·舒曼反对他的这种态度。"我觉得他是最沉闷的演奏家，没有丝毫生气或热情，一切都经过深思熟虑。"有一个评论家说彪罗的音色共鸣像钢铁，人也一样硬邦邦的。给艾美·费伊的联想是好像通过立体视镜看东西，"一首乐曲的所有要点似乎都活生生地跳在你眼前"。如果 1894 年 2 月 15 日《纽约时报》上的讣告可信的话，彪罗的演奏到晚年一定是一落千丈：

> 很显然，他的手指不再是从前那样。最后一次访问纽约时，技巧缺点重重，他在一次交响协会的音乐会上弹贝多芬的《"皇帝"钢琴协奏曲》，朋友们听了都觉得可怜。几年来，这位博士已呈露衰退之势，不仅体力上，脑子也衰退。他本来就古怪，如今这些怪脾气开始超出精神平衡的范畴。1893 年 1 月得悉他因急性精神失常而被送进一所私人医院时，美国的朋友们并不感到意外。

综上所述显见彪罗的演奏是明朗、精确、有分析，可能是冷冰冰的。他对待音乐和键盘的态度是分析家的态度。布鲁诺·瓦尔特十分欣赏他，可是不胜遗憾地补充了一句："某种好为人师的因素可能影响了他指挥管弦乐时自发流露的真情。"约瑟夫·霍夫曼说得比较坦率，他写道，彪罗的演奏"几乎总是那么迂腐，虽然毫无疑问地有学问"。尽管如此，他的演奏具有崇高的权威性。彪罗在曲目中只排最佳音乐作品，成为当时许多钢琴家学习的榜样。

其中有一个叫阿拉贝拉·戈达尔（见图 50）。这个有才华的钢琴家于 1853 年在伦敦不看谱演奏了《"槌子键琴"奏鸣曲》，1857 年起，专门演奏贝多芬的最后五首奏鸣曲。有许多百科全书称戈达尔为第一个在英国演奏《"槌子键琴"奏鸣曲》的人，事实并非如此。1850 年 5 月 24 日，有一个法国钢琴家亚历山大·比雷在圣马丁厅演奏过。戈达尔生在法国，父母是英国人，师从卡尔克布雷纳和塔尔贝格学习。1854 年莫谢莱斯听过她的演奏，大为震惊。"戈达尔小姐以完美的优雅潇洒自如地征服了一个个难点，她的触键纯净清脆如银铃。"她的丈夫是重要的英国评论家詹姆斯·威廉·戴维森（她曾跟他学习），他花了不少心血来宣传她。一份法国杂志善意地打趣说，每当有一个钢琴家走近英国海岸，必能看见戴维森站在多佛的山顶上，大声喊道："这里不需要钢琴家！我们有阿拉贝拉·戈达尔！"1860年《Punch》周刊记载了这段婚姻：

> 有关此事，《Punch》早已风闻，
>
> 请允许在下恭祝贵人新婚大喜。
>
> 万福，键盘女王！她从 G 的生活基调转到了 D；
>
> 阿拉贝拉·戈达尔变成了戴维森夫人。

戈达尔从 1873 年开始周游世界巡回演出，最后于 1876 年到达美国。她给美国留下的印象显然不深。美国人觉得她演奏正确，但是没有激情。据一个评论家称，"浪漫派的音乐似乎并不使她动心；她弹肖邦虽然一字不错，但不能传达肖邦的思想。她弹巴赫的前奏曲和赋格倒是有力、结实、明快。她的触键均匀稳健，但缺少多样性，从不用于制造音色"。回英国后，戈达尔略为放松，演奏了一些通常不和她联系在一起的轻松乐曲。1899 年，萧伯纳写到过她，那时她的事业还有一段辉煌的路程（她生于 1836 年，活到 1922 年），他称她为不同凡响的钢琴家。"似乎没有什么能难倒她。不论什么场合需要弹什么，她弹来都无所谓，仿佛没有心肝似的。不论是为'大众化'对象弹集锦曲和幻想曲，还是为星期一大众音乐会弹奏鸣曲、为古典音乐会弹协奏曲；仿佛再难的曲子也很容易，稳操胜券……她更像坐在织布机上的沙洛夫人，不像坐在钢琴旁的音乐家。我现在还能在想象中看到她弹琴的形象；可惜，坦白说，我在想象中听不到她的声音，虽然我可以担保她确有美妙的技巧。"她作为英国最著名的钢琴家达二十五年之久，如果没有真正的才能，不可能名列榜首如此长久，萧伯纳如是说。

追随彪罗的严肃而没有废话的演奏风格的人中有瓦尔特·贝奇、罗伯特·费希霍夫、阿格娜丝·齐默尔曼、罗伯特·弗罗因德、弗朗茨·鲁梅尔、恩斯特·保尔和维莱米娜·克劳斯-萨瓦蒂。这些钢琴家大都已被人忘记。英国人贝奇随莫谢莱斯和李斯特学习，定居伦敦，以钢琴演奏和指挥为生。捷克人克劳斯-萨瓦蒂在 1849 年第一次巡回演出，立即被人们定义为克拉拉·舒曼的对手。后来，她转弹斯卡拉蒂、巴赫和贝多芬，名气很大。她不是一个力量型的钢琴家——克拉拉也不是——但她一定是一位艺术家。1855 年汉斯立克写道："她的演奏有特殊的沉思性质，处理风格温柔娴雅，弥补了力量之欠缺。"费希霍夫和弗罗因德是李斯特的学生，都是聪明的音乐家，后来分别在维也纳和苏黎世音乐学院任教。德国人齐默尔曼以英国为家，以她的钢琴活力和卓越的音乐修养使阿拉贝拉·戈达尔不敢怠慢。鲁梅尔在布鲁塞尔音乐学院学习和任教，后来在欧洲和美国演出，十分成功。（他的儿子瓦尔特也是一个受人尊敬的钢琴家，专弹巴赫和德彪西的音乐。）定居伦敦的保尔是一位优秀的钢琴家，也是一位学者。他在欧洲各地开独奏音乐会，演出古典曲目，大量写作，甚至编了一部钢琴家辞典。他教课、讲学，研究维吉那琴音乐，出版了一些研究钢琴家的论著，值得一读。总之是一个宝贵的人才。他的儿子马克斯有优秀教师和有思想的艺术家之称。

朱利叶斯·爱泼斯坦属于一个多少不同的学派，他是维也纳古典主义的最后一个代表。作为钢琴家，他明朗而冰清玉洁，什么都能弹，什么都知道，坐在琴前"像模子刻出来的士兵在接受检阅"。对他的演奏的最佳描写出自威廉·贝蒂-金斯顿之笔，只用了几个字："道貌岸然"。爱泼斯坦交游广阔，十分忙碌，十分成功，他穿的衣服都是奥地利裁缝大王爱本斯坦做的。他在音乐会演出时戴淡紫色手套，穿一身闪亮的白亚麻服装，脚蹬锃亮如镜的靴子。他的儿子理查德也弹钢琴，有点小名气，继承了父亲的许多品性。理查德死于 1919 年，正赶上录音时代，灌了几张唱片。他弹的肖邦《升 c 小调圆舞曲》（Odéon 公司出版的唱片）

几乎不用踏板，毫无魅力可言。有其父必有其子，理查德定居纽约，伴奏的名气更大，常与森布里赫、弗雷姆斯塔德、科尔普、黛斯廷、埃尔曼、克莱斯勒等人一起演出。

可是，公众对保尔、弗罗因德、贝奇这一类钢琴家并不趋之若狂。因为从彪罗那时起，李斯特学派的名家已开始出现；安东·鲁宾斯坦像飓风从俄国吹来；西奥多·莱谢蒂茨基的学生开始出道。有了这许多人，浪漫主义时代的钢琴演奏如虎添翼。

神父的孩子们
赖内克、陶西格、门特、奥赫、里维－金

十九世纪五六十年代，李斯特工作室经历了第一次大潮涌。作为教师，李斯特是一块磁铁，其引力之大在欧洲无人可比。钢琴学生往往先去找其他老师——李斯特反正是不接受初学者的，而且对神童一向持怀疑态度——可是一旦准备工作完成，他们就会吵着要去接近这位前辈大师。预科老师中最受欢迎的是西奥多·库拉克和卡尔·赖内克。库拉克是车尔尼的学生，一开始即以技巧精湛著称，1846年受命担任普鲁士宫廷钢琴家。但他放弃音乐会活动而与朱利叶斯·施特恩和阿道夫·伯尔尼哈德·马克斯一起创办柏林音乐学校（现以施特恩音乐学院之名而广为人知）。五年后，库拉克脱离该校另行开设新音乐学院。有几位世界杰出人才都是通过他而走向李斯特的。库拉克撰写了许多理论著作，所著《八度教程》一书沿用至今。作为钢琴家，他是典雅的塔尔贝格乐派的拥

护者。

库拉克是个严格执行规章制度的人，管理学生按最有效的普鲁士原则办事。他的学生马贝尔·瓦格诺尔斯曾为《练习曲》杂志写过一篇介绍他的文章。在他进教室之前，所有学生必须各就各位，他不走谁也不准走，他在场时谁也不准讲话，有一条不成文的规定甚至禁止提问。库拉克坚持弹琴必须干净利落，瓦格诺尔斯称之为"显微镜下的精确"。"他教的作品中没有一个角落是敷衍过去的，每一点都磨得光洁透亮。"偶尔他会在学生的乐谱上涂写"一百次"等字样。学生为此对他颇有反感，然而，正如瓦格诺尔斯曾经挖苦地说过的："练习一个六十四分音符的 *pianissimo* 段落，每次用一只手练，每个音符数到四。如果重复一百次，肯定能大大提高你掌握那个特定跑句的能力。"这个人至少是非常公平的。"批评我们时对所有的人同样严厉，表扬时则对所有的人同样慎重。"

赖内克（见图51）执教于莱比锡音乐学院，是公认的优秀莫扎特演奏家，代表保守派，与"未来音乐"针锋相对。他坚持手的姿势要平稳不变，有时甚至像克莱门蒂那样要学生练琴时在手背上放一个硬币。同时他也是一位优秀的小提琴家兼指挥家和多产的作曲家。他为贝多芬和莫扎特协奏曲所作的华彩乐段至今在钢琴家中仍在使用。另外一位重要教师是卡尔·克林德沃特，曾师从李斯特，并寓居伦敦十四年，然后于1868年赴俄国任莫斯科音乐学院教授，在那里推出他著名的瓦格纳歌剧钢琴简编曲，同时开始编订肖邦音乐的异文校勘版，该版本流通多年，至今仍为珍品。1882年他定居柏林，并创办一所钢琴学校；一年后关闭该校，隐居波茨坦教私人学生。

但是十九世纪许多主要钢琴家身上的画龙点睛之笔均为李斯特所加。那些钢琴家们从英国来到李斯特这里，还有来自法国、德国、意大利、俄国、斯堪的那维亚和美洲的，一个个争先恐后，巴不得坐到大师身边来。至六十年代，李斯特工厂已在成批生产钢琴家。李斯特从未以教授自居，他的教学就是提出建议和进行示范。学生能从中获得什么教益，决定于他本人先前的学历及其天赋。李斯特从来就没有形成什么"学派"之类的东西。但是他在魏玛、罗马和布达佩斯的班级里确实是人才辈出。

彪罗是李斯特早期学生中最重要的一个，但是从钢琴演奏的角度来看，最伟大的却是三十岁时不幸早逝（1871 年）的卡尔·陶西格（见图 52）。陶西格是一位公认的可与李斯特匹敌的稀世奇才，鲁宾斯坦说他是"万无一失的人"；他精通当时已知的全部音乐文献。李斯特本人对有关陶西格的这些评价从来没有异议；说起这个年轻人的"黄铜般的"手指时总是赞赏之意溢于言表，并声称李斯特传统的衣钵将会传给陶西格。李斯特说过，在这以前从未有这样的天才来过他手中。初次听到这个孩子弹奏后，他便写了一封热情洋溢的信给他的塞恩-维特根斯坦："一个来自华沙的十三岁（实际上是十四岁——作者注）钢琴小神童来看我，名叫陶西格……他可能将在魏玛逗留一到两年。这是个具有惊人天赋的孩子，你一定也会喜欢他的演奏的。他弹奏所有作品都是凭记忆，他还会作曲（写得还可以），我觉得他很快就会声名鹊起。"此信写于 1855 年 7 月 21 日。起初李斯特拒绝听陶西格演奏，说他对神童不感兴趣；但是陶西格的父亲悄悄把他带到钢琴旁。当时作曲家彼得·科内利乌斯也在场，他是李斯特—瓦格纳圈子中的一员大将，后来他报道说，陶西格一开始演奏，李斯特便完全被震住了。科内利乌斯写道，这孩子"真是令人奈何不得。他猛冲进肖邦的《降 A 大调波兰舞曲》，弹出的那些八度令我们目瞪口呆"。后来，这首《降 A 大调波兰舞曲》成了陶西格的特别曲目之一。他曾这样对伦茨解释：

> "我告诉过你这是个特别曲目……我的左手可以独自飞快弹出 E、升 D、升 C 和 B 这四个音——这有点像是 lusus naturae（拉丁文，意指"天生畸形物"——译注）（笑）。只要你愿意，我可以不断这么弹，它不会使我感到疲劳；它就是为我而写的。你两只手弹那四个八度，也未必能弹得这么响。"（我试了一下。）"瞧！瞧！很好，但没有我的响亮，而且再弹两三个小节你

就累了——那些八度也是如此！我不相信有谁能将这一段弹得和我一样——但是理解它的人何其少也！它是波兰轻骑兵中马的脚步声！"

伦茨一贯言过其实，这次可能也不例外，他说陶西格是肖邦的化身。"他演奏得和肖邦一样，感觉坐在钢琴旁他就是肖邦。"伦茨和肖邦熟稔，因此他的见解肯定是有分量的，不过大多数人可能不同意。首先，陶西格弹琴的气势比肖邦豪壮得多；其次，他是个诠释者，是演奏别人的音乐的，而肖邦却难得这么做。当年的大多数钢琴家和评论家一致认为，陶西格将纯粹的炫技提到了李斯特本人仅作设想的高度。而且他的做法和老师恰好相反。李斯特追求的是浮华奢丽和色彩，而陶西格的理想则是无须任何摇头晃脑的动作即可获得惊人效果。像塔尔贝格一样，他为自己能够坐在钢琴旁纹丝不动而自豪，而且他对他所谓的"出洋相"深恶痛绝。他的万无一失的手指会制造奇迹；他整个形体上的唯一紧张标志就是嘴的一角难以觉察地绷得很紧。

有人称他为"可怕的陶西格"，李斯特则称他为"食铁者"。刚到李斯特身边时，他是个趾高气扬的小公鸡；路易斯·埃勒特对他进行了一番观察，说他"集吉卜赛人的狂野、令人反感的粗鲁和偏见于一身"。不管怎么说，他努力克制了自己的野性而俨然以彬彬君子的面貌出现。埃勒特惊叹道："他的心灵必须经受怎样的斗争，他必须具备怎样的意志力，才可能按照自己的意志来抑制如此魔鬼般的性格啊！"在埃勒特看来，那时陶西格的演奏"好似一种掠夺行为，无论什么时候，无论用什么方法，只要能取得效果，他便夺而取之"。这就是那个发展成当时最完美钢琴家的孩子，一位强调明净、平衡和匀称的钢琴家。

李斯特把陶西格送到瓦格纳那里去，给这位作曲家留下了深刻印象。他写道："小陶西格给我带来了极大的乐趣……他是个了不起的青年：我时而为他的高度发达的智力倾倒，时而又被他的狂热性格弄得惊诧不已。如果他能有所作为的话，那必然是超群绝伦的。"瓦格纳注意到他已在抽雪茄，过量饮茶，而且对棋类和糖果过于嗜爱。瓦格纳喜欢散步，陶西格却讨厌走路；第一次出去溜达了一会儿之后就诉苦说他走了好几小时了。瓦格纳被他搞得又气又好笑。"这样一来我的没有子女的婚姻便有了一个非常有趣的突变。我从一阵阵迅速涌来的父亲般的操心和忧虑中得到乐趣。"陶西格的钢琴弹得如此辉煌灿烂，使瓦格纳为之震颤。后来陶西格为瓦格纳改编了《纽伦堡的名歌手》的钢琴谱。

随着他的逐渐成长，这孩子学会了控制自己，但终究不能说他是个温文尔雅的人。李斯特的学生奥斯卡·贝林格尔称陶西格为"一个鬼使神差的人"，性情急躁而尖酸刻薄，二十七岁时鬓发已开始灰白；一练琴就欲罢不能，除了一周两次各教四小时的课以外整天都在练。（1866 年他在柏林创办了一所高级钢琴学院。）作为教师他是个至善论者，错音会使他发疯。贝林格尔说陶西格业余时间阅读了一些哲学书籍，并且是柏林最佳棋手之一。

陶西格五短身材，双目炯炯有神，几乎像彪罗一样霸道。艾美·费伊描写过他一次上课的情景。她准备了一首肖邦谐谑曲，陶西格看着她弹奏，嘴里喊着一些鼓励的话，诸如"妙极了！令人震惊！了不得！哦上帝！哦上帝！"之类。他对教学的理解就是把学生推到一边，亲自将这一段弹奏一遍，然后让学生照着做。用艾美·费伊的一句令人难忘的话来说，每当陶西格叫她"就照这么做"时，"我总是觉得好像有人希望我用一根湿火柴来仿造叉状闪电"。陶西格讨厌教学，尽量回避，只是在音乐会日程有空档时才急匆匆地跑来上课。

他不仅是一位钢琴技巧大师，而且是个多才多艺的音乐家。此外他还研究哲学和自然科学；甚至还挤出时间结了婚（和钢琴家约瑟芬·弗拉贝里），虽然这场婚姻没有维持多久。瓦格纳很喜欢他，他为瓦格纳的好几部歌剧写了钢琴简编曲。他的原创音乐和改编曲现已不再收入保留曲目，但一度闻名的巴赫《d 小调管风琴触技曲与赋格》的钢琴改编曲偶尔还有人在演。七十年前，独奏音乐会若不以巴赫—陶西格的《d 小调触技曲与赋格》开场，似乎有悖于常规。陶西格还改编了几首施特劳斯的圆舞曲，笔法生动媚人。是否有一天施特劳斯—陶西格的

53 54

55

53 阿黛拉·奥斯·德·奥赫。曾师事李斯特达七年之久；1891年在纽约卡内基
音乐厅落成典礼上演出，曲目为柴科夫斯基《降b小调钢琴协奏曲》，作曲
家亲自指挥。

54 索菲·门特，李斯特的得意女弟子。她的演奏的动力性及其精湛技巧与诗情
画意的交融使她得以独具一格，在泰蕾莎·卡雷尼奥成才之前无人可比。

55 朱莉·里维－金，美国第一位杰出女钢琴家。曾师事李斯特，后返回美国，
举行四千余场独奏音乐会，并与乐团合作演出五百余次。

不朽的钢琴家 ｜ The Great Pianists

56

56 1842 年的安东·鲁宾斯坦，时年十二岁。甚至在这样的年龄他已在猛敲钢
　　琴，敲得左右两边的琴弦啪啪地断裂。此石版画作于巴黎。

《人只活一次》会再度风行？（拉赫玛尼诺夫录制了一张令人叹绝的唱片。）还有他为韦伯《邀舞》所作的精彩改编曲？

对他的学生和大多数听众而言，陶西格是个谜。他在许多人心目中的地位，从艾美·费伊听到他死于斑疹伤寒时的反应中可见一斑：

> 他竟然如此英年早逝，这太可怕了！他是多么伟大的一位艺术家啊。我根本无法接受这个事实，去年冬天他在柏林只演出了两场。他是个古怪的小精灵——一个地道的遁世者。没有人和他亲密无间。生命的最后一段时间他绝对深居简出，深深受着忧郁症的折磨……他过度紧张，整个神经系统早在他得病前就已彻底崩溃。去年冬天他就说过，一想到要公开演出就觉得受不了。他在报上宣布将举行四场音乐会，然后又以健康不佳为借口收回成命。接着他想去意大利过冬，但是刚到那不勒斯他就对自己说："不，你不能待在这儿。"于是返回柏林。他似乎不知道自己要什么；他是个心神不定、备受煎熬、变化无常的人，和世人格格不入……

陶西格之死使瓦格纳夫妇大为震惊，但不管怎么说，他毕竟只是个波兰犹太人。科西玛有几段日记写到了他："我们肯定失去了我们事业中的一个支柱，不过我们反正无所谓。"陶西格为拜罗伊特的事业建立一个赞助人协会的设想于1876年实现。科西玛和瓦格纳断定陶西格的一生过得很悲惨，因为他"意识到自己的犹太出身这个祸因"。

如果他不是这么早就去世，天知道他会发展成什么样子。早在1864年勃拉姆斯就被陶西格的才华所震慑。他曾写信给克拉拉·舒曼，说他打算和陶西格合奏他的双钢琴奏鸣曲（后改写为《d小调钢琴协奏曲》）。"这会使你无比惊讶，因为我估计你对陶西格的印象会很糟糕。"勃拉姆斯是了解他的克拉拉的。"但他确实是个非常出色的小家伙，也是个非常卓越的钢琴家，顺便说一句，只要可能做到的，他总是在不断向好的方面发展。"毫无疑问，陶西格正处在成长的过程中，而且他的同时代人都看到了这种成长。当汉斯立克第一次听到陶西格演奏时，他对后者"猛戳琴键"的习惯颇多怨言："他有个习惯，敲出一个个音时所用的力量简直使钢琴发出呻吟。"但是几年后汉斯立克改变了自己的看法，他说陶西格已经发展成一种完美得多的风格。约阿希姆是个很好的鉴赏家，1866 年与陶西格合作举行音乐会后，这个平日说话很有分寸的人描写陶西格时竟不惜夸大其词，断言他"是目前公开演出的最伟大的钢琴家。他的起音富丽而妩媚动人，保留曲目丰富多彩，绝对不耍花招摆噱头——总之，对一个年仅二十四岁的人来说，这几乎是一种不可思议的完美"。（实际上陶西格当时是二十六岁。）

　　看来可以肯定地说，陶西格直至去世始终无人可以匹敌。他兼有李斯特的力度和色彩以及彪罗的理智。李斯特最杰出的学生之一尤金·达尔伯特认为陶西格和李斯特可称势均力敌。他说李斯特的音乐思维比较壮丽，但是陶西格拥有更加奇妙、更加准确的技巧，并辅之以无穷的诗意。赫尼克说他具有约瑟菲的 *pianissimo*、塔尔贝格的流畅和鲁宾斯坦的不可抗拒的力量。陶西格尽管生性文静，却能激发听众至如痴如醉的地步。全世界所有精湛技巧荟萃于他一身，他的创新之一——在我们这个严谨的世纪中已不复存在——就是将肖邦《e 小调钢琴协奏曲》结尾处的最急板的同度弹成分解八度。他这么做的时候，乐队队员们都歇斯底里地鼓起掌来，而指挥则在指挥台上敲打指挥棒，直至把它敲断。陶西格是最完美的钢琴家，融技巧、训练与音乐修养于一身。在彪罗为陶西格去世而作的悼词中，充满了诸如"超群绝伦，金子一般，全神贯注的感情，这里就是一部钢琴演奏史，从开始直至如今"之类的话语。

　　如果说陶西格是李斯特最宠爱的男学生，那么他最得意的女弟子就是出生于慕尼黑的索菲·门特（见图 54）。由于她那遒劲而惊心动魄的风格，她在巴黎被称为李斯特的化身。继师从陶西格和彪罗之后，年轻、秀丽而充满自信的门特于1869 年来到李斯特身边。"没有一个女性能和她相比。"李斯特这样评价。他特别欣赏她"歌唱的手"。其他所有人亦是如此，她的音乐会受到了通常只有歌剧女主角才能得到的欢迎。在哥本哈根，学生们卸下她车上的马，拉着她的车满街跑。评论家们一个个心醉神迷。瓦尔特·尼曼将她的风格描写为"精湛技巧与典雅风姿的结合，崇高、圆润而饱满的李斯特式的声音，如火如荼的激情，琴键上的男子汉一般的力量，极高的可塑性，造型与结构方面绝对出色的技艺。在她身上，心灵、精神和技巧协调地融于一体"。话说得有点直接。但尼曼的见解得到萧伯纳的支持，后者在 1890 年撰文论述门特时曾说她"所取得的辉煌效果是帕德雷夫斯基望尘莫及的……门特夫人看来似乎弹得迅速异常，但是她从未像许多演奏家所能够做到而且也确实做到的那样快得使人的耳朵跟不上。真正赋予她的演奏以不可抗拒的冲力的是起音的清晰和每一音符的目的明确"。

她的确非常走红，别的钢琴家谁也不愿意碰的音乐，她竟然可以演奏进而取得成功。当李斯特的学生迪奥尼斯·普鲁克纳于 1857 年将《降 E 大调钢琴协奏曲》介绍到维也纳时，汉斯立克把作品、演奏者和作曲者批评得一无是处。他取笑作品的音乐内容以及李斯特运用三角铁的方法，结果是从此不再有钢琴家敢在维也纳演奏这首作品。或者应该说，除门特以外，不再有人。1869 年她决定以这首协奏曲来向汉斯立克挑战，管他什么三角铁和其他一切。安东·鲁宾斯坦告诉她，如果她弹奏此曲，她真的是疯了。人人都警告她，一旦汉斯立克发作起来，她就会倒霉。对这一切，她用她的巴伐利亚方言回答道："如果我弹奏不了，那我根本就不会去弹它——我又不是非在维也纳弹奏不可。"她确实弹了这首协奏曲，而且成绩斐然。

门特喜欢装腔作势。美国钢琴家爱德华·巴克斯特·佩里在十九世纪九十年代末听她演奏后，给《练习曲》杂志写了一篇相当尖酸刻薄的报道。"虽已是整整五十岁的人，"他写道，"撇开那些首饰不谈，她穿得就像个十六岁的少女……我从未见过哪位老太太戴这么多首饰出现在音乐会休息室的，其中包括一整套黄金和钻石的冕状头饰，两条项链（一条由五六串珠宝组成，另一条则像万花筒般展示出各种各样的宝石，五光十色，斑驳陆离）；衣服上到处别着饰针、胸针、蝶形别针、钻石别针。"以伦敦为基地的钢琴家兼作曲家弗朗切斯科·伯格起誓说，每场音乐会门特都随身带着她的遗嘱和一些特别珍贵的珠宝饰物，装在一个网状手提包里，藏在腰部或她那宽松的大裙子下面。在佩里出席的那次音乐会上，门特演奏了她的一首特别曲目，即一首题为《狂想曲》的作品。实际上这是李斯特的第二、第六和第十二号匈牙利狂想曲的综合体，"再加上若干其他作品中的比较短小的片段"。在这首集锦曲结束时，"我们恍惚、困惑，感到喘不过气来，而且我们的耳朵几乎被这首无疑是所有演出中最辉煌、最令人惊诧的音乐会曲目震聋"。

生龙活虎的索菲·门特于 1872 年与大提琴家戴维·波佩尔结婚，1886 年仳离。她担任一些教学工作，自 1883～1887 年任教于圣彼得堡音乐学院。她虽然可说是李斯特最优秀的女学生，却也有几个竞争对手——特别是安娜·梅利希，后者在事业上春风得意，早在 1869 年即出访美国。李斯特的另一位比较出色的女学生阿黛拉·奥斯·德·奥赫（见图 53）十二岁开始师事李斯特——这是他接受的少数神童之一——随他学习达七年之久（1877～1884 年）。李斯特很喜欢她，说她的触键柔和如天鹅绒，强劲如男子汉。在这以前她曾师从库拉克，艾美·费伊在库拉克处见到她，说她是"一个小精灵般的学生，十岁……那天我听她弹了一首贝多芬协奏曲，乐队伴奏，大段的华彩出自莫谢莱斯手笔，她弹得无懈可击，一路弹来没有一个错音"。奥斯·德·奥赫于 1886 年来到美国，成为一位非常受欢迎的艺术家，连续十七个演出季在全国各地巡回演出。1891 年卡内基音乐厅落成典礼仪式上柴科夫斯基的《降 b 小调钢琴协奏曲》由作曲家指挥演出，钢琴就是奥赫弹奏的。她的保留曲目很多，是最早重点介绍勃拉姆斯两首协奏曲的钢琴家之一，早在 1899 年即在波士顿演奏了《降 B 大调钢琴协奏曲》。她要么是个喜欢演奏大型作品的才气焕发的钢琴家，要么就是常常失之于过分自信，正如她于 1891 年 3 月 9 日在波士顿的一场演出中一样。那场演出曲目包括贝多芬的《华尔斯坦奏鸣曲》、肖邦的《降 b 小调钢琴奏鸣曲》、舒曼的《幻想曲》和李斯特的《唐璜幻想曲》。大多数的男演奏家，无论是多么才华横溢的技巧权威，演奏这样一套技巧要求如此之高、体力消耗如此之大的曲目，都得三思而行。

李斯特的另一个女学生原也可能取得同样辉煌的成就，如果她曾有志于此的话——这就是来自俄罗斯的小薇拉·季马诺夫。她好像是那种不断更换教师的女孩。十五岁时师从陶西格，能把诸如《"冬风"练习曲》一类的作品弹奏得如此壮丽辉煌，以至于陶西格对他班上的学生说，他本人都未必能做得更好。在李斯特班上时，她的表现使得老师将她誉为"精华中的精华"。但季马诺夫从来就不喜欢公开演奏，最后她成为圣彼得堡的一名教师。

另一方面，朱莉·里维-金（见图 55）却在公开演出的生涯中业绩辉煌。里维-金是美国第一位杰出的女钢琴家，1857 年出生于辛辛那提，八岁即公开演出，后被带往纽约，曾师从威廉·梅森和塞巴斯蒂安·巴赫·米尔斯。1872 年前往欧洲，先后师从赖内克和李斯特，1875 年返回美国，对美国音乐舞台作出了重要的贡献——这种贡献是戈特沙尔克原本能做的。她的保留曲目不计其数，而她勤奋工作，好像永不疲倦。在回国后的十八年中，她举行了四千余场独奏音乐会，与乐团合作多达五百余次。她对美国钢琴界的作用，犹如西奥多·托马斯之于管弦乐团；并且她协助建立了曲目和演奏中的新标准。她的演奏想必是非常出色的——明智、严肃、训练有素。她并不是范妮·布卢姆菲尔德·蔡斯勒那样的恢宏技巧大师（后者取代她成为美国最出类拔萃的女钢琴家），但她的工作是不容低估的。

至于艾美·费伊这个目光敏锐而聪慧的美国姑娘（来自路易斯安那州的巴尤古拉），她的出名不是由于钢琴演奏，而是由于对十九世纪七十年代德国音乐生活的动人描述。艾美于 1869 年赴欧洲，师从陶西格、库拉克、李斯特和德佩。旅居国外时她连篇累牍地给家里写信，这些信件在亨利·沃兹沃斯·朗费罗的帮助下得以出版，名为《在德国学音乐》。此书大约再版了二十次。这是一部还不错的经典作品，写来文采洋溢，书中充满了对于那些大人物和准大人物的犀利评论；凡是对这一时期的钢琴家感兴趣的人都可从中找到最好的原始资料。艾美本人也许不是一个非常优秀的钢琴家。她后来定居芝加哥，并连续多年举办讲座独奏会（她把它们称为"钢琴谈话"），直到二十世纪二十年代还在到处开独奏会，但是没人认真对待它们。她于1928年去世。可怜的好艾美！我们多么想认识她呀！她那敏捷而富有吸引力的心智始终跃然纸上，贯穿全书；她以美国人风趣率真的态度看待人生，在书中极其翔实逼真地再现了一个时代。

在艾美满怀希望地从一个老师跳到另一个老师的那几年中，她的同胞中与她志同道合者不乏其人，所有的人好像都是先师从一些风靡一时的教授，最后在李斯特的指导下完成学业。有个来自纽约州里昂斯的威廉·舍伍德，曾师从库拉克、德佩和李斯特。在欧洲事业有成之后，他身兼钢琴家、作曲家与教师三职回到美国（在芝加哥和波士顿），成为十九世纪最受尊崇的美国音乐家之一。尼利·史蒂文斯出自彪罗、库拉克和李斯特门下，无论是作为钢琴家还是教师均有极高评价。双目失明并未使爱德华·巴克斯特·佩里中止他的事业，事实上他做得比一般人还要多。他离开波士顿跟随库拉克、克拉拉·舒曼和李斯特学习，然后返回家园举行音乐会，从事教学工作，每年要进行一百五十余次讲座独奏会。库拉克—李斯特—德佩轴上的另一位波士顿人是约翰·奥尔斯；而詹姆斯·特雷西则来自邻近的新罕布什尔州，他也曾负笈远行求师，回国后执教于新英格兰音乐学院。

另外还有那个外国出生的小分队，都是跟李斯特学琴并在美国定居的，包括波兰出生的亚历山大·兰伯特（活跃于纽约）和德国出生的理查德·伯迈斯特。伯迈斯特跟李斯特学了三年后来到美国，任职于巴尔的摩皮博迪音乐学院。原籍也是德国的卡尔·斯塔斯尼最后落脚新英格兰音乐学院。奥地利出生的埃米尔·利布尔于1867年来到美国，又回到魏玛投师李斯特，最后成为芝加哥最优秀的教师兼钢琴家。利布尔活到成为老前辈的年龄，李斯特的众家弟子的吵吵嚷嚷使他感到乐不可支。关于自己和老弗朗茨的关系，他的态度比那些人谦虚。1900年他曾写道："我直至今日依然享有这一令人艳羡的声名，即我是当今钢琴家中唯一未能成为他的得意门生的人。"

十九世纪崭露头角的唯一著名意大利钢琴家是乔瓦尼·斯甘巴蒂（不过他母亲是英国人）。他五岁开始举行不公开的独奏会，从此开始了他的演出生涯。六岁即公开演出。在罗马师事李斯特，老师发现他具有陶西格风格中的一些因素，这使李斯特颇感意外，因为意大利人的处理方式通常是没有日耳曼韵味的。他告诉弗朗茨·本德尔说，斯甘巴蒂弹奏德国作曲家——巴赫、贝多芬、舒曼——完全是自成一家，"掌握风格已达出神入化之境"。（顺便说一句，本德尔是李斯特的学生，当时名闻遐迩的技巧巨匠之一。在一次访问波士顿时，他有幸得以在帕特里克·吉尔摩的一次巨型喜庆音乐会上演出——礼堂轩敞，足以容纳一个万人大合唱和五千人的乐队。本德尔在此广阔空间中演奏时的心情史料中未有记载。）接着斯甘巴蒂随李斯特前往德国，后回国定居，从事钢琴演奏、教学、作曲、指挥、评论与美学研究等工作。他是个古典主义者，致力于在意大利恢复自斯卡拉蒂时代以来丧失殆尽的器乐传统，具有举足轻重的影响。他天生对德国传统心向往之，许多年以后，阿尔弗雷多·卡塞拉曾经尖酸地评论说，斯甘巴蒂是德国渗透意大利的先锋。不过，在跟李斯特学琴以前，他已在弹奏古典作曲家的作品；他们与他是血脉相通的，但大多不为当时的意大利人所知。斯甘巴蒂继续担任圣塞西利亚学院院长之职，这时他的音乐兴趣扩展至李斯特和瓦格纳。

李斯特两名聪明能干的学生汉斯·冯·布朗萨特和迪奥尼斯·普鲁克纳约在十九世纪中叶崭露头角。亚历山大·温特贝格和约瑟夫·维尼亚夫斯基（著名小提琴家之弟）亦是如此。不同凡响的盖佐·济奇伯爵出道稍迟。这个杰出的匈牙利贵族十五岁时由于一次狩猎事故而失去右臂，当时他在钢琴方面已是才华毕露，不愿因这一灾难半途而废。因此，他成为历史上第一位独臂钢琴家。他一心一意要向世人展示，残疾者未必都是废人，并苦练六年以完善左手技巧，准备了一套音乐会用的改编曲目。1873年他与李斯特结识，跟他学习直到1878年，然后便开始了独奏家生涯。因为非常有钱，他在四十余年的公开演出活动中只为慈善事业义演。当然，评论家们对此都充满敬畏之情，不过他们还不至于敬畏得把全部形容词和最高级词语统统用光。济奇很可能是非常好的，汉斯立克称他的演奏为"当今时代钢琴上的最伟大奇迹"。他说："济奇所达到的完美之境令人既惊诧又赞叹。他能用五个手指模仿十个手指的正常演奏，借助于从弱到强的细腻入微的色彩变化而巧妙解决琶音的演奏。"这可不是评论家想找些客套话来形容一个残疾音乐家时的老生常谈，汉斯立克真的是有感而发的。

来自东方的霹雳

安东·鲁宾斯坦、尼古拉·鲁宾斯坦

他长得像贝多芬，弹琴也像贝多芬，使钢琴像火山般喷发，而且有时并不规范。错音、断弦——都无所谓。听众回家时精疲力竭，认定自己是遭遇到了一场自然力。这个有着一双肥厚而难看的手的俄国人具有足以与大自然比拟的力量，而且被公认为李斯特以后最伟大的钢琴家。他和贝多芬的相似是个对他非常有利的心理因素。人们不禁要问：贝多芬是否可能有个私生子？莫非安东·鲁宾斯坦（见图56～58）的"俄国"出身是为了掩人耳目？这是不是贝多芬的转世化身？也许谁也不会把这些流言蜚语真当作一回事——但是两人相像却是事实，李斯特就称他为"范二世"。曾与贝多芬过从甚密的莫谢莱斯看着这个年轻的俄国人，两人的相似之处使他吃惊。"鲁宾斯坦的五官相貌和桀骜不驯的短发令我想起贝多芬。"鲁宾斯坦本人从未特意利用这种外貌上的联系；但另一方面他对此肯定不是满不在乎的，他没有提醒人们他是在贝多芬去世三年后的 1830 年出生的。

他是一头笨拙的俄国熊，强壮无比，生就一双不同寻常的手。每个手指看来都比它所按下的琴键粗，难怪他会敲到缝隙中去。在鲁道夫·布赖特豪普特《天赋的钢琴艺术》一书中有一张这双手的照片，所配说明文字为："绝对符合理想的类型（从钢琴角度而不是美学角度）。手大而有力，肉垫厚厚的，掌关节极大，指间掌蹼宽厚……"他衣着随便，平静地坐在钢琴前呼风唤雨，叱咤风云，在某些方面可说是弗拉基米尔·霍洛维茨的先驱者。"力度加灵巧，这是我触键的秘诀之一……我一连几小时坐在那里，试图在我的演奏中模仿鲁比尼嗓音的音质。"他对一个采访者这么说。没人会有比他更富美感的钢琴音色，他曾对拉赫玛尼诺夫解释怎样才能得到这种音色：就那么摁住琴键，直至指尖上沁出鲜血来。他的性格中还有其他侧面。他的学生、美国人亚历山大·麦克阿瑟说他脾气暴躁，有时"好像是十来个疯子大发作"。他是个赌徒，并沉溺于女色。但李斯特一脉的壮丽钢琴风格的继承者非他莫属。

鲁宾斯坦曾在莫斯科师事亚历山大·维洛因，1839 年九岁时首次公开演出。维洛因将他带到巴黎。那一时期他刻意模仿李斯特，尽量把手抬得高高的，像李斯特那样甩头发，手的姿势也照他的样。鲁宾斯坦并不是当时漫游欧洲的唯一的十龄童钢琴演奏者，他在自传中回忆说，在 1840 年前后，神童风行一时。他提到索菲·博勒、卡尔·菲尔奇、"英国人帕尔默以及拉小提琴的两姐妹玛丽亚和泰蕾莎·米兰诺洛"。鲁宾斯坦给人们留下了颇为深刻的印象。甚至在十三岁时他就是个打桩机，敲得左右两边的琴弦"啪啪"地断裂。接着他在柏林跟西格弗里德·德恩学了一些日子；后来又到维也纳，1846 年在那里举行几场音乐会并住了一段时间。

有些人似乎认为他曾跟李斯特学过琴，其实不然。他是李斯特圈子中的一员，也许曾从他们那里东鳞西爪地学到一些什么，但李斯特从未正式收他为门生。1846 年鲁宾斯坦确实曾怀着拜师的希望为李斯特演奏过一次，但李斯特没有接受他，而是冷冰冰地说："有天才的人必须完全靠自己的努力来实现雄心壮志。"此话竟然出自一贯如此宽宏大度的李斯特之口！据我们所知，这是他把一名卓绝天才拒之千里之外的仅有一例。是否他预感到这是一个强劲的竞争对手？还是这个十六岁的青年身上有什么东西是他不喜欢的？个性冲突的情况是众所周知的。鲁宾斯坦当时一贫如洗，而李斯特却没有助他一臂之力。李斯特的反应想必在内心深处刺伤了鲁宾斯坦。在后来的岁月中这两人的关系表面上还算融洽，但鲁宾斯坦在他的自传中还是说了一些挖苦的话。他叙说自己在维也纳的苦难经历和李斯特的冷漠态度。"自从我上次拜访李斯特以来已经过去两个月了。我的久不露面终于使他想起有我这个人。他突然决定对我进行访问；于是有一天他大驾光临来我的阁楼，带着他形影相随的扈从，亦即他的所谓侍臣们。"在谈到1871年他和李斯特的会晤时，他写道："我们像莫逆之交似的重新见面。我了解他的缺点（首先是态度有些傲慢），但总是把他看作一位伟大的演奏家而倍加敬重——这是一位技艺精湛的演奏家，但作曲不行。"

就这样，鲁宾斯坦从未得到名师指点。也许他从来就无此需要。他最杰出的学生约瑟夫·霍夫曼声称鲁宾斯坦是"一位生就的天才。他所做的一切都出于本能，这当然要比按规则或按指令办事高明得多，因为它是充满生机的"。他时而举行音乐会，时而进行教学。1854年开始了为期四年的欧洲巡回演出，后中止旅行而长期逗留巴黎，在那里与圣-桑成为至交，两人一度形影不离。圣-桑为鲁宾斯坦指挥乐队，或反之；不在公开场合联袂演出，他们就在家里四手联弹。很多年以后圣-桑写道："我们热情地摆弄音乐，完全是为摆弄而摆弄。"这个法国人回想起当年和鲁宾斯坦在巴黎所展现的形象时，觉得十分好笑——他自己身体虚弱、瘦骨嶙峋，花花公子一个，说话做事严谨刻板，脸色苍白，看上去像生了肺病似的；而鲁宾斯坦则不修边幅，须发蓬松，邋邋遢遢，强壮有力，像个运动员。鲁宾斯坦的天赋和基本音乐修养给圣-桑周围的人留下了极深的印象。鲁宾斯坦甚至还擅长即兴演奏，而这种形式当时已不时兴。卡尔·戈德马克回忆有一天晚上鲁宾斯坦走到钢琴旁，采用贝多芬《第八交响曲》末乐章中的一个动机：

> 在低声部中加以对位处理；接着将它发展，先是作为卡农，然后是四声部赋格，再后又将它转换成一首情意绵绵的歌曲。接着他回到贝多芬的原始形式，又转换成一首欢快的维也纳圆舞曲，和声怪异而别具一格，最后冲入一长串光彩夺目的经过句，那是一场真正的声音暴风雨，但原始的主题在这里依然一清二楚。这真是绝了。

这时鲁宾斯坦的演奏已经定型——气势宏大、雄健遒劲、生气蓬勃、声音嘹亮、技巧辉煌，但不时也会出现技巧上潦草塞责的情况。在激动而不能自已时，鲁宾斯坦根本不在乎有多少错音掉在钢琴下面的地面上扭动。于是那些比较学院派的、要求纤尘不染的、特别是受德国式训练的钢琴家们往往不能理解这一切激动究竟是怎么回事。据威廉·梅森报道，鲁宾斯坦在弹奏快速经过句时会失去控制，他的手指会乱窜，他会提前展现高潮。海勒于 1862 年写给哈雷的信中说得毫不留情：

> 不太显要的地方烘托得那么夸张突出，而比较重要的段落却又处理得那么漫不经心！你感觉到那些灵活而有力的手指因为没有东西弹而显得很不耐烦，犹如他们让马戏团的大象吞下一只盛放凉拌菜的空碗似的。

克拉拉·舒曼（很自然的）同样尖酸刻薄。她在 1857 年听鲁宾斯坦弹奏门德尔松的《c 小调三重奏》，"他就是那样劈劈啪啪地弹着，我按捺不住心头怒火……他常常把小提琴和大提琴全盖掉，我一点儿也听不见它们"。几年后他在布雷斯劳举行一场音乐会，克拉拉又去听了。她在日记中记下了自己的不满："我感到怒火中烧，因为他已不是在弹琴。要么是一阵乱糟糟的噪音，要么就是踩下弱音踏板的低声耳语。而那些自称有修养的听众竟能容忍这样的演出！"甚至连艾美·费伊这阵来自美国的清风也被鲁宾斯坦的敲打搞得心神不安。她听他弹过一首"舒伯特的了不起的作品"——估计是《流浪者幻想曲》——它使她感到强烈的头痛，以至于演出的其余部分都被葬送了：

> 他有一种巨人般的精神，并且极其富有诗意而不落窠臼，但是如果持续整整一场音乐会，他让你受不了。鲁宾斯坦的演出我只愿意听少数几首作品，而陶西格则可以听整整一个晚上。鲁宾斯坦不在乎自己弹错了多少音，只求表现出他的构想，使之栩栩如生；陶西格的每个音都奏得一丝不苟，也许正是由于他的绝对完美，他有时略显冷漠。鲁宾斯坦弹奏舒伯特《魔王》的李斯特改编版，真是棒极了。在表达幼童惊恐的地方，他的双手在琴上飞驰，使钢琴发出凄厉恐怖的叫喊，令人毛骨悚然。

那些重视精神甚于纯技巧的人，对他的演奏赞不绝口。德国评论家雷尔斯塔布称他为"钢琴上的海格勒斯大力神，该乐器的朱庇特·托南斯"。在迂腐的彪罗眼中他是"音乐界的米开朗基罗"。汉斯立克在写于 1884 年的一篇评论中表达了大多数人的观点。首先他抱怨鲁宾斯坦的曲目太长——三个多小时，二十余首作品，包括三首奏鸣曲（舒曼的"升 f 小调"、贝多芬的"d 小调"和"A 大调"）。不过，因为它给人以感官享受，他的演奏还是带来了乐趣。"他的健康和对于感官享受的坚定追求以其令人耳目一新的坦率冲刷着听众。"汉斯立克认为，鲁宾斯坦的长处，其根源在于他那"与生俱来的取之不尽的力量和原始的清新。缺点亦是如此，他的丰茂但却常常是桀骜不驯的才华使他很容易出差错"。汉斯立克用一句风趣的话结束了他的评论："是的，他演奏得像个神，如果他像朱庇特那样时不时地变成一头公牛，我们也不会见怪。"因此，对很多听众来说，他的错音是无关紧要的。拉斐尔·约瑟菲把他的声音比作"金色法国号之声"，而赫尼克则说"此人的力量和激情至今无人可比"。

但是，如果他愿意，鲁宾斯坦是能够弹得细致入微的。人们一致认定没有几个钢琴家能够表现出比他更出色的轻盈、优雅和纤细。当然他极少展现他天性的这一方面。他从小就知道，人们花钱是来听他的霹雳之声，而不是听霏霏细雨的。人们期待他弹出霹雳之声，他一般也的确是弹得似雷声轰鸣。他的曲目，像他的风格一样，都是庞然大物。鲁宾斯坦是个铁人，有着不同一般的保留曲目和同样不同一般的记性——直至五十岁。在那以后他就开始出现记忆失误的情况，不得不凭借乐谱弹奏了。如果面前没有乐谱，往往会产生令人烦恼的结果。帕德雷夫斯基听过他晚年的演奏，记得有些段落他弹得非常好，但也有不少记忆疏漏、乱成一团的地方。

不过，即使在最后几年，他的节目仍会拖得很长很长。他的"历史长河"系列独奏会是闻名遐迩的——连续七场音乐会包罗整个钢琴音乐史，而且每套曲目都极大。举个例子，第二套曲目由贝多芬的奏鸣曲组成——"月光""d小调""华尔斯坦""热情""e小调""A大调"（Op.101）、"E大调"（Op.109）和"c小调"（Op.111）。第四场音乐会为舒曼音乐专场，包括《C大调幻想曲》《克莱斯勒偶记》《交响练习曲》《升f小调钢琴奏鸣曲》、一组小品以及《狂欢节》。加演的曲目还不计在内，那是他在每场音乐会上随意投放的。更有甚者，除巴赫和亨德尔的音乐外，每首乐曲的每段反复他一律照弹不误。他告诉学生这两位作曲家的作品中的重复记号可以不予理睬，但海顿、莫扎特和贝多芬作品中的反复"是整个结构的组成部分。略而不弹有亵渎君主之嫌"。（很难理解为何莫扎特和贝多芬的反复是结构性的，而巴赫和亨德尔却不然；但那就是你看到的十九世纪。）鲁宾斯坦显然从来不会感到疲倦，听众能刺激他的肾上腺素至于这样的程度，使他的行事如同一个超人。阿图尔·弗里德海姆报道他有一次去听鲁宾斯坦的音乐会，"第一次加演他弹了肖邦的《降b小调钢琴奏鸣曲》，第二次弹了舒曼的（弗里德海姆意指门德尔松的）七首《性格小品》。听众为这头老狮子的丰盛馈赠而高兴得大喊大叫"。

美国当然会发出召唤。施坦威公司邀请鲁宾斯坦在 1872 ~ 1873 年的演出季中进行一次横跨全国的巡回演出，接着便是一系列谨慎的洽谈。鲁宾斯坦提出的条件是不在露天啤酒花园或南方诸州演出（但事实上他还是在南方作了演出）。他索要的酬金非常之高，而且必须用黄金支付，因为他不相信美国的纸币和银行。一切安排妥帖之后，鲁宾斯坦和小提琴家亨利·维尼亚夫斯基（他和鲁宾斯坦共同进行这次巡回演出，还有一队器乐家和歌唱家随行）踏上美国国土。合同规定每场音乐会支付两百美金，共举行两百场，鲁宾斯坦履行了合同。他在美国逗留了两百三十九天，举行了两百一十五场音乐会，最后的高潮是九天内在纽约举行了七场告别独奏会。这些都是他著名的"历史长河"曲目，要不是因为 5 月21 日的波士顿独奏会打断了这个系列，他原本是可以在八天内完成它们的。他于 1873 年 5 月 24 日启程赴欧洲。鲁宾斯坦是个铁打的人，但即使是他也感到负担太重了：

> 但愿苍天保佑我们不受这样的奴役！在这样的条件下你已无缘从事艺术——你简直成了一架进行机械操作的自动化机器；艺术家不再有什么尊严，他已麻木不仁……逗留美国期间我们穿越全国旅行，最远到了新奥尔良，我出现在听众面前达二百一十五次之多。常常是同一天内在两三个城市举行两三场音乐会。收益和成绩是令人满意的，但那委实太单调乏味，使我开始看不起我自己和我的艺术。我的不满是如此根深蒂固，以致若干年后有人邀请我再作一次美国巡回演出时，我断然拒绝……维尼亚夫斯基是个极其神经质的人；由于身体不好，在圣彼得堡时往往不能遵守预定的演出时间——在大剧院和音乐学院都是如此——但在美国却从未误过一次场。无论多么不舒服，他总能想办法鼓足力气，带着他那把精灵般的小提琴出现在台上。他的准点，其奥秘在于这一事实：按照合同条款，每次误场必须罚款

一千法郎。美国演出的收益为我的兴旺发达奠定了基础，一回国我就急忙投资房地产。

所以说结局是皆大欢喜的，但巡回演出的过程却是一场神经紧张、情绪偏激的噩梦。不久之后鲁宾斯坦压根儿不再和维尼亚夫斯基交往。这种感情是相互的，维尼亚夫斯基因排名次于鲁宾斯坦而一直耿耿于怀。尽管有这些偏激的情绪和紧张的关系，鲁宾斯坦在美国还是产生了巨大的影响。这样的钢琴弹奏和如此坚强的个性在新世界是闻所未闻的。他受到报刊评论界的关注比任何名人都更多，直到 1891 年帕德雷夫斯基到达美国后，情况才有所改观。报刊评论的一个小小的副产品是美国钢琴家威廉·舍伍德的夫人对鲁宾斯坦的双手所作的描述。她写道，他的手指很短，根部粗壮，往上稍稍变细呈锥形。"那指甲就像是一块块粉红色的珐琅沉陷在天鹅绒的衬垫里。"（他有一双巨大无比的手。约瑟夫·霍夫曼曾写道，鲁宾斯坦的第五指"像我的拇指一样粗——想想看！再说他的指头是方的，上面长着肉垫。这是一双了不起的手！"）还有乔治·巴格比的朗诵诗《贾德·布朗宁聆听鲁比演奏》。他把鲁宾斯坦称作"鲁比"，正如帕德雷夫斯基后来被称作"帕迪"、一位英国女皇被称作"丽希"一样。在整个美国，人们读到贾德在一次鲁宾斯坦独奏音乐会上的经历都不禁哈哈大笑，它的高潮是：

> 上天入地，无奇不有！他拿出他的左边锋，他拿出他的右边锋，他拿出他的中锋，他拿出他的替补队员……他开起他的大炮——球形弹、烟火弹、榴霰弹、葡萄弹、霰弹、火箭炮弹、弹药库——把所有尚在使用的兵器和炮弹一股脑儿用了上来。房屋震颤，灯火摇曳，天崩地裂——天上人间、大千世界、山芋红薯、摩西、九便士、荣耀、三寸的长钉、柿子树上结出的杂交橘柚——砰的一声响……随着这一声砰响，他整个身体腾空而起，然后是膝盖、手指、足尖、肘部和鼻子一起下来，同时敲打一个个单独的琴键。……

57

58

57 鲁宾斯坦兄弟——尼古拉和安东——于 1868 年。尼古拉是一位杰出的钢琴
　家，但很少公开演出。

58 安东·鲁宾斯坦长得酷似贝多芬，因此竟有谣传说他可能是贝多芬的私
　生子。

59

60

59　卡米尔·圣－桑，杰出钢琴家和音乐奇才。他不是一位名副其实的音乐会钢
　　琴家，公开演出时大多只弹奏他自己的作品。
60　弗朗西斯·普朗泰，生于 1839 年，在 1930 年前后录制了一套唱片。

那天晚上我所听到的就这些了。

自 1861 年起，鲁宾斯坦内心最关注的事物之一就是圣彼得堡音乐学院。这是俄国第一所音乐学院，是鲁宾斯坦协助创办的，他亲自担任第一任院长，并为之物色了一批杰出的教职员。他遭到俄罗斯"五人团"——巴拉基列夫、鲍罗廷、居伊、里姆斯基-科萨科夫和穆索尔斯基——的剧烈反对，他们都以狐疑和敌对的目光看待他。他们的目标是建立一个俄罗斯乐派，断言——并且言之有理——鲁宾斯坦在美学上属于德国型的保守派。鲁宾斯坦是个世界主义者，虽然像很多俄国人一样他也总是感到非返回故土不可。有一次他揶揄说，德国人称他为俄国人，而俄国人则称他为犹太人。这个具有条顿音乐倾向的俄国犹太人毫不隐讳自己的保守主义。一名音乐家能有多么反动，他就有多么反动。虽然他经常访问魏玛，他对它和李斯特所代表的一切却统统深恶痛绝。在自传中他曾就自己的音乐趣味作过一番表述：

> 至于不同国家欣赏音乐的程度，我相信今天的德国音乐界是遥遥领先的，尽管它沉浸于自己的爱国主义而盛气凌人，面对其他所有国家自觉不可一世。在这样一个热衷于其刺刀和统一性的国家里，文化的机遇是极小的（这番具有预言性的话写于 1889 年）；但是，尽管有这些缺点，必须承认德国是世上最富音乐性的国家……现在，一方面是俾斯麦的霸权地位，另一方面是瓦格纳音乐的影响，人的理想完全颠倒了，于是音乐的关键时刻渐露端倪。技巧有了长足的进展，但是，坦率地说，作曲却到此结束了……它的丧钟是随着肖邦最后那些无与伦比的音符的逐渐消失而敲响的。这可能只是一种短暂的瘫痪，但谁又说得准它将持续多久？在十五至十七世纪之间，绘画的势力登峰造极，但是到了十八世纪开始退化；我相信音乐正在经历类似的危机……这个危机何时结束，如何结束，没人能知道。有一点是无可否认

的——那曾经使我们为之心醉的一切，我们所钟爱、景仰、崇拜以至赞赏的一切都随着肖邦而结束了。

　　为了反对这种哲学和反对鲁宾斯坦在圣彼得堡的音乐学院，巴拉基列夫创办了一所免费学校（恰与鲁宾斯坦受宫廷支持和资助的事业相反）和他唱对台戏。但是后来兴旺发达起来的却是圣彼得堡音乐学院，还有莫斯科音乐学院，后者是鲁宾斯坦之弟尼古拉于 1866 年建立的。尼古拉·鲁宾斯坦（见图 57）本人亦是一位流光溢彩的钢琴家。作为库拉克的学生，他的音乐会活动不太多，但据称他的演奏几乎可与他那声誉卓著的兄长媲美。安东说过，如果尼古拉真的努力的话，他可能是两兄弟中更好的那位钢琴家。这个评价并不只是出于手足深情，而是得到埃米尔·冯·绍尔这样的行家首肯的。绍尔是李斯特最优秀的门生之一，他曾在 1895 年撰文对这两兄弟进行比较：

　　　　很难说两位钢琴家谁弹得更好。这两兄弟的外貌大相径庭——一个皮肤黝黑到了漆黑的程度，另一个则肤色白皙；同样，他们的演奏无论从哪一方面来看也都是天差地远的。尼古拉的演奏更像陶西格，只是更加温暖、更加冲动。也许作为演奏家，安东·鲁宾斯坦是两者中灵气较高的一位，但他不稳定；尼古拉从来不变化多端，无论是在公开场合，还是在私人宅第，他的演奏永远是一个样子，并且保持着同样的优秀标准。

　　尼古拉担任莫斯科音乐学院院长直至 1881 年去世为止。但安东却于 1867 年放弃圣彼得堡音乐学院的职位，其后即从事音乐会、作曲和指挥活动达二十年之久，至 1887 年重返该院，最后又于 1891 年完全脱离学院的工作。在那里的最后一段时期，他为了造福学生而恢复他的"历史长河"独奏会。一连三十二个星期，每星期日他都提供一套不同的曲目，边讲解边弹奏。1891 年以后他以德累斯顿为大本营，和他最著名的学生约瑟夫·霍夫曼一起工作。他的最后一场音乐会于 1894 年 1 月 14 日在圣彼得堡举行，同年 11 月 28 日他与世长辞。

鲁宾斯坦的遗产包括为数众多的乐作，它们基本上都已不再出现于西方音乐会的保留曲目中。不过，在俄国，《d 小调钢琴协奏曲》和歌剧《恶魔》仍在演出。但他的大多数钢琴曲、管弦乐曲、室内乐和歌曲看来已永远被打入冷宫，除非价值观发生变化。《岩石岛》和《F 大调旋律》作为背景音乐而留存于世；除此以外，《G 大调钢琴协奏曲》《断音练习曲》《不合调的音上的练习曲》、几首大提琴奏鸣曲以及一度流行的《海洋交响曲》均已成为过眼烟云。

然而他的钢琴演奏给人留下的印象至今仍存活在无数相关的文字记录中。如果他能再多活十年——他去世时仅六十四岁——的话，他是有可能给我们留下一些唱片的……

法国式的干净、精确和典雅
圣－桑、普朗泰、普尼奥、里斯勒

不过，只比安东·鲁宾斯坦晚五年出生但比他多活二十七年的圣-桑（见图59）却是留了几张唱片下来的。按年月顺序排列的话，圣-桑是有录音的钢琴家中出生最早的一人（但不是第一人：兰登·罗纳德于 1900 年为《特里斯坦与伊索尔德》中"爱之死"的钢琴改编曲录音，制成一张 7 寸的柏林人公司唱片）。当我们在旧唱片上听圣-桑时，我们听到的是一个出生于 1835 年的人的演奏。他后来发展成为有史以来最不同凡响的音乐家之一。虽然无论是作为作曲家还是钢琴家，他都够不上彪炳千秋的殊荣（虽然在他的技艺的这两个支系中他都是出类拔萃的），不过，就其全面的音乐修养和得天独厚的才华而言，他可与莫扎特或门德尔松等量齐观。他两岁时就被发现有绝对辨音力，不到五岁便可弹奏贝多芬一首小提琴奏鸣曲中的钢琴部分。无论学习拉丁文、几何还是历史，都同样易如反掌。六岁时开始作曲（第一首作品是一首题为《黄昏》的歌曲），七岁跟斯塔马蒂学习，八岁公开演出，十一岁首次正式登台演奏，弹了莫扎特的一首协奏曲、贝多芬《c 小调钢琴协奏曲》、胡梅尔的一首奏鸣曲、巴赫的一首前奏曲与赋格以及亨德尔和卡尔克布雷纳的几首作品，而且都是背谱演奏。作为加演曲目，他提出可以弹奏贝多芬三十二首钢琴奏鸣曲中的任何一首。无怪乎他的声誉从此传遍整个欧洲以至美洲。1846 年 8 月 3 日《波士顿音乐报》的一则新闻报道说："巴黎有个男孩叫圣-桑，年仅十岁半，弹奏亨德尔、塞巴斯蒂安·巴赫、莫扎特、贝多芬以及一些比较近代的大师时，面前一本谱子也没有。"

以他这样的才华，他决定不要过技巧大师巡回演出的乏味生活，并不太意外。他毕生都在弹奏钢琴，但从来不是一个名副其实的音乐会钢琴家。事实上他起初主要是作为一名管风琴家而闻名的，因为他自 1858 年在马德莱娜教堂任管风琴师后，一直留任到 1877 年。在此期间他还兼任尼德梅耶学校的作曲教授，福雷和梅萨热均出自他门下。凡与他有过接触的人都为他对音乐素材的非凡精通而留下深刻印象，例如瓦格纳就十分赞赏圣-桑的视奏能力，但最后却以音乐史中最草率、最势利的态度把他讲得一无是处。瓦格纳谈到圣-桑的才华时，说它

> 简直令人感到惊讶。哪怕是最错综复杂的总谱，他也能以无与伦比的把握和速度一眼掠过，即能过目成诵。他不但能凭记忆弹奏我的总谱，包括《特里斯坦与伊索尔德》，而且能再现其中的一些分谱——无论那是主导主题还是次要主题——并且做到毫厘不爽，使你不由得认为他面前正放着那本谱子呢。我后来发现，他虽然具有这种善于感受作品的技巧性素材的令人叹绝的能力，却并没有相应的创作力；因此当他试图以作曲家自居时，随着时间的推移，我就把他忘得一干二净了。

汉斯·冯·彪罗比较宽大为怀，他将圣-桑评价为一位比李斯特更伟大的视

奏者和多才多艺的音乐家。彪罗告诉指挥家卡尔·策拉恩说,有一次他和瓦格纳闲谈,圣-桑也在房间里。圣-桑听不懂德文,感到很无聊,便拿起尚未完工的《齐格弗里德》总谱的手稿,放在钢琴上弹奏起来。瓦格纳和彪罗中断了谈话。彪罗说,这样的视奏能力他是闻所未闻,而且那全是 prima vista(意为"第一眼看到的时候"——译注)。几乎没有错失一个效果;弹琴的人似乎是凭直觉掌握了作品的整个结构,毫不犹豫地以变换的形态将它再现出来。瓦格纳一句话也说不出来了。"我也能视奏,"彪罗说道,"但是无论是我还是任何一个人,在圣-桑之后都不可能再表演那一绝招。他有我们这个时代最杰出的音乐头脑。"

圣-桑不仅对音乐感兴趣,他还涉猎评论、文学、诗歌、天文学(他是法国天文学协会会员)、考古学、一般科学特别是神秘学。他的许多论文成为令人奋发的读物,而他的回忆录则读来令人神往。此外,他是一位优秀的音乐学家,又是最早对前贝多芬时期键盘乐器处理法进行缜密研究的人之一。

在所著《和声与旋律》一书中,他说自己是一名折中主义者。"这也许是一大缺点,但是我却改不了。本性难移嘛。"然而,不管怎么说,他的钢琴演奏绝对不是折中主义的。它代表着一种古典传统,这一点可有他的唱片为证,虽然遗憾的是他所录制的乐曲中没有一首标准曲目。他在 1904~1919 年间录制的唱片全是他本人的音乐——《娇美圆舞曲》《懒散圆舞曲》《阿尔及利亚组曲》中两个段落的钢琴改编曲以及他的《g 小调钢琴协奏曲》的第一乐章,最后这首他是以今天看来属于无法无天、没有音乐性的速度弹奏的。(不过二十世纪最后二十年的速度要比十九世纪的慢得多,这一点从那些出生于 1900 年以前的音乐家的录音中足以得到证明。)他的唱片表明他是个技巧娴熟但略微有些干巴巴的钢琴家,这也是他的大多数同时代人的一致看法。圣-桑拥有流畅的技巧、极大的灵活性、干巴巴的触键、有约束的力度,并且总是倾向于快速。哈罗德·鲍尔说大多数的乐曲他都弹得太快。从技巧的角度来看好像没有他弹不了的东西,但是在情感处理上他是受到约束的。利奥波德·曼内斯在听他弹了整整一下午之后感觉他像是一口"枯井"。克劳迪奥·阿劳虽也认为他弹得很干，但听后的印象还是比较深刻的。他记得圣-桑"身体后倾，留着浓浓的络腮胡，挺着个大肚子，弹琴时的那种洒脱自若令人难以置信……你所能想象的最均匀的音阶，还有手指的巨大力量。冷若冰霜，但令人惊诧"。

然而，圣-桑主要是一个作曲家而不是钢琴家。十九世纪中叶受到赞扬最多的法国钢琴家是弗朗西斯·普朗泰（见图60），他的寿命非常之长（1839～1934），甚至超过了圣-桑。普朗泰以其典雅和精确而闻名，在普尼奥崭露头角之前他绝对是最重要的法国钢琴家。看来法国的训练——也许还有法国人的性格——中的某种因素似乎抑制了李斯特或帕德雷夫斯基式的华丽器乐手法。法国风格至今保留着流畅、典雅和条理分明的特点，追求古典风格的手指技巧（从手和腕而不是从臂和肩出发，因而可在 *fortissimo* 的段落中获得清脆但却是敲击性的音色，许多法国钢琴家就是这么弹的）。

普朗泰似乎在很大程度上具备所有这些特色。他十一岁毕业于音乐学院，引起了一阵轰动。"这个十一岁孩子所做到的颇有塔尔贝格之风的温和妩媚的声音、纤柔敏锐的触键、处理困难经过句时的活泼和明净以及气势磅礴的技巧……"马蒙泰尔如是说。考虑到马蒙泰尔是普朗泰的老师，他的意见难免有偏颇之处，但它却得到其他所有人的共鸣。普朗泰十来岁的时候就与两位法国最杰出的器乐演奏家即小提琴家德尔芬·阿拉尔和大提琴家奥古斯特·弗朗萧姆合作并得到他们的充分认可，成为他们的三重奏中的钢琴手。当大多数青年尚在摸索风格时，普朗泰已在和他的两位著名的前辈一起演奏贝多芬和舒伯特的作品了。

费蒂斯讲过普朗泰的一则轶事，此事后来被许多作者传诵。用费蒂斯的话说："一天在他（普朗泰）应邀演出的一家官办沙龙里，嘈杂的谈话声遮盖了他的琴声，他没法得到片刻的安宁或注意。这样的怠慢失礼当然使他很生气，因此在弹完那首作品后普朗泰先生便逃之夭夭，回到家里打点好行装，去了遥远的比利牛斯山区。"普朗泰是在那里出生的，据费蒂斯说，他在那里一待就是十年，怒气未消。这真是把他刻画成一个敏感无比的普朗泰了。但这个传说，特别是关于十年的那一部分，是站不住脚的。很可能普朗泰确实从音乐会出走，回到了比利牛斯山，但不可能待了十年，因为就在传闻他像安徒生童话中的王子那样隐居于自己的王国并紧闭宫门时，他却正在公开演出呢！

不管怎么说，至 1872 年时，普朗泰已是法国钢琴家中公认的顶尖人物。费蒂斯从自己不算贫乏的词汇库中用尽所有形容词来描绘他的演奏："表情上的万千变化令人叹为观止；对于从最清淡到最强烈的色彩之间的细微差别他具有奇妙的感悟力；手指柔韧灵活而优美；分句处理丰富自如；他的既有渗透力又有激情的迷人风度；他的明智的抱负；他的精美纯正的鉴赏力……凡此种种，形成一种绝对无与伦比的风格。"

他的演奏也许可能是优美典雅的，但他的个人生活却有着一些农民特色。像所有法国农民一样，他比较吝啬；也像所有法国农民一样，他希望拥有自己的土地。作为一位杰出的技巧大师，他却总是住宿在小旅馆，就餐于收费低廉的饭店，旅行时乘坐火车的三等车厢，处处锱铢必较。最后当积蓄了足够的法郎而能实现自己的梦想时，他便在乡下购置了一幢别墅。别墅位于蒙特-德-马尔桑，这就是他的退隐之地。1928 年他也是在这里邀请朋友们出席了两场不公开的音乐会以庆祝他的九十大寿。他以不无苦涩的幽默口吻回顾自己的一生，对采访他的安德烈·格雷斯说："我代表了七十五年的钢琴演奏史，每天八小时。"在第一场音乐会上这位德高望重的钢琴家弹了肖邦《第三叙事曲》，韦伯《C 大调钢琴奏鸣曲》，贝多芬的一首奏鸣曲，舒曼、福雷、格鲁克、博凯里尼和勃拉姆斯的小品，最后是李斯特的一组音乐，包括《E 大调波兰舞曲》《唐豪瑟》的序曲和"朝圣者进行曲"以及《拉科齐进行曲》。那是在下午。接着在一顿丰盛的晚餐之后，老人又弹奏了肖邦的《f 小调叙事曲》和《E 大调谐谑曲》，贝多芬的《"告别"奏鸣曲》，门德尔松和塞维拉克的几首小品，柏辽兹的《梅菲斯托小夜曲》，鲁宾斯坦的几首小品，两首李斯特匈牙利狂想曲及其《梅菲斯托圆舞曲》。然后还加演

261

了许多乐曲，最后以肖邦的《降 A 大调波兰舞曲》结束。

在同一时期他还为法国哥伦比亚唱片公司录制了一些唱片。要对这些唱片作出评论，我们感到有些为难。就算考虑到他已是耄耋之年吧，他的演奏至少可说是阵发性（spasmodic）的。令人不解的是，他不再有那使他闻名遐迩的精致和细腻，而只是给人留下力量失控——就像弹得差劲时的马克·汉伯格那样——和节奏不稳的印象。伊西多·菲利普九十岁时弹得比他好多了。

继普朗泰之后倡导法国风格的还有路易·布拉辛、路易·迪梅尔、拉乌尔·普尼奥和爱德华·里斯勒。布拉辛曾师事莫谢莱斯，主要以教学闻名，自1878 年起先后在施特恩音乐学院、布鲁塞尔音乐学院与圣彼得堡音乐学院任教，卒于俄国。如果说他的名字今天还算为人所知的话，那只是由于他为《女武神》中的"魔火音乐"所作的改编曲，二十世纪初它在独奏音乐会中备受青睐（霍夫曼为它录制了一张精彩的唱片）。曾在巴黎音乐学院获一等奖的迪梅尔被汉斯立克描写为一位精巧雅致的艺术家（但另一方面马克·汉伯格却说他是个"干燥如尘土的演奏者，弹出来的是生硬而格格作响的声音"，这表明在莱谢蒂茨基以俄罗斯方式训练的包括汉伯格在内的弟子们和具有古典倾向的法国钢琴家之间毫无共同语言）。在法国人看来，迪梅尔作为"音阶和颤音之王"而闻名遐迩。因为娶了一个富家女，他可以举办免费音乐会，而且从来不需要教学。拉扎尔·莱维是这样概述迪梅尔的艺术的："他惊人的丝丝入扣的演奏，他传奇般的颤音，他持重稳健的风格，使他成为人人称美的优秀钢琴家。"迪梅尔曾任教于巴黎音乐学院，并于 1887 年接替年事已高的马蒙泰尔。他的学生中颇有几位在法国历史上出类拔萃的钢琴家和音乐家：爱德华·里斯勒、阿尔弗雷德·科尔托、罗伯特·洛尔塔、马塞尔·迪普雷、尚·韦尔、马塞尔·西安比、拉扎尔·莱维、埃利·罗伯特·施米茨和罗伯特·卡扎德絮。在其演奏生涯中，迪梅尔曾为许多法国作品作首次公演，其中包括法朗克的《交响变奏曲》。他的事业一度面临彻底中断的危机，因为他被征召入伍，为期七年。是罗西尼的妻子筹款为他买得了免服兵役权。

1904～1906年间迪梅尔录制了五张唱片，其中一张是他自己的《圆舞曲》，这是一首白痴般平庸的作品，但却很难。迪梅尔把它弹得枯燥无味，不过手指的功夫却是无可挑剔的，掠过长长的 *pianissimo* 音阶段落时那轻如鸿毛的手法令人难以置信。他应该是钢琴史上技巧比较精湛的技师之一。

普尼奥（见图61）是一位才华横溢的钢琴家，十四岁即在巴黎音乐学院获一等奖，后又相继在视唱、和声、赋格和管风琴等课程中得第一名。不过，在那以前他就是个引人瞩目的神童，1858年首次公开演出时年仅六岁（所奏作品题为《莫扎特的青年时代》），此事使他父亲大为得意，他就是希望儿子成为一名职业音乐家。普尼奥一向主张弹钢琴的人必须从四岁开始学，否则成不了大气候。很明显他在十岁以前所接受的唯一指导是由一个名叫约瑟芬·马丁的女性提供的。他在音乐学院的老师是肖邦的学生马蒂亚斯。但是在他辉煌起步之后，普尼奥却对钢琴不再感兴趣，而开始钟情于教学、管风琴演奏和作曲，直到1893年才恢复音乐会演出——而且成绩斐然。

作为室内乐演奏家，普尼奥是出类拔萃的，1896年与比利时小提琴家尤金·伊萨依携手合作，在一起工作多年。这两人都是身材高大，胖墩墩的；两个巨人往台上一站，简直要把舞台压坍。普尼奥的指触轻盈灵巧，技巧无比灵活。这可不是道听途说。1903年他为巴黎的"留声机和打字机公司"精心制作了一个唱片系列。不知为什么，他似乎对录制唱片着了迷，常常会跑到录音室，坐在那架槽糕的立式钢琴前，娴熟地奏起一首又一首曲子。在这方面他在当时的钢琴家中是独一无二的。他所录制的唱片已发表的有十八张；据传另外还有未曾发行的。在已发表的系列中他弹了亨德尔、斯卡拉蒂、韦伯、肖邦、门德尔松、夏布里埃、李斯特以及他自己的一首作品，那是一首题为《月亮小夜曲》的风俗画小品，未见精彩之处。

这些唱片表明他是一位具有非凡修养和技巧的钢琴家。他的经过句弹得清晰畅达，永远是轮廓分明而准确的，演奏技巧娴熟无比。在肖邦的《摇篮曲》中他采用了老唱片遗留下来的富有想象力的踏板效果；李斯特《第十一号匈牙利狂想曲》结束前的那些刮奏般的音阶就其速度和清晰度而言，令人叹为观止。他的演奏中不时会出现一些今天所不能容许的矫揉造作，例如，把乐句结尾弹得比较赶，或是插入一些 *ritard*，但这些都是那个时代的特征，而且普尼奥远不如当时的大多数钢琴家用得多。

爱德华·里斯勒（见图 62）曾在巴黎音乐学院师从迪梅尔，获得过各种各样的一等奖，后离开该院而随李斯特学派深造。十九世纪九十年代他跟伯尔尼哈德·施塔文哈根和尤金·达尔伯特学习，可能是名震德国的第一位法国钢琴家。由于注入了李斯特血液，里斯勒十分钟情于贝多芬和瓦格纳的音乐，并开始专攻他们的音乐，这在当时的法国音乐家中是绝无仅有的。作为一位瓦格纳专家，他于 1896 年和 1897 年的夏天在拜罗伊特担任舞台监督，然后又在为巴黎歌剧院排练《纽伦堡的名歌手》时任钢琴伴奏。里斯勒的瓦格纳主义的成果之一是将《莱茵的黄金》改编为双钢琴作品，并常与年轻的阿尔弗雷德·科尔托一起演奏。科尔托经常坚持说，是里斯勒使法国钢琴艺术摆脱了它的消沉状态。在他以前，法国钢琴家都是按照发轫于卡尔克布雷纳、赫尔茨和斯塔马蒂等人的轻快流畅的炫技式技巧来训练的。这很优雅，但比较浅薄。这时里斯勒出场了。他自拜罗伊特归来后的首场巴黎音乐会的曲目包括六首贝多芬奏鸣曲。后来他弹奏了贝多芬的全套奏鸣曲（1907 ～ 1914 年间他九次弹奏这套作品）、整本《十二平均律键盘曲集》以及舒伯特、韦伯、李斯特和新法兰西学派的一些主要作品，在此过程中他不仅教育了法国公众，也教育了他的音乐家同行们。当然，有些人是孺子不可教的。一次里斯勒急于要演奏一首莫扎特协奏曲，于是将总谱拿给法国指挥爱德华·科洛纳看。科洛纳笑了起来。"真乏味，"他说，"如果我是你，我情愿弹点别的什么。"

至于里斯勒演奏的贝多芬，对他影响最大的是彪罗和达尔伯特。1906 年时，里斯勒已在弹奏全套三十二首奏鸣曲。柏林的评论家们为他的细腻指触欣喜若狂——还有他那清脆嘹亮的 *fortissimo*。里斯勒运用了一块宽广的力度调色板。他是踏板效果的专家，如果奥斯卡·比伊说得不错的话，那么他是先现了吉泽金的萌芽。比伊说里斯勒"发现了恰恰存在于乐音与沉寂之间的那些最后的细微差别。他的乐音似乎没有开始也没有终止，它们是由缥缈的游丝织成的"。里斯勒还从李斯特学派学会了如何克服他的高卢人的本能而开始砰砰地锤打钢琴。阿瑟·丹德洛特写道："确实，人到壮年之后体态非常臃肿的里斯勒，其手臂和手指十分有力。"他于 1910 年前后录制的李斯特《第十一号匈牙利狂想曲》的确让人感到巨大的力量。有些重音是爆炸性的。这张唱片中的演奏很有性格，技巧完美，令人一听便知这是一位大艺术家。

但是到了晚年，里斯勒却改变风格而恢复了法国的古典主义。1920 年的《音乐世界》注意到里斯勒已重新改造了他的演奏方式。至去世前不久他几乎不再用踏板了。正是在这一时期音乐家们称他为"苍白的钢琴家"。在声音、表情以至演释上他都很苍白。

里斯勒死于暴饮暴食。妻子去世后，他显然感到四大皆空，在许多方面随心所欲，毫无节制，其中包括饮食。医生要他杜绝"饮食无度"，但他不肯，最后卒于 1929 年。

李斯特的门生和莱谢蒂茨基的门生继承大业

莱谢蒂茨基、舒尔霍夫

十九世纪后半叶——实际上也包括二十世纪头二十五年——是李斯特和莱谢蒂茨基的学生们一统天下。李斯特在生命的最后十年左右是桃李盈门，这些人将在未来的若干年中主宰整个钢琴生活。请看——尤金·达尔伯特、康拉德·安索盖、阿图尔·弗里德海姆、阿瑟·德·格里夫、阿尔弗雷德·赖泽瑙尔、拉斐尔·约瑟菲、弗雷德里克·拉蒙德、若塞·维亚纳·达莫塔、莫里茨·罗森塔尔、伊萨克·阿尔贝尼斯、埃米尔·冯·绍尔、亚历山大·西洛蒂、伯恩哈德·施塔文哈根、康斯坦丁·冯·施特恩贝格。莱谢蒂茨基重要弟子的名单中也同样是名家辈出。莱谢蒂茨基得以饮誉教坛，是帕德雷夫斯基之功。然而帕德雷夫斯基却并非莱谢蒂茨基工作室中最优秀的产品，虽然他肯定是最著名的一人。其他还有（按原文姓氏字母为序）：埃内斯托·贝鲁曼、范妮·布卢姆菲尔德·蔡斯勒、亚历山大·布赖洛夫斯基、理查德·布利格、泽韦林·艾森贝格尔、安妮特·艾西波夫、伊格纳茨·弗里德曼、奥西普·加布里洛维奇、凯瑟琳·古德森、马克·汉伯格、海伦·霍普科克、米耶奇斯瓦夫·霍斯佐夫斯基、埃德温·休斯、安妮特·赫拉、伯莎·扬、弗朗克·拉福热、埃塞尔·莱金斯卡、本诺·莫伊谢耶维奇、埃莉·内伊、约翰·鲍威尔、恩内斯特·谢林、阿图尔·施纳贝尔、阿瑟·沙特克、马蒂纳斯·西夫金、约瑟夫·斯利温斯基、宝拉·萨利特和保罗·维特根斯坦。

在这份蔚为壮观的李斯特和莱谢蒂茨基学生名册中，几乎所有的人都是浪漫派钢琴家（施纳贝尔和霍斯佐夫斯基例外）。他们专攻贝多芬以至其后的音乐，很少弹奏莫扎特或舒伯特，巴赫的作品一般只弹李斯特、陶西格或达尔伯特的改编曲。他们倡导宏大线条、壮丽效果和自由速度，但这并不意味着他们确知"自由速度"实际上是怎么回事，尽管他们一致声称自己深得个中真谛。康斯坦丁·冯·施特恩贝格在所著《自由速度》这本小书中嘲笑肖邦所作的解释以及由此产生的整个神秘性。他认识一位曾经跟肖邦学过钢琴的老先生，此君言必称自由速度。遗憾的是，他给自由速度所下的定义没有一次是相同的。施特恩贝格想要他说得具体一些。"啊，我的年轻朋友，除波兰人外谁也不能理解自由速度。这正是唯有波兰人能弹肖邦的原因。而在所有波兰人中，只有一人——噢，让我想想，不，不——他也不行。"施特恩贝格相信（他这样想是对的）自巴赫以来——而且可以说是在巴赫之前——没有一位艺术家能够按严格的节拍器速度弹奏，即使他想这么做也不行。很多年前，施特恩贝格曾跟莫谢莱斯学习过，这位古典主义者有一次给他示范如何把贝多芬的一个慢板乐章弹得节拍严谨但又表情生动。"于是他坐到钢琴前，弹了一段自由速度，弹得漂亮极了，因为他是一位造诣极高的艺术家。弹完以后，他发表了一篇议论，大谈自己是如何严格保持节拍准确的。"

施特恩贝格对"自由速度"的理解就是"平衡"。凡在一处添加的，必须在另一处减去；凡被"窃取"的必须复原（"自由速度"一词的原文 rubato 源自 rubare，意即"窃取"）。但是帕德雷夫斯基这位演奏自由速度的杰出波兰大师却认为"窃取之后加以复原"的观点纯属无稽之谈。"我们充分看到这种理论的高尚道德动机，但是我们得谦虚坦白，我们的道德规范尚未达到如此高的水平……在一个乐句中通过 *accellerando* 而缩减的音符时值不一定总是可以在另一乐句中用 *ritardando* 来收回。丢掉的就是丢掉了。"

这场辩论还在继续，虽然已不那么激烈，因为二十世纪后半叶对自由速度演奏的兴趣已远不如我们的先辈那么热切。自由速度只是十九世纪最后二十五年中理论家们争论不休的众多钢琴演奏问题中的一个。是否有一种肌肉结构体系可以轻松自如而且万无一失地弹出乐音和形成技巧呢？路德维希·德佩认为有。他主张"肌肉协同作用"的原则，在这种作用中，手必须摆脱臂的牵制性重量。他是最早对重量和肌肉放松发生兴趣的人之一，虽然莫谢莱斯多年前已在这方面有所暗示。"手臂，"莫谢莱斯写道，"应该像铅，而手腕则像羽毛。"在 1870 年以后的一段时期中影响巨大的德佩发现自己的某些理论为莱谢蒂茨基所采纳，而鲁道夫·布赖特豪普特则接受了他的"冲键"技巧。

英国有个托拜厄斯·马泰伊，他在《论触键》和《钢琴演奏中的可见与不可见因素》等著作中，将钢琴演奏的诸多因素分解成一个令人生畏的体系。我们得知手臂有六种作用方式：悬臂因素、前臂转动因素、前臂重量、全臂重量、前臂向下用力、上臂朝前推动。我们学到了有关触键形式、重量触键、触键角度、重量转移、转动式放松、转动借力、触键时间的变化等等问题。

约自 1880 年以来的数十年中这类谈论风靡一时。旧时手的固定姿势的理论发生了根本性的变革。现在用到的新词汇是"重量"和"放松"。阿诺德·舒尔茨在为奥托·奥特曼的《钢琴技巧的生理结构》1962 年版所作序言中指出："教条之风劲吹，这一股特定的风向扫荡了它以前的所有事物。很多年来，教师们总是例行公事，把学生的手臂抬高又放下，同时嘴里还念咒语似的说着这两个魔术般的词语，能够不这么做的，可称凤毛麟角。"

这是事实。哈丽特·布劳尔在其两卷本的《钢琴熟巧》一书中采访了数十位知名钢琴家（至 1915 年），其中很多人也是教师。他们绝大多数都郑重其事地谈到重量和放松。例如，米夏·列维茨基说："放松的原则起着很大作用；柔韧绵软的手腕，从躯体上松弛悬挂着的手臂……"利奥波德·戈多夫斯基说："也许最重要的原则——也是我多年来反复阐述的一条原则——就是放松。"那位令人钦佩的艺术家兼重奏演奏家卡尔·弗里德伯格说："如你所看到的，手臂的状态是相当松弛的，放松的。"恩内斯特·哈奇森说："学生如不学会放松肩部和手臂，将一事无成。"阿尔蒙·金凯德·弗吉尔这位教师和弗吉尔练习用钢琴（这是一种无声键盘，数十年前曾流行一时）的发明者说："我一直在教……放松的原则。"专攻麦克道尔钢琴音乐的美国姑娘鲁思·戴约说："要领之一……是立即放松。"马蒂纳斯·西夫金说："我运用松弛的重量的方法……"当代杰出教师哈罗德·亨利说："手要稳，臂要松……"世纪之交时的著名美国钢琴家兼教师奥古斯塔·科特洛说："放松的秘诀在于手腕的柔韧。"凡此种种，不一而足。

但是大部分现代理论家对于马泰伊、布赖特豪普特和十九世纪其他"重量与放松论"的专家们的想法一概嗤之以鼻。二十世纪二十年代，奥托·奥特曼从严格的科学角度看待这个课题（他有客观的实验室数据为后盾），证明如果没有手腕、肘部甚至肩部的不同程度的紧张的话，哪怕是适中快速的音阶也别想弹得出来。奥特曼的结论中包括这一条："需要部分地回到赖内克和克莱门蒂的古老学派。"他写道："过分强调放松已严重限制速度和辉煌技巧。"

关于"莱谢蒂茨基体系"也是议论颇多。一个能够培养出像阿图尔·施纳贝尔和伊格纳茨·弗里德曼这样截然不同的艺术家的体系必然是一个有魔力的体系。无论莱谢蒂茨基的诀窍何在，它看来都是行之有效的。莱谢蒂茨基（见图63）本人是当时的一位优秀钢琴家，1830 年出生于波兰，曾在维也纳师事车尔尼，在圣彼得堡举行音乐会，后定居并从事教学工作。在圣彼得堡他与歌唱演员

61 62

61 拉乌尔·普尼奥在他的巴黎工作室。世纪之交时他被认为是最伟大的法国钢琴家。他也是一位室内乐演奏家，曾与比利时小提琴家尤金·伊萨依合作演出许多次。

62 爱德华·里斯勒，在德国完成学业后成为最早投身于贝多芬研究的法国钢琴家之一。

63

64

63　西奥多·莱谢蒂茨基和他的学生玛格丽特·梅尔维尔－里茨聂夫斯卡。

64　朱利叶斯·舒尔霍夫，他在 1850 年所表现的艺术才华给莱谢蒂茨基留下深
　　刻印象。

271

安妮·卡洛娜·德·弗里德堡结婚，后来又结过三次婚，对象都是他的学生，她们是安妮特·艾西波夫、尤金妮亚·多内穆尔斯卡和玛丽·加布里埃尔·罗斯波尔斯卡。1878 年他前往维也纳，此后几乎都在那里度过。

他是个浪漫主义者，对贝多芬以前的音乐兴趣不大。关于《十二平均律键盘曲集》，他曾说过："如果它让你感兴趣，那就请弹吧；但是，既然有贝多芬、舒曼、肖邦、李斯特和勃拉姆斯这么多人有待我们去掌握，何必浪费时间于那些东西呢？"他的保留曲目就是以这些作曲家为基础的，而且他是一位才气极高的演奏者。阿图尔·弗里德海姆在伦敦听过莱谢蒂茨基的演奏。那时这位老教师已年逾古稀，"但是肖邦谐谑曲由他奏来绝不只是技巧娴熟而已。我之所以要说这个，是因为人们一般都认为他作为演奏家不过尔尔"。

莱谢蒂茨基不像和蔼可亲的李斯特，在教学中他是个暴君。他的学生从来就无法预料会发生什么情况。他时而像堂吉诃德般不切实际，时而慷慨大方，时而慈爱，时而暴躁，时而和颜悦色，时而冷嘲热讽，暴跳如雷：总之是个危险人物。莱谢蒂茨基每接受一名学生，便介入对方的私人生活和精神生活，要求了解与对方有关的一切，要求对方把他当作第二个父亲。他只收程度深的学生。如果登门求教的学生不具备莱谢蒂茨基所要求的最起码的准备，他就必须先跟一个助教学上至少一年，这个助教按照莱谢蒂茨基的原则对学生进行预备性训练。基本训练包括大量技巧练习、手的弧形姿势和肌肉放松。慑于莱谢蒂茨基的声望，学生们都会乖乖地进行繁重的预备性训练。他的一名学生最后得出结论说，莱谢蒂茨基的成功秘诀很简单，就是权威性。"由于数以百计的人对他顶礼膜拜而给他带来的权威地位，他便可以随心所欲地要求学生进行大量技巧苦役，其数量之大足以使那些中等水平的学生闻风丧胆。"

但是，准确地说，莱谢蒂茨基究竟给了学生什么呢？曾有人指出玛尔文·布雷埃论述这一"体系"的那本著作——她是莱谢蒂茨基的助教，此书是得到大师本人认可的——不仅前后矛盾，而且（按照奥特曼和舒尔茨等二十世纪权威人士的意见）充满解剖学上不可能的事。另一位助教埃塞尔·纽科姆则认为其奥秘在于手。她写道，莱谢蒂茨基"会从每个角度讨论手的问题：这样的手应该怎样做；另一种类型的手为何应该采取不同的姿势，并以别样方式演奏。这正是他常说自己没有教学法的原因。'让学生富有表情地在钢琴上弹出三个音，而且采用各种各样的触键，这就是我的方法'，他会这么说"。而在埃德温·休斯看来，莱谢蒂茨基的方法就是"他的不厌其烦下苦功的惊人本领"。范妮·布卢姆菲尔德·蔡斯勒写道："在我跟莱谢蒂茨基学琴的五年中，他坦率承认自己没有通常意义上的固定方法。像所有优秀教师一样，他研究各个学生的个人特征而做到因材施教，几乎可以说他对每个学生的方法都不一样。我常说莱谢蒂茨基的方法就是没有固定的方法。"阿瑟·沙特克和布卢姆菲尔德·蔡斯勒的说法一致。他把莱谢蒂茨基和李斯特加以对比：李斯特主要是一位教练和一种鼓舞力；而莱谢蒂茨基则"不只是（像李斯特那样）告诉学生做这做那，不只是启发学生赋予一首作品以灵感的是日落、是一座倾圮的庙宇在池塘中的倒影，或是一种爱国之情，而是清楚地指导学生如何演奏出那首作品所要求的效果。他找出学生身体上的不利条件并为他们找到补救的方法。他不厌其烦地详细解释如何获得（练出）悦耳的、歌唱般的声音，如何使弹出的音嘹亮但不生硬，如何弹出能够传送到顶层楼座最后排的 *pianissimo* 的声音的艺术"。

声音！声音！声音！帕德雷夫斯基对莱谢蒂茨基以及对于"声音"有他自己的看法。"莱谢蒂茨基的方法十分简单。他的学生学会如何从这一乐器中发出美妙的声音，学会如何制造音乐而不是噪声。你会看到，有些原则是必须对所有学生始终如一地反复加以灌输的，譬如说，宽广、触键柔和、节奏准确。而其余方面则应对每个学生因材施教。简而言之，这是所有方法中最好的方法。"

如果莱谢蒂茨基能做到这一点——如果他能给他的学生以弹出这类声音的本领——他就一定有着一个体系。但这一体系在哪里呢？关于他的教学，他的众家弟子有过许多论述，而且显然意见不一。在奥西普·加布里洛维奇论莱谢蒂茨基的一篇文章中只字未提什么"方法"。他说，莱谢蒂茨基的方法不是一套身体上的训练，或是指法或手的姿势。"不。所谓'莱谢蒂茨基方法'可以更准确地解释为对待音乐以及实际上是对待生活本身的'莱谢蒂茨基态度'。"加布里洛维奇说，莱谢蒂茨基的所有著名弟子都是个性论者。"一个人如能在发展学生的音乐和钢琴才华的同时不损害艺术中更为珍贵的东西——个性，那他会是一个怎样的奇才啊！"施纳贝尔一次谈到莱谢蒂茨基的教学时说："那是一股激流，它启动或释放了学生本性中的所有潜在活力。那是针对想象力、鉴赏力和个人责任的。这不是一纸蓝图或是通向成功的快捷方式。他给予学生的不是处方，而是任务。他所获致的是表情的真实性，他不能容忍侵犯或偏离他认为正确的东西。"

这里所说的一切接近于形而上学，仿佛不是在论述一个体系。也许在所有的论述中最触及要害的是一个姓氏不明的学生在 1899 年 2 月号的《音乐家》上发表的那篇文章。"莱谢蒂茨基教学生让那些不在运行状态的肌肉失去生命力（他就是这么说的）以减少体力疲劳。如让一人托住另一人伸出的手臂，然后根据号令让这只手臂掉下来。如果它立刻下垂到身体的一侧而且变得软软的，我们就说它是失去了生命力。但是很多人会觉得，要让手臂完全按这样的方式掉下来，所有肌肉必须全部放松，有很大难度。"显然莱谢蒂茨基对那些身体绷紧的学生就是坚持要求其肌肉放松。

他本人否认自己有一套教学法。他在 1915 年 6 月 5 日——他去世前五个月——写给新英格兰音乐学院的卡尔·斯塔斯尼的信中说过："我个人反对在教学中有任何一定之规。我认为，必须根据每个学生各自的情况区别对待……我的格言是，对一位优秀教师，是的，对一位非常优秀的教师而言，没有一条成文的方法是行之有效的，只有那些能够身体力行，将所有可能性一一向学生展示的才是优秀教师。"当然，这是莱谢蒂茨基能够做到的。他的工作室里有两架钢琴——一架贝希斯坦和一架贝森朵夫（他自己房间里还有一架施坦威）——他不断在第二架琴上示范。在他所非难的议题中，有一条就是"长时间的练习有好处"，他认为此说不可信。让学生每天练习六至八个小时，他连想都不愿想。"这么做的话，谁也免不了变得像一架机器。而这正是我所不愿见到的。对任何人来说，两小时，或者最多三小时就足够了，只要他能谛听自己所弹奏的东西，并且严格要求每一个音。"可能他谈的是曲目而不是技巧训练，因为他的助教对那些候补生从不吝惜练习的作业。莱谢蒂茨基坚持钢琴上的伟大成就必须具备三大条件，他对登门求教的学生总是会问三个问题："你曾是个神童吗？你是否有斯拉夫血统？你是犹太人吗？"如果这三个属性兼而有之，莱谢蒂茨基就会高兴地搓起手来。（顺便说一句，他本人并非犹太人。）

像他那一代的大多数音乐家一样，莱谢蒂茨基对待乐谱的态度是：应该有很大灵活性，并留有余地。作为车尔尼的学生，他和贝多芬是一脉相承的；车尔尼曾经教导他说，贝多芬的音乐不该弹得很精确。因此莱谢蒂茨基所要求的就是自由的表达，而且在所有音乐中都是如此要求。谁要是以迂而不化的方式诠释莫扎特或贝多芬，就会使他发疯。如果他本人弹奏莫扎特《c 小调幻想曲》（K.475）和肖邦《降 D 大调夜曲》的录音（在自动钢琴的纸卷上）可以作为准则的话（钢琴纸卷是非常靠不住的），那么，莱谢蒂茨基的自由度甚至到了变动乐谱的程度。不过，肖邦去世时他已十九岁，因此他给《夜曲》加的华彩乐段是很可能有先例可援的。也许他听到过李斯特这样演奏它；也可能他有幸见到过包含这些华彩乐段的肖邦手稿。肖邦的某些学生，例如米库利，确实持有一些手抄本，其稿本和出版的本子大相径庭。

莱谢蒂茨基喜欢有力的手和肌肉，他说，现代钢琴不是造来给轻巧的、叮当作响的或发出颤音的触键所用，而是"供一个个小锤子弹奏的"。他往往指名要一个彪形大汉（如西夫金）来展示自己的肌肉，并为之大喊大叫。有个学生曾经指出，"他手下的那些女士们往往要比试一下，看谁能在白皙的手指之间和循着前臂显示最丰满的肌肉隆起，这已成为一种愉快的竞争"。如果说有什么东西是莱谢蒂茨基孜孜以求的，那就是声音。他最早对声音产生超常的意识，是 1850

年左右在维也纳听了波希米亚钢琴家朱利叶斯·舒尔霍夫（见图64）的演奏之后：

> （莱谢蒂茨基写道）在他手下钢琴仿佛变成了另外一件乐器。我坐在角落里，听着听着感到心潮澎湃，那感情难以言表。没有一个音能逃过我的注意。我开始预见到一种新的弹奏风格。那鲜明突出的旋律，那令人叹绝的洪亮音响——这都必然来自一种崭新而截然不同的触键。还有那如歌的风格，一种我做梦也想不到能在钢琴上做到的连奏，那荡漾在支持的和声之上的人声！我能听见牧童唱歌，并且能看见他。然后一件怪事发生了。他弹完了，但没有激起反响。观众没有热情！他们全都习惯于辉煌的技巧表演，因而不能欣赏诠释中的纯净美妙……德绍尔向我走过来，脸上掠过一丝不以为然的嘲笑之意，问我意见如何。这时的我仍是感触良深，便回答道："这是属于未来的演奏。"……舒尔霍夫的弹奏对我是一个启示。从那天起我就试图寻找那种触键。我经常思考它，并细致反复地研究五个手指，以求学会那种发声法。我不断地练习，有时甚至在桌面上练，努力做到使指尖坚稳、手腕轻巧，我觉得这是达到我目的的手段。我心中一直牢记着那个美妙的声音，它能使最枯燥的作品变得趣味盎然……就在那时舒尔霍夫已经征服了维也纳。在宽敞的大厅里听起来，他的演奏产生了恰如其分的效果。

莱谢蒂茨基的所有学生一致认为，老师在教学中对声音比对其他任何问题都更加重视。帕德雷夫斯基、汉伯格、施纳贝尔、加布里洛维奇都证明了莱谢蒂茨基不能容忍任何难听的声音。汉伯格说："他的教学主要着重于弹出的音的质量。"据汉伯格说，莱谢蒂茨基作为一位音乐会钢琴家始终因为自己一双瘦骨嶙峋的手这一不利条件而抱憾终生；他曾指出，长着一双像耶尔和鲁宾斯坦那样丰腴的手的钢琴家弹出的声音是最漂亮的。他也曾指出，若要表现亮丽和轻快，则李斯特的精瘦灵巧的手是再好不过的了。因此莱谢蒂茨基得出结论：瘦削的手必须运用巨大的琴键压力，而肥硕粗壮的手则应该训练得能以最少的压力弹奏。

事实上莱谢蒂茨基的那些最著名的弟子确实都是以其声音而闻名遐迩的。这既适用于施纳贝尔的清朗而具有阳刚活力的声音，也适用于帕德雷夫斯基、弗里德曼或加布里洛维奇的色彩绚丽而富有共鸣的声音。莱谢蒂茨基教学的奥秘（如果有什么奥秘的话），就在于他能使他的学生听到他们自己的演奏和所弹出的声音（这是很少教师能够成功做到的）。不管怎么说，在教学的奥秘中，名师出高徒；同样的，高徒也出名师：如果一个教师能造出彗星，那么他肯定也能吸收流星。造就像帕德雷夫斯基这样一颗彗星，主要得归功于莱谢蒂茨基；但是如果他没有培养出帕德雷夫斯基，那他的名字很可能也就不会像现在这样家喻户晓（至少在音乐圈子里）；而那些年轻才子也很可能不会蜂拥到他身边。这么说，绝非有意贬损有史以来最杰出的教师之一的莱谢蒂茨基。如果他所代表的浪漫主义模式不是特别适合我们这个时代的口味的话，那么我们所能做的就只是记住这一点：从现在算起的三代人以后，我们的模式也可能会显得荒谬无比。

大天使降临人间

帕德雷夫斯基

莱谢蒂茨基最著名的学生是李斯特之后最出风头、最受赞赏、最飞黄腾达、最富传奇性的钢琴家。以他那一大圈光轮似的头发，他浪漫派的堂堂仪表，他左右观众的力量，他华美的声音，他几乎可以触摸得到的磁性、诗情、魅力和神秘色彩，伊格纳西·扬·帕德雷夫斯基（见图 65～66）在全世界很大一部分人心目中就是钢琴艺术的化身。当伯尔尼-琼斯见到他漫步伦敦街头时，便迫不及待地告诉所有朋友，说他看见一位大天使降临了人间。（不久之后两人经介绍而相识，留下一张著名的照片。）在作为头牌明星的半个多世纪的生涯中，他所挣的钱估计有一千万美元，其中大多是在美国挣的。正如亨利·芬克所说："他在巴黎有一幢房子，在瑞士有一幢别墅，他还有许多奢侈的习惯和爱好；他的妻子也是如此。因此他需要大量的钱。而在美国，挣这些钱不费吹灰之力。"

但是他真是那个时期最伟大的钢琴家吗？他的大多数同行并不这么认为。作为钢琴家他红得发紫，其广受欢迎的程度令人难以想象，但他的一些钢琴家朋友却未必对他十分器重。罗森塔尔听了这位盖世奇才在伦敦的演出，据说听完音乐会出来后他只是耸了耸肩。"是啊，我想，他弹得不错。不过，盛名之下，其实难副。"一次有人和赖泽瑙尔谈起帕德雷夫斯基的修养、语言才能和精明头脑。"是啊，"赖泽瑙尔说，"他什么都知道——就是不懂音乐。"不过他的另外一些同行对他还是敬重和赞赏多于妒忌的，抱着一种"以他的条件他是怎么做到这一点的？"的态度。"瞧帕德雷夫斯基的个性对他有多大帮助，"绍尔说道，"他那一头长长的亚麻色卷发，他身上总是带有的那种忧郁兮兮的气质，正是英雄崇拜者们心向往之的。对帕德雷夫斯基来说，这就意味着金钱。"

他是大众的偶像，但那些必须和他合作的人却并不喜欢他的个性。看来他爱好虚荣，被宠坏了，有些横行霸道，喜欢捉弄那些无力还击的人。施坦威公司音乐会与艺术家部的经理亚历山大·格赖纳说他总是被一些阿谀奉承的人包围着，在后台他是个极难对付的人。格赖纳与他初次相识是在 1927 年。帕德雷夫斯基约定在上午十一时去为他即将举行的巡回演出选琴，但直到下午四时才露面。他试了六架琴，在每架琴上把舒曼的《交响练习曲》从头至尾弹奏一遍。这使格赖纳大为惊讶。其他所有钢琴家都是弹几个音阶就能确定该琴是否合适的。格赖纳说他从未听过帕德雷夫斯基好好演奏。"我从来就不理解帕德雷夫斯基作为钢琴家何以能获得成功，而且至今仍不理解。"

事实上，当一些具有长久记忆的钢琴家和评论家聚在一起，谈论他们听到过的了不起的钢琴家时，帕德雷夫斯基的名字是极少会出现的。霍夫曼、拉赫玛尼诺夫、戈多夫斯基、布索尼、罗森塔尔，甚至还包括帕赫曼——这些才是行家们眼中的传奇人物。帕德雷夫斯基未被列入其中，原因之一是大多数的行家都倾向于以技艺为主要衡量标准。帕德雷夫斯基不是一个杰出的技巧家——他自 1911 年开始录制的那些唱片充分证明了这一点——而且他每每贪图省事，把困难的段落简化，如果音乐进行过于困难就放慢速度。再说，到了已经不再能控制自己演奏的年龄还在公开露面，那是无助于他的伟大事业的。这样做对他自己、对他的艺术都是帮倒忙。

然而，如果没有一手历史上仅有少数艺术家可以匹敌的本领，谁也不可能如此长久地使观众激动不已。错音也罢，其他什么问题也罢，他有着华美的声音和风格意识，外加令人望而生畏的个性外表。帕德雷夫斯基力求使他周围的环境符合他的公众形象。由于他有私人火车包厢，自带厨师、管家、按摩师、私人医生和调音师，并且夫人随行，还有她的一帮随从，因此"巡回演出"这样一个低级词语已不足以表示其巡回演出的实质。那不是巡回演出，而是皇家的队列。他对女士们产生的影响就其所引起的歇斯底里爆发和狂热放任而言，可与李斯特相抗衡。女士们排着队去礼拜这双投保十万美元的手（今天它们的投保数可能为一千万）。当他动身赴欧洲时，女士们赶往码头送行。帕德雷夫斯基永远是新闻报道的好素材，记者们总是近在眼前。1896 年 4 月 23 日的《纽约太阳报》有一则相当富有代表性的报道：

> 昨天中午，当白星轮船条顿号雄伟地驶离码头时，可以听到一阵响亮而尖利的齐声呼喊，突出在嘹亮的乐队声、海员的叫嚷声以及这种场合中免不了的一片喧哗声之上。这是帕德雷夫斯基的女性崇拜者的告别……在这个告别合唱之前，她们已经闹腾了好久，弄得钢琴家苦不堪言。她们把他团团围住，握手、献花、纠缠着请他签名，声泪俱下地求他尽快回来。

有个姑娘得到三份帕德雷夫斯基的亲笔签名，于是那篇报道接着说："一份签名裱框挂在我的卧室里，一份贴在钢琴内壁以改善它的声音，还有一份则随身带着。"帕德雷夫斯基是很愿意迁就这些女信徒的。他在美国工作三个月，就赚了三十万美元（免税），其中大多来自女性。1899 年一个名叫艾伦·戴尔的记者曾这样描述帕德雷夫斯基的一批听众："我在那儿，简直陷入了娘子军重围。周围是声势浩大的女性一统天下。有穿着丝绸和法兰绒男式衬衫的姑娘，有穿着宽松或紧身胸衣的姑娘。有的姑娘高大健壮，有的姑娘矮矮胖胖。有的姑娘戴着无边草帽，有的姑娘戴着有沿的呢帽。有戴结婚戒指的，也有不戴的……"正如亨利·C. 莱希在其《著名钢琴家》一书中所说，帕德雷夫斯基比有史以来的任何其他钢琴家都更多地成为报纸评论的对象，"而且他是李斯特以来的钢琴家中受到最多女性阿谀奉承的牺牲品"。接着莱希一本正经地说，当然"这一切都更多地和他的经纪人的精明生意经而不是和他的艺术有关，虽然钢琴家的个人风度和富有浪漫色彩的经历无疑也起了很大作用"。莱希所指的精明经纪人是胡戈·格利茨。许多年以后，格利茨在缅怀往事时不胜唏嘘，他告诉莱奥纳德·利布尔，是他首创了后来在纽约音乐会大厅中风行一时的沿着通道向前狂奔的热潮（这一习俗直至二十世纪四十年代才被消防部门禁止）。据利布林说，帕德雷夫斯基的早期音乐会每举行一场，格利茨都要发五十张学生票，条件是他们必须蜂拥向前，"仿佛有一种狂热的愿望使他们不能自已，一心想走得更近些去看看帕德雷夫斯基如何表演他的魔术"。

帕德雷夫斯基的成名并非一蹴而就。在成功之前他四处颠簸，经历了很长一段时间。就某种意义来说他是自学成材的，因为，虽然像所有后来成为杰出钢琴家的人常有的那样，他也是很早（四岁左右）就表现出音乐的冲动，但他的系统教育直到十二岁才开始。这是我们必须牢记的事实，因为正是他的训练不足造成了后来的种种困难。他没有机会积聚天才儿童所必须具备的那一套反应能力，因此他的一生总是在和钢琴的技巧性困难进行搏斗。也正是由于缺乏基础训练，他面对听众时会感到紧张。所有艺术家上场前都很紧张，但帕德雷夫斯基却是可怜巴巴的，经常需要有人把他推出去。在内心深处，他肯定缺乏自信，他比谁都知道自己的弱点。

他直至十二岁进入华沙音乐学院后才开始接受像样的教育。但是此时他技巧上的坏习惯已经根深蒂固，因此他在音乐学院没有得到任何鼓励。人们反复对他说，他没有才华，永远成不了钢琴家。奇怪的是，这些预言竟然都成为事实，因为帕德雷夫斯基接受认真的训练为时过晚，除了决心以外，他别无所有。三年后的一次俄国巡回演出显然没有获得成功。这就进一步证实了老师们的预言。从各方面的记述来看，第一次巡回演出时，帕德雷夫斯基在俄国的空气中喷洒了许多错音。他回到华沙音乐学院，然后又在柏林学习，最后到维也纳师从莱谢蒂茨基。这时帕德雷夫斯基已经二十四岁，在这样的年龄，唯有那矢志不移热恋钢琴的人才可能仍在追求一番事业，更别说是寻求钢琴老师了。但他却在莱谢蒂茨基身上找到了答案。"在那寥寥几堂课中他教给我的比我在此前整整二十四年中所学到的还要多。"帕德雷夫斯基后来说。起初莱谢蒂茨基对于能否在这个执着的波兰人身上做出什么成绩并不抱任何希望。他让他弹车尔尼的练习，和他一起努力改进音色。"太晚了！太晚了！"莱谢蒂茨基叫嚷道，"你的手指缺乏锻炼！你不知道怎么工作！"但是工作他确实是做的，那股奉献的激情几乎使莱谢蒂茨基惊惶失措。

帕德雷夫斯基于 1887 年在维也纳作首场正式公演，翌年赴巴黎演出。狂热是在巴黎开始的。他的独奏会引起了轰动，于是两位显要的指挥家科洛纳和拉穆勒急忙邀请帕德雷夫斯基与他们的乐团合作。但这时帕德雷夫斯基尚未准备就绪。他的保留曲目中没有协奏曲，只有一套独奏曲目。他费了九牛二虎之力在三个星期中练出第二套曲目。1890 年他在伦敦演出时，海报上把他宣传为"巴黎之狮"。英国群众对此没有好感。这类浮夸的广告格调很低，而且肯定不是英国式的。还有那个长了一头金黄偏红头发的大脑袋也是如此。不过，一个名叫萧伯纳的青年评论家发现有几件事值得赞赏。"他的魅力在于他那愉快的精神和洒脱的幽默……他使独奏会尽量不那么难受，就像这类活动按理说应该做到的那样。"但不久后萧伯纳就开始抱怨帕德雷夫斯基的节奏。"他的自由速度随心所欲，超越了一切合理的限制……一个精神饱满的年轻而和谐的铁匠。"

他于 1891 年在施坦威公司的赞助下来到美国，同年 11 月 17 日首演于新建的卡内基音乐厅，乐团由瓦尔特·达姆罗什指挥。听众人数不多，大多是拿了免费入场券来凑热闹的。那个晚上的总收入仅得五百美元。但仅此一次而已。虽然评论家们持保留态度，听众却疯狂起来。"他不是典范式的钢琴家。"《纽约时报》如是说。听众才不理会这些呢。在开场的曲目中帕德雷夫斯基弹了两首协奏曲——圣-桑的"第四"和他自己的"a 小调"。他在纽约的日程是一周举行三场有乐队的音乐会，演奏六首协奏曲，每场音乐会还另加独奏曲目。后来帕德雷夫斯基想起这个荒唐的安排就不寒而栗。整整一个星期他每天练琴十七个小时，到他的系列音乐会结束时，他成了纽约最引人注目的人物。施坦威公司立即决定延长他的巡回演出时间。原应聘演出八十场音乐会，保证酬金三万美元，结果他演出一百零七场，净收入也相应提高，这使他踌躇满志。他的曲目绝不是一些无足轻重的小玩意儿。在芝加哥他弹了五首贝多芬奏鸣曲——"华尔斯坦""热情"和最后三首，还有巴赫的《半音幻想曲与赋格》以及人们所期望的肖邦、李斯特和他自己的乐曲（当然包括《G 大调小步舞曲》）。埃米尔·利布尔（李斯特的高足，芝加哥钢琴界的泰斗）曾对帕德雷夫斯基的磁性力量做出评论。他确实认为贝多芬不是帕德雷夫斯基的强项。"约瑟菲和鲁梅尔都曾为我们弹过这首奏鸣曲（指"华尔斯坦"），那真是弹得异彩纷呈，无论是技巧上还是感情上都远非帕德雷夫斯基所可比拟。"不过，帕德雷夫斯基的"别具一格"和作为一位"崇高的"艺术家还是给利布尔留下了深刻的印象。

可能在 1891 年的巡回演出后他就未能再现自己的最佳水平。在这次巡回演出的中途，他在一次音乐会上使劲时伤了肌肉。尽管剧痛难忍，他还是坚持演奏完全场。医务人员诊断是韧带撕裂和扭伤。他的第四指从此不能再用，于是他不得不重新制订每首乐曲的指法。巡回演出结束后他在巴黎作了各种各样的治疗，但没有彻底痊愈。就我们所知，他始终没有再次成为 1891 年初到美国时的那位钢琴家。

66

65

65 1923 年的帕德雷夫斯基，此时他担任波兰总理期满后重返音乐会舞台。

66 一张取自美国报纸的漫画，作者身份不明。时间大约在 1910 年。请注意那
两个题词："独奏笼或女性接吻防护板"和"我的头发帮助你们自己"。

67

67 "小巨人"尤金·达尔伯特。李斯特称他为"陶西格第二"。

起初，美国的许多音乐家感到大吃一惊。"我好像觉得，"威廉·梅森写道，"在触键问题上，帕德雷夫斯基像我所听到过的任何钢琴家一样近乎完美；而在其他方面，则比陶西格以来的任何技巧大师都更接近李斯特的水平。"接着这个见多识广的梅森便直指帕德雷夫斯基演奏的独到之处。"它拥有德文 Sehnsucht（意为"期盼"——译注）一词在某种程度上所能表达的那种微妙的特点，用英文来说则是 'intensity of aspiration'（强烈的渴望——译注）。这种特点肖邦有，李斯特也常常说起它。而帕德雷夫斯基之所以在现代钢琴家中独树一帜，给人留下深刻印象，正是由于他赋予他所演奏的全部乐曲并使之沉浸其中的那种难以言表的富有诗意的云雾氤氲的意境。"

至 1896 年为止，帕德雷夫斯基共作了三次美国巡回演出，净得（据胡戈·格利茨说）五十万美元。他是美国音乐史上最叫座的演奏家。芝加哥的一场演出进款就达七千三百八十二美元，这在当时是闻所未闻的。一周举行四场音乐会——两场在芝加哥，两场在圣路易——又给他带来两万一千美元。听众迟迟不肯离开大厅，坚持要求加演，往往一加就是整整一小时。上千人攀上舞台，一定要和钢琴家握手。得克萨斯州的一些学校倾巢出动，不远千里，就只为看他一眼。美国到处都有人群拥挤在铁路道口等他的私车开过，以求一睹帕德雷夫斯基的侧影。在从旅馆到音乐厅的路上常常会有人群列队等待。

他经常出现在新闻中；如果上不了新闻，他就会努力制造新闻，例如给一个出租车司机两百美元小费，然后又因为这笔支出而获得数千元广告费。有时他会不自觉地表现得很可笑，就像在 1896 年的一次《纽约先驱报》采访中那样。他被问到美国人的音乐趣味以及自他 1891 年首次访问后这种趣味有何进展。"那是一种扎实而健康的进展，"帕德雷夫斯基说，神态十分严肃，"我有个判断的方法：四年前我在譬如说芝加哥的每场演出进款是两千美元，三年前是三千五百美元，今年是七千三百四十八美元；要知道，这可只是一个晚上。在圣路易斯，三年前两个晚上的收入是三千美元，今年则涨到九千美元。"

但是蜜月期并没有维持多久。评论家们开始谴责帕德雷夫斯基击键过猛、弹错音和节奏不稳。早在 1900 年就开始有了一些不大好的评论，至 1916 年便出现诸如"演奏不均匀，不能令人满意，技巧不完善，左手猛击，还有大量错音"之类的评语。在许多评论家看来，他最糟的是"模糊不清的节奏"；另外还有一件使人烦恼的事是他越来越多地"错开左右手"。帕德雷夫斯基绝非采用这种"错开手法"的唯一钢琴家，很多浪漫派钢琴家都有此一手。所谓"错开"，就是说弹奏时左手的音略先于右手。有关帕德雷夫斯基弹琴出错的传闻不胫而走，《洛杉矶写真报》的评论员在 1916 年 10 月 28 日写道，如果他还在教钢琴的话，他将禁止学生去听帕德雷夫斯基的独奏会。"非常遗憾，这么伟大的艺术家竟然会在和他生存于同一艺术中的那一部分人中威信扫地——因为我从未听到一位音乐家发表过与上述意见相反的见解。"波士顿著名评论家 H. T. 帕克称帕德雷夫斯基为"从前的他的一个苍白的影子"。

这无关紧要。帕德雷夫斯基仍然是"世上最伟大的钢琴家"和音乐界最叫座的人。他多次在全世界巡回演出，他在瑞士别墅和加利福尼亚大农场里穷奢极侈，他直到 1917 年仍作曲不止，但他的音乐极少在保留曲目中留存。第一次世界大战时他努力为波兰工作，筹集资金并担当他的同胞的代言人。战后他成为波兰第一任总理。他具有种族主义倾向，在某些报纸采访中强烈谴责正在移居美国的"外国血液"。他说，这样做会损伤那曾使美国强大的"纯正而历史悠久的盎格鲁撒克逊世系"。他在遗嘱中留下四万卢布"用以启动几个经济社团，以便在（波兰的）村庄中开办一些小商店，以与那些以此类小店谋生而又拒绝同化的犹太人进行斗争"。

他大量地录音，但都不够好。在难度高的曲目中，速度处理总是很谨慎，演奏得战战兢兢。他的唱片体现出他营造绘声绘影乐句的本领，能让人了解钢琴史上最壮丽的声音效果之一是个什么样子。但是在技巧上他从来就没有太大的说服力，节奏往往不稳定而怪诞。录得最好的可能是李斯特《第十号匈牙利狂想曲》的唱片。开端部分妙不可言：无论从哪一方面来看都是壮观、崇高而宏大的；几段刮奏弹得优雅而风格鲜明。然而在尾声处他的缺点暴露无遗，最后几页简直是不可救药的一团乱麻。显然帕德雷夫斯基是通过风姿而不是扎实的技巧取胜的。他在为瓦格纳—李斯特的《纺织之歌》所录唱片中的演奏很可能是他最佳状态的代表作。另一方面，他的有些录音，例如在鲁宾斯坦的《圆舞随想曲》中，漏掉的音和弹出来的音一样多，而且弹出来的音里面还有很多错音。如果帕德雷夫斯基听上去都像这样，或者说都像他于 1906 年为肖邦《降 A 大调叙事曲》所作钢琴纸卷中的活儿那样，他的演奏必然是令人不忍卒听的。

并不是说这种情况有什么影响。听众直到最后还是会因为要听一场帕德雷夫斯基独奏会而挤破大门。谁要是敢说他不是当今钢琴家中最伟大的一人，那一定会受到围攻。在群众眼中，"帕德鲁斯基"（Paderooski）就是钢琴的化身。作为作曲家他还算成功，但主要是由于他本人的声望。而且，除《G 大调小步舞曲》外，在美国已听不到他的音乐，即使他的祖国波兰也很少会演。帕德雷夫斯基于其波兰总理任期结束后的 1923 年胜利回归音乐会舞台，但即使这样也未能挽救他的音乐。

他坚持演出直至生命终了：这时他已是一个精疲力竭的老者，哆哆嗦嗦的手指想要重现年轻时的辉煌，无奈力不从心。但是他在世纪之交以前的辉煌岁月中可是个盖世奇才：一个完全靠意志力而为自己拼搏出一番简直是不可信的、匪夷所思的事业来的人，尽管他的钢琴才华不如他的许多同行。此人风格鲜明，心胸豁达，具有无限的尊严和魅力，能弹出金色的声音，又是个无人可比的演艺人。因此，当他的竞争者在数他的错音时，他就在数自己的钞票。

小巨人以及李斯特制造的其他巨人

达尔伯特、罗森塔尔、绍尔、约瑟菲、格里夫、弗里德海姆

李斯特在魏玛的最后几届学生中，天才济济一堂。而他最引以为豪的是袖珍型的尤金·达尔伯特（见图 67）——他身材矮小，但处理音乐时却具有如此的英雄气概，因此人们称他为小巨人。在他相对短暂的公开演奏生涯中——之所以短暂，是因为尽管他活到六十八岁（卒于 1932 年），他对作曲的兴趣比对钢琴更浓——许多人都认为他是当代最杰出的技巧大师，而李斯特则认为没有比称他为"陶西格第二"更好的褒奖了。李斯特是在 1882 年初识达尔伯特的，11 月 24 日他写信给塞恩-维特根斯坦说：

> 还有一位艺术家，一位不同寻常的钢琴家，姓达尔伯特。去年 4 月，李希特（指著名指挥家汉斯·李希特）在维也纳将他引荐给我。自那以后他就

一直在魏玛随我上课，从未间断。在陶西格以后的青年技巧大师——当然彪罗和鲁宾斯坦始终是执牛耳者——中，我不知还有谁比达尔伯特更加天才横溢、更加令人目眩神迷的了。

"我们这头年轻的狮子"（这是李斯特对达尔伯特的称呼，李斯特还喜欢以拉丁语称他为"Albertus Magnus"）来自苏格兰，父为法国人，母为德国人（但有几位权威人士说是英国人）。1876年赴伦敦师事恩斯特·保尔，同时还跟阿瑟·萨利文爵士学习和声与对位。每当达尔伯特把没完没了的作品交给老师时，阿瑟爵士都会说："啊呀，好孩子，你指望我什么时候能看完这些呀？"这位《围裙号》和《日本天皇》的作曲者并不是一位最有才华的教师。也许这类经历使达尔伯特对英国产生了反感，于是他前往维也纳，最后在魏玛结束学业。在德国他找到了自己的精神家园；开始时他认为自己是半个德国人，逗留几年后，他觉得自己成了彻头彻尾的德国人。在这个问题上他的态度十分偏激；他这人辛辣、暴躁而且是一触即发，因此经常向"敌人"挑衅。早在1884年他二十岁时就给一份德文报纸写信，要求更正一条简历的注释：

亲爱的先生：

……请允许我更正我在其中发现的几处错误。我最最讨厌"英国钢琴家"这一称号。我不幸曾在那个多雾之邦就读过很长一段时间，但是其时我什么也没学到。如果我在那里待得更久一些的话，我肯定会被彻底葬送……我是在离开那个蛮荒之地以后才开始生活的。现在的我则是为独一无二、纯正、光辉的德国艺术而活。

自然，在第一次世界大战开始时，他不会对英国有任何效忠思想，他认为自己是德国人。这时他已深深扎根于德国，并于1907年接替约阿希姆担任柏林音乐高等学校校长。与此同时，作为作曲家他也已功成名就。他的二十部歌剧中的第七部《低地》获得极大成功（至今仍不时重演）；而第二部引起轰动的作品《死之眼神》则作于第一次世界大战期间的 1916 年。英国人称他为叛徒。不过达尔伯特对英国是有言在先的。早在大战开始前他就曾写信给《泰晤士报》，声称意欲割断对一个在他看来不配庇护任何艺术天才的国家的效忠之情。达尔伯特的一生是狂风暴雨的一生，包括他的私人生活。他有过六个妻子，其中的第二任是和他一样狂风暴雨般的、技艺高超而端庄健美的委内瑞拉钢琴奇才泰蕾莎·卡雷尼奥。这场婚姻并未持续多久。卡雷尼奥的性情多变，甚至连达尔伯特也望尘莫及。

达尔伯特作为钢琴家的峥嵘岁月大约可从李斯特去世时算起，直至二十世纪最初几年为止，跨度约二十年。在那以后他便过多地忙于作曲，而无法使他的钢琴技巧保持辉煌炫技状态——甚至可以说（根据他的唱片来判断）是无法保持正常状态。但是，在其鼎盛时期他必然是身手不凡的。他不仅被断定为最伟大的贝多芬演奏家，而且还是一位最优秀的钢琴多面手和李斯特的接班人。"我们这个时代钢琴演奏的桂冠为尤金·达尔伯特所赢得……在我们这一代人中，李斯特的衣钵是传给他的……勃拉姆斯协奏曲的庄严肃穆、肖邦《摇篮曲》的喃喃细语和《a 小调练习曲》的泰坦巨神之力、李斯特《维也纳之夜》的绰约多姿、巴赫的凝重沉稳——从他手下流淌而出，绝不会因为某曲而使另一曲减色。这是客观的演奏，然而我们并不大声疾呼要求主观；这是个性，然而我们并不失去同永恒的沟通。"这是奥斯卡·比伊在世纪之交前后所写的一段话。达尔伯特本身是个革新派作曲家，还对现代乐派进行调查，并且是最早在德国演奏德彪西的钢琴家之一。恩内斯特·哈奇森清楚地记得当德国听众对那几首作品报以嘘声时达尔伯特脸上的惊讶神色。

他演奏的贝多芬被认为是最可靠的。布鲁诺·瓦尔特记述过达尔伯特留给他的印象。"我绝对忘不了他演释贝多芬《降 E 大调钢琴协奏曲》时的泰坦巨神般的力量。我几乎想说他不是在弹奏它，而是把它人格化。在他和他的乐器的亲密接触中，我仿佛觉得他成了希腊神话中的怪物，半是钢琴，半是人。"几乎每位评论家在讲到这个"小巨人"时都会用到"泰坦巨神"一词。实际上，当达尔伯特于1889年11月18日作纽约首演时，亨利·克雷比尔还认为他的气势对肖邦来说过于宏大。不过当达尔伯特转而弹奏贝多芬"第四"和"皇帝"协奏曲时，克雷比尔一下子抛出了"宏伟的、强烈的、虔敬的、深邃的"等等形容词。"钢铁般的手指。"克雷比尔结束时说。

达尔伯特录制了许多唱片，大多已极其少见。这些唱片只会使人感到尴尬。制作时他的技巧已处于可悲的状态；就算考虑到十九世纪容许演奏家们有自由度并可以现场发挥，达尔伯特的演奏仍是怪诞、凌乱而不符标准的。偶尔，例如在韦伯《邀舞》或肖邦《升F大调夜曲》中，会出现一丝半缕他鼎盛时期的那种蔚为壮观的——实在是气势凌人的——风格。除此之外的演奏都令人莫名其妙，充斥着错音、记忆失误和零乱的节奏；你只能推测他是抱着漫不经心的态度走进录音室的，满心以为谁也不会来听他的唱片，而且相信过不了几年它们就会荡然无存。

李斯特晚年的其他学生没有像达尔伯特这样产生立竿见影的影响，但他们的事业持续的时间要长得多。其中莫里茨·罗森塔尔（见图68～69）是人们议论最多而且可能是最杰出的人物之一，他一直演奏到二十世纪四十年代。罗森塔尔是波兰人，在师事李斯特之前曾在利沃夫随米库利学琴，被公认为是接触过键盘的人中最令人叹绝的技巧大师之一。他五短身材，大腹便便，肥头大耳，留着威廉皇帝式的粗犷的八字胡；其袭击钢琴之狂猛，几乎可说是前无古人后无来者。然而他有着范围广泛的力度调色板，其中所包含的纤细声音可与帕赫曼的鸿毛般的 *pianissimo* 媲美。汉斯立克举起双手，称罗森塔尔为魔术师。同辈的钢琴家们都大为惊讶。"我在柏林听到罗森塔尔的演奏，当时他大概二十七岁。"约瑟夫·霍夫曼写道。算起来霍夫曼那时应该是十三岁。"他弹得棒极了，于是我开始在柏林的家中每天敲打六小时钢琴，就是想学罗森塔尔的样。"

事实上，在罗森塔尔以后，可能直到年轻的弗拉基米尔·霍洛维茨出现，钢琴艺术才又一次有了这样的速度、活力和持久力。当罗森塔尔弹奏李斯特的《降E大调钢琴协奏曲》（这是他的特色曲目之一）时，它就像是晴天霹雳。而且，像霹雳一样，它也是一发而不可收的。青年时代的罗森塔尔往往在钢琴上穷轰猛打，汉斯立克就曾委婉地指责过他。"在习惯于现代钢琴炫技技巧之后，我已经几乎忘记了什么叫作吃惊，但是我发现年轻的罗森塔尔的成就确实令人吃惊。"但也太猛烈。"这样的激烈很可能随着岁月而消退，犹如当年在李斯特和陶西格身上所表现的那样。"克雷比尔于1888年聆听罗森塔尔的首次美国巡回演出（与青年小提琴家弗里茨·克莱斯勒合作，后者每演出一场酬金五十美元）后所发表的意见大致与汉斯立克相同。他听了罗森塔尔演奏李斯特的《第三号匈牙利狂想曲》和《唐璜幻想曲》以及另外一些作品，然后写道："对纽约人来说，在辉煌的钢琴演奏中没有什么新奇的东西，但是人们有理由提出疑问，由这个城市中的一些见多识广而又挑剔的音乐爱好者组成的听众，以前是否曾经被撩拨到如此激动的程度……这是一位在钢琴演奏的技巧方面超凡越圣的大师。"但是，克雷比尔又说，在诗情画意方面他略嫌不足。

诗情画意是会有的。随着年龄的增长，罗森塔尔证实了汉斯立克的预言，除了他那非凡的精湛技巧外，他大大发展了精致纤巧的风格。到了晚年，当他不再能发出晴空霹雳时，他便致力于追求优美的音色和清澈的分句。幸而他留下了许多唱片——四十余张——虽然这个数字和一位像他那样威望的钢琴家所应该录制的数量相比显然是不够的。他直到年逾花甲才录制了第一张唱片。唱片公司只让他弹了一首协奏曲，就是肖邦的"e小调"——这是一次"平铺直叙"、不动感情的演奏。不过，他为爱迪生公司录制的肖邦《C大调练习曲》（Op.10/1）和《F大调前奏曲》都美妙异常。而在他自己的《蝴蝶》和他的施特劳斯作品改编曲中，他在整个键盘上都表现出恢宏风格。他演奏这些作品的特征是雅致、柔顺、

293

68

69

68 年轻的莫里茨·罗森塔尔，速度、活力和持久力。
69 去世前一年的罗森塔尔。

70

71

70　埃米尔·冯·绍尔，文雅而洗练。

71　拉斐尔·约瑟菲，诗人、钢琴界的帕蒂、色彩画家。

富有魅力和控制，更不用说那一手令人瞠目结舌的技巧了（大多为*pianissimo*，比任何分量的*fortissimo*敲打都难）。到了晚年，他不再有当年的体力，便代之以从*ppp*到*mf*的力度范围；为舒伯特—李斯特的《维也纳之夜》所制作的唱片以及某些肖邦马祖卡舞曲和圆舞曲的唱片证明这位当时已七十好几的资深巨匠在风格上有着万无一失的真知灼见。（但是死后出版的肖邦《b小调钢琴奏鸣曲》和其他作品的唱片则帮了倒忙。其中虽然有一些辉煌的瞬间，但是在制作这些唱片时，罗森塔尔已失去控制。）

他为人很风趣，也很刻薄。阿瑟·沙特克说，在与罗森塔尔相交的整整三十年中，从未听到他说一句关于他的艺术家朋友的好话。某些据说出自罗森塔尔之口的妙句名言是闻名遐迩的，虽然那些归于音乐家名下的传说很难确定为某人所作，它们往往被算在太多其他人的账上。不管怎么说，人们估计罗森塔尔在听说阿图尔·施纳贝尔未被军队录取时肯定说过这样的话："那么，你在期望什么呢？这个没有手指的人！"有一次，一群钢琴家联名写了一封信，最后一个签名的人拿起笔时发现留给他的空间太小。"我该在这儿写什么？"他气愤地问。"你的保留曲目。"罗森塔尔说。有一次他不得不去听一名神童演奏。据说他们之间进行了一场类似这样的对话：

"你多大了？"

"七岁，先生。"

"你想弹什么给我听呢？"

"柴科夫斯基钢琴协奏曲，先生。"

"太大了。"

几年后罗森塔尔可能又遇见这个神童，他问他："告诉我，你今年还是那么大？"

埃米尔·冯·绍尔（见图70）的影响和罗森塔尔不同。他不是抛出晴天霹雳，而是以文雅洗练的方式爱抚钢琴。此人出生于汉堡，1879～1881 年间在莫斯科音乐学院师从尼古拉·鲁宾斯坦，然后拜师李斯特门下，但是被称为李斯特的学生并不让他觉得高兴，有一次他甚至加以否认。1895 年他对一位采访者说："把我当作李斯特的学生是不对的，尽管我跟过他几个月。那时他已是一位垂垂老者，不可能教我很多东西。我的重要老师毫无疑问是尼古拉·鲁宾斯坦。"

是李斯特的学生也罢，不是也罢，绍尔获得了所有评论家中最难对付的那一部分人——他的同行们——的敬重。甚至连约瑟夫·霍夫曼这样一个出了名的对许多钢琴家都不留情面的人也说绍尔是"真正伟大的技巧巨匠"。他在 1942 年逝世前留下约三十张唱片，其中李斯特两首协奏曲的演奏录音作于他七十七岁高龄之时。这些唱片所表现出来的绍尔是个平和的钢琴家，倾向于从容的速度和精确的细节，而不是激情的迸发。他是个敏感而特别令人满意的艺术家，有风格、有趣味，集诗人和技巧大师于一身。

阿尔弗雷德·赖泽瑙尔必然也是个超群绝伦的人物，可惜没留下什么唱片。他的键盘处理和绍尔迥然不同。今天赖泽瑙尔已被世人遗忘（在 1955 年版的《格罗夫音乐与音乐家辞典》中他甚至没有资格入册），但是在十九世纪九十年代许多评论家都认为他最像李斯特。李斯特本人好像也持有同一观点，据报道他曾说过赖泽瑙尔确实非常接近他的风格，"而且不是模仿"。1874 年李斯特收赖泽瑙尔为徒，当时这孩子才十一岁（在他的数百名学生中作为神童来到他身边的仅六七人）；1879 年他帮助这个学生举办了他的第一次公开音乐会。

赖泽瑙尔是个非常胖的人。李斯特文绉绉地说他"不幸过于丰腴"。其人硕大无朋，其演奏也是高大伟岸。像布索尼一样，他喜欢演奏大型作品，例如《"槌子键琴"奏鸣曲》和李斯特的那些刻意经营的歌剧自由改编曲。他非常喜欢旅行，是最早赴西伯利亚、波斯和小亚细亚观光的钢琴家之一。大多数评论家都认为他是个身怀绝技的技巧大师和浪漫派色彩画家，弹奏前贝多芬时期的曲目会感到不自在。他的强项是浪漫主义音乐。曾于 1907 年夏季在莱比锡随他学琴的克拉伦斯·阿德勒说赖泽瑙尔的发声是无与伦比的。"如此富丽的音质！我往往会联想到金子。"不幸他嗜酒成性，每上一堂课他可以喝掉满满一瓶香槟——而他又教很多课。曾有些报道描写他是如何步履蹒跚地走向钢琴，听凭下意识的动作左右一切的。克林德沃特的学生约翰内斯·马根丹兹曾替赖泽瑙尔勾画过一张有趣的素描：

> 那个胖家伙在钢琴前坐下，俨然一块岩石，沉着冷静，肖然不动，一副完全成竹在胸的神情。这时你就会确信，等待着你的将是一场没有几个人可以提供的赏心乐事。我只记得他所弹的少数几首乐曲：《半音幻想曲与赋格》、莫扎特的《A 大调奏鸣曲》和《A 大调回旋曲》、舒伯特和舒曼的 C 大调幻想曲、肖邦的全部前奏曲、贝多芬的《"槌子键琴"奏鸣曲》和《迪亚贝利变奏曲》以及李斯特的《第十四号匈牙利狂想曲》和《取自奥柏"波蒂契的哑女"的幻想曲》(此曲极少有人尝试)。他的身体从不移动，无论是弹 *pianissimo* 还是 *fortissimo*，甚至当他发出乐队般的音量时都是如此；他的双手和手指在键盘上平静地移动着。绝对没有剧烈的敲打，自始至终以柔和圆润的色彩为主。他的肌肉必定十分健壮有力，可以由他随意控制……你知道，我怀疑是李斯特神父的科涅克白兰地酒瓶启动了赖泽瑙尔的嗜酒。此外我们还应该知道，在神话中的酒鬼之乡(而且还是伏特加酒)俄罗斯和西伯利亚的旅行必然使情况益发恶化。这种情况的悲惨结局发生在俄国的列鲍城，在一场出色的独奏会之后他被发现死在旅馆的床上。

光彩照人的拉斐尔·约瑟菲(见图 71)是李斯特的又一得意门生，从各方面来看，也是十九世纪最杰出的钢琴家之一。他是匈牙利人，生于 1852 年，曾师事莫谢莱斯、赖内克、陶西格，最后于 1870 ~ 1871 年拜师李斯特门下。在李斯特的所有学生中，约瑟菲是一位小品演奏专家——具有纤巧和诗情的实质、精于歌唱般的声音和 *pianissimo* 的层次变化。"钢琴界的帕蒂"，人们这样称呼他。他的演奏中也有钢铁之声，但那是经过回火处理的钢铁，而且具有锋利的边缘。如果赫尼克的话可信的话，那么"约瑟菲今天（1911 年）代表着钢琴领域中一切精致的、具有诗情画意的东西。他的触键是别具一格的，他在乐器上的操作是无与伦比的，他是技巧大师中的大师，其声音优美，带有天鹅绒般高贵的质地，毫无粗糙严酷的痕迹，因而使他得以在音乐爱好者的世界中获得无可匹敌的地位。他的起音似有魔法，在其肖邦夜曲的演奏中体现出魔力和月光，而在弹奏李斯特协奏曲时则光辉夺目——一种流星般的光辉。这种罕见的兼技巧大师与诗人于一体的结合使约瑟菲超越了'大众化钢琴艺术'的境界"。

赫尼克是个众所周知的华而不实的人，并且他还曾一度担任过约瑟菲的助教；不过他确是一位出色的评论家，他对钢琴的了解不亚于世上任何人。他的总结得到所有听过约瑟菲的人的共鸣。约瑟菲必定是钢琴家中最灵活最雅致的一人——一个帕赫曼，但是有节制，而且具有敏锐的音乐头脑。他的一生大部分时间是在美国度过的。在欧洲巡回演出数年后，他于 1879 年 10 月 13 日在纽约奇克林大厅作美国首演。这次他弹了肖邦"e 小调"和李斯特"降 E 大调"钢琴协奏曲，乐团由瓦尔特·达姆罗什指挥，其间还缀以一些独奏曲目。接着他便开始巡回演出。波士顿的一位评论家声称："我们从未听到任何艺术家（包括鲁宾斯坦、彪罗和艾西波夫）能在技巧和表演的每个细节上做到比他更接近绝对的完美。所有跑句和琶音的均匀自在；在表情上永远是层次分明的那种威风凛凛的渗透性力量；为了弹出一个个意味深长的音并使之在听众心中回荡而运用的那种绝对的强度（它与'连续重击'是那么不同）……"诸如此类的话写了整整一栏，结束时说："普遍的感觉是，此人具备一个十全十美的钢琴家的所有特性，毫无缺点，毫无瑕疵。"

约瑟菲最后定居纽约，在泰里镇安了家。大部分时间从事教学，包括收私人学生和在纽约音乐学院任教。后来的岁月中公开演出越来越少。他会说自己老啦，发现以前做来得心应手的事现在越来越难啦。因此他的一生中音乐会显然是比较少的。这样一位贵族气派的艺术家竟然从未录制过一张唱片，这是多大的憾事！他一定曾是一位钢琴王子。

与约瑟菲风格颇多相似之处的是李斯特的比利时籍学生阿瑟·德·格里夫（见图72）。萧伯纳在伦敦听过他的演奏，留下深刻印象。"德·格里夫先生是真正的比利时人，精神饱满，光彩照人，干净利落，充满自信，聪明机灵，而且因为意识到自己有这些特点而怡然自得。他演奏时双手都非常灵巧，不仅具有相当的辨别力和鉴赏力，而且有着得天独厚的音乐才华。"他的唱片的确表现出敏感性和音乐素养。

李斯特的另一个温文尔雅的弟子是伯尔尼哈德·施塔文哈根，这是他最后的学生之一（李斯特弥留时他陪侍在侧），也是一个杰出而认真的艺术家。汉斯立克称这个德国人为完美的钢琴家。可惜他没有留下一张唱片（更准确地说，他好像曾制作过一张百代公司的唱片，但美国收藏家中无人有缘得见）。生于苏格兰的弗雷德里克·拉蒙德被认为是一位贝多芬专家，和约瑟菲、赖泽瑙尔以及施塔文哈根不同的是，他在1948年去世前的确积累了一份很长的录音作品目录，他是李斯特倒数第二位重要的学生。他的这些唱片令人感到困惑。每当他弹奏困难的乐曲时，例如《波蒂契的哑女》或者甚至是《"月光"奏鸣曲》中的最后乐章，他都会一败涂地。很明显，他不是高超的技巧家，但却是个自成流派的风格大师，《"月光"奏鸣曲》第一乐章光彩夺目的演奏和李斯特《降D大调练习曲》总体上很宏伟的表演，都说明他尽管手指功夫不到家，想象力却是丰富的。

接下来还有那古怪的约瑟夫·魏斯，他是在十九世纪七十年代跟李斯特学琴的。有人认为他很伟大，古斯塔夫·马勒就是他的崇拜者之一；阿尔玛·马勒在为丈夫所作的传记中对他记忆犹新。她写道，这位钢琴家"方头秃顶，只是中央留了一小撮头发，眯缝着一双棕色的眼睛，看上去让你觉得他要么是白痴，要么是天才"。他身上确实有那么一点古怪的味道，甚至连他的忠诚支持者马勒也不得不承认他过于怪诞，不宜公开演出。有一次马勒曾试图帮他一把，但这次也是最后一次；帮他的忙不值得。那次好像是马勒聘请他演奏一首莫扎特协奏曲，结果排练到后来钢琴家把乐谱扔到马勒脚下。乐团团员们以为马勒遭到攻击，便一齐向魏斯扑过去。报纸抓住这一事端大肆渲染，说什么"魏斯对准马勒的脑袋就是一拳"。魏斯录制过至少一张唱片，那是李斯特《第十二号匈牙利狂想曲》的一张帕洛风公司的唱片。它例示了李斯特乐派的全部糟粕——怪诞、不精确、节奏不稳。

阿图尔·弗里德海姆（见图73）的名声要比魏斯好得多。起初李斯特对这个俄国出生的钢琴家尽量避而不见。他不喜欢他的演奏，虽然他不得不承认他的风格有独特性。问题会不会是出在弗里德海姆的老师身上呢？弗里德海姆在圣彼得堡时曾跟安东·鲁宾斯坦学过，而在内心深处鲁宾斯坦和李斯特相互之间没有好感。李斯特一直不表态，弗里德海姆不得不为他弹奏了好几次，直到1880年才被收入门下。最后李斯特变得那么喜欢他，甚至任用他为私人秘书。

弗里德海姆采用所谓的庄重风格，弹奏起来极尽大笔挥洒之能事。他对"大师"有着一种崇拜英雄般的眷恋，因此着意仿效他许多矫揉造作的作风。1883年布索尼听了他的演奏后觉得非常好笑：

> 装腔作势是今天的常规。这里有个音乐家名叫弗里德海姆，李斯特的学生，留着长长的头发，脸上的神情半是严肃，半是倦怠。演奏时身体前倾，弯腰曲背，因而使头发盖到了脸上；然后猛地把头往后一甩，借以整理一下那一头浓密长发。接着又坐着忙个不停，东张西望，等待听众安静下来；然后就去抓琴键，"犹如野兽抓住它的捕获物一般"（汉斯立克语）。但最妙的事是看他在乐队全奏时的一举一动。这是他表演各种花招的良机。他检查指甲，打量听众，把手伸进头发，还做其他一些荒唐事儿。

弗里德海姆于 1915 年在美国定居。在他安家纽约之前，纽约爱乐乐团已于 1898 年和 1911 年两次邀请他担任指挥。他是一位很好的指挥，但他更愿意集中精力于钢琴。约在 1912 年前后他为哥伦比亚公司录制过三张唱片，质量不过尔尔，其中一张是个怪物——肖邦的《葬礼进行曲》，弗里德海姆弹完三声中段后因唱片上不再有空间就停了下来。换言之，他把肖邦的《葬礼进行曲》录制了三分之二，还心满意足。他在唱片中的演奏颇像曾于 1885 年和 1886 年师事李斯特的康拉德·安索盖，两位钢琴家的声音听来都是沉甸甸的，并且技巧上都不太准确。

李斯特另外两个在美国定居的知名弟子是亚历山大·西洛蒂和康斯坦丁·冯·施特恩贝格。西洛蒂来自莫斯科音乐学院，曾在该院跟尼古拉·鲁宾斯坦学钢琴，跟柴科夫斯基学作曲。他于 1883 ～ 1886 年间师从李斯特，然后返回莫斯科担任音乐学院的教授，比他小两岁的表弟谢尔盖·拉赫玛尼诺夫成为他的学生之一。1890 年西洛蒂脱离音乐学院，成为一位独奏家。他先住在德国，1922 年抵达美国。自 1924 年起，直至他于八十二岁高龄去世前一年的 1944 年，他一直在纽约朱利亚音乐学院任教。他的手非常之大，学生们至今还在谈论他采用"2—3—4—5"的指法弹奏肖邦《降 A 大调波兰舞曲》中的左手八度时的情况。西洛蒂没有录制过唱片，公开演出也不多。据报道，他的风格是活力与优雅这二者的结合，并且有高超的技巧为后盾。

施特恩贝格也是俄国人，曾师事莫谢莱斯，后改学指挥并获得盛誉，而后又回到钢琴并投师李斯特门下。他于 1888 年入美国籍，先寓居亚特兰大，后移居费城。他是一位闻名遐迩的优秀钢琴家，同时也是个文人，曾为美国的各种刊物撰写过一些关于钢琴演奏和美学的观点敏锐的文章。

李斯特的主要学生中最后一个去世的是若塞·维亚纳·达莫塔，这位葡萄牙钢琴家于 1948 年 6 月 1 日卒于里斯本。达莫塔毕生的大部分时间都忙于在葡萄牙从事各种音乐活动，难得举行几次音乐会都引来一片赞美之声。作为学者、可信赖的编辑、音乐评论家、作曲家、布索尼的密友和同事，达莫塔其人其艺都是超等的。晚年录制了少数几张唱片，从中可以看到一些崇高风格的痕迹。

李斯特的这些弟子有没有什么共同之处呢？我们有点怀疑，毕竟拉蒙德和罗森塔尔、绍尔和弗里德海姆、约瑟菲和赖泽瑙尔以及彪罗和陶西格，他们之间是多么不同啊！不管怎么说，李斯特没有创立什么学派，作为教师，他主要是一股具有鼓舞作用的力量。大部分的李斯特演奏者确实都有"线条"、声音和浪漫派的处理方式。可是，话又说回来，莱谢蒂茨基的学生不也同样如此吗？我们唯一能说的是，李斯特是最伟大的浪漫派钢琴家，他的学生们即使不通过其他途径，至少也可通过耳濡目染而学会他所示范的浪漫主义。这就意味着重点注意声音，具有丰富的华丽风格，自由处理乐句和节奏（有些学生会失去控制，但是另外一些像罗森塔尔、德·格里夫、绍尔以及约瑟菲那样水平的人则能够驾驭自如），也许还包括这样一个概念：钢琴和钢琴家在先，音乐其次。但是从来就不曾有过李斯特学派这么一回事。他的学生先是拜倒在他脚下，然后就各奔东西，按照各自的哲学演奏，就像有史以来所有教师的学生一样。

72

73

72　阿瑟·德·格里夫，李斯特的又一个著名学生。
73　阿图尔·弗里德海姆，他着意模仿李斯特许多矫揉造作的作风。

74

75

76

74 奥西普·加布里洛维奇，莱谢蒂茨基最杰出的学生之一。他是马克·吐温的
　女婿。
75 伊格纳茨·弗里德曼，二十世纪最不寻常、最别具一格的钢琴家之一。
76 本诺·莫伊谢耶维奇，像加布里洛维奇和弗里德曼一样，他也是莱谢蒂茨基
　的门徒，二十世纪杰出浪漫派钢琴家之一。

莱谢蒂茨基的门徒

加布里洛维奇、弗里德曼、莫伊谢耶维奇

莱谢蒂茨基于 1915 年逝世，而他几个最著名的学生的演出生涯一直持续到二十世纪六十年代以后。在他早期的男学生中，最引人注目的两人是马克·汉伯格和奥西普·加布里洛维奇。再也没有比这两人更加判若天渊的了。汉伯格是个风格大师，技巧上不太精准；而加布里洛维奇则是一位技巧精湛洗练的音乐家，如同当年的约瑟菲。

汉伯格作为神童在俄国脱颖而出，1888 年在莫斯科公开首演时，年仅九岁。两年后在伦敦演出，帕德雷夫斯基听了他的演奏后，便出资让他跟莱谢蒂茨基学琴。帕德雷夫斯基认为汉伯格是他听到过的最杰出的天才，大力举荐，于是上门寻访的音乐会经纪人川流不息。帕德雷夫斯基的话是一言九鼎，因此汉伯格的艺术生涯便有了很好的开端。他的维也纳首演是很幸运的：索菲·门特病了，汉伯

格——在莱谢蒂茨基的建议下——在紧要关头替她上场，和当时正在维也纳演出的柏林爱乐乐团合作，演奏李斯特的《匈牙利幻想曲》。汉伯格一举征服了所有听众，当天晚上勃拉姆斯在宴会上提议为"今晚演出的这个年轻人"干杯。那年他十六岁，接着他几乎是立刻就开始巡回演出，一连许多年聘约不断。

汉伯格的风格中有那么一种火山爆发般的味道。他认为诸如技术精准之类的问题乏味得很，对此不屑一顾，而是在洪亮音响之上堆砌洪亮音响。他的唱片——他录制了很多唱片——往往令人难以置信。通过它们你肯定能感染到这个人的活力以及他所赋予音乐的那种激情。但是你也会听到层出不穷的错音、乐谱的改动甚至是一些结结巴巴的乐段，这样的弹奏在今天是无法理解的。

加布里洛维奇（见图74）是个完善得多的能工巧匠。他像二十世纪的任何钢琴家一样有权被冠以"钢琴诗人"的称号（那时他确实常常被这样称呼）。他曾在圣彼得堡师事鲁宾斯坦，1894年获鲁宾斯坦奖，鲁宾斯坦去世后继续从莱谢蒂茨基深造；1896年举行柏林首演，1900年首次赴美国巡回演出；1904～1918年寓居慕尼黑，担任"演出协会"的指挥；继而在美国定居，1921年入美国籍。自1918直至1938年他去世为止，一边进行音乐会演出一边指挥底特律交响乐团。1906年和一个美国人结婚，这就是马克·吐温的女儿克拉拉·克莱门斯。

加布里洛维奇不论是为人还是作为音乐家都备受赞赏。瘦长个子，仪表堂堂，一头像帕德雷夫斯基那样的浓密头发，穿着一条异常高的翼领（可能是为了使他的长颈显得短一些而这么穿的），平静地坐在钢琴前，耐心地摆弄它而不是乒乓敲打。他善于处理异常多姿多彩的细微变化，音乐上的精美典雅达到极致。从一开始评论家就对他的声音极力夸奖。维也纳《德意志人民报》的一位评论员于1906年撰文称赞加布里洛维奇的"歌唱般的触键、虚无缥缈的 *pianissimo* 和那好像从不强加于人的威力"。这可说是对加布里洛维奇的最恰如其分的评论，后来一次次被重复引用。

像大多数莱谢蒂茨基的学生一样，他主要弹奏浪漫派的曲目，还加上大量俄罗斯音乐和——这对于受过他那样训练的钢琴家而言是相当少见的——少数几部莫扎特协奏曲。他的特色曲目之一是演出一系列协奏曲——在四场音乐会中演奏十九首协奏曲。自1914年首创这一做法后，他经常这么做，直到去世。他还师法鲁宾斯坦，奉献一组六套"历史长河"的曲目，虽然这只是他演出生涯中早期的事。

他的唱片少得可怜。最雄心勃勃的是和弗隆扎莱四重奏团合作录制的舒曼钢琴五重奏——一张用原声（有删节），一张用早期电子扩音设备（无删节）。在这里能听到加布里洛维奇贵族气派的艺术。具有典型意义的是，他是最早录制室内乐的大钢琴家之一。他还和哈罗德·鲍尔一起录制了阿连斯基的双钢琴圆舞曲，在钢琴唱片中再也没有比它更美妙的了。加布里洛维奇和鲍尔这两位优秀的钢琴家兼音乐家于1915年开始举行公开的独奏音乐会。但在美国他们并非先驱者。恩内斯特·哈奇森和鲁道夫·甘茨以前就曾在条件许可时联袂演出过，罗森塔尔和约瑟菲偶尔也有此雅兴。

在世纪之交时引起人们注意的两位莱谢蒂茨基的弟子是约瑟夫·斯利温斯基和马蒂纳斯·西夫金。斯利温斯基一度是帕德雷夫斯基在英国的劲敌；事实上，萧伯纳认为斯利温斯基是一位高明得多的技巧家，这简直是挑动波兰人内斗。"从单纯技巧动作的角度来看，他——而不是帕德雷夫斯基——才是莱谢蒂茨基技术的代表人物，因为在他身上，这一技术不像在帕德雷夫斯基身上那样镀上了一层他自己的东西；再说，就他而言，这一技术是顺乎自然的，由他弹来不会像帕德雷夫斯基那样令人无法容忍地在艺术上形成矛盾。他钢铁般的手指永远是有弹性的：它让钢琴清脆地鸣响而不致生硬粗糙。"但是后来萧伯纳又指出他风格上的不足之处。斯利温斯基于1918年退隐后定居华沙并从事教学。在他举行音乐会的日子里，他演奏的肖邦、舒曼和李斯特特别受到赞赏。

西夫金来自阿姆斯特丹，人称"飞行的荷兰人"。他的身材魁梧——汉伯格说他"更像一幢房子而不是一个人"——双手也相当大。据说他能跨十四或十五度。今天大部分参考书甚至都不收他的名字，但是当年他的光泽、力度和热情洋溢的处理手法却是受到很大尊敬的。

在莱谢蒂茨基最才华横溢的学生中，伊格纳茨·弗里德曼和本诺·莫伊谢耶维奇两人约于同一时期崭露头角。弗里德曼（见图 75）是二十世纪最不寻常、最别具一格的钢琴家之一。1882 年生于波德戈尔泽，一开始便才气毕露；八岁时已能视谱移调演奏巴赫的赋格。他是一大奇才，一个完全没有受过训练的天才。可是当他去向莱谢蒂茨基求教时，这位大师却捋捋胡须，劝他另外找个行当。但弗里德曼锲而不舍地跟莱谢蒂茨基学了四个春秋。后来他说，没有几个教师能够确切知道自己的学生何时不再是学生而已成为一个艺术家，莱谢蒂茨基便是这少数教师之一。

弗里德曼的演出生涯是从 1904 年在维也纳的首演正式开始的。这次演出包括三首钢琴协奏曲——勃拉姆斯"d 小调"、柴科夫斯基"降 b 小调"和李斯特"降 E 大调"。那天布索尼、戈多夫斯基和罗森塔尔都在听众席中。他成为一位非常忙碌的钢琴家，周游世界举行音乐会三千余场。第二次世界大战爆发时他在澳大利亚，后来再也没有回到欧洲。在悉尼安家后他又去印度尼西亚巡回演出，在澳大利亚和新西兰举行音乐会，开展教学，继续作曲，并在电台举行许多独奏音乐会。1948 年逝世前几年突然中风，左手失去控制。他的某些音乐很有趣；共创作乐曲九十余首，而且还抽出时间编订肖邦作品（布赖特科普夫与黑特尔公司版）以及舒曼和李斯特的大量乐曲（环球公司版）。有少数几位钢琴家在弹奏他那些可爱的维也纳式圆舞曲改编曲（他录制了其中三首，弹得无与伦比），其他作品便不为人们所知了。不过在他的大量作品中有一套非常精彩的帕格尼尼《第二十四首随想曲》（就是舒曼、李斯特、勃拉姆斯和拉赫玛尼诺夫用过的那一首）的炫技性变奏曲。由合适的人弹来，它可能会是一首印象深刻的独奏会曲目。

他的风格完全是独辟蹊径的，特点是惊人的技巧、音乐上的无拘无束（有人称之为怪诞）、高高翱翔的声音以及宏大自然的手法（力度上的极致可使肖邦马祖卡舞曲听上去宛如一首史诗）等等兼而有之。年轻时曾有人指责他是在没有克制地敲打，这种指责可能是言之有理的。他的气质中想必是有着某种罗森塔尔的韵味：技巧鬼斧神工，但有时却如脱缰之马。成熟后他便有能力控制自己的手指了，凡他所做的都是他有意想要那么做的。他处理旋律线条的本领举世无双——熟练地在低声部的衬托下把它勾画得轮廓分明，绝不让它疲软下来，总是以一种独特的张力或强音使它表现得趣味盎然。他的思想豪放，演奏也豪放；所录制的肖邦《"革命"练习曲》是个不同凡响的壮丽构思。为了营造推动力，弗里德曼以惊人的速度弹奏左手的琶音——把前后的音几乎连在一起，推向高潮的降 E 音。所得效果富于英雄气概，虽然那些纯粹主义者对此可能要皱眉头。同样不同凡响的是他的肖邦马祖卡舞曲和门德尔松《无词歌》的唱片。在这里他仍然不是照本宣科——他是晚期浪漫主义的忠实接班人，他的节奏、重音和火山爆发般的处理，特别是在肖邦的作品中，总是会使保守派的听众感到不舒服。但是你听得越多，你就越喜欢它们。而他为肖邦《降 E 大调夜曲》（Op.55/2）所录的唱片很可能是录制过唱片的肖邦夜曲中最优美、最曼妙如歌、最匀称协调的演奏。不管你是否喜欢他，弗里德曼总是有一股力量——一位强劲有力、不同寻常、匠心独运的钢琴家，有时不太稳定，但却永远使人销魂夺魄，永远充满想象力和胆量。他从未像帕德雷夫斯基、霍夫曼和拉赫玛尼诺夫那样成为美国的大明星，但是就天赋和钢琴方面的才智而言，他无须对当时的任何钢琴家俯首称臣。他的同行们了解这一点。"他是个懒惰的艺术家，他不会发奋图强。"本诺·莫伊谢耶维奇如是说，"但他是少数几个具有罗森塔尔和拉赫玛尼诺夫水平的钢琴家之一。"

莫伊谢耶维奇（见图76）于 1890 年生于敖得萨，1908 年定居英国。在师从莱谢蒂茨基之前，他曾在九岁那年在敖得萨获鲁宾斯坦奖，他的独奏音乐会很快就奠定了他作为一位典雅钢琴家以及"自然"钢琴家的地位——其所以是"自然"，是指他演奏时毫不紧张，毫不费力，钢琴就是他的手臂和手的延伸。莫伊谢耶维奇首先是个抒情演奏家，弹起琴来无比流畅而精妙。拉赫玛尼诺夫把他看作自己的艺术接班人，莫伊谢耶维奇演奏他的音乐的方式使他深深感动。到了后来几年，莫伊谢耶维奇出类拔萃的技巧略微有所退化，但总是使他的演奏平添活力的那种敏感的音乐冲动却始终不渝。像几乎所有的莱谢蒂茨基弟子一样，他代表着浪漫主义时期所实践的那种浪漫主义的最后的痕迹——这就意味着具有柔韧性和永远曼妙如歌的线条，集中注意几个内声部，对乐谱的处理比较自由。在莫伊谢耶维奇身上，自由总是被完美的音乐性所调和。

肖邦巧匠、佛陀和其他人
帕赫曼、戈多夫斯基、格兰杰

　　虽然李斯特和莱谢蒂茨基主宰了十九世纪后半叶的教学，但这并不意味着其他教师和其他钢琴家就做不出成绩来。像弗拉基米尔·德·帕赫曼（见图77～78）这样一位 pianist（钢琴家）——或者说是 pianissimist（意为 *pianissimo* 专家），如人们有时称呼他的那样——不属于任何乐派，没有任何追随者，一路行来自己制定规则。他唯一的重要老师是维也纳的约瑟夫·达赫斯。在聆听帕赫曼的唱片时（而且他从大约 1910 年起直至 1933 年去世为止录制了大量唱片），你很难设想他是怎样得到人们认真对待的；但是他毕竟是得到了认真对待，而且许多人认为他是在世的最伟大的肖邦专家。赫尼克给这个矮小的人起了个绰号叫"肖邦巧匠"；当然，那个长着一张圆脸、行为乖戾的小个子可能还有一些不如这个来得恰当的绰号。

他的名声有很大一部分来自他的那些鬼把戏。帕赫曼会在一场音乐会的过程中时而侃侃而谈，时而小声咕哝，时而做个鬼脸，时而又发表演讲。他不承认这样做是为了求得效果，一再强调这些讲话和舞台上的所作所为都是为了表达在他的艺术灵魂深处汹涌着的一切。他对媒体多次反复叙述这一点，以致后来可能他自己也开始信以为真了。他会对听众发表演说，和他们做游戏。萧伯纳觉得好玩极了，他写道："弗拉基米尔·德·帕赫曼先生在肖邦音乐的伴奏下作了一次他著名的哑剧表演。"那时帕赫曼的妻子玛姬·奥基作为钢琴家还在公开演出。帕赫曼去听她的独奏会时，坐在后排。"妙极了！太动人了！真好啊！"他会大声这么喊叫。

帕赫曼会穿着一件骇人的发出异味的旧晨衣接待来访者。"这是肖邦的。"他会这样解释。如果这件穿破了，会有另外一件取而代之，但永远是肖邦的财产。他穿的袜子是肖邦的，手套是肖邦的，可能内衣也是肖邦的。其他钢琴家在台上演出时如果看见帕赫曼出现在观众席中，一定比平常更加汗流浃背，因为他们不知道会发生什么事。在一次戈多夫斯基的音乐会上他突然冲上舞台，"不，不，利奥波德，"他说道，把听众弄得乐不可支，而戈多夫斯基则满脸红得像救火车，"你应该这样弹。"说着他就弹了起来，然后对听众说，他并不会对随便哪个老钢琴家都这么示范的。"但是戈多夫斯基，"他说，"是当今第二位最伟大的钢琴家。"在1919年的一场布索尼的音乐会上，他又跑上舞台去吻布索尼外衣的下摆。"布索尼是最杰出的巴赫演奏家，我则是最杰出的肖邦演奏家。"他这样宣布。

一次，在伦敦一场独奏音乐会上，他把身体蜷伏在键盘之上，使别人看不见他的手。那天他弹的是一首特别曲目，即肖邦的《一分钟圆舞曲》(改编成三度弹奏)。"我为什么要这样做？"他用带有俄国腔的英语问听众，"我来告诉你们。我看见我的老朋友莫里茨·罗森塔尔在听众席中，我不希望他袭用我的指法。"他的伦敦首演引起了轰动，于是有采访者询问他对伦敦有什么想法。他挺直身体说："问题不在这儿，夫人。问题是伦敦对帕赫曼有什么想法？"在另外一次接受

77 弗拉基米尔·德·帕赫曼这个"肖邦巧匠"和"pianissimo 专家"。

78 1924 年在卡茨基尔山区休假的帕赫曼。这位七十六岁的钢琴家说，绝对不能让他的手指僵硬，并断言挤牛奶是一种比人类思维所设计的任何方法都更有效的手指练习。

79

80

79　1895 年的利奥波德·戈多夫斯基，此时是他神话般的柏林首演前五年。

80　这幅照片摄于 1925 年，此时是他的事业巅峰期。照片中戈多夫斯基的佛陀
　　长相一览无遗。

采访时他大发（或是假装大发）雷霆。"当你应该跪在我面前时，你却坐在这儿！"他对那个记者尖声喊叫道。

他同琴凳的升高和降低所进行的搏斗是臭名昭彰的。他的一个鬼把戏是把琴凳提高、放下，再把那调节装置乱摆弄一番，搞得听众无计可施。然后他会冲进后台，拿出一本好大的书，把它放在座位上。不行。于是撕下一页，把这一页放在座位上，再冲着听众笑笑，圣洁得像个天使。这时他可舒服了。很可能他会在一首乐曲的中间停下来，转身询问听众对他的演奏有什么想法。当然听众会报以掌声和欢呼声。于是帕赫曼就会告诉听众他们是聋子和白痴，说他刚才弹得糟糕透了，还说他现在就要用只有帕赫曼才有的方法演奏啦！

上了年纪以后，这个小个子就像李斯特那样留起了长发。他永远是新闻报道的好题材，全世界的报纸都在跟踪报道他的那些咄咄怪事——他如何在独奏会之前隆重地把每个手指轻轻浸入一杯纯白兰地酒之类的。报纸会摘录他的一些不朽言论——"戈多夫斯基，他是自肖邦以来最伟大的作曲家"，或是"李斯特？啊，是的，他弹得非常好，非常好。但是我呢，我弹得像个神"。报纸甚至给他提供版面，让他在成栏的篇幅中空谈哲理。其中一段他在七十七岁时所写的话颇为有趣：

> 医生会说尼古丁对你有害。好吧，我每天吸八支雪茄。医生说你必须锻炼身体，到户外散步或是打球。但我一生中从不锻炼，除非你把每天四小时的练琴也算作锻炼。我在意大利的法布里阿诺有一幢美丽小巧的避暑别墅，还带一个可爱的花园，但我从不在那里散步。我所需要的新鲜空气是从窗口进来的。所以说这就是我的生活，而我已七十七岁了。不过我并不期待每个人都学我的样，因为不管怎么说，我是独一无二的帕赫曼。我对你们的医生一笑置之。

这一切都是为了转移人们的视线，使他们不去注意他弹得如何。也许在他的早年——他毕竟是在 1848 年出生的——他曾经有过大艺术家的灵活技巧和想象力。青年时代因不满于自己的进步曾退隐多年，悉心进修。1869 年在故土俄罗斯巡回演出之后（他生于敖得萨），停止活动达八年之久。然后在 1877 年的短期欧洲演出中崭露头角，至 1880 年大红大紫。一些老音乐辞典曾对他作如是陈述："帕赫曼是个具有高度诗意气质、高尚情操和非凡个人魅力的演奏家，在要求极度细腻触键的作品中最为得心应手，因为在那里，他能够名正言顺地表现他的不可思议的天鹅绒般的声音和虚无缥缈的 *pianissimo*。在这方面也许从来就没有人可以超过他，足以与他平起平坐的肯定也为数不多。"他一开始就集中全力研究肖邦。人们一致认为（而且他自己想必一定也知道），他的风格就是既不适应古典作曲家和贝多芬，也不适应保留曲目中的大型作品。

在没有相反的证据之前，我们应该暂且对帕赫曼予以肯定。不过，如果他在音乐会上的演奏和他录制唱片时一样，那么他的听众听到的就是使人惊讶的支离破碎的节奏、弹错的音、简单化的处理和对原谱的改动。帕赫曼是宠辱不惊的。如果情况变得太困难，他就会把速度减到可以驾驭的程度，要不索性加以简化。在弹得最好的时候，他想必是个迷人的小品演奏家，而且具有最美妙的声音。他很可能是胡梅尔—克拉默一派的钢琴家，他们强调的是声音和单纯的手指技巧而不是戏剧效果。但是——如果还是以帕赫曼的唱片为准的话——此人绝不可认真对待。不错，他的那些记录在案的不负责任的行为有时让人觉得幼稚得可爱，例如他曾古怪而可悲地试图弹奏戈多夫斯基为肖邦《"革命"练习曲》所作的只用左手的自由改编曲。帕赫曼掌握这首乐曲不比他掌握勃拉姆斯《降 B 大调钢琴协奏曲》来得容易，结果是把线条弹得七零八碎，几乎感觉得到他在苦苦挣扎，还有错音，诸如此类的荒唐事。在其他比较简单的音乐中，间或会出现某种依稀可辨的魅力或一个灵巧处理的乐句。偶尔甚至会有一个高雅的瞬间。在他的最佳状态时，他一定也弹出过一系列与肖邦本人的风格不无相似之处的

pianissimo 的细微变化。在诸如肖邦马祖卡舞曲之类比较纯朴的音乐中，人们能听到他的最佳演奏，他把此类作品表现得质朴、清晰，具有无可争辩的魅力。这些演释中绝对没有"浪漫"的东西：它们不用"自由速度"，速度的变化极小，肯定也没有那个怪诞的"肖邦巧匠"的迹象。偶尔，就像在李斯特的《弄臣》自由改编曲和李斯特《E 大调波兰舞曲》第二段的录音中所见的，他会弹出一些晶莹闪亮而且处理得当的跑句。这首波兰舞曲他只录了第二段，从华彩乐段开始，唱片的名称是《华彩与波兰舞曲》。

不管怎么说，在进入二十世纪后，帕赫曼看来未能得到他的同行们的器重。真正得到器重的钢琴家，钢琴家眼中的钢琴家，是利奥波德·戈多夫斯基（见图 79 ~ 80）。矮墩墩，胖乎乎，圆脸蛋，一双斯拉夫人神秘莫测的眼睛（他于 1870 年生于波兰），他看上去就像佛陀，赫尼克给他起了个贴切的绰号："键盘上的婆罗诃摩"。另外一些人称他为"左手使徒"。所有的人都承认他的技巧——至少是在录音室中——是那个时代（而且很可能是有史以来）最完美的。他是有史以来最不同凡响的钢琴家之一。

奇怪的是，作为一位头牌明星，他却从未能在听众中产生他那惊人的天才所应该产生的影响。也许他身上有点亨泽尔特的特质。据当时某些最佳评论家的报道，面对听众时他的演奏仿佛就失去了色彩和力量。像他那样一个热衷于追求完美的人，很可能是不愿当众冒什么险的，唯恐这样做会有损于他的白璧无瑕的钢琴艺术。这话也适用于他的唱片。就其本身而言，这些唱片都很美妙，但只是在一个情况下——格里格的叙事曲，录制于 1928 年前后——那演奏才开始让人们感觉到此君的纯正、典雅、权威性和超凡的掌握钢琴的能力。听众中的所有行家都注意到了他的效果，但无可否认的是，音乐会的演出对他起着抑制作用。萧伯纳在 1890 年的一篇评论中曾指出这一点。戈多夫斯基弹奏过舒曼的《交响练习曲》；虽然他一路弹来似水波荡漾，毫无困难，但是"某种颇为可爱的腼腆拘谨使他无法充分凭借自己的长处来为其演奏获得赞誉"。他的同行们了解他的实际能力，对这种抑制现象深感遗憾。约瑟夫·霍夫曼有一次在离开戈多夫斯基家以后对亚布拉姆·蔡辛斯说："绝对别忘了你今晚所听到的，绝对不要把那个声音抛到九霄云外。这个世界上没有可与它比拟的东西了。可悲的是，群众无缘听到只有他能弹出来的这手绝活。"

在行家眼中，戈多夫斯基是无人可以超越的奇才。赫尼克欢呼戈多夫斯基"具有理智和感情的绝妙平衡……风格的纯正，复调……他是钢琴演奏的超人。就我所知，自肖邦以来，钢琴演奏史中像他那样的人是绝无仅有的……他的十个手指就是十个独立的声部，再现着佛莱芒人的古老复调艺术……他是值得钢琴家们学习的钢琴家；而且我相信，他们中的绝大多数都乐于承认这一事实"。确实如此，尽管他的白璧无瑕的完美使他们联想起"一个数学家在解答难题，或是一个棋手在布局突围"。

令人吃惊的是戈多夫斯基基本上是自学成才的。他的早期教育很有限，虽然九岁时已参加音乐会演出。据一则有关他的传闻所记，他三岁时听到军乐队演奏《玛尔塔》的一个选段，后来就没再听到过——而且在此同时他也从未上过钢琴课——可是一年后他却在钢琴上把这段音乐正确地弹奏出来了。接着他在故乡维尔纽斯跟着几个乐师乱七八糟地学了一点钢琴，至七岁时开始勤奋作曲。戈多夫斯基幼年丧父（父为医生），他的监护人很有可能会残忍地利用他来谋取私利，幸得一位范伯格先生予以救助。范伯格是科尼斯堡的银行家，他资助戈多夫斯基去柏林高等音乐学校就读，师从沃德马尔·巴吉尔和恩斯特·鲁多夫。有些资料中还提到约阿希姆。

戈多夫斯基在柏林一直待到 1884 年底，然后与比利时小提琴家奥维德·穆辛联袂赴美国巡回演出。回到欧洲后他开始和圣-桑交往，前后共三年。人们普遍认为这位伟大的法国音乐家是戈多夫斯基唯一的重要老师。但戈多夫斯基本人，也许是出于作为一位自学成才的音乐家的自豪感，后来却对圣-桑的贡献表示怀疑。"我到巴黎去，"1924 年他告诉一个采访者说，"为圣-桑弹了很多曲子，但他没给我上过什么课。当我弹给他听时——即使是我自己的作品——他永远是那几句老话，'确实迷人''妙啊''精彩极了，亲爱的'或是一些类似的话。虽然是发自内心，这并不能算是建设性的意见。"

离开圣-桑之后，戈多夫斯基就自行其是了。他大量举行音乐会演出，在美国执教，并于 1900 年一举征服柏林。关于这次柏林首演，1900 年 12 月 24 日他写了一封长信给芝加哥的评论家马修斯，这是一篇饶有兴味的文献，值得公开发表：

……我非常吃惊地发现，在柏林的钢琴家和教师中我颇有知名度，虽然许多评论家和音乐听众对我一无所知。在这次音乐会以前，曾经听过我演奏的人预言我会取得巨大成功，但我还是不大有把握。有些艺术家在观众中很成功，但评论家搞得他们走投无路；另外一些艺术家能得到媒体青睐，但在观众中毫无影响。这里有些受雇在剧场专为某些艺术家捧场的人，还有排犹倾向的报纸和观众，再加上同行的妒忌，你可以大致了解我必须与之搏斗的困难有多大。但是，当我发现所有音乐家和学音乐的学生都在迫切期待我的音乐会时，你能想到我有多么惊奇吗？贝多芬大厅挤满了具有代表性的音乐听众。全柏林的钢琴家都来了。我一出场便受到如此热烈的欢迎，以致我不得不多次鞠躬致意，然后才开始弹奏。由于某种难得的好运我几乎不感到紧张，作为第一首曲目的勃拉姆斯（降 B 大调钢琴协奏曲）第一乐章我弹得踌躇满志，为我增添了勇气来弹奏下面的乐章。第一乐章结束后的掌声吓了我一大跳。真了不起！我等了很长时间才能开始第二乐章。结束之后我被召请上台不知多少次。休息几分钟后，我登台演奏我的七首肖邦自由改编曲和韦伯的《邀舞》。音乐家和听众们不知道该期待什么。场内一片喧哗。大厅看上去一派节日气氛，到处洋溢着烨烨电光般的激情。我先弹了只用左手的练习曲 Op.25/4（a 小调）。弹完此曲后的喧哗声简直无法形容。掌声如雷，势不可挡。接着是 Op.10/11 和 Op.25/3（连在一起）、Op.25/8（六度）、Op.25/5（一首马祖卡）、升 c 小调的 Op.10/9（戈多夫斯基意指 No.4）、《嬉戏曲》以及降 G 大调的 Op.10/5，其次是《邀舞》。这次的成功比我迄今所见到过的任何演出都更加辉煌，对帕德雷夫斯基的狂热也不过如此了。我原可以把每首练习曲都重复一遍，但我不想使音乐会拖得太长，否则到柴科夫斯基（降 b 小调钢琴协奏曲）时听众就会太累，所以我只重复了《嬉戏曲》和《马祖卡》。我没法说在自由改编曲之后我不得不出来多少次。数也数不清。帕赫曼、约瑟夫·魏斯、汉伯格、安东·费尔斯特等钢琴家和所有听众真的全疯了。他们像野兽般地尖声喊叫，挥动着手帕——那首柴科夫斯基我弹得非常冲。第二乐章好得不能再好。音乐会结束时作为加演的曲目我弹了圣-桑《g 小调钢琴协奏曲》中的谐谑曲和平易的左手《黑键练习曲》。我拒绝再弹更多作品。后台休息室中的场面，凡目睹的人都绝对忘不了。人们疯狂地涌到我身边，挤得几乎连气也喘不过来。我太太和几个朋友不得不从舞台上穿过侧门而到达我这里……所有（评论）都是那么妙不可言，因此有人对我说，从来没有一个人曾经得到过如此褒奖。我的成功是所有音乐家的记忆中最最轰动的。记住！我没有夸大其词——我永远无法恰如其分地表达这一切！

就这样戈多夫斯基以征服者的姿态进入柏林。在那里他的劲敌是布索尼。他们各自在一个演出季中举行几场独奏会，力图超过对方。曾在柏林师事戈多夫斯基的诺埃尔·施特劳斯记得戈多夫斯基率先举行了一场李斯特独奏会，而布索尼用以克敌制胜的王牌曲目不是别的，正是李斯特的改编曲。戈多夫斯基先在柏林执教，1909～1914 年任维也纳音乐学院教授。因战争而返回美国后即在那里定居。1930 年在伦敦的一次录音中，他突然中风，丧失工作能力，此后便未能重返舞台，1938 年去世。

人们会谈论音乐会上的钢琴家戈多夫斯基或工作室中的钢琴家戈多夫斯基吗？他最超群绝伦的演奏是在家里，而其他所有钢琴家也正是从他家里走出来的时候最啧啧称羡。戈多夫斯基的技巧不属于英雄型，至少他从来就不喜欢非常洪亮的音响。但是就双手的独立、手指力量的均等、抛接一缕缕复调线条的能力和总的钢琴造诣而言，他在键盘史上堪称绝无仅有。他自己的音乐——他大量创作并改编作品——写得错综复杂，细节上刻意经营、沉重不堪，再加上那么多的内声部纵横交错，因此除他自己外没人能够弹奏。这些音乐大多已湮没，虽然偶尔会有几个技巧大师尝试一下他为《蝙蝠》或《艺术家的生涯》(较少)所作的自由改编曲。在他的时代有人说他是为未来一代的钢琴家创作的。果真如此，则那一代人尚未到来。

他最精雕细琢的系列——也可能是有史以来所写的钢琴曲中最最棘手的音乐——是他为肖邦练习曲所作的五十三首自由改编曲。这是一些异想天开的练习，把钢琴技巧推到了甚至连李斯特也未想过的高度。戈多夫斯基写过几首只用左手的练习(包括那首使帕赫曼栽跟头的"革命")。有时他将两首放在一起，例如那两首降 G 大调练习曲("蝴蝶"和"黑键"，放在一起后称作《嬉戏曲》)。有时他又将一首练习曲的低声部放到右手，而把旋律放到左手。戈多夫斯基充分意识到，他这样瞎摆弄肖邦练习曲会在许多音乐圈子里受到非难。他在为施莱辛格版所写的前言中写道：

> 根据肖邦二十六首练习曲而作的五十三首练习曲有着多重意图。其目的旨在发展钢琴演奏的机械的、技巧的和音乐的可能性，扩展这一乐器特有的适应复调、复节奏和复力度作品的性能，以及拓宽其声音色彩的可能辐度。

接着戈多夫斯基又讲了一些个人的意见，从美学上论证他如此处理肖邦练习曲是正确的。这些意见对当今时代没有任何影响，现代人认为自由改编曲是一种渎圣行为。不过那日益减少的对戈多夫斯基的处理持赞赏态度的一伙人却无视离经叛道的叫喊。他们指出戈多夫斯基所表现的鬼聪明，指出他将一首练习曲配上另一首时的复调技巧，他对于钢琴技巧的完全不落窠臼的想法，以及他的与众不同的音色运用。无可否认的是，从专业角度来说，他的写作含有一种先验的特点，把钢琴这一乐器拟人化了。戈多夫斯基的自由改编曲就是钢琴，把钢琴推到了最精炼的浪漫派复调音乐的符合逻辑的（或者，如果你愿意的话，也可说是不符逻辑的）极致。自李斯特以来，没有一首作品如此充满了钢琴之所以是钢琴的乐汇。这些自由改编曲虽然无比困难，但它们的原意并非用作华美的炫技绝招。戈多夫斯基心中所想的主要是音乐意图。可能这些意图已经过时了，可能它们所反映的审美观今天看来是有问题的。但是它们确实代表着一种哲学，在这种哲学中钢琴本身就是目的，与其说它是一件乐器，不如说它是一种生活方式，因此这些自由改编曲最终就不是为音乐而音乐，而是（像那么多李斯特改编曲那样）为钢琴而音乐。遗憾的是，从现在算起再过二三十年，它们很可能会被忘得一干二净，除非二十世纪的审美观发生彻底的转变。

在钢琴天平的另一端，和哲学家与先验论者相对而立的是那些魔术师：一大批当年非常走红但今天正在或已经湮没无闻的作曲家兼钢琴家。阿尔弗雷德·格林费尔德便是其中的一人。这是一位略有帕赫曼风格的钢琴家，但技巧上比帕赫曼更胜一筹。他也主要是个小品演奏家，正如汉斯立克所说的，他充分了解如何使他的维也纳听众着魔的艺术。生于布拉格，曾在柏林师事库拉克，最后成为维也纳宫廷钢琴师的格林费尔德，其可取之处在于他从来不假装不是他自己。约瑟夫·霍夫曼曾经评论说："阿尔弗雷德·格林费尔德有着天鹅绒般的触键，但他真正弹得好的只是沙龙音乐。"格林费尔德很少脱离沙龙的轨迹。他是个超级鸡尾酒会类型的钢琴家，卖弄着他那小小一口袋的鬼花招，其中包括重复音。他有一手灵活的技巧，并为他自己写了大量可让他那些重复音结结巴巴说开去的音乐。尽管如此，他的演奏是有风格的，1904 年录制的肖邦《b 小调马祖卡》不仅技巧准确，而且十分清澈，颇有雅趣。作为最早录制唱片的钢琴家之一（他早在1904年以前就录制了几张7寸的柏林人公司的唱片），他在那些年中继续将自己的音乐录成唱片，包括施特劳斯作品集锦曲和几首相当丢人现眼的（因为太陈词滥调）舒伯特歌曲改编曲。

还有其他一些具有魔力的人。克萨韦尔·沙尔文卡这个冲劲十足和感觉敏锐的波兰人使得女士们个个神魂颠倒。有哪个学生没弹过他的《降e小调波兰舞曲》？他在1911年前后为它录制了唱片。他的《降b小调钢琴协奏曲》有一段时间常见于保留曲目。另一位波兰人是莫里茨·莫什科夫斯基。和沙尔文卡一样，他也曾师事库拉克，后发展成为一位非常知名的钢琴家和作曲家。他的钢琴音乐一度流行得令人难以置信，直到最近才从保留曲目中消失。没有一位钢琴家没弹过《火花》《吟唱杂耍艺人》《西班牙随想曲》《秋天》或《E大调钢琴协奏曲》。事实上从来就没有人创作过更好的沙龙音乐，或具有如此惬意构思的钢琴音乐。总有一天会有一位钢琴家演出一套"我们的祖父母喜爱的作品"的。

还有一位令人刮目相看的波兰钢琴家是拉乌尔·冯·科恰尔斯基。所有钢琴家都是作为神童起步的，但科恰尔斯基甚至在神童中也是不同凡响的：四岁首演，七岁巡回演出，还在孩提时期即担任波斯国王的宫廷钢琴师；九岁时已写到Op.46，十一岁庆祝公开演出的第一千场。在他的许多唱片中有一张非常有趣，那是肖邦的名曲《降E大调夜曲》（Op.9/2）"连同原有的变奏"。在科恰尔斯基指尖下弹出来的这首夜曲增加了很多装饰音。科恰尔斯基可能是从他的同胞卡尔·米库利那儿弄到这些变奏的，后者是肖邦的学生。如果它们真是"原有"的话，那么这张唱片就是一件非常珍贵的文物，因为它表明肖邦并不总是按照谱上所记来弹奏自己的音乐，而是会加入一些最精彩的装饰的。

亚历山大·米哈伊洛夫斯基是个从未在国际乐坛引起太多注意的波兰钢琴家，因为他中断了演出生涯而去华沙从事教学（米夏·列维茨基和万达·兰多芙斯卡均出自其门下）。他的学习经历包括跟莫谢莱斯、赖内克、陶西格和米库利学琴。他在鼎盛时期的状况从他八十高龄时（他卒于 1938 年，时年八十七岁）为波兰赛丽娜公司所录制的肖邦《b 小调谐谑曲》唱片中可见一斑。演奏精彩极了——充满热情。虽然他偶尔会失去控制——就其高龄而言这点失态尚属正常——但我们听到的是一个富于英雄气概的声音。

瓦西里·萨佩尔尼科夫来自俄国，1888 年曾在汉堡演奏柴科夫斯基的《降 b 小调钢琴协奏曲》，由作曲家亲自指挥（二十世纪二十年代初为沃卡里昂公司制成唱片）。他演奏的肖邦《降 A 大调波兰舞曲》使萧伯纳大为惊诧，"中间的插部由他那双有力的手弹奏出来好似一场雪崩"。萧伯纳多次听他演奏，始终印象深刻。他说，萨佩尔尼科夫"将演奏中纯音乐的和触觉的品级磨炼到了非凡的高度，其左手触键之精巧，动作之迅捷独立，即使与别人的右手相比，也可称奇迹"。可能萧伯纳曾听过他演奏陶西格改编的韦伯的《邀舞》，其中有一些蔚为壮观的左手经过句。这是萨佩尔尼科夫的众多唱片之一，它证实了萧伯纳关于萨佩尔尼科夫左手技巧的见解。他的唱片是一个具有杰出音乐才智的人和一个受过高雅教育的艺术家的产物。顺便说一句，柴科夫斯基的协奏曲（略有删节）的录音是相当清淡稳重的，没有任何炫耀的味道或音符的改动。

恩内斯特·哈奇森来自澳大利亚，求教于赖内克和施塔文哈根。五岁时即是神童的哈奇森于十二岁时和另一个才华出众的澳大利亚人内莉·梅尔芭联袂巡回演出。哈奇森的演奏清澈而条理分明，颇有古典风格。某君曾说过此人在钢琴演奏中具有刻画细部的天才。他不适合表现激情，但是能有他那样造诣、渊博的知识和音乐上的完善的钢琴家并不多。他于 1900 年来到美国，自那以后较少演出，而是以教学与行政工作为乐。先任教于巴尔的摩的皮博迪音乐学院，后来成为朱利亚音乐学院教务长，最后任校长。他有一项业绩是不容忽视的。二十世纪三十年代初他举办过一个全国性的无线电广播系列演出，包括五十次半小时的曲目，涉猎大量协奏曲的文献。当时唱片数量还很少——电声录音尚在起步阶段——而哈奇森的创举向广大听众推出了莫扎特、巴赫、贝多芬和勃拉姆斯（以及其他很多人）的协奏曲中的精彩片段。

在哈奇森离开墨尔本之后大约十年，另一位澳大利亚人珀西·格兰杰（见图81）亦步其后尘。格兰杰是个音乐怪杰——身材瘦长难看，一张鹰隼式的脸，一头蓬松凌乱的厚发；相信素食主义；趋附健身法时尚，说不定会背着一只背包徒步从一场音乐会走到另一场音乐会；一个了不起的钢琴家。他对自己的私生活讳莫如深，许多人是直至1976年约翰·伯德的传记问世后才对他的私生活有所了解的。这个白肤金发碧眼、像运动员似的格兰杰和他母亲有着一层不太健康的关系（她最后自杀身亡）；他还是个鞭笞派教徒和狠毒的种族主义分子，对犹太人特别厌恶。

他写了那么多《乡间花园》和《莫利在岸上》一类的音乐，因此很多人不愿认真地把他当作一位钢琴家看待，尤其是在他快到生命尽头、公开演奏的盛况早已成为过眼烟云的时候。年轻一代的钢琴家每听到他的名字总是咯咯发笑。再也没有比这更不公正、更不得其所的嗤笑了。格兰杰是二十世纪才华最高的钢琴家之一，他的背景无可挑剔：路易斯·帕布斯特、詹姆斯·克瓦斯特和费鲁乔·布索尼的学生；格里格的朋友；世纪之交时的现代音乐（德彪西、戴留斯、阿尔贝尼斯）的倡导者。他在钢琴上有一股潇洒流畅的气势，优美至极的声音，轻松自如而行云流水般的技巧。当然他的演奏中有某种浪漫主义的矫揉造作，例如在乐句结尾处往往倾向于渐慢。但是他所录制的巴赫—李斯特唱片（a小调和g小调管风琴赋格）都是无比清晰、组织有序的。他演奏的李斯特光彩夺目；他的肖邦和舒曼有活力、有诗意、有风度；当然，弹奏格里格和他自己的音乐更是无人可比。他是一位有独创性的键盘大师——一位锻造了自己的风格并以惊人的技巧、个性和活力加以表达的钢琴家，一个具有健康直率的音乐头脑的人。他的演释听上去从来不是生硬牵强的，钢琴娓娓奏来，好似清风拂面，令人神清气爽，犹如置身野外，给人十分奇妙的感觉。

女士们
卡雷尼奥、艾西波夫、蔡斯勒

　　继索菲·门特之后，安妮特·艾西波夫和旋风式的泰蕾莎·卡雷尼奥两人共享荣誉，但较多的荣誉可能是落在卡雷尼奥身上。与卡雷尼奥相比，艾西波夫看上去和听上去都像是一只灰色小老鼠。卡雷尼奥（见图 82～83）有着压倒一切的个性、压倒一切的才华、压倒一切的体力和压倒一切的技巧。除此以外，她还是当时最美丽的女性之一，是那种亚马逊族女战士型的美人。总而言之，她无论在哪一方面都是压倒一切的，世上似乎没有她做不了的事。她甚至登台唱歌剧。1872 年她以独奏钢琴家的身份随剧团经理詹姆斯·亨利·梅普尔森所率领的歌剧团在英国巡回演出时，因为一位歌手不能继续演出，梅普尔森便说服卡雷尼奥演唱迈耶贝尔《胡格诺教徒》中的皇后一角。她真的唱了，但是要求梅普尔森举办一场卡雷尼奥义演音乐会（此事得到兑现）。

81　来自澳大利亚的奇才——珀西·格兰杰，别具一格的键盘大师之一。

82

83

82 年轻的泰蕾莎·卡雷尼奥，才华横溢（作为歌剧演唱家也是如此），喜怒无
常，似狂风暴雨，而又秀丽动人。
83 卡雷尼奥，钢琴的女武神，女鲁宾斯坦。

他们称她为"钢琴的女武神"。自从九岁那年（当时她长得很像阿德莉娜·帕蒂）在委内瑞拉初露头角后，她周围便缭绕着某种狂热的气氛；人们不遗余力地想帮助这个有天分的姑娘。路易斯·莫罗·戈特沙尔克于 1862 年在纽约听过她的演出，认为她是个天才，给她上了几次课，推动了她的演出生涯。第二年她便开始巡回演出。中途的一个停靠点是白宫，她在那里为林肯总统演奏，对白宫的钢琴大为不满。林肯请她弹奏他最喜爱的乐曲《请听这反舌鸟》。卡雷尼奥弹了，而且还即兴加了几段变奏。

三年后她在巴黎师从马蒂亚斯，给罗西尼和李斯特留下了极深刻的印象。李斯特自告奋勇愿意教她，这可是任何钢琴家都求之不得的良机，可是泰蕾莎却拒绝随他去罗马，表现出她桀骜不驯的性格。这时她才十三岁，也许还不太懂事。罗西尼和帕蒂希望将她打造成一名歌手，因为她有一副曼妙的嗓子（次女高音）。安东·鲁宾斯坦在伦敦听过她的演奏，以后每当他们的行动路线会合在一起时就给她上课。这样的机会并不太多，因为卡雷尼奥凭着她自己的能力成了欧洲人的偶像和一位忙碌的技巧大师。当她于 1889 年在柏林首演时，彪罗称她为"当代最令人关注的钢琴家"。卡雷尼奥以她丰沛的青春活力和生气勃勃的性格或许已把那时的钢琴界闹得晕头转向了。她并未受过太多训练，因此许多德国人认为，尽管她是那么了不起，她还是需要"正规训练"，这当然是指德国的训练。但是，缺乏训练也罢，不缺乏训练也罢，彪罗是错不了的。"一个奇才，"他说，"她把场地上所有的钢琴花架子人物扫荡殆尽；自她来后，这些人都不得不远走他乡。"听过她演奏的人现尚健在的为数已不多。克劳迪奥·阿劳听过，他把她叫作"女神"，说："她就是有这种令人难以相信的锐势，这种力量。我想我还没听到过任何人以这样的声音响彻柏林爱乐乐团的那个旧大厅。她的八度是了不起的。我想今天没有一个人能够弹奏出这样的八度，我是指速度和力量。"

她的生活和她的演奏一样风狂雨暴。1873 年她与小提琴家埃米尔·索雷结婚。这场婚姻破裂后她于 1875 年和一个名叫乔瓦尼·塔利亚彼得拉的男中音歌唱家同居，两人一起巡回演出，在部分曲目中她常常弃钢琴而和他一起唱二重唱，事实上她有一段时间确实放弃了钢琴。1876年她随某歌剧团在纽约演出，在莫扎特的《唐璜》中饰演策丽娜一角，获得好评。唐璜一角当然是由她丈夫演唱。不久后二人组织歌剧团赴委内瑞拉演出。如果歌手不够或者生病了，卡雷尼奥就上台演唱。如果指挥不到场或是走出去了，卡雷尼奥就担任指挥。需要她干多久她就干多久。后来卡雷尼奥离开塔利亚彼得拉而重新开始音乐会生涯。1892年她与尤金·达尔伯特结婚，这场婚姻想必是一场旷日持久的恶斗，他们花在争吵上的时间似乎比和谐相处的时间更多。两个如此自我、唯我独尊的性格是不可能不磕磕碰碰的。他们相识于1891年，他比她小十一岁。两人同居一段时间后决定将关系合法化，于是在德国租了一座宅第，她的工作室在房屋的一端，他的在另一端。有一则轶事就是从那里传出来的：一天达尔伯特急匆匆地跑进卡雷尼奥的厢房："泰蕾莎！泰蕾莎！我的孩子和你的孩子在和我们的孩子打架！"这个故事听来很有趣，但不足凭信，虽然他们各自的前一次婚姻确实各有一个孩子，而卡雷尼奥也的确给达尔伯特生了两个女儿。不过，刊登于德国某报的一篇评论却是实有其事的："昨天卡雷尼奥夫人在第四场爱乐音乐会上演奏了她第三任丈夫的第二首协奏曲，这是它的第一次演出。"

　　卡雷尼奥和达尔伯特经过三年激烈但却未必是毫无乐趣的共同生活后于1895年离异。在这次破裂前她和达尔伯特作过几次双钢琴的演出，人们对此津津乐道，议论纷纷，因为整个欧洲音乐界都了解他们不顾后果的争吵。不过，尽管这场婚姻未能白头，卡雷尼奥肯定还是从伟大的达尔伯特那里学到了李斯特传统中的很多东西，同时她也学会了驾驭自己。人们注意到，在与达尔伯特一起生活了几年后，她演奏时比较能控制自己了。她可能仍然是个"女武神"，但她也发展成为一位艺术家。她的最后一次婚姻引起了一些流言蜚语。1902年她与她的第二任丈夫的兄弟阿尔图罗·塔利亚彼得拉成婚。此举被认为有失体统，但这场婚姻是卡雷尼奥永无宁日的一生中唯一幸福的一次。

她是个身材魁梧的女人，长着一双大手（手掌特别宽大，手指特别粗壮，很像鲁宾斯坦的手），"弹起琴来像男人"。她早年一味追求炫技，曾经使某些敏感的听众恼火。格里格在致友人函中曾气愤地讲到她演奏的李斯特《匈牙利幻想曲》和肖邦《e小调钢琴协奏曲》："……这些技巧大师真是鬼迷心窍了，他们总是想把什么都改动改动。"据格里格说，她作了一些莫名其妙的速度改动；作为她的挚友，格里格曾利用这机会对她进行了直率的批评。她是最早将格里格协奏曲列为保留曲目的人之一，但是她毫不犹豫地把它随意摆弄，所作"改动"中包括以八度代替结束的琶音，这可能是作曲者不愿接受的（虽然作曲家们对这些事通常要比我们想象的更为随和）。

当然，这位"女武神"对大型作品情有独钟。她有处理它们的力量和技巧，"皇帝"、鲁宾斯坦"d小调"、李斯特"降E大调"、柴科夫斯基"降b小调"和麦克道尔"d小调"等作品由她弹来，好似电闪雷鸣一般。（她曾教过年轻时代的格里格，1888年他的"d小调"的世界首演便是由她演奏的。）在后来的岁月中，端庄稳重、满头银发的卡雷尼奥是钢琴界的女皇，被认为可与任何钢琴家匹敌，无论是男是女。她应该是可以录制一些唱片的，可惜她没这么做，只作了几盘自动钢琴的纸卷，从中我们无法了解她的才能。

艾西波夫（见图84）和卡雷尼奥几乎完全是同时代的人（前者为1851～1914年，后者为1853～1917年）。她生于俄国，曾随莱谢蒂茨基学琴，二人于1880年结为伉俪（1893年离异）。艾西波夫作为钢琴家可说是高效率的代表。当她于1876年12月23日在波士顿露面时，《德怀特音乐报》就曾评论道："她似乎就是为钢琴而装配的。她的双手和手腕的漂亮动作本身就值得观赏……猫一般的活力和敏锐……完美的技巧……无懈可击……恐怕要过很长时间以后我们才能听到足以与之媲美的钢琴演奏，除非她卷土重来。"纽约为她而陷入狂热之中，虽然《音乐行业评论》那位博学的评论员感到忧心忡忡："她坐得那么高，离钢琴那么远，我们真担心她的直挺挺的手臂很快就会疲劳。"他为她的技巧大喊大叫，"她左手弹出的一个个跑句、三度和八度，完全和右手一模一样"。

萧伯纳于 1888 年听她演奏后报道了一场典型的演出。"这位女士的令人叹绝的精确和取之不尽的精力；她对困难的冷眼蔑视；她的神奇但绝不是仓促草率的速度；她的毫无软弱纤嫩之弊的优雅精巧：所有这些都是令人敬畏的缘由而不是批评的依据。"萧伯纳说，艾西波夫弹奏时丝毫没有装腔作势或矫揉造作的台风。"当掌声到达了必须加演曲目的火候时，她立刻走上台来，一秒钟也不浪费，一句话也不说，就向听众抛出一条大约四十秒钟的练习，而且难度之大无以复加；然后又像出场时一样平静地消失。的确是个惊人的——几乎是可怕的演奏家。"

但是帕德雷夫斯基只把她描写为"一个富有魅力的钢琴家"。帕德雷夫斯基将高效率的艾西波夫和火山爆发般的卡雷尼奥作了一个有趣的比较。他写道，艾西波夫的演奏

> 在很多方面都是完美的，但是弹奏强劲有力的作品不行。那时她会像大多数女钢琴家一样，显得力量不够。泰蕾莎·卡雷尼奥夫人则与她大不相同。我可以说，卡雷尼奥是个非常强劲的钢琴家，作为女性，她甚至是过于强劲了。卡雷尼奥是具有洪亮声音的女钢琴家之一，但那声音并不美妙，因为美妙的声音必须柔和纤丽，而她的声音中却没有这个特点，只有夺目的光彩。艾西波夫则恰恰相反。她的演奏十分女性化，短小而带有诗意的作品可以弹得令人叹绝。

卡雷尼奥和艾西波夫是十九世纪最后二十五年中使音乐爱好者着迷的许多女性中的两位。李斯特的女弟子们打着老师的招牌云集欧洲和美洲。莱谢蒂茨基的女弟子为数甚至更多，其中宝拉·萨利特自幼便表现得前程不可限量，阿

图尔·施纳贝尔认为她是有史以来最杰出的神童。她十三岁投师莱谢蒂茨基门下，与她同学的阿瑟·沙特克断然声称，即使在那样的年龄，"她已是当时最超群绝伦的再创造天才"。但萨利特回到了她的祖国波兰，后来便音讯杳然。继艾西波夫之后的莱谢蒂茨基女弟子中，最突出的是美国钢琴家范妮·布卢姆菲尔德·蔡斯勒（虽出生于奥地利，她四岁即被带到芝加哥；顺便说一句，她是莫里茨·罗森塔尔的表妹——见图85）。如果说卡雷尼奥是钢琴女武神，那么布卢姆菲尔德·蔡斯勒就是钢琴界的莎拉·伯尔尼哈特——人们就是这么称呼她的。在芝加哥她曾跟伯尔尼哈德·齐恩和卡尔·沃尔夫索恩学琴，后经艾西波夫推荐，于1878年去维也纳，其后五年师从莱谢蒂茨基。在许多年中她被认为是最伟大的美国钢琴家：一位拥有惊人保留曲目的技巧大师（在旧金山时她于十八天中举行了八场独奏会而没有重复一首乐曲）。她曾经说过，她的专长就是无所专长。

她生来非常娇小。"听众中有谁在第一次见到她时不产生我见犹怜的感情呢？"一位评论家写道，"这个瘦小娇弱、蒲柳之质的女士看起来更需要的是走路时有人搀扶一把，更别说演奏了，她怎敢尝试如此艰巨的任务，就像她经常做的那样，在一个晚上弹奏两首甚至三首著名协奏曲呢？"《纽约太阳报》于1901年称她为"具有人类躯体和灵魂的电力发动机"。但是这个"电动机"一度发生短路，于是她突然垮了下来，不得不去疗养院待了一段时间才重返家园。1906年2月12日她从芝加哥的家里失踪，有人发现她踯躅街头，就像人们所描写的"体力上和精神上都陷入几乎是完全疲惫不堪的状态"。她被诊断为患有"忧郁症"。（罗伯特·伯顿的阴影！）今天我们会把这种情况称为"精神崩溃"。不过，那年秋天她终于还是回到了音乐会舞台。九年后《波士顿抄本》的H. T.帕克为她作了一幅速写（像大多数作家一样，他把她的姓名拼写为"Fanny Bloomfield-Zeisler"，而她本人在姓氏的两个字之间不加连字符，并将名字拼为"Fannie"）：

应该有个能迅速联想起林布兰描绘犹太女人的图画的青年画家来勾画布卢姆菲尔德–蔡斯勒夫人弹琴的景象；可以料想，这位大师也不会拒绝把她作为题材。昨天下午当她坐在乔丹大厅里，聚精会神地俯身弹奏时，那就是一幅画，而且简直就是林布兰刻画他的犹太人并用鲜明色彩加以润饰的那种样子。那强烈而轮廓分明的犹太人的侧影，那深凹而明亮的犹太人的眼睛，那丰满而隆起的肩膀，那肌肉发达的躯体，那色彩绚丽而摆幅宽大的服装，总的印象是一个充满活力的个性在运转，是那么生意盎然。

她也许是伟大的钢琴家之一。可以肯定地说，她在欧洲和美洲被认定为当时最辉煌的演奏家之一。根据各种报道，她的演奏充满勃勃生机，激情洋溢。在她的五十周年纪念音乐会（1925 年 2 月 25 日）上，她弹奏了舒曼"a 小调"和肖邦"f 小调"两首协奏曲（与芝加哥交响乐团合作）以及一组独奏曲。

除李斯特和莱谢蒂茨基的女弟子外，还有克拉拉·舒曼的那些女弟子们，为首的是波兰出生的娜塔莉·亚诺萨，属于精力旺盛、无拘无束的类型，1885 年成为柏林宫廷钢琴师。亚诺萨举行音乐会时，一定会把她的宠犬怀特·希瑟王子（只要这个家伙在世一天）带来放在舞台上她的视线以内的什么地方。另外她还惹人注目地在钢琴上放一本祈祷书。亚诺萨说，没有怀特·希瑟王子或祈祷书的话，她也许一个音也弹不出来。她在 1905 年录制了四张唱片，其中一张是肖邦的赋格，那是一首习作，手稿属她所有。唱片的说明指出该赋格"系根据手稿改编"，这可能意味着亚诺萨曾将它加以润色。这张唱片是人们所知的该曲唯一的唱片。另一张是门德尔松的《纺织歌》。这张老式 G&T 公司的唱片的标签上注明"作品由亚诺萨小姐演奏，她弹奏的速度是创纪录的"。一开始她加了两个和弦（准备，启动……），而在演奏的过程中又另外插入几个音阶经过句。时间总计 1分 35 秒 4。她自己的《皇帝加沃特舞曲》是一首妙趣横生的作品，她以极大的热情将它猛然击奏出来。从她的唱片来看，她绝不是一个敏感的钢琴家，而且肯定也不是一个优秀的音乐家，但至少她熟悉键盘。

克拉拉·舒曼的另两个学生范妮·戴维斯和伊洛娜·艾本许茨不那么花俏华丽。戴维斯来自英国，被认为是阿拉贝拉·戈达尔的后继者。她于1928年前后录制了舒曼的协奏曲和《戴维同盟舞曲》，在她那干净利落、控制有方而趣味高雅的演奏背后，我们能够看到克拉拉的幽灵。艾本许茨是克拉拉最后一个健在的学生，1886年来到克拉拉班上时才十三岁，但已是一名有七年音乐会舞台经验的老演员了。她是钢琴史上令人叹绝的神童之一，跟克拉拉一直学到1890年。显然克拉拉花了很多时间试图约束艾本许茨灼热的匈牙利气质和追求速度的倾向；克拉拉一直不能确定自己是否做到了这一点，她甚至曾对勃拉姆斯表示过某些疑虑。艾本许茨通过克拉拉进入勃拉姆斯的圈子，给勃拉姆斯留下深刻印象，后者因此将自己某些晚期作品的世界首演托付给她，特别是Op.118和119；在她移居伦敦后，英国的首演也由她担任。萧伯纳评论她的1891年伦敦首演时，说她是个"狂野的年轻女性"。但是不久之后她就稳定下来，"当她弹舒曼《交响练习曲》的第一个和弦时，她的手均匀而敏感地按在键上，因此我立刻意识到，伊洛娜……放掉这个和弦后是完全有能力控制局面的。她确实做到了这一点"。艾本许茨发展成为一个备受敬仰的钢琴家。在她的少数几张唱片中——她于1903年录制了三四张——有一张是勃拉姆斯的两首圆舞曲。她弹得很朴素，线条起伏摆动，节奏灵活，速度比今天惯用的更快，而且毫无"浪漫主义"风格，令人心荡神驰。另一张唱片是斯卡拉蒂的两首奏鸣曲，弹奏速度快得无以复加。她表现出自己是个功夫扎实的键盘技巧大师和敏感的艺术家。虽然她活到九十五岁高龄（1967年卒），她的演奏生涯却非常短暂，因为她在1902年结婚后便脱离舞台。不过，1950年她录制过几张私人唱片，1952年接受BBC采访时而谈了她与勃拉姆斯的友谊，至八十九岁时她还在家里为勃拉姆斯《降A大调圆舞曲》录音。所有这些全都转换成了LP唱片。有时艾本许茨衰老的手指不太稳，但是从风格上来看，她代表着一种地球上绝迹已久的演奏类型。

克拉拉·舒曼的另一个女弟子阿德莉娜·德·拉腊可能是个优秀的钢琴家；但是二十世纪五十年代的克拉拉·舒曼协会让她录制的几首舒曼的大型作品，帮了她的倒忙。德·拉腊当时已经七十八岁，不管她有怎样的意图，要把它们付诸实践，她都已力不从心。玛蒂尔德·韦尔纳也许是个更优秀的钢琴家，也是克拉拉的女弟子中比较成功的一人，在伦敦以其教学闻名遐迩。她的学生包括所罗门和哈罗德·塞缪尔。玛蒂尔德的妹妹阿黛拉并未像某些资料所讲的跟克拉拉学琴，而是跟克拉拉的女儿玛丽·舒曼学的，后来又师从帕德雷夫斯基。她是一位优秀的钢琴家，钟情于大型作品，把勃拉姆斯的《降 B 大调钢琴协奏曲》介绍到英国。

萧伯纳最欣赏的女钢琴家不是出自李斯特和莱谢蒂茨基门下，也不是出自舒曼门下，而是来自挪威的阿格斯·贝克-格伦达尔。"一位杰出艺术家——一位严肃艺术家——一位美丽的、盖世无双的、绝无仅有的艺术家！"她曾师从库拉克、彪罗和李斯特，艺术生涯短暂，直到去世前只弹自己的作品。玛丽·克雷布斯-布伦宁、克洛蒂尔德·克利贝格、伯莎·扬、蒂娜·莱纳、埃塞尔·莱金斯卡和容易冲动的埃莉·内伊也都是一些举足轻重的优秀钢琴家。另外还有瑟西尔·夏米纳德，她弹自己的作品时和别人一样。她在二十世纪最初几年为自己的《围巾之舞》和其他作品所录制的唱片表明她是个自信而称职的钢琴家，技巧精湛，仪态万方，具有十足的节奏气势和丰富的钢琴手法。

还必须提一下海伦·霍普科克。她来自爱丁堡，后离家而投师莱谢蒂茨基，给他留下深刻印象。至少，据可靠资料引用他的话说，霍普科克是"我所听到过最杰出的女音乐家"。她十一岁即公开演出，曾在莱比锡师从赖内克，最后随莱谢蒂茨基学习五年；来美国后执教于新英格兰音乐学院，又在波士顿和布鲁克林教私人学生。创作过几首流行歌曲，也发表过一些妙语警句，其中刊于 1912 年 6 月号《音乐家》杂志上的一篇颇有传世价值：

84

85

84　安妮特·艾西波夫，莱谢蒂茨基的第二任妻子，多年来一直是个一流的钢
　　琴家。

85　范妮·布卢姆菲尔德·蔡斯勒，莱谢蒂茨基的产品，而且是杰出产品之一。

86

86　伊萨克·阿尔贝尼斯。经历了放荡不羁的童年之后，他成为一位优秀钢琴家和一位更加优秀的作曲家。

你会发现所有音乐家的鼻子根部都很宽阔。永远应该注意新学生的鼻子：如果学生的鼻子瘦削凹陷，绝对不要指望他会有什么发展；如果学生有一个根部宽阔的鼻子，你就可以感到很放心。

霍普科克本人的鼻子根部是非常宽阔的。

键盘旁的作曲家们
阿尔贝尼斯

历来伟大的钢琴家大多是作曲家，不过在李斯特之后，大钢琴家而又兼大作曲家的，为数已不多。反之亦然：历来伟大的作曲家也大多是钢琴家。（三位大人物是例外：瓦格纳、威尔第及柏辽兹。）他们工作中的哪一方面更为重要呢？就莫扎特、贝多芬和肖邦而言，是作曲，尽管他们作为钢琴家身手不凡。就勃拉姆斯和格里格而言，也是作曲；虽然勃拉姆斯受的是钢琴演奏的训练，而且年轻时可能是个优秀的钢琴家，但是他从未有足够的练习来使手指保持放松，于是没多久专家们就开始嘲笑他的演奏。威廉·梅森说他的演奏不仅不完美，而且不具乐感，缺乏风格和轮廓。"那是作曲家的演奏，而不是技巧大师的。"后来，当勃拉姆斯不得不弹奏钢琴时，一般总是左手含糊地翻滚着，虚张声势地弹出低声部。1889年他制作过一个圆筒录音，几年前这东西被重新发现了，但已破损不

341

堪。所录的声音很粗糙——那是一首《匈牙利舞曲》——噪音简直可怕，但是穿过这一片混沌，我们的确听到一些零零落落的钢琴之声。只是听到的不多，不足以作出任何判断。

另一方面，爱德华·格里格始终使他的钢琴技巧保持着良好状态，作于1904年的那些唱片可为明证。他录制了九面自己的作品，而且技艺娴熟。不过，格里格从不以音乐会艺术家自居。塞扎尔·法朗克在生命的后期亦是如此，虽然他曾经是个神童，而且十一岁时即巡回演出。1838年他在巴黎音乐学院获得钢琴"荣誉大奖"，父亲迫切地想把他推入音乐会生涯。一连好几年法朗克都在举行音乐会、教钢琴，并写了少量华美的乐曲（现已全部湮没无闻）。后来他集中精力于管风琴，当然还有作曲。法朗克本也可能是一位才华横溢的钢琴家的。

《卡门》的作曲者亦然。马蒙泰尔在所著《名钢琴家》一书中写到他的"深为惋惜的朋友和学生乔治·比才"，说他"演奏钢琴有胡梅尔、海勒和肖邦之风，具有那些杰出技巧大师、那些歌曲艺术大师的细腻完美和独特趣味"。比才有着一点类似李斯特的本领，听了一首乐曲后能够立刻把它弹出来。他曾当着李斯特本人的面这么弹了一次。那天李斯特为几位音乐家（其中包括阿莱维）弹奏他的一首作品，弹完后他说，在整个欧洲只有两位钢琴家能够演奏它——彪罗和他自己。阿莱维把比才推到钢琴旁坐下，于是这个年轻人立刻将曲中最难的段落弹了出来。这时那个稍稍有点吃惊的李斯特找出手稿，让比才视谱弹奏。比才弹得生气勃勃、准确且快速。李斯特说了几句道歉的话，把这个尴尬局面应付了过去。"现在我们有三个人了，而且，说句公道话，我还必须补充一句：我们中最年轻的这位也许是最聪敏、最卓越的。"

虽然伊萨克·阿尔贝尼斯（见图86）作为钢琴家事业有成，令人钦佩，但今天他主要是以作曲家的身份而名垂青史的。他的一生在音乐史中可算是比较有趣的一生，而他的童年则肯定是最动荡不定的童年。人们不禁要问，在某些孩子成长为大人的过程中竟然有这样的早慧？阿尔贝尼斯的才华与莫扎特不相上下。

他四岁即在西班牙故土作首次钢琴演出（那应该是 1864 年），七岁已在熟练地作曲。他是个喜欢想入非非的孩子，比他的实际年龄成熟一大截，并且天生具有完善的听觉、俊秀的容貌、健全的体魄和独立的心智。

他到底有多么独立，接下来的几年将会告诉我们。他理所当然地被赞誉为西班牙最杰出的神童；他的双亲带他出去旅行演出，四处炫耀。在这种场合下，他母亲往往将他打扮成法国火枪手的样子，配上全套制服和短剑。走上舞台时这个小不点儿手按短剑，神气活现地跨着大步，然后深深鞠躬如也。弗洛伊德学说的信徒们是大有文章可作的。没有出版过英文的阿尔贝尼斯传记，迄今也没有人对他的性格作过研究，但是那时他内心深处肯定滋长着一种狂暴的怨愤；父母使他蒙受的侮辱肯定引起了内心的爆发。于是他开始离家出走。他不断逃家，每次都是父母报警，然后被丢人现眼地送回来。他九岁那年发生过一次典型的逃家事件。在朱尔斯·韦尔纳小说的激励下，同时又因不得不像一只受过训练的猴子一样地表演而感到不满，他逃跑了，跳上他碰到的第一辆火车。在车上遇见埃斯科利亚尔博物馆馆长，后者把他带到那里的赌场，兴致勃勃地让他为那些游客和赌徒演奏，然后把他送上火车，严厉告诫他必须回家。可是伊萨克瞅准机会跳上一列驶往反方向的火车，并在阿维拉、萨莫拉和萨拉曼卡举行音乐会。他挣了一点钱，但是遭到抢劫，于是又举行几场音乐会，就这么一路弹奏着回到家里。最后他与家里彻底决裂。那次他趁在某海港附近举行音乐会之机躲到一条横渡大西洋驶向波多黎各的船上。船起航时他身上还是逃跑时所穿的那套火枪手的服装。那年他十二岁。

想一想！就这样自顾自地走了，身无分文，下定决心要去闯荡世界——只有十二岁啊！阿尔贝尼斯为旅客们弹奏钢琴，他们为他筹集了一笔基金。天知道他给船长编造了一个什么样的故事。我们知道在船抵岸后他没被遣送回家。接着听到的有关他的信息是，他到了布宜诺斯艾利斯，一文不名，在教堂里过夜，白天沿街乞讨。最后他使某些人对他发生了兴趣，开始在南美洲举行音乐会。他干得不错，手头宽裕，充满信心地去了古巴。但这时他父亲知道了他的行踪，已与地方当局联系。阿尔贝尼斯被拘禁并带往哈瓦那，父亲在那里等他。后来怎么样了呢？这个十三岁的孩子说服父亲让他独自去纽约。父亲的头脑里想必有根容易动感情的弦。他放走儿子，自己回到西班牙。

于是阿尔贝尼斯很快用光了所有的钱财，再次囊空如洗。他常常等待西班牙船只进港，好去替旅客们搬运行李。有时也在沙龙中弹琴。他有一个绝技，就是弹奏流行音乐时把手颠倒过来。他靠逃票乘车于1874年到达旧金山。他是怎么活下来的，至今是个谜。但反正他是活下来了。这个荒唐的孩子首度返回欧洲，并举行音乐会。接着，在十四岁时，他在莱比锡师从伟大的卡尔·赖内克。最后得到西班牙政府的津贴而进入布鲁塞尔音乐学院，这时他十五岁。但稳定有序的生活方式对他没有吸引力，他又一次逃往美国。

换言之，在同龄人过着安分守己的生活时，他却浪迹江湖。到回转布鲁塞尔时，他已几乎是不可救药的了：结交狐群狗党，生活放荡不羁，使得西班牙大使不得不亲自出马对他严加管束。在几次不可思议的逃跑之后，阿尔贝尼斯重新定下心来学习。他毫无困难地在音乐学院获得一等奖（他的老师是布拉辛）；1878年去布达佩斯并得到李斯特的面试，后者愉快地收他为学生。阿尔贝尼斯随李斯特去了魏玛和罗马。就这样他完成了作为钢琴家所受的正式教育。

此后的生活比较平静。他以钢琴技巧大师的身份大量巡回演出，被称为"西班牙的鲁宾斯坦"。萧伯纳评论他的伦敦公演时对他敬仰有加。至1893年时，阿尔贝尼斯在巴黎已站稳脚跟，得到大家的喜爱，并与杜卡斯、丹第和福雷成为至交。从这一年起他不再公开演出。及至生命末期的1904年，他已创作数百首欢快的沙龙曲，不过到今天，其中的大多数已被遗忘；他的歌剧亦是如此（至少在美国是如此）。但是在生命的最后三年中，他着手写作一系列复杂的钢琴曲，因而得以彪炳千古。这些乐曲分四册出版，名为《伊比利亚》。

在阿尔贝尼斯先前所写的作品中，没有一首能使人们预料到他会写出如此复杂、困难而有阳刚之气的音乐来。他的朋友、法国优秀钢琴家布朗琪·塞尔瓦看了手稿后大为震惊。"这是没法弹奏的。"她说。这个意见得到许多钢琴家的共鸣，他们都曾和《特里亚纳》《塞维利亚圣体瞻礼节》《港口》等作品苦苦搏斗。阿尔贝尼斯让塞尔瓦放心，对她说："你会弹它的。"最后她的确这么做了。不过，《伊比利亚》的十二首乐曲是只供超级钢琴家弹奏的。顺便说一句，恩里克·格拉纳多斯的《戈雅之画》情况相同。《戈雅之画》是西班牙钢琴曲中唯一可与《伊比利亚》相提并论的一套。格拉纳多斯本人是一位出类拔萃的钢琴家，但他不像阿尔贝尼斯，他从来就不举行音乐会。

如果他愿意，爱德华·麦克道尔是能够成为一位独奏钢琴家并取得辉煌成绩的。他曾经跟卡雷尼奥上过几次课，又在巴黎随马蒙泰尔学琴，1881 年在达姆施塔特音乐学院教过钢琴。事实上他在欧洲参加过一些音乐会演出，李斯特对这个美国青年颇感兴趣。但麦克道尔的兴趣主要在作曲，1888 年以后就很少碰钢琴了。根据各方传闻，他具有辉煌的技巧禀赋。

亚历山大·斯克里亚宾也是钢琴家，而且是一位出色的钢琴家。1891 年在莫斯科音乐学院（他和拉赫玛尼诺夫是同班同学）获钢琴金奖，接着便开始音乐会演出和作曲，1898 年在母校任钢琴教授。1903 年彻底脱离音乐学院后曾许多次巡回演出，主要弹奏他自己的作品。毕生演出不辍，最后一场独奏音乐会于 1915 年 3 月 27 日举行，约三周后去世。斯克里亚宾的演奏据说和阿尔贝尼斯很像。两人都被说成是高雅而手指轻巧的钢琴家，弹奏保留曲目中比较浅薄的东西最为得心应手，而且两人都拥有娴熟的技巧。斯克里亚宾是个发乎自然的钢琴家，从来不会把乐曲弹成一样的。谢尔盖·库谢维茨基曾举办过一次有名的旅行演出，他租船沿伏尔加河而下，历经十一个城市，指挥了十九场音乐会，斯克里亚宾作为独奏音乐家每一场都要弹奏他的《升 f 小调钢琴协奏曲》。受邀参加演出的埃伦·冯·蒂代伯尔后来说过，斯克里亚宾弹奏这首作品，每次都不一样，"视当天的情况和他当时的情绪而定"。

人们一般不大记得克劳德·德彪西是一位优秀钢琴家，如果愿意，他原也可能在这方面作出一番成绩。固然，所有作曲家都对钢琴有所了解，但德彪西的禀赋是一流的。他曾在巴黎音乐学院师从莫泰·德·弗勒维尔（肖邦的学生，魏尔蓝的岳母）和马蒙泰尔。他到俄国去，是为了教柴科夫斯基的庇护人娜杰日达·冯·梅克的几个孩子弹钢琴。她称他为"我的小钢琴师"。德彪西特别擅长视奏，水平几乎可与比才等量齐观。当然，他的革命性的钢琴音乐证明他对这一乐器的性能有着深邃的了解。在肖邦以后的作曲家中，他对钢琴所作的贡献比谁都大：关于踏板运用的新理论、关于音响的新思路、关于音型写法和布局的全新概念。

他的理想是使人感觉不到钢琴是用琴槌击弦的。曾在德彪西本人指导下学习了他的很多作品的杰出法国钢琴家玛格丽特·隆这样描写他的演奏：

> 德彪西是一位无与伦比的钢琴家。我们怎么忘得了他的柔韧灵活，他的爱抚般的触键？当他以奇特而具有渗透力的轻柔在琴键上漂游时，他能获得非凡的表现力。那就是他的奥秘所在，就是他的音乐中令人猜不透的钢琴语言；那就是他的个性化技巧所在，寓轻柔于连续不断的按压之中，产生了唯有他能得之于钢琴的那种色彩。他大多以中间色调弹奏，但是，和肖邦一样，起音毫不生硬……他的色调微差包括从三重 *pianissimo* 到 *forte* 之间的变化，从不会在音响上凌乱无序而导致丧失和声的精妙。

从某种意义上来看，隆的文章和德彪西的音乐同是印象主义的，不过也还有另外一些人，例如安德烈·叙阿雷，谈到过德彪西按键（而不是击键）的方式。德彪西的手型是扁平的，法国钢琴家莫里斯·迪梅斯尼尔说他甚至在弹和弦经过句时也是如此。"他使指尖略微放平，轻轻按键，仿佛是在抚摸它们。"德彪西告诉迪梅斯尼尔，"演奏时指尖应该更加敏感。弹和弦时要觉得好像琴键被你的指尖吸住，吸到你的手上，就像吸到一块磁石上似的"。所有曾跟德彪西学过琴的钢琴家都强调，他的演奏并非全是云雾和梦境。在他自己的炫技性作品中（如《快乐岛》），他可以弹得和任何人一样灿烂辉煌。但是他采用了音乐史和钢琴演奏史中前所未有的混合踏板技法和新的触键法。他把钢琴从琴槌中解放出来了。二十世纪最初二十五年中所听到的德彪西却不是这样的，那时强调的是清澈和节奏精确，奏出的声音是生硬的，即使不是真的像钢铁一样。钢琴家们似乎以去掉德彪西的印象主义而骄傲。

如果说德彪西主要以作曲家闻名，那么艾尔诺·多纳伊则是从钢琴家起步，并作为一位技巧大师以雷霆万钧之势取得他的第一次国际上的成功的。这个不久前刚随达尔伯特学习的匈牙利青年于 1899～1900 年在欧美巡回演出时，立刻就被公认为当代最伟大的钢琴家之一。他的演奏有活力和推进力，还有不同一般的技艺。当然他是个浪漫派钢琴家（他的莫扎特《G 大调钢琴协奏曲》的唱片含有今天人们认为属于拙劣风格的一切特点），正如他的作品也是浪漫派风格一样。后来多纳伊集中精力于作曲和教学，公开演出较少。第二次世界大战后，当形势迫使他不得不重新登上音乐会舞台时，他已垂垂老矣，然而仍然能明显地看出，年龄可能使他的手指变得迟钝，却并未削弱他的宽广高贵的风格。

多纳伊更著名的同胞贝拉·巴托克小他四岁。巴托克和多纳伊一样，也是一位了不起的钢琴家——"多纳伊第二"，人们这样称呼他——于 1907 年被任命为布达佩斯学院钢琴教授。巴托克从不巡回演出，如果要弹的话，一般也只弹他自己的音乐。他的唱片表明，他处理钢琴的手法远不是如今天的某些年轻演奏大师所想的那样敲击性的。巴托克毕竟是一位旧学派的钢琴家，在那个学派中声音仍是第一要素，他从来不像他的许多后继者那样"乒乒乓乓"敲出音乐。

87

87　费鲁乔·布索尼摄于十二岁时，这是他公开首演五年后，此时他已是音乐会
　　舞台和维也纳音乐学院的一名资深演奏家。

88

89

88　布索尼的一张非正式照片。后景诸人不知为何许人也。
89　布索尼的一张摆好姿势的照片。

键盘旁的浮士德博士

布索尼

在费鲁乔·布索尼（见图 88 ~ 89）身上有着浮士德的某些特点。这是个永不安宁、受尽折磨的钢琴天才、理论家和文人，一个制定了一些新的音阶体系的先锋派作曲家，一位技巧巨擘和钢琴效果大师。从某些表面现象来看，他颇像戈多夫斯基。两人都是出类拔萃的技巧大师，为自己大量开拓新事物；两人都没有受业于任何重要的老师，几乎都可说是自学成才的；两人都追求尽善尽美，戈多夫斯基能够连续苦干二十四小时，而布索尼在一场成功的独奏音乐会之后（据哈罗德·鲍尔说），也会在钢琴前坐上一个通宵，把他刚才结束的曲目再弹一遍，进行自我检讨。但是两人的相像之处仅止于此。对戈多夫斯基而言，钢琴是个"物"；对布索尼而言，钢琴则是个"理念"。戈多夫斯基是钢琴的化身，而布索尼则是理性的化身，是在钢琴上进行演释的化身。布索尼的一生是在求索中度过的（这又是浮士德式的；他最伟大的作品是歌剧《浮士德博士》，虽然未完成）。这是一种对理想中的音乐的求索，那是他能够演奏的理想的音乐，他能够创作的理想的音乐。他年轻时代的演奏曲目包罗万象。随着年龄的增长它变得越来越单薄，将近生命尽头时，他把自己局限于巴赫、莫扎特以及贝多芬的少数乐曲。及至1922年在柏林的告别音乐会上，则只剩下莫扎特了——十二首钢琴协奏曲。早在1907年，他就叙述了他的音乐价值观的转变：

> 至于我的音乐趣味，我是……从超越舒曼和门德尔松开始的。过去我常常误解李斯特，后来我开始崇拜他，再往后我对他感到惊讶，然后，作为一个讲拉丁系语言的人，我又回避他。我听任柏辽兹使我大吃一惊。一件最困难的事是学会辨别优秀的和拙劣的贝多芬。前些日子我发现了一些最新的法国作曲家，可是当他们一下子就红起来时，我又不去理会他们了。这就是前后二十年中发生的变化，而在这整整二十年中，犹如狂风暴雨的大海中一座灯塔那样始终岿然不动的，是《费加罗》的总谱。可是，当我于一星期前再次审视它时，我第一次看到了其中的不足之处；我发现自己现在不像原先那样对它望尘莫及了，这使我非常高兴。不过，从另一方面来看，这一发现不只是意味着一次有积极意义的损失，而且也表明人类所有成就的转瞬即逝。我自己的成就一定将是何等昙花一现啊！

1922年，亦即他去世前两年，他回顾自己的钢琴演奏生涯，感到大为不满。"我一直倾注全身心于巴赫、莫扎特和李斯特，我想这是太过分了，现在希望能摆脱他们。"接着他来了一阵绝对是陀思妥耶夫斯基式的感情爆发。"舒曼对于我已经不再有用；弹贝多芬只能是勉为其难，而且要经过严格遴选；肖邦在我的一生中不断吸引我又使我反感，而且我听他的音乐听得太多了——它被糟蹋了，亵渎了，庸俗化了……"

351

布索尼的键盘风格想必是恢宏的，而就它那个时代来说，它肯定又是怪诞的。评论家以及他的许多钢琴家朋友都不能接受他的观念。他从来不把任何事情视作理所当然，凡是他弹奏的乐曲，他一律要研究再研究。虽然他的处理方法基本上是浪漫主义的——他毕竟是在 1866 年出生的啊——但他摒弃了浪漫主义风格的许多赘疣，为霍夫曼、拉赫玛尼诺夫、佩特里、施纳贝尔和其他一些人的"现代"乐派创造了条件。他演奏的肖邦使人惊诧。他完全没有许多浪漫派肖邦演奏家的那种 Kitsch（庸俗低级趣味），没有大幅度的自由速度、加速、渐弱和夸张情感，甚至连那些小巧玲珑的前奏曲他也是以恢宏而不带感情的风格弹奏的，许多评论家认为这毫无魅力可言。布索尼于 1902 年对一个曾经批评他的"现代"风格的评论家发难：

> 你从一些错误的假定出发，认为我的意图是将这些作品"现代化"。恰恰相反，我是努力想清除它们身上的传统的尘埃，借以还其青春，按照它们从作曲家头脑里和笔下蹦跳出来时的面貌表现它们。想当年"悲怆"几乎是一首革命性的奏鸣曲，应该让它听来有革命性。弹《热情》则无论多么热情洋溢都不为过，因为它是那个时代热烈表情的顶峰。当我弹贝多芬时，我努力去接近那种 liberté、nervosité 和 humanité（自由、神经质和人性），这是他作品的标志，是其不同于前辈作品之处。

　　这又是个理念问题。布索尼虽然对古典作曲家作过深入细致的研究，但却不是个大学问家。然而，他确实有着一些关于音乐的哲学思想；他对理念的兴趣要比对色彩、表演、技巧或其他受到大多数钢琴家珍视的东西的兴趣大得多。他是最早对音乐进行思考而不只是进行演奏的钢琴家之一；他思考音乐的内涵和作曲家的意图；用美学家的思想方法来思考音乐，然后试图用语言加以表达：不是像彪罗、陶西格和其他所有人那样表达得柔肠百转，不是借助图像和节目单，而是以理智为基础。在这方面他是施纳贝尔一类现代钢琴家的直系祖先。他在钢琴演奏中摒弃了浪漫派的许多荒谬的东西。

但是在这一过程中他却代之以他自己的某些荒谬的东西，如果他的唱片和钢琴纸卷能够确切说明他公开演出时的音响效果的话。按照今天公认的标准，在所有浪漫派钢琴家中（包括帕德雷夫斯基），布索尼是最怪僻甚至是荒诞不经的。他的节奏可以毫不稳定，他的诠释可以个性化到随心所欲的地步，他对乐谱的明显蔑视是独一无二的。让我们以他为肖邦前奏曲所制作的自动钢琴纸卷为例：较短的几首他常常弹两遍，第一遍弹到小尾声，然后再从头开始，一路弹到底；在某些作品中他把和声加以改动；他的速度常常超越常规。今天谁也不能以这样的诠释公开演奏。确实，一名钢琴学生如果以这样不规则的方式演奏肖邦，他就绝对进不了音乐学院。再说这盘自动钢琴纸卷也不是唯一的。布索尼时不时地会让自己凌驾于作曲家之上。毫无疑问，他有着技巧大师的手指和非常坚强的头脑，但是作为一个具有他那样盛誉的钢琴家，这样诠释音乐实在令人费解，就是和当时一些大钢琴家的演奏也绝少共同之处。在钢琴演奏史上布索尼是独行其是的。

不过，所有数据都清楚地表明，他的演奏具有非凡的魄力和集中力。也许它对行家们比对群众更有感染力。欧洲和美国的知识分子都被他独一无二的处理手法所吸引。他在音乐中集中表达理念和哲学，这反映了脱胎于黑格尔、费希特和康德的德国形而上学思想。他甚至对激情这么基本的东西都表示怀疑，虽然他有足够的激情来供应一个团的钢琴家。"绝对不要耽于激情，因为它会扰乱力量。"他曾写道。

这是因为布索尼是意大利人，但又像早于他的斯甘巴蒂一样，已完全进入了德国的环境。胡戈·莱希滕特里特说他"从出生与本能而言是意大利人，从教育与爱好而言是德国人"。然而，阿尔弗雷多·卡塞拉却坚持认为，即使布索尼受到德国哲学和音乐思想的强烈影响，他基本上还是托斯卡纳人。布索尼本人则坚持他既非意大利人，亦非德国人，而是个世界公民。

他出生于佛罗伦萨附近恩波里的一个音乐家庭。父为意大利人，是个单簧管乐师；母亲是钢琴家，生于特里雅斯特，德国血统。布索尼四岁就会演奏钢琴和小提琴。父亲教了他几年（教得很差），然后在他七岁时自费为他举行公开首演，演奏莫扎特、克莱门蒂和舒曼的作品。十二岁时他已是音乐会舞台和维也纳音乐学院的资深演奏员，但他自称在音乐学院基本上没学到什么。如果曾有哪个钢琴家主要靠自学成才，那就是布索尼；而且他必须有怎样的才气方能战胜他可怜的训练啊！要说谁对他的演奏有所影响，那就是安东·鲁宾斯坦。布索尼曾经听他演奏，被他那恢宏的构想所震惊。

布索尼出挑得英姿飒爽，头脑高尚，体魄矫健，一副睥睨一切的尊严而集中的神态，看上去全身上下都是艺术家风貌。有一段时间他过着巡回演出的生活，然后开始教学——在赫尔辛基音乐学院、莫斯科音乐学院和波士顿（1891年他应施坦威公司之邀作首次美国之旅）。在魏玛时，他教一些程度深的学生以继承李斯特的传统。至1902年定居柏林，它成为他此后生活的大本营，但他几度中断在那里的居留，其中一次是为了就任波隆那罗西尼专科学校校长，另一次是因为住在苏黎世可以避开战争。自1900年起直至去世，他不断在欧美巡回演出。他最优秀的学生埃贡·佩特里继承了老师对大型曲目的趣味。佩特里后定居美国，是二十世纪最杰出的李斯特钢琴家之一，也是贝多芬、肖邦和勃拉姆斯的大型作品出类拔萃的诠释者，一位优异的技巧大师，一位有才智、有修养、有活力的音乐家。布索尼的另一位学生是后来成为知名指挥的迪米特里·米特罗普洛斯，他没有跟布索尼学钢琴，而是他的作曲学生。

本书无意讨论布索尼创作的音乐或是他在《新音乐美学随笔》中所倡导的思想。他的音乐作品从未在保留曲目中稳定地占有一席之地，虽然在某些圈子里极受赞赏。作为一个具有哲学倾向的音乐思想家，他可能时而立论鞭辟入里，时而又提出一些最最陈腐的陈词滥调来。而且他可能会出尔反尔。一方面他竭力鼓吹应该靠近作曲者的意图，另一方面，像当时所有音乐家一样，他毫不迟疑地改动音乐。有人指责他不该重写法朗克《前奏曲、圣咏和赋格》中的一些段落，他只是简单地（而且在他看来是合乎逻辑地）回答说，法朗克并不总是知道如何获得他所要的效果。布索尼拒不承认乐谱是神圣不可侵犯的，在这一点上他是继承了古典主义和浪漫主义的传统。为了适合自己演奏，他随意改动乐谱。他认为这些改动无足轻重；而且，说来也怪，它们确实是不大重要的。因为他把有关钢琴的迂腐见解留给了钢琴迂夫子；作为一个诠释者，他达到了诠释的主要目的——揭示贝多芬身上的贝多芬，李斯特身上的李斯特，巴赫身上的巴赫。他本身是一个富有创造性的人，因此显然有能力和他所选择的这三位作曲家达成共识；如果作曲家的主要精神已得到揭示，谁还会去为少数几个变动的音而争辩呢？不管怎么说，我们必须再重复一次，对于把他们的音乐交给具有想象力的音乐家来编辑这件事，作曲家们绝对不像大部分非专业人士所认为的那么挑剔。（正如沃尔特·皮斯顿一次回答一位问他如何弹奏某一作品的音乐家时说的："我不在乎你有什么想法——只要你有想法就好。"）

因此，从很多方面来看，布索尼是个浪漫主义钢琴家，而从另外一些方面来看，他又可说是创立了现代风格。他是他那个时代的过渡性钢琴家，正如一百年前的莫谢莱斯一样。在二十世纪的最初二十年中，他既代表李斯特的老的先验主义，又代表一种新的观点，即认为我们必须使音乐摆脱过时的传统，而从一个崭新的角度去加以研究。今天的审美观念会觉得布索尼的演奏太夸张，这是事实。而在他的时代中，他曾被指责为过于理性而没有生气，这也是事实。但是，现在已很清楚，他的观念在当时必定是独辟蹊径的，也必定是具有千钧之力的。而且他没有把自己的观念浪费在一些次要音乐作品上。他是一位超人，在四套曲目中演出十四首协奏曲，对他而言根本不在话下。1911 年在纽约演出时，他的曲目包括四首肖邦叙事曲、六首李斯特练习曲、两首李斯特传奇曲及其《唐璜幻想曲》。伦敦的一套典型曲目是《"槌子键琴"奏鸣曲》、四首肖邦叙事曲和《降 A 大调波兰舞曲》以及李斯特《恶魔罗勃幻想曲》。他曾在柏林以六套李斯特的曲目来纪念李斯特诞辰一百周年。

他的演奏得到充分论述和全面分析。虽说它不符常规，但它却总是宏大的。马克·汉伯格说他的手非常窄小，必须做特别多的技巧练习才能保持良好状态，"尤其是因为他不具备轻松自如的演奏方法……他是从肩部演奏的，很少用手腕，因此产生滞重的、虽然多少可说是棱角分明的效果。他常告诉我肖邦和舒曼的浪漫主义不合他的口味，而李斯特的华丽夸张和巴赫的雄伟结构更与他的天性相通"。布索尼毕生的大部分时间专攻巴赫（而且还创作了一些沿用至今的改编曲，著名的如《恰空舞曲》和《C 大调触技曲改编曲》）、李斯特和贝多芬，他的一条格言是："巴赫是钢琴演奏的基础，李斯特是顶峰。有此二者（奠定基础）才有可能演奏贝多芬。"

作为一位李斯特演奏家，他是宏伟的，释发出滔滔音流，"铸铜般的和弦、光彩夺目的跑句、咆哮如雷的琶音"。这不是李斯特的学生所演奏的李斯特；和那种演奏相比，这里有太多的集中，太多的紧张。费鲁乔·博纳维亚在 1920 年曾经称布索尼为苦行僧，认为他是李斯特的对立面。他说，李斯特代表情感，而布索尼代表理智。用博纳维亚的话来说，布索尼"所控制的音的幅度比任何健在的钢琴家都广，虽然由于他偏爱不带感情的冷色调，有些人可能对此说持怀疑态度……这种偏爱导致他多用一种只能称之为'苍白'的音色，一种冷漠的、几乎是了无生气的音色。他就从这个绝对平稳的基础开始，逐渐积累而形成高潮，最后达到钢琴家所能达到的极致。那是一场声音的雪崩，给人的印象就像是大理石中喷射出红色的火焰。他的理性控制是无情的"。

布索尼风格的另一特点是英国评论家普罗克特-格雷格于 1920 年提出的，他断言布索尼的节奏是他最大的光荣。"正是他的控制得当的节奏活力使他在弹奏巴赫、李斯特和韦伯时几乎到达出神入化的地步……他是世上最有教育意义的钢琴家，因为虽然在那宏大的风格中什么都可资借鉴，但却什么都无从模仿。"像许多人一样，普罗克特-格雷格也不能理解布索尼的肖邦。"这位歌曲和梦幻的诗人被'推搡着'（实际上是加速）而产生了一种令人望而生畏的精力旺盛、咄咄逼人的效能。"不过，也许普罗克特-格雷格所说"肖邦是歌曲和梦幻的诗人"这一评语露出了马脚。能写出这句话的人必然会坚持要求一个美化了的、极端浪漫主义的肖邦，而那却是布索尼做不到的。

支持布索尼见解的人认为他不仅是当今最伟大钢琴家之一，而且极有可能是唯一的。德国音乐学家兼评论家胡戈·莱希滕特里特是布索尼的崇拜者。他说布索尼"是自李斯特和鲁宾斯坦以来具有最强个性和最高技术造诣的人"。这个音乐家"有着一种升华，一种精神力量，而绝无物质至上主义的倾向。他的复调演奏得惊人的鲜明清澈，他的响亮的八度与和弦的激烈与自然力，他的一泻千里的经过句，他的装饰音的迷人的典雅，他的节奏的灵活性和准确性，他对踏板的新颖而可圈可点的处理，凡此种种，所创造的声音奇迹是以前闻所未闻的"。

这样的珍品谁都愿意付出任何代价一听为快。但是我们所拥有的唯一能为他的演奏作证的就是少数几张唱片，可是这几张哥伦比亚公司出品的原声唱片未必能让人对布索尼的声音效果有所了解。他的风格是不可压缩的，而1920年的唱片还对付不了布索尼最得心应手的大型作品。他从1919年开始录制了许多作品，但公开发行的仅为少数，其中包括李斯特《第十三号匈牙利狂想曲》，布索尼根据巴赫一首《圣咏—前奏曲》而写的改编曲，贝多芬《埃科塞兹舞曲》，巴赫《十二平均律键盘曲集》中的第一首前奏曲与赋格以及肖邦的《A大调前奏曲》《降G大调练习曲》（"黑键"）和《升F大调夜曲》。他讨厌录制唱片，曾在1919年11月20日写给妻子的信中描述了自己的苦恼：

> 制作唱片的苦役使我苦恼，昨天在弹了三个半小时后总算告一段落！今天我觉得自己像是被打垮了似的，不过那都过去了……有个例子可以说明发生的情况。他们要录《浮士德圆舞曲》（那得花整整十分钟），可是只给四分钟。这就意味着必须删节、拼凑、即兴发挥，以便多少还能留下一些内容可

言；必须注意踏板（因为踏板的声音很糟）；必须想一想该加强或减弱哪些音以对付这架鬼机器；不得纵情弹奏以免出现不精确之处；必须随时清醒地意识到每个音都会在那里永世长存。这还哪里谈得上什么灵感、自如、气势或诗意？昨天就为了九首各四分钟（一共半小时）的作品我工作了三个半小时，真够我受的。

他在录音室的不愉快可能导致了他唱片中的某些奇怪现象。《第十三号匈牙利狂想曲》(删节版，共两面)的第一面弹得精彩纷呈——强烈，有新意，充满灵巧的触键和色彩运用；但第二面则出现了向着终点的疯狂奔跑，可以看到布索尼是在和时间赛跑，力求在那蜡盘上尽量多做些文章。不过，其他乐曲大多没有时间上的麻烦，因此可以作为更具代表性的作品加以研究。《十二平均律键盘曲集》中的 C 大调前奏曲质朴流畅、曼妙动听。但是，到接近结尾处出现一些随心所欲的起伏变化，那是会让今人贬为"过分浪漫派"的。赋格中含有大量速度变化以及各部分结束处的大段渐慢。钢琴确实弹得出神入化，可是，按照现代学者的要求，这样弹巴赫未必可信。他的传记作者爱德华·登特这样描写这首前奏曲与赋格在音乐会上的声音效果：

> 他演奏《十二平均律键盘曲集》中的第一首前奏曲，那是淡淡一层变换着的色彩，是德斯特别墅的喷泉上空的一抹彩虹；他演奏赋格，每个声部唱出来都突出在其他声部之上，好像意大利合唱队中的声部进入，直至最后一段密接和应时主题进入，宛如《b 小调弥撒曲》中"给我们安宁"一段的小号，虽然在键盘的中间音区，但能穿越用踏板保持着的一片非但不混浊反而清澈照人的音响。

一切都非常浪漫，描写的文字也同样具有浪漫色彩；但这可能是巴赫吗？现代学者又会说"不"。可是我们还是得再次指出，布索尼一代的钢琴家所反映的是他们的时代，而不是二十世纪下半叶。

听一下布索尼为《A大调前奏曲》和《"黑键"练习曲》所作的录音，会很容易理解为何他的肖邦演奏被说成是冷淡无味的。如果说布索尼在其巴赫演释中是在向后看，那么在其肖邦演奏中他却是在预示着未来。小巧玲珑的前奏曲他弹得平铺直叙，没有太多的魅力和曲折变化。然后他将全曲重复一遍，并转入降G大调（采用前奏曲的节奏）。练习曲的演释像前奏曲一样直截了当，没有什么色彩，虽然弹得很强烈，很直接。布索尼就在结束的八度之前加了一小节。这是经过深思熟虑而为之的呢，还是他心不在焉地重复了前一小节？在另外一处他将一个小节一分为二。

但是这些唱片对布索尼是不公正的。他不是那个制造漂亮声音的格林费尔德。把布索尼拘囿于唱片，犹如把大西洋拘囿于牛奶瓶。他并不以演奏这类四分钟音乐而闻名，而且很可能他并不精于此道（如他的唱片所提示的）。相反，他应该是演奏《"槌子键琴"奏鸣曲》，演奏李斯特《b小调钢琴奏鸣曲》和《唐璜幻想曲》，演奏巴赫《哥德堡变奏曲》和贝多芬《迪亚贝利变奏曲》的钢琴家。弹奏此类音乐时，他必定是音乐史上最令人心驰神往、最光芒四射、最善于大笔挥洒而又节制有度的钢琴家之一：作为一位具有火辣信息和使命感的艺术家，他与单纯的钢琴操作者之间的距离，就像鸿鹄之于燕雀。

完美有加

霍夫曼

　　布索尼是伟大的现代钢琴家中的第一人。继他出现的有谢尔盖·拉赫玛尼诺夫和约瑟夫·霍夫曼（见图 90 ～ 92）。拉赫玛尼诺夫起步较迟，是由于经济困难才弃指挥与作曲而从事钢琴的。而霍夫曼这个神童中的佼佼者早在 1882 年刚六岁时即已使听众惊讶得目瞪口呆。因此，虽然他比拉赫玛尼诺夫小三岁，还是应该优先考虑。

　　对那些一心相信霍夫曼和拉赫玛尼诺夫代表着钢琴演奏的浪漫主义时代的人来说，听到他们被封为"现代主义者"可能会感到吃惊。而在聆听他们的唱片时，我们能明显感觉到他们在乐句、速度和自由速度方面比大多数真正属于二十世纪的钢琴家随便。但是时间改变着视角。在他们那个时代，他们确实是现代主义者。和他们的大多数伟大同行（包括布索尼）相比，他们的演奏显然不是那么随心所欲，而是恪守原谱的典范，恰与李斯特派和莱谢蒂茨基派的演奏背道而驰。霍夫曼和拉赫玛尼诺夫是现代观点的最早代表人物，这一观点认为，印刷出版的乐谱是演奏者至关重要的准绳。这在当时是一种新的见解，虽然今天这已是理所当然的事。由于即兴演奏和装饰音之类的老传统和把炫技大师当作英雄的老观念不再盛行，乐谱变得越来越重要，作曲家的"信息"也变得日益重要。突然之间作曲家显得比技巧大师更加重要了。

安东·鲁宾斯坦的态度，用他自己的话来说，一向是"先把谱上所记的东西准确弹奏出来。如果你已给予它充分恰当的处理，但仍感到意犹未尽，而想有所增加或改动，行，你就去这么做吧"。可是，"不行！"鲁宾斯坦最杰出的学生霍夫曼如是说。霍夫曼的态度是：演奏者弹奏谱上所记的音符，就已有足够的事可做，无须再增加任何他自己的东西。他认为，花上一生的时间也未必能够将一首贝多芬奏鸣曲或任何同样重要作品中的潜在价值全部体现出来。"我敢向任何一个愿意弹给我听的人证明——如果他值得一听的话——他并没有像他认为的那样弹出了比谱上所记更多的东西，事实上他弹奏的要比印刷的版面上所揭示的少很多……一首乐曲的可靠诠释必然来自对它的正确理解，而正确理解则又完全决定于一丝不苟的准确解读……通过任意增加色调微差、明暗层次、效果等等手法来着意炫耀演奏者亲爱的自我，无疑是弄虚作假；充其量也只是哗众取宠，江湖骗子。演奏者应该永远坚定相信他弹奏的只是谱上所记的。"（关于这个说法，霍夫曼是身体力行的。他的演奏固然极其自由，诗意盎然，个性突出，然而对待乐谱却始终精确得令人喘不过气来。在他的一些最佳录音中——这是他于二十世纪三十年代中期为 HMV 唱片公司做的一个未曾发行的系列——我们可以根据他的演奏来记谱。即使在左手，每个时值——每个休止、每个附点音符、每个分句符号——都以蓝图般的准确再现出来。）

是的，霍夫曼是个现代主义者，比起和他同一等级的任何钢琴家来说，他的矫揉造作要少得多。在其篇幅短小的《钢琴演奏》一书中，他曾就风格更迭如何导致现代处理手法的问题谈了一些饶有趣味的看法：

起初是孩子般的简朴。然后，随着这门艺术的进一步发展，我们看到了追求高超技巧造诣和极大复杂性的倾向。在五十年前（1875 年），技巧就是一切。钢琴演奏的艺术就是音乐速度计的艺术，即在可能的最短时间内奏出最大数量的音符的艺术。当然有过少数几位杰出的巨匠，鲁宾斯坦们、李斯特们和肖邦们，他们使自己的技巧服从于自己的信息；但是群众却被技巧——也许说"炫技"更为恰当——弄得眼花缭乱。现在我们又看到圈内人在徐徐向着简朴的方向移动。现在所要求的是结合以适当技巧的美妙，而不是脱离美妙的优异技巧。

这并不是说霍夫曼有意反对技巧。罗森塔尔说过："我发现，凡是断言技巧在钢琴演奏中并不重要的人，他们根本就不拥有技巧。"霍夫曼赞成他的见解。霍夫曼有完美的技巧可以应付他所弹奏的音乐，他充分意识到要弹好一首鲁宾斯坦协奏曲或是肖邦"e 小调"，没有充满炽烈情感的技巧是不行的。但是技巧对霍夫曼而言，只是一套可供技巧娴熟的艺人从中取其所需的工具。"仅仅拥有这些工具毫无意义；真正起作用的是人的本能——是那种知道什么时候和以什么方式来运用这工具的艺术直觉。"

霍夫曼自觉地和浪漫主义钢琴艺术中的夸张做法进行斗争，他并不担心"客观性"一定导致索然无味：

有人说，过分客观地解读一首作品可能会损害其演释的"个性"。这是不用担心的！如果十名演奏家以同样高的准确度和客观性解读同一首作品，请放心，每个人的演奏仍然会完全不同于另外九人，虽然每个人都可能认为自己的演释是唯一正确的。因为每个人只表达他按照自己的认识而在心理上和气质上理解的东西。在十种构思中形成差异的那个与众不同的特征，在其成形时（也许在成形后也是）是谁也不会意识到的。但正是这个无意识形成的特征提供了合理的个性，而且也只有它能容许作曲家和演释家的思想真正融合起来。

霍夫曼的演奏确实做到了将古典主义的纯正和浪漫主义的雅致熔于一炉。许多行家都认为他是二十世纪最无懈可击的，可能也是最伟大的钢琴家。他拥有戈多夫斯基的全部技巧（虽然这两位钢琴家的旨趣不同），但色彩更丰富，激情更充沛。他的风格兼有高贵的音乐线条、永远歌唱着的声音以及广泛的力度范围（从最虚无缥缈的 *pianissimo* 到钢琴突然爆发的狮吼虎啸）。他的控制令人惊讶，而且一直保持到他公开演出的最后几年，虽然在那几年中已有多种因素结合在一起而开始对他有所影响。然而，即使是那时，他的演奏仍然是扣人心弦的。不过，在他的神童时代的新鲜感消失以后，霍夫曼过了一段时间才被承认为一位名副其实的完美钢琴家，因为他的演奏和当时的标准是格格不入的。他的演奏中没有帕赫曼和其他当红明星的那种极端自我主义，也没有罗森塔尔炽烈的、叱咤风云的精湛技巧（虽然霍夫曼的精湛技巧与他属同一等级，而且控制得更好）。那是正规、清晰、符合逻辑而敏感的演奏，所有的音都各在其位，低声部出奇地组织有序，而一种分外精妙的诗的意境则使这一切平添了生气。事实上，霍夫曼在二十世纪二十年代以前的演奏有时甚至可能显得迂腐。肯定地说，他在1911 ~ 1920 年间录制的唱片绝对没有他在 1920 年以后的二十年中弹奏同一些作品时所显示出来的巨大力量、潇洒自如和独辟蹊径。

把霍夫曼为某些特定乐曲所录制的唱片同李斯特学生的唱片对比来听，你会大吃一惊。霍夫曼弹得清晰、雅致、从容不迫，几乎是纯洁的，令人难以置信地流畅，绝无某些李斯特弟子的那种气喘吁吁、长吁短叹、多愁善感、怪诞不经和草率的技术。其实，1907 年美国优秀音乐家爱德华·伯林格姆·希尔就感到必

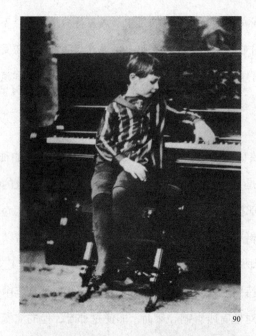

90

91

92

90 约瑟夫·霍夫曼十岁时。照片摄于他在纽约举行长长一系列音乐会时期，这
    些演出引起了"防止虐待儿童协会"的注意。
91 霍夫曼在二十世纪初。他的同事们认为他是个超人。
92 霍夫曼和他的儿子安东。请注意安东和他父亲十岁时多么相像。

须出头为霍夫曼说几句辩护的话了：

> 作为艺术家，霍夫曼是那么正常，却竟然使评论家们大为困惑。在这个超现代音乐的时代中，强烈激情和轰动效应是那样的举足轻重，神经质在人们眼中习以为常，而迎面遇到一个看上去似乎是在接受某种体育运动训练、有着结实肌肉、其演奏像其外表一样健康的艺术家，却会感到奇怪。在他的诠释中，你会强烈地意识到他没有过分夸张的感情。

这段话是希尔在霍夫曼十岁时的美国首演二十年后所写。在这次首演以前，这个国家从未听到过类似的演奏，其后直到年轻的耶胡迪·梅纽因出现才有了可以与之媲美的首演。霍夫曼于 1876 年 1 月 20 日出生于克拉科夫，六岁便开始公开演出，而且他可能是音乐史中技术最好的神童。九岁时他在柏林演奏贝多芬的《C 大调钢琴协奏曲》，指挥不是别人，正是汉斯·冯·彪罗。他一直受业于其父卡西米尔，这不仅是一位出色的音乐家（钢琴家、指挥、作曲家），而且是个精明的演出承办人。在 1887 年 11 月 29 日的美国首演之前，这孩子已经引起人们足够的兴趣，因此首演值得在大都会歌剧院举行。他演奏了贝多芬的"C 大调"，拉莫的一套变奏曲，一组肖邦作品（包括《摇篮曲》《降 E 大调夜曲》和《e 小调圆舞曲》），韦伯-李斯特的《波拉卡舞曲》和一组即兴曲；指挥是阿道夫·诺伊恩多夫。

没有一位评论家不感到震惊。霍夫曼被称为"那个了不起的孩子"。克雷比尔指出，约瑟夫的技巧是不寻常的，他绝不是一只受过训练的猴子。"很难使一位音乐家信服……这精美的分句法和动人的层次变化……这稳健的风格和清晰的呈示……是借助于单纯的模仿才能而获得的，无论这种模仿力发展得多么异常……老练、成熟、精确、钢琴的天赋……令人眼花缭乱。"《纽约时报》也同样是极尽夸张之能事："约瑟夫·霍夫曼是天生的钢琴家。作为钢琴家，今天十岁的他已经跻身一流行列……对于有教养的听众来说，印象最深的也许就是这一事实：这个孩子弹得不像个孩子。我们不用说'对于一个孩子来说，演奏得好极了'，因为即使是成年人，那演奏也是好极了。"

美国首演一举成功，约瑟夫成了风靡一时的人物，而且——说得婉转些——他被剥削了。继 11 月 29 日在大都会歌剧院演出后，他又于 12 月 1、3、6、13、15、22、27、31 日，1 月 2、18、21、25 日，2 月 1、8、15、18 日在该院登台；在此期间他还在布鲁克林、波士顿、费城和巴尔的摩演出，大约十周时间内总共参加了五十二场音乐会（和其他音乐家合作）。据克雷比尔报道，不久之后音乐会"蜕变成一种荒谬而失去理性的狂热，利欲熏心的父亲和贪得无厌的经纪人不遗余力地用江湖艺人的花招来推波助澜"。

这孩子的保留曲目很大。除贝多芬"C 大调"外，他还有其他几首协奏曲可以信手拈来：贝多芬"c 小调"、莫扎特"d 小调"、门德尔松《辉煌回旋曲》和《g 小调钢琴协奏曲》以及韦伯的《音乐会曲》。独奏曲包括皮拉尼的乐曲，肖邦、鲁宾斯坦、戈特沙尔克、巴赫、韦伯、莫什科夫斯基、卡尔克布雷纳（两架钢琴的二重奏，约瑟夫和父亲合奏）、莫扎特以及他本人的大量作品。约瑟夫有一首作品题为"《美国波兰舞曲》，由约瑟夫·霍夫曼作曲、配器并指挥"。除了他的不可动摇的娴熟技巧外，约瑟夫还以其准确的听觉使音乐家们吃惊。有一次在大都会歌剧院他听到一支据说标准音 A 为 440 的音叉，他说它偏高了一些，事实果然如此。

1887 年 11 月 26 日，他的美国首演前三天，报上的一则通知引起了防止虐待儿童协会的注意。通知说约瑟夫·霍夫曼将在亨利·艾比的经营下演出大量的音乐会。从 11 月 29 日起，协会密切注视着，务必不让约瑟夫每周得到批准的音乐会超过四次。但是这孩子演出的次数绝不止这些，于是协会主席埃尔布里奇·格里向纽约市长亚布拉姆·史蒂文斯·休伊特投诉。音乐家们支持格里的意见。在写给新闻报刊的读者来信中有一封出自德高望重的优秀钢琴家恩斯特·佩拉博之手。他为约瑟夫感到忧心忡忡：

> 只是因为他不在钢琴前面做怪相或翻筋斗，人们就认为这工作轻而易举。他越是能从容自在地理解、演奏和诠释，他所花费的燃料就越贵；卓绝的工作消耗最纤细的纤维，神经系统一旦受损，他就成了废人。我们听说休伊特市长和几位医生做过一次检查。尽管我们充分敬重他们的学识，可是，请问，这些人对于他的记忆所承受的心理负担了解多少？对于八百至一千页的保留曲目所代表的错综复杂而深奥难解的技术上的困难又了解多少？……如果他目前的演出活动再继续下去，他将失去正常的童年。

佩拉博指的是 1888 年 2 月 2 日约瑟夫做的一次健康检查。孩子的健康情况极好，但是一个报人注意到"他的脸色苍白，眼睛下面有黑圈"。这并不奇怪。前一个星期三他在纽约演出，星期五在费城，星期六再次到纽约举行音乐会，然后赴波士顿参加星期一的演出，星期三回纽约演出。而他还不到十一岁。

突然他父亲取消了所有的音乐会，卡西米尔·霍夫曼于 2 月 21 日通知报界说，他不想拿儿子的健康冒险。《纽约时报》的记者顺道去看了约瑟夫，带回来一句话："他们干吗要让一个像我这样的小男孩工作得这么辛苦？我做不了这么多。"——就凭这句话，应该给这个记者加薪。但是其他记者嗅到了些什么，谣传有个富翁拿出一大笔钱，让约瑟夫停止演出而去学习。卡西米尔气急败坏地否认了此事。但他是在说谎。纽约的一位大慈善家阿尔弗雷德·科宁·克拉克捐赠五万美金，条件是约瑟夫脱离音乐会舞台，直到他十八岁为止。克拉克的名字一直秘而不宣。艾比得知卡西米尔的决定后，立即起诉他违反合同，要求赔偿五万七千美金。接着的一次体检表明，约瑟夫虽然没有什么器官上的疾病，却已开始显现"心理错乱"的迹象。于是艾比撤诉——他不得不这么做，否则的话，群情激愤的市民们会把他驱逐出城。3 月 28 日约瑟夫与家人一起乘船赴欧洲。

后来霍夫曼回顾童年时，断言他在那些音乐会上的演出是非常愉快的，而中止演出对他毫无好处。他在一次采访中说：

> 我是绝对不该中止演出活动的。阿尔弗雷德·科宁·克拉克乐善好施，慨然花五万美金巨款资助我，让我脱离舞台六年时间，他用心良苦；我家人也是好意，但是我现在意识到那段时间有很多是浪费掉了。公开演出能激发雄心壮志。如果一个孩子显然会成为一名职业音乐家的话，那么，他会因为接触到专业的评价而成为更加优秀的音乐家，至少在采用顺势疗法并慎重对待他的健康的情况下是如此……公开演出是音乐家衡量自己是否有所进步的准绳和标尺……不，我想那时我是无须退出舞台的。我真的没有病。休息六个月就可以使我复原，而六年却使我变得胸无大志了。

回到欧洲后，霍夫曼一家把大本营设在柏林。约瑟夫在那里随莫什科夫斯基学习，自 1892 年起又在德累斯顿师从安东·鲁宾斯坦。他跟鲁宾斯坦上了四十次课——冬天每周一次，夏天每周两次。鲁宾斯坦在约瑟夫八岁那年曾听他弹奏贝多芬《c 小调钢琴协奏曲》，并且说过像这样的孩子在音乐界是前所未有的。据霍夫曼说，他是鲁宾斯坦唯一接受的私人学生。鲁宾斯坦想必是个令人无所适从的教师，只有卓越的学生才能从他那里得益。他从不为霍夫曼示范演奏，给学生的指导意见是兴之所至，变化无常。很多年以后霍夫曼写道：

> 鲁宾斯坦喜欢心血来潮，喜怒无常，常常是今天对某一设想满腔热情，第二天却又觉得还是另一设想更为可取。不过他在自己的艺术上永远是脉络分明的，虽然他的目的是从不同角度去敲钉子，但一敲下去却总能击中要害。他从不允许我把作为作业的任何作品为他弹奏一次以上。关于这他曾向我作过解释，他说他可能在第二堂课上把前一堂课所说的话全忘了；而全部

推倒重来只会把我弄糊涂。

鲁宾斯坦坚持要求恪守原谱。这使霍夫曼感到吃惊，因为他听过鲁宾斯坦的很多音乐会，注意到这个杰出俄国人演奏时的自由发挥。有一次他鼓足勇气要求鲁宾斯坦把这种矛盾统一起来。鲁宾斯坦的答复就是千百年来教师们所作的那个答复："当你到了我现在的年龄，你也可以像我这样做。"不过鲁宾斯坦还加了一句话："如果你能够的话。"

作为毕业仪式，鲁宾斯坦为霍夫曼安排了他成年后的第一次公演。那是1894 年 3 月 14 日，在汉堡，霍夫曼弹奏鲁宾斯坦《d 小调钢琴协奏曲》，由作曲家亲任指挥。

1894 年首演后，霍夫曼便开始了巡回演出的生活。他在俄国特别走红，以至 1912 年在圣彼得堡竟然连续举行二十一场音乐会，并且没有一首曲目是重复的。在这次马拉松活动中，他总共演奏了两百五十五首乐曲。显然，他一旦掌握了一首曲子，它就永远有效。这是很幸运的，因为他是那少数从不练琴的钢琴家之一；充其量只是在有巡回演出时每天练一小时，平常是根本不练。他妻子有一篇记于 1909 年俄国巡回演出期间的日记：

> 耶夫（这是她对约瑟夫的爱称）做了一件了不起的事，真的。他不知道自己将要弹什么，看到节目单上的勃拉姆斯（《亨德尔主题变奏曲》），他皱起了眉头。自从 1907 年 4 月在利鲍弹奏这首乐曲后，他已有两年半的时间没碰过它、见到它或想过它了；可是他一气呵成把它演奏完毕。不可思议！

确实不可思议。他很快就成为他那一代人中的头牌钢琴明星之一，并以其演奏得尽善尽美和超群技艺而成为同事们心目中的传奇人物。第一次世界大战期间他以美国为活动中心，入美国籍，1924 年柯蒂斯音乐学院成立时他先是被任命为钢琴系主任，1927 年成为院长，在该院一直留到 1938 年。1937 年 11 月 28 日霍夫曼在大都会歌剧院庆祝其美国首演五十周年，这是美国有史以来最著名的音乐会之一。1955 年这一音乐会的独奏部分由哥伦比亚公司制作发行。后来，整场音乐会，包括鲁宾斯坦的《d 小调钢琴协奏曲》和霍夫曼本人为钢琴与管弦乐队而写的《克罗麦蒂空》也通过"国际钢琴资料馆"（现为马利兰大学的国际钢琴档案馆）上市。晚年他的生活悲惨：他成了一个酒鬼，音乐会演出既有闪光的时刻，也有真正语无伦次的现象。

霍夫曼以米夏埃尔·德沃尔斯基的笔名（这个姓氏的俄文原意为"宫廷人"，恰与"霍夫曼"一词的德文原意相同）创作了大量迷人的沙龙音乐。这一笔名他保密了好多年。1916 年曾有人问他，他和德沃尔斯基是否同一人。不，不，霍夫曼说。他给辛辛那提《邮报》一名记者编造了一个关于德沃尔斯基的《克罗麦蒂空》的故事。"我真的感到非常荣幸，大家以为这首作品是我的。但实际上并非如此。每个艺术家都收到许多手稿。在我收到这首作品以前，我已审阅了二十五至三十首作品，我认为此作非常有价值。我不认识作曲者，选择这首协奏曲完全是因为它本身的优点，"霍夫曼一本正经地说，"德沃尔斯基是个很有意思的法国青年作曲家，残疾人，现居住在西班牙圣塞瓦斯蒂安的'温泉别墅'。"

霍夫曼是音乐史中具有最不同凡响的听觉禀赋的音乐家之一，他的李斯特式的绝技使他的同行们目瞪口呆：他甚至无须看谱就能凭记忆把音乐准确地重新弹奏出来。戈多夫斯基的助手莫里斯·阿隆森喜欢讲那个关于戈多夫斯基的《蝙蝠》改编曲的故事。大概是 1900 年前后，霍夫曼和戈多夫斯基在柏林成为挚友——他们的友情终生不渝——而霍夫曼常常会顺路到戈多夫斯基的工作室去，张大嘴巴听他改编《蝙蝠》。最后霍夫曼的父亲去找戈多夫斯基，问他："你把约瑟夫怎么啦？他整天坐在家里弹施特劳斯的圆舞曲。"大约一星期之后霍夫曼重访老友，一音不漏地把整首改编曲弹奏了一遍。当然他从未见过乐谱；事实上，戈多夫斯基甚至还没把它写下来。这里要附带说明一下，戈多夫斯基的《蝙蝠》

是为钢琴所写的最异想天开、最内涵丰富、最错综复杂的炫技表演之一。罗西娜·列维涅说，霍夫曼有一次听到约瑟夫·列维涅弹李斯特的《洛雷莱》（不知何故他从未学过或听到过这首作品），当天晚上就把它作为自己音乐会的加演曲目。这个本领对他非常有用，因为，说来也怪，他的视奏能力很差。不过，年轻时他就积累了一套保留曲目，包括自贝多芬起的几乎所有重要作品，直至勃拉姆斯的某些音乐，另外还有大量不太重要的曲子。顺便说一句，霍夫曼年轻时所弹的协奏曲，比起他演出生涯最后二十年中的那七八首来，数量可要大得多了。

霍夫曼身材矮小，手也小。在那个时代，钢琴家们都引人注目地留着帕德雷夫斯基、汉伯格、帕赫曼和格兰杰那样的一头长发，霍夫曼却把头发修剪得干净整齐：这是现代主义的又一特点。（拉赫玛尼诺夫喜欢囚犯似的平顶头，那是比霍夫曼更胜一筹了。）施坦威公司专为霍夫曼制作了几架钢琴，琴键削去一英寸的若干分之一。并不是说霍夫曼在标准式乐器上弹奏效果不好，但他发现定制的款式更舒服一点。他在钢琴上的风格是二十世纪钢琴艺术的一大奇观。首先是他的声音：一种有魔力的声音，即使是在最强的重音时也绝不生硬；那是一种闪闪发光、色彩斑斓、清澈透亮的声音。他的演奏往往好似浑然天成，有某种精神振奋，某种闯劲和胆量以及难以捉摸的节奏，这些都是无人可比的。可能只有他的好朋友拉赫玛尼诺夫具有足够的威力来和他等量齐观。然而即使是拉赫玛尼诺夫也从未有过霍夫曼的诗情、色彩和活力。没有人能这样使钢琴歌唱。

霍夫曼演奏时令人感到有强烈而独特的音乐个性。他的自由速度小心翼翼，调度得体，然而却顺畅自然地进行着。他的演奏中总是有着呼吸的余地，低声部异常清晰（对于那些他轻蔑地称之为"右手钢琴家"的人他一向不屑一顾）。演奏从不会失去吸引力，从不会出现死点，张力也从不减弱。在他的纯正的钢琴艺术手法中表现出强烈的古典因素，而且他的具有浪漫主义色彩但却不夸张的诠释也含有古典主义的韵味。当然，那种恢宏的风格是无所不在的，包括声音的奔腾咆哮（在音乐需要时）、色彩细腻运用和完整的音域。同时还有一种浑然天成之感。熟悉他的演奏的人都知道，他从来不会把同一首作品诠释得完全一样。说霍夫曼的风格有个性，那没什么意义；每一位大钢琴家的风格都是有个性的。说它代表了贵族气派的精髓，可能倒有些道理。他的演奏的完美精雅是绝无仅有的。在这方面或许只有戈多夫斯基可以与他媲美，但戈多夫斯基从未像霍夫曼那样血气方刚。

霍夫曼虽然不是一个像罗森塔尔或弗里德曼那样烨烨震电般的技巧大师，但是，他具有同样的魄力，而且只要他想，他就能和他们中最优秀的人物一起电闪雷鸣。他的手指也不比他们中的任何人差。凡曾于二十世纪三十年代中期听他在卡内基音乐厅演奏李斯特《唐璜》的人，对他的技巧绝招至今记忆犹新。甚至连西蒙·巴雷勒这样了不起的巨匠后来弹奏同一首作品时都对他望尘莫及。

看来二十世纪也没有哪位钢琴家可能具有霍夫曼那样了不起的控制力度的本领。他的 *pianissimo* 有许多层次变化，而且他好像在每个天鹅绒般的指尖中都装了一个脑袋。当他弹奏肖邦死后发表的《降 D 大调练习曲》时，钢琴做了人们想不到它能做的事。霍夫曼的第四指和第五指在全是断音的伴奏上方咏唱出旋律，而左手拇指则找到了除他而外似乎从未有人能够发现的内声部：三缕线条同时进行，形成最典雅而有节制的复调进行。如果他真的放开手干，他的 ***fortissimo*** 起音就会有一种几乎是野蛮的特点，真的有点令人望而却步，尤其因为他用得很谨慎，而且用来意味深长，就更是如此。即使在他的艺术生涯临近终点、钢琴技巧已不尽如人意的情况下，他的诠释也永远是销魂夺魄的。在他最后一场纽约音乐会（1948 年）上，霍夫曼演奏了肖邦的《b 小调钢琴奏鸣曲》。至最后乐章的某处——第六十八小节——他对音乐的进行不满意，一阵疯狂激动中他放倒左手而用手掌猛击键盘，按照所标示的记号奏出 *sforzando*。那就像一头受伤的狮子发出的吼叫。不过，即使在二十世纪二三十年代的顶峰时期，他也常常有这样的时刻，或因激动而失去他的古典的平静，或是在灰心丧气的狂热中恨不得撕裂那钳制着他的肉体。

清教徒
拉赫玛尼诺夫

　　谢尔盖·拉赫玛尼诺夫（见图 93 ~ 95）体形颀长，瘦骨嶙峋，阴郁而不苟言笑，再加上他那张布满皱纹的脸与平顶头（几乎是剃着光头），总是使观众们联想起一个在逃的囚犯。听众们从来就没有见过他有轻松自如的神态，郁郁寡欢的俄罗斯脸庞从无舒展之时，正言厉色从无一丝缓和。但是在钢琴上，他那双万无一失的非凡的手却创造出了青铜般的音响，将这青铜熔焊成具有雄伟建筑强度的结构。如果说霍夫曼是伟大的色彩画家，那么拉赫玛尼诺夫就是那个时代的钢琴艺术的伟大建筑家。霍夫曼是梅库西奥，而他则是哈姆雷特，这一点霍夫曼是知道的。有一次他告诉拉赫玛尼诺夫："我敢说我并没有设计该如何营造一首乐曲，只不过碰巧它听起来会很好。"这是一个极度简单的陈述，但其中不无道理，因为霍夫曼是钢琴家中听起来最浑然天成的。拉赫玛尼诺夫绝不可能以那样的方式工作。在他手中，音乐以不可动摇的逻辑性呈现出来——组织巧妙有序，表达无可挑剔，从来不是变化无常的，年复一年听来基本上一样。他的演奏以钢琴史上最恢宏的技巧为支架，有力的左手可能使德赖萧克相形失色。

在任何一场拉赫玛尼诺夫音乐会上，你都能注意到此人急剧的节奏冲刺（这是他的标志）、阳刚之气和对响亮度的意识。尤为重要的是以精致完美的手法体现乐句时的典雅音乐氛围。当他演奏李斯特根据舒伯特歌曲而写的改编曲时，你立刻会感到大多数歌唱家是多么缺乏想象力和乐感。只有那些最伟大的声乐艺术家——例如洛特·莱曼或伊丽莎白·舒曼——才能以与他相等的技巧和权威性来塑造一个乐句。不过拉赫玛尼诺夫的演奏中从来没有庸俗做作的表演，即使那音乐是庸俗做作的。他的音乐思想是如此宏伟，他的直觉是如此高贵，因此凡是他弹奏的东西，他都能使之变得崇高起来。

他从不凭直觉来进行音乐诠释。他不仅从钢琴家的角度，而且也从作曲家的角度解读每首作品，弄懂它的基本音乐结构，包括曲式上的和感情上的。在每首作品中他都瞄准一个顶峰时刻——他称之为"那个点"。据他的朋友玛丽埃塔·沙吉尼扬说，有一次音乐会后他曾对自己大发雷霆："你没注意到我错过了那个点？你难道不理解——我让那个点溜掉了！"沙吉尼扬写道：

> 后来在某一场合他解释说，他弹奏的每首乐曲都是围绕其顶峰点来塑造的。整片音响必须这样调节，各个音的深度和力度必须以这样的纯正和层次变化来表现，使顶峰点的到达看来好像是势所必然，尽管实际上能做到这一点需要最高的艺术造诣。这一时刻的来临必须具有赛跑到达终点时扯断丝带的那种声音和闪光——它必须让人感到好像是摆脱了介乎真理与其表达之间的最后一个物质上的障碍，最后一道屏障。顶峰是由作品本身决定的；那个"点"可以在作品的结尾处或是中央部分出现，它可以是响亮的或轻柔的，但如何接近它，音乐家必须总是成竹在胸，因为一旦它滑掉了，整个结构便

375

土崩瓦解，作品便变得疲软和模糊，不再能向听众传达它应该传达的东西。拉赫玛尼诺夫还说："我并不是唯一有此体验的人——夏里亚宾也有。"

圈内人对拉赫玛尼诺夫的技艺、对他的不费吹灰之力便能将几乎不可能的事一蹴而就的能力肃然起敬。和许多大钢琴家不同，他有一双巨大的手。他自己音乐中的那些难得要命的音型和宽大的伸展，就是他异常的手型的结果。他弹奏和弦时的把握是无与伦比的，他的技巧中全然没有薄弱环节，飞速掠过最最复杂经过句的准确和灵巧程度使他的同行们敬重和嫉妒得透不过气来。如果说霍夫曼是钢琴家中的丁托雷托，那么拉赫玛尼诺夫就是——至少在一个方面——卡纳莱托。从未有过模糊的线条或含糊的色彩。拉赫玛尼诺夫运用踏板极其得体，用手指而不是用脚来工作，从而得以异常清晰地把一个个音符展现出来。"你必须仔细审察每个角落，"有一次他这么说，"把每个螺丝钉拆开，以便你能接着轻而易举地把那整体重新装配起来。"

在风格上他的演奏（因而也包括他的台风）很少怪异之处。他的节奏毫不怪诞，思想毫不感伤；他恪守印刷的乐谱；他坐在乐器前平静泰然。可能从未有别的钢琴家具有他那样的精湛造诣，那样的权威，那样不起波澜的尽善尽美。霍夫曼的浑然天成的手法、弗里德曼有时表现出来的无政府主义、布索尼的理性、施纳贝尔的学术性，全不适合于他。相反，他是个有控制的钢琴家，一位浪漫主义钢琴家但却小心回避夸张，一位不同凡响的技巧家但从不追求单纯的炫耀，一个经过锻炼的人和经过锻炼的艺术家，但却具有天然的恢宏风格和强劲而毫不牵强的诗情意识。大多数行家认为他和霍夫曼是当时演奏那种类型曲目（大致算来可从贝多芬起直至李斯特为止，几乎不弹巴赫或莫扎特，不弹现代作曲家，但现代沙龙音乐除外）的最杰出钢琴家，两人可称势均力敌。当然拉赫玛尼诺夫弹奏他自己的音乐是举世无双的。霍夫曼和拉赫玛尼诺夫是莫逆之交。霍夫曼认为拉赫玛尼诺夫是当今最伟大的钢琴家，而拉赫玛尼诺夫则认为霍夫曼才是当今最伟大的钢琴家。费城的年轻评论家亨利·普莱曾茨采访拉赫玛尼诺夫时曾经问他，谁是当代最伟大的钢琴家。总是出言慎重的拉赫玛尼诺夫想了好大一会儿。"好吧，"他说，"霍夫曼是一个。"又想了一会儿说："还有我。"然后就闭口不再吐露一言。

令人惊奇的是，拉赫玛尼诺夫作为专业钢琴家大器晚成，他是由于经济困难而改行的。在那以前他用钢琴主要是为了介绍自己的音乐。出生于 1873 年的他几乎是把全部精力集中于创作，直到 1917 年俄国革命后他才开始积累音乐会曲目。在莫斯科音乐学院时他全神贯注于作曲，师从阿连斯基（和声）与塔涅耶夫（作曲）。钢琴老师是尼古拉·兹韦列夫，同时也得到表兄亚历山大·西洛蒂的帮助，这时西洛蒂在结束跟李斯特的学习后刚返回俄国不久。拉赫玛尼诺夫的同班同学有约瑟夫·列维涅（他后来发展成为一位了不起的钢琴家）和亚历山大·斯克里亚宾。当时没人认为他是个钢琴家，尽管他钢琴考试的成绩优异。作为作曲学生，他是莫斯科音乐学院的宠儿，1892 年毕业时因所作歌剧《阿列科》而获得最高荣誉的大金奖。

在音乐学院他使所有的人都大惊失色。他头脑里似乎装有全部音乐文献，凡听到过的东西一概过耳不忘。更有甚者，他能走到钢琴前将以前——有时可能是几年前——听到过的东西一音不漏地弹出来。他是个绝妙的视谱演奏者，有着令人难以置信的音乐机体；他的头脑犹如一张音乐吸墨纸，能吸取并保留每种听觉印象。最困难的乐曲，例如勃拉姆斯的《亨德尔主题变奏曲》，他只需两天时间便可熟记，并精致完美地演奏出来。斯克里亚宾难得要命的《升 c 小调练习曲》（Op.42/5）给他带来些许麻烦。"是一首很难的练习曲！"他对一个同学说，"我为它花了一小时。"

但是其他东西比钢琴更使他感兴趣。并不是说他不熟悉钢琴文献。他四岁就主动提出要学钢琴，而他的父母也一直关注着，务必使他得到良好的指导。从音乐学院毕业三年后，他甚至曾以意大利小提琴家泰蕾西娜·图阿的钢琴伴奏的

93

94

95

93　1909 年的谢尔盖·拉赫玛尼诺夫，就是他首次美国巡回演出期间的样子。

94　二十世纪二十年代初的拉赫玛尼诺夫。这是他在公开场合最接近微笑的一张
　　照片。

95　谢尔盖·拉赫玛尼诺夫。

身份在俄国巡回演出。在这期间他也有机会担任独奏。但是，由于钢琴演奏使他厌烦，此次演出半途而废，他离开了图阿。他认为指挥（当然还有作曲）要有趣得多。他家喻户晓的《升c小调前奏曲》早在1893年即已写成，使他一举成名（但他后来对它日益厌恶，犹如帕德雷夫斯基之厌恶《G大调小步舞曲》）。1893年英国邀请他去演出，主要是为了一睹这首前奏曲的作曲者的风采（他发现该曲在英国出版时用了《莫斯科的燃烧》《审判之日》和《莫斯科圆舞曲》等题名）。在俄国，他忙于在帝国剧院指挥歌剧，还指挥管弦乐音乐会。迟至1933年时，作曲家兼钢琴家尼古拉·梅特涅尔还在回忆1904年拉赫玛尼诺夫的一场音乐会：

> 我绝对忘不了拉赫玛尼诺夫为柴科夫斯基《第五交响曲》所作的诠释。在他指挥这首作品以前，我们只听到过尼基什及其模仿者的版本。不错，尼基什救了这首交响曲，使它免于一败涂地（如作曲者本人指挥的那样），然而他差劲的放慢速度成了演奏柴科夫斯基的法规，而由于有些指挥盲目效法，此风愈演愈烈。突然，在拉赫玛尼诺夫指挥下，整个因模仿而相沿成习的手法从这首作品中消失了，我们仿佛是第一次听到它；特别令人吃惊的是末乐章天翻地覆般的冲动，恰与尼基什的哀婉情愫（它总是给这一乐章带来损害）形成对比。
>
> 更出人意料的是莫扎特《g小调交响曲》的印象；此曲长期以来一向被归于不活跃的作品一类——一首洛可可风格的东西。我绝不会忘记拉赫玛尼诺夫指挥的这首交响曲；它突然向我们走来，脉动中充满生气和紧迫感。

拉赫玛尼诺夫成为著名钢琴家后在美国很少指挥。但他在1940年左右与费城管弦乐团合作录制的他的《第三交响曲》证实了梅特涅尔的话。拉赫玛尼诺夫的指挥和他的钢琴演奏一样——有冲动力，令人信服，完全能够驾驭自如，还有他所特有的那种节奏锐势。

拉赫玛尼诺夫一度寓居德累斯顿，把这一城市作为他的工作基地，并于1908 年将他的《c 小调钢琴协奏曲》——迄至那时最流行的协奏曲之一——介绍到欧洲各个城市。翌年作首次美国巡回演出，只弹奏他自己的音乐，包括新创作的《d 小调钢琴协奏曲》(此曲题献给约瑟夫·霍夫曼，但后者认为它不适合他，因此从未弹过)。该曲于 1909 年 11 月 28 日在纽约首演，由瓦尔特·达姆罗什指挥。拉赫玛尼诺夫不喜欢美国，写信给家里诉苦。

> ……要知道，在这个糟透了的国家里，你周围除了美国人和"生意""生意"以外便一无所有，他们没完没了地款待你，从四面八方抓住你、驱使你……我非常忙，也非常疲劳。这是我永恒的祷告：上帝给我力量和耐心。每个人都对我亲切友好，但我对这一切不胜厌烦，我觉得我在这里被宠坏了。

他有可能感到厌烦，但他所产生的影响是巨大的，以致波士顿交响乐团主动请他担任指挥之职。拉赫玛尼诺夫不愿接受这个聘任。他回到祖国，又去欧洲巡回演出，成为俄罗斯的偶像之一，1917 年 9 月 5 日在那里作最后一次钢琴演奏。"十月革命"三周后他应邀去斯德哥尔摩演出，和家人一起于 12 月 23 日离开俄国，从此再没回去。他们成了流亡者。他在斯德哥尔摩举行了十二场音乐会，还清债务后，定下心来审时度势：要维持妻子和几个女儿的生活，他必须谋得一条生路，单靠作曲是绝对不行的。毕生以乐队指挥为业，显然对他没有吸引力，他又从来不喜欢教学。于是他转向钢琴。

这就意味着他音乐哲学的彻底改变。他必须练就一套精湛的技巧（当然他有这样的技巧，但它需要在曲目中强化训练）并积累一系列音乐会曲目（这是他所没有的）。对一个四十五岁的人来说，这个任务可不轻松。1918 年波士顿交响乐团提议他在三十周的时间内指挥一百一十场音乐会，这个建议想必使他的抉择更加复杂化。原先乐团曾探询奥西普·加布里洛维奇是否愿意接替卡尔·穆克，但他推荐了拉赫玛尼诺夫。在致董事会的函件中他写道，没有人比他更加赞赏这个乐团，"我确实充分意识到，受聘担任它的指挥——如果这个聘请是发给我的——将会是极大的荣誉，但是我愿意看到这一荣誉落到一个比我更配接受它的人身上"。加布里洛维奇就是这种类型的人。然而拉赫玛尼诺夫谢绝了。他也拒绝了辛辛那提交响乐团的聘请。两个建议对他都有吸引力，但他知道自己没有必备的保留曲目。然而，在这些建议的推动下，他移居美国，在那里安顿下来。许多音乐家，包括霍夫曼和加布里洛维奇，立即赶来给他献计献策，并施加影响。转眼之间拉赫玛尼诺夫成为一位公认的优秀钢琴家；他所到之处，《升 c 小调前奏曲》总是紧跟着他；无论在哪里，他都是怀着内心的叹息去弹它的。但是偶尔他也会狠下心来，拒绝演奏。赫尼克报道过 1918 年的这样一个场景：

> 那些拉赫玛尼诺夫"迷"——听众中这样的人数以千计——叫嚷着要求演奏"崇拜平顶头的青春少女们"特别喜爱的这首乐曲。他们成群结队、推推搡搡地向着谢尔盖走去。他们聚集在舞台周围……但问题是拉赫玛尼诺夫不弹它。那天晚上整个女儿国愁云密布，有那么一些可爱的狂热崇拜者，他们跟随这位钢琴家从一处到另一处，就是希望听他弹这首乐曲，犹如一名英国人每场必去观看女驯狮员的表演，就是为了要看她被她的宠物咬在嘴里。

赫尼克是个浪漫主义者，和浪漫主义风格息息相关。拉赫玛尼诺夫的演奏使他感到不安；当你注意到这位钢琴专家和学者（他就是这么一个人）对于拉赫玛尼诺夫和霍夫曼竟然没有什么意见可以发表时，你会觉得很有意思。赫尼克的趣味更倾向于约瑟菲、戈多夫斯基、罗森塔尔那一学派，因为霍夫曼和拉赫玛尼诺夫代表的是某种新的事物，是赫尼克认为起抑制作用的某种东西。他们是新型的钢琴家，和前辈们相比，他们对待乐谱要严密得多；这些新派钢琴家的节奏是严格的，自由速度是克制的。这不是老一代人特别喜欢的演奏方式，当拉赫玛尼诺夫弹奏贝多芬的奏鸣曲时，赫尼克未必为之倾倒：

> 老人们想起了彪罗。那同样冷漠的不偏不倚的分析，犀利的触键，十分强调的节奏，对乐思的理性领悟以及对于乐句组合应具相对性的认识，都表明拉赫玛尼诺夫是个理智型而不是感情型的艺术家。就连伍德罗·威尔逊本人也未必能如此冷静地保持这种学究式的平衡，甚至不断散发出普林斯顿学府的韵味。

但是其他人大多热情欢呼这种演奏的纯正性，欢呼它的直率感情和它的避而不用超级浪漫主义效果。显而易见，一个巨人已经登场。拉赫玛尼诺夫被封为"钢琴家中的清教徒"（既是因为他的外貌，也是因为他淡泊持重的诠释），这一称号完全出于对他的赞赏，而毫无贬损之意。拉赫玛尼诺夫很快改变了他对美国的看法，1922 年在英国巡回演出时他写道："我对所有的英国人赞扬美国，他们大为生气。"至二十年代中期，拉赫玛尼诺夫已是享誉国际的钢琴偶像，伦敦的欧内斯特·纽曼写道："在优秀钢琴家层山不穷的现在，我不知道还有谁比拉赫玛尼诺夫更优秀。"美国德高望重的评论家威廉·詹姆斯·亨德森于 1930 年评论拉赫玛尼诺夫演奏的肖邦《降 b 小调钢琴奏鸣曲》说：

> 条理分明，布局严谨，义正词严。我们唯一能做的就是感谢命运使我们和拉赫玛尼诺夫生活在同一个时代，听到他以其天才的神圣威力将一首杰作进行再创造。这是个"天才理解天才"的日子。人们并不常常有机会目睹这样的力量在工作。不过有件事千万不能忘记——他没有打破偶像，肖邦还是肖邦。

这一类评语始终跟随着拉赫玛尼诺夫，直到最后。对他来说这是恰如其分的。幸运的是他留下了大量唱片，大多是他自己的音乐，虽然他也录制过舒曼的《狂欢节》和肖邦的《降 b 小调钢琴奏鸣曲》以及与弗里茨·克莱斯勒合录的舒伯特《A 大调二重奏》，还有格里格的《c 小调钢琴奏鸣曲》和贝多芬的《G 大调钢琴奏鸣曲》（Op.30/3）。他于 1920 年开始在胜利公司录制一个伟大的系列，虽然在这以前他已录制过少数几张爱迪生公司的垂直式唱片，现已湮没无闻。据谢尔盖·贝尔滕松和杰伊·利达所作传记中的记载，1941 年拉赫玛尼诺夫曾向胜利公司建议将他的一系列独奏会曲目录成唱片。胜利公司未予考虑，结果蒙受损失的是子孙后代。1941 年时拉赫玛尼诺夫仍处于绝妙的状态，但两年后他就在一次巡回演出途中病倒了。是癌症。他被送进洛杉矶一家医院，自知来日无多。他看着自己的手。"我亲爱的手，永别了，我可怜的手。"一个月后他与世长辞。

当时的几个头牌明星
鲍尔、列维涅、科尔托、萨马罗夫

霍夫曼和拉赫玛尼诺夫在同行们心目中是两个传奇人物，这是因为他们既有富于想象力和再创造力的音乐头脑，又是无懈可击的演奏家。但是这并不意味着其他所有钢琴家都该整理行装回老家去。钢琴演奏的城堡中有很多房间，其中最受欢迎的房客之一是 1873 年出生于伦敦的哈罗德·鲍尔（见图 96）。有条规律，仿佛所有大钢琴家都得从神童开始，而鲍尔却是打破这个规律的少数例外情况之一。他是从拉小提琴起步的——至少在那一乐器上他是个神童——当帕德雷夫斯基听他弹钢琴时，他已在弦乐演奏领域颇有进展了。那时鲍尔二十来岁。他处理键盘的潇洒自如的手法和他从中获得的曼妙音色，给帕德雷夫斯基留下深刻的印象。"你必须成为钢琴家。而且，"他接着说——在这一点上，帕德雷夫斯基是最高权威——"你有这么漂亮的头发。"鲍尔到处奔走去请教音乐家们，"以我的音乐领悟力和我不完善的技巧"，怎样才能在钢琴上有所作为。不过，据鲍尔说，他之所以从小提琴转向钢琴，实际上并不是帕德雷夫斯基的功劳。那时鲍尔已经知道自己绝对成不了杰出的小提琴家；虽然他仍继续举办独奏音乐会，但他越来越多地把精力集中于最后使他闻名世界的那一乐器。谁是鲍尔的老师？好像没人知道。鲍尔本人在其自传中从未提到过任何钢琴老师，收有鲍尔条目的一些辞书也从来没有这方面的记载。他的父母教过他识谱；可能鲍尔真的就是那么个奇迹：一个自学成才的钢琴家。显然他幼时确实曾跟一个姑妈上过几次课。有人提到过他跟一个名叫德里克·库克的钢琴师学琴的事。鲍尔在为《音乐季刊》撰写的一篇文章中写道，对他的钢琴演奏影响最大的是舞蹈家伊莎多拉·邓肯。他注视着她，她将音乐翻译成动作的方式使他心驰神往。于是他想，是否能够反其道而行之，将动作翻译成音乐呢？他设计了一系列肌肉动作，帮他克服了技巧方面的不足之处。

至 1900 年时他已是一位知名钢琴家。他的风格有音乐家风度，有修养，特别适合于演奏室内乐；他常与克莱斯勒和卡萨尔斯合作三重奏，或是和蒂博、伊萨依、马西克或热拉蒂一起举行奏鸣曲独奏会。鲍尔一般比较喜欢联合的独奏音乐会，而不大愿意单独演出。他认为自己是音乐家，而不是演艺人。尽管较晚转到钢琴有其不利因素，他却绝不是一个技巧上的跛子。不过，精湛技巧是他思想上最不重视的事。1900 年，他在美国首演时弹了勃拉姆斯的《d 小调钢琴协奏曲》，演出成绩平平。后来鲍尔谈起这次演出产生的相当微弱的冲击时，竟然感到好笑，他把这第一次美国之旅描写为"一位已在欧洲获得一定地位的艺术家在美国的反应最平淡的访问之一"。最后他在美国定居，并于 1919 年创办"贝多芬协会"；直至它 1940 年解散为止，这个协会推出了一些杰出的室内乐音乐家，成为纽约音乐生活中的重要因素。

鲍尔是新旧演奏风格的一个有趣的结合。他的曲目中基本上没有雕虫小技之类的玩意儿，而且他对当时的现代乐派很感兴趣，把德彪西和拉威尔的重要作品介绍到美国。作为一个优秀的音乐家，他为人刚正不阿，弹奏钢琴和演释音乐时永远是趣味高雅的。但是就其对待乐谱的态度而言，他却是个浪漫主义者（他所编订的舒曼钢琴音乐的版本应该特别慎重对待）。鲍尔直言不讳地说，即使演奏者愿意，完全遵照乐谱也是不可能的。他认为作曲家的标记只是"表面上和音乐有关……经验告诉我，作曲家的书面指示有时（但不总是）是正确的，而他口头所作的演奏指示（为了补充那些已形之于文字的）则几乎永远是错误的……就我个人而言，尽管我在公开演奏一首音乐之前总是寻找一切机会向作曲者请教，但极难从他的建议中得益"。按照鲍尔的看法，谁也不可能了解作曲者的确切意图，"理由很简单：音乐记谱只可能提供相对的而不是绝对的演奏指示，因此它只能是一种近似值，不可能有两个人理解得完全一样"。鲍尔痛斥"盲目尊重乐谱是白费劲"。他以赞赏的口气叙述了年轻时在巴黎见到的一件事：

> 帕德雷夫斯基将和他的朋友戈尔斯基和萨蒙合作演出勃拉姆斯的三重奏。排练时我给他翻谱。帕德雷夫斯基想用"渐强"来代替谱中的"渐弱"，于是发生了争论。"那不行，"大提琴家反对说，戈尔斯基立刻表示支持，"勃拉姆斯在这里的三个声部中都是写的'渐弱'。"那天帕德雷夫斯基不耐烦的回答至今好像还在我耳边回荡，"问题不在于写的是什么，而在于应该有怎样的音乐效果"。我记得当时我就想，像他这样一位天才，随意加入一些平常人所不该作的改动，那是完全可以的。后来我又慢慢体会到，不能超越乐谱上的指示去领悟音乐内涵的平常人……就是个平常人。

但是，鲍尔本人稳健的演奏、审慎的速度和敏感的诠释，他的音乐处理的非自我中心和不夸张，使他断然成为一名现代乐派艺术家。他有那样的鉴赏力和想象力，可以使他的浪漫主义适应二十世纪。其他人没能做到这一点，于是失败了。

96　哈罗德·鲍尔。他在约二十岁时从小提琴转到钢琴，这是钢琴史上空前绝后的业绩。

97　约瑟夫·列维涅，一个具有天赋诗意气质的超级技巧大师。

98

99

98 阿尔弗雷德·科尔托，智慧与高雅的结合。
99 奥尔加·萨马罗夫（原姓希肯鲁珀），来自得克萨斯州。

鲍尔是英国人，他所代表的是一种经过糅合的兼收并蓄的浪漫主义。当时还有另外一些人，他们更接近纯正的浪漫主义，大多具有斯拉夫血统。1873 年是个丰产年，它推出了拉赫玛尼诺夫和鲍尔，接着约瑟夫·列维涅（见图 97）出生。列维涅在任何时代都可属于巨匠一类，尽管他不是一名国际性头牌明星。他不经常巡回演出，而是满足于教学和举办少数独奏会（和许多才华远不如他的钢琴家相比，他的独奏会要少得多）。他的唱片也很少；在美国录制的唱片总和只够填满一张 LP。看来他是个文静而不太有雄心的人，而且肯定也不是色彩斑斓的。收在林肯中心图书馆音乐部的列维涅剪报夹内容丰富，但却奇怪地起着负面作用。那些新闻撰稿人无论如何努力，总是不能使列维涅变得趣味盎然。除了一些陈词滥调以外，他们说不出什么名堂来。但是他尽善尽美的演奏、他的非凡技巧和流畅表达、他固有的音乐才华，使他的对手们既感到欢欣，又自叹不如。

列维涅是拉赫玛尼诺夫在莫斯科音乐学院的同学，师从萨丰诺夫，首次公开演出时演奏《"皇帝"钢琴协奏曲》，指挥是安东·鲁宾斯坦。早在 1906 年即赴美国演出（同年一个名叫阿图尔·鲁宾斯坦的年轻人首次来到美国）。列维涅不同凡响的才能很快便得到承认。他的声音犹如晨星齐声歌唱；他的技巧完美无瑕，甚至可与霍夫曼和拉赫玛尼诺夫的手指一比高下；他的乐感极其灵敏。他是个现代浪漫派，无须将音乐条分缕析，便能将其内涵和盘托出。即使在弹奏肖邦的《三度练习曲》和《b 小调八度练习曲》时——他的双音和八度弹得妙极了——也从来不把音乐作特技表演。他的一个小小的花招——这是他允许自己所作的最极致的外在炫耀——就是将勃拉姆斯《帕格尼尼变奏曲》中的八度刮奏弹成 *prestissimo*、*staccato* 和 *pianissimo*。我们估计，他这样做时手腕僵硬紧绷，完全要靠神经的冲动来推动。它的那种似刮奏般的效果听起来似乎是不可能实现的，但列维涅做到了，这使听到他演奏的钢琴家们大为惊诧，而没有听过的钢琴家则绝对不相信。

接着是名噪一时的美国人米夏·列维茨基，他出生在俄罗斯，曾在华沙师从米哈伊洛夫斯基，在柏林师从多纳伊，在纽约师从斯托约夫斯基。列维茨基是个温文尔雅而才艺完美的钢琴家，1941年四十五岁时英年早逝，使世界失去了一位具有非凡天赋的艺术家。西蒙·巴雷勒也出生于俄罗斯，于1951年4月2日与费城管弦乐团在卡内基音乐厅演奏格里格的协奏曲时暴卒于钢琴旁。巴雷勒是个超级技巧大师：没有出众的音乐头脑，而是一架演奏机器，以其速度、准确性和无视困难的态度而令人惊讶。巴雷勒也有着纤丽而色彩鲜艳的声音。音乐越困难——《唐璜幻想曲》《伊斯拉美》——巴雷勒就越是陶醉其中，弹得也就越快。然而此人亦善于表达诗的意境，他为肖邦《升c小调谐谑曲》和李斯特《佩脱拉克十四行诗第104首》录制的唱片可资证明。

普尼奥之后法国乐派的杰出倡导者是阿尔弗雷德·科尔托（见图98），一位锋芒毕露而与众不同的钢琴家。他出生于瑞士，父母均为法国钢琴家，最初跟几个姐姐学琴。1886年去巴黎，未能通过音乐学院入学考试，便在埃米尔·德孔布班上旁听，然后又随迪梅尔学习，1898年在迪梅尔班获一等奖。里斯勒和杰出青年小提琴家雅克·蒂博都是他的朋友。安东·鲁宾斯坦访问法国时，科尔托为他演奏了贝多芬"热情"的第一乐章。一片沉默。最后鲁宾斯坦说："我的孩子，千万别忘记我将要对你说的话。贝多芬的音乐不是给人研究的，你必须使它转世再生。"科尔托的确没有忘记这番话。他还差一点为圣-桑演奏过。圣-桑常常在音乐学院走动，了解视唱与和声课进行得怎么样。他总是询问每个学生是演奏什么乐器的。他在科尔托面前停下步来，问道："那么你，我的小家伙，你演奏什么乐器？"科尔托说："我是钢琴家。"圣-桑模仿小孩说话发音："哦，咱们可别言过其实，小家伙。"后来成为重要钢琴伴奏的安德烈·伯努瓦是科尔托的同班同学，他记得科尔托在班上天赋并非最高，但肯定是最坚定、最勤奋的学生。伯努瓦对科尔托并无好感，说他"为了达到目的（在他来说就是名誉地位）不择手段"。伯努瓦还说科尔托自视甚高。"瞧他那趾高气扬的神情！"

自音乐学院毕业后，科尔托一头钻入欧洲的音乐生活，而且不仅仅是作为钢琴家。他在拜罗伊特成为一名助理指挥。回到巴黎后创办歌剧节协会。1902年与罗曼·罗兰的第一个妻子克洛蒂尔德·布莱尔结婚。同年还指挥了《诸神的黄昏》的巴黎首演以及《特里斯坦与伊索尔德》（虽然这不是巴黎首演）；他是一个杰出的瓦格纳专家，能熟记瓦格纳的所有歌剧，而且能把它们在钢琴上通篇弹奏下来。他与他的同代人结盟，并以指挥和钢琴家的身份介绍了许多新法国学派的作品；与卡萨尔斯和蒂博组成三重奏团，驰誉海内外；1917年继普尼奥而担任巴黎音乐学院最高级钢琴班教授。作为教师，他在那里培养了几个杰出的钢琴家，包括克拉拉·哈斯基尔、伊冯娜·勒布雷、尤拉·格勒和马格达·塔利亚费罗等人。还和奥古斯特·曼若特一起创办音乐师范学校，在那里的学生有迪努·利帕蒂、桑松·弗朗索瓦、伊戈尔·马克耶维奇和迪诺·恰尼。此外他也撰写专著和论文、编订音乐、举行音乐会和录音。

他怎么可能腾出时间来使手指始终处于良好状态？回答很简单：他没有这么做。科尔托总是弹错或记忆失误。要是犯在一个不甚知名的人身上，这些可能是灾难性的。可是对科尔托这没什么影响。人们能容忍这些错误，犹如他们能容忍古老大师所作画中的斑疤和疵点一样。因为，尽管有种种错误，科尔托显然有着了不起的技巧，当音乐需要时，他什么样的火花都能爆发出来，就像他为李斯特《第十一号匈牙利狂想曲》录制的绝妙录音所表明的那样。而且，作为一个从事演释的艺术家，他是他那个时代心智最健全的人之一。

他的演奏熔理智的权威性、贵族气派、阳刚之气和诗情画意于一炉。科尔托保留着老的乐派中少数矫揉造作的手法，但他首先是个理智型演奏家——一个渊博深邃的音乐家，他的灵敏心智在所弹奏的每个音符中得到体现。他从来不使别人觉得他只是个技巧家，而是把浮华奢丽留给炫技大师。他更属于进行再创造的音乐家，他的演奏具有朴素的雅致和逻辑性，在力度上（包括感情的和体力的）比大多数法国钢琴家迄今所表现的都宏大得多。我们估计，像里斯勒一样，他在德国的经历影响了他法国式的处理手法。科尔托有他独一无二的风格，他的演奏总是一听就能识别出来（现在仍能从他的数百张唱片中听出），它是那样辛辣、尖锐、线条分明，还有那错不了的自由速度和十足的智能——当然，还有弹错的音。不幸的是，他继续公开演出的时间太长，晚年的演出和录音都有损于人们对他的记忆。第二次世界大战期间科尔托曾在德国演出，这被法国人视作通敌行为。1946年获准恢复演出后，继续演奏到1958年。晚年的某些演出都有明显的手指失误和记忆失误，简直糟透了。然而，在他最佳状态时，他是二十世纪重要钢琴家之一——他的演奏曲目显然涵盖了整个音乐史，作为艺术家，他具有出众的才略和全面的音乐修养。毫无疑问，当时没有一位法国钢琴家能够及得上他，虽然伊夫·纳特和罗伯特·洛尔塔也各有其仰慕者。伊西多·菲利普和玛格丽特·隆亦然。不过这后两位作为教师（在巴黎音乐学院）远比作为独奏家更加有名。

菲利普最杰出的学生是来自巴西的一个名叫古约玛·诺瓦伊斯的孩子。这个少女在十四岁时获巴西政府颁发的赴欧洲留学奖学金，她选择了巴黎音乐学院。在她申请入学的那一年（1909年），学院只有两个外国留学生名额，而申请人却有三百八十七名。诺瓦伊斯为一个由德彪西、福雷、莫什科夫斯基等人组成的评委会弹奏，曲目是帕格尼尼—李斯特《E大调练习曲》、肖邦《降A大调叙事曲》和舒曼《狂欢节》。她获得了第一名，评委还请她将叙事曲再弹了一遍。德彪西在一封信中惊异地提到"那个巴西小女孩，她走上台来，忘了听众和评委，全神贯注地，弹得那么美妙动听"。

显而易见，这时她的技巧和音乐思维都已完全定型。她最早给菲利普弹奏的乐曲之一是贝多芬的《"告别"奏鸣曲》。"不，不，"菲利普说，"第二乐章实在太快了。要弹得慢些。"诺瓦伊斯考虑片刻之后将它重弹一遍，细节上略作改动，但速度丝毫未变。如此周而复始好几次，最后菲利普便不再坚持。"即使在那个年龄她已很有主见。"他后来说。及至次年底，诺瓦伊斯已是一位音乐会的老手，曾和加布里埃尔·皮埃内指挥的沙特雷管弦乐团合作（这是她的正式首演），在英国和亨利·伍德爵士指挥的乐团一起演出，并在意大利、瑞士和德国举行巡回音乐会。1915年十九岁时她在纽约的伊奥利亚大厅举行美国首演，使评论家们大为震动。《纽约时报》的奥尔德里奇称她为"上帝恩赐的音乐家"。《环球报》的桑伯尔尼说她是"青年钢琴天才"。《邮报》的芬克将她与他的理想楷模帕德雷夫斯基相比，说"更富灵感的演奏在伊奥利亚大厅是闻所未闻"。大约一年后，赫尼克给她封了一个头衔，从地理上来看，这个头衔可能有点离谱，但它却叫了很长时间。在《纽约时报》的一篇评论中他称她为"南美大草原的帕德雷夫斯基"。

诺瓦伊斯年轻时和早期巡回演出时代的演出曲目很多，后来范围缩小了。不过无论她演奏什么，以其高雅的处理手法、绵绵不断的歌唱线条和发自内心的冲动，她总是能弹得完美无缺。她的感染力部分来自她对键盘的自然态度。在少数钢琴家身上，钢琴好像是手臂和手指的一段焊接着的延伸，诺瓦伊斯便是这少数人之一。在哪里都找不到更潇洒自如、更放松、更不费力的风格了。她的声音的色彩与微妙幽婉使人想起距今六七十年前那些杰出浪漫主义钢琴家魔术般地纺织出一个个音符的手法（诺瓦伊斯接受的当然也是那一代人的教育）。她的技巧柔顺灵活，从不孜孜求取效果，无论何时她的演奏总是诗意盎然，而且极其女性化。二十世纪五十年代后期她和安德烈·克路易坦指挥的纽约爱乐乐团合作演出舒曼协奏曲，那演奏令人一听便联想起约瑟夫·霍夫曼来。它具有同样的柔顺灵活、同样精妙幽婉的声音和坚定不移的节奏。

诺瓦伊斯的演奏从来不是淡而无味或干巴巴的。像霍夫曼一样，她也很少把同一首乐曲弹得一模一样。每次她都赋予其略微不同的观点，而且每次新的处理手法都似乎是绝对自然的必经之路。她的密纹唱片没有充分显示她的长处；和她的音乐会演奏相比，它们显得做作不自然。奇怪的是，她在二十世纪二十年代初期和中期为胜利公司制作的原声唱片系列使人们对她的价值有了更好的了解；早年演奏的李斯特《侏儒的轮舞》、菲利普《鬼火》、帕德雷夫斯基《B大调夜曲》、戈特沙尔克《巴西国歌》（这是一首糟糕透顶的乐曲，但难度却是惊人的）和理查·施特劳斯—戈多夫斯基《小夜曲》，都是早期钢琴唱片中的珍品。

英国乐派产生了哈罗德·塞缪尔这样一个极受喜爱的钢琴家。塞缪尔出生于伦敦，在皇家音乐大学接受教育，起初是个以技巧为重的钢琴家。但是早在二十世纪初他便开始对巴赫发生兴趣，至1906年可能已将《哥德堡变奏曲》推向伦敦听众。接着是一个休整时期。他称不上一个地道的技巧大师，难以和那些手指功夫的好把式一比高低，因此不得不转而以弹伴奏谋生。但是，在1919年四十岁时，他却以一套巴赫曲目重返音乐会舞台，演出于威格穆尔大厅。自那以后，巴赫和塞缪尔就不可分割了。1921年塞缪尔举办"巴赫周"——连续六套曲目，没有一首重复。就这样他攻破了巴赫—李斯特、巴赫—陶西格、巴赫—布索尼的城堡，虽然按照这些技巧大师的改编曲来弹奏巴赫这一传统还继续苟延残喘约二十年。（今天的许多年轻钢琴家甚至从未听到过巴赫—李斯特的《a小调前奏曲和赋格》或巴赫—陶西格的《d小调触技曲和赋格》，而在二三十年以前，每两次独奏会就有一次是以它们开始的。）

塞缪尔是个巴赫钢琴家，对大键琴从来不感兴趣。在他的一次纽约独奏会后，万达·兰多芙斯卡告诫他说，《十二平均律键盘曲集》和巴赫的其他键盘乐曲最好——不，是必须——用原先为之写作的乐器演奏。塞缪尔毕恭毕敬地聆听着这位伟大的夫人的教诲。最后他总算插了一句话："但是，兰多芙斯卡夫人，我不喜欢大键琴。"事实是，兰多芙斯卡的观点后来占压倒性优势，至二十世纪五十年代，大部分钢琴家对于公开演奏巴赫都要三思而后行了。但这无损于塞缪尔开拓性工作的意义。他的巴赫演奏是极其雅致灵活、玲珑剔透和富于逻辑性的。他的演奏中没有那种刻意经营的布索尼式的渐慢，他严格遵守原谱，节奏稳定扎实，这些都是现代风格的反映。就学术水平而言，塞缪尔可能有不足之处；自塞缪尔于1937年与世长辞后，巴赫学术研究已有了长足的发展。但是当这个胖乎乎的哈罗德·塞缪尔快步走上台，面对听众满脸堆笑，把他们当作知心人，惬意地坐定下来，让他的一双大手（他能弹十二度）各就各位——此情此景是只有大艺术家才能提供的。

瑞士最著名的钢琴家——在他成为美国公民以前——是鲁道夫·甘茨（后来埃德温·费舍尔取代他而成为瑞士的钢琴宠儿）。甘茨作为音乐会艺术家、指挥、作曲家和教育家，生活过得忙忙碌碌。他生于 1877 年，直到 1962 年八十五岁高龄时仍在演奏。早年在苏黎世受教育，后在柏林随布索尼深造，并开始在世界各国巡回演出。这是一位光彩照人的钢琴家，演奏中生气蓬勃，充满生活乐趣，清晰、精神饱满、真挚自然。在二十世纪最初几十年中，甘茨——像西班牙钢琴家里卡多·维涅斯和美国钢琴家乔治·科普兰一样——和先锋派结盟，推出布索尼、拉威尔、杜卡斯、巴托克、德彪西、多纳伊、莱夫勒、丹第、科恩戈尔德和其他一些人的重要作品。他也是录音的先驱者之一，有几张唱片制作于 1910 年以前。

二十世纪初活跃于美国的三位女性是俄国出生的蒂娜·莱纳、匈牙利出生的约兰达·梅罗和美国（得克萨斯州）出生的奥尔加·萨马罗夫（原姓希肯鲁珀）。三位钢琴家都是技巧娴熟而且受到普遍欢迎的，但三人中以萨马罗夫（见图99）的演出生涯最为辉煌，为时最久。她是第一个被巴黎音乐学院接受的美国姑娘。1900 年返回美国随恩内斯特·哈奇森学习，然后又回欧洲，在柏林恩斯特·耶德利茨卡处完成学业。正式首演奠定了她作为杰出艺术家的地位。在伦敦因演奏柴科夫斯基"降 b 小调"而轰动一时。大概就在这前后她改了姓名，因为希肯鲁珀（Hickenlooper）这一姓氏对任何年轻艺术家而言都是一个无法忍受的负担（hick 原意为"乡巴佬"，looper 原意为"尺蠖"或"打环的人"——译注）。她是个令人望而生畏的女人，一个性情火爆而喜怒无常的钢琴家，经常旅行演出，甚至在她和利奥波德·斯托科夫斯基结缡的那些年中也不例外。他们于 1911 年结婚，1924 年离异。脱离音乐会舞台后她在《纽约晚邮报》任音乐评论两年，然后在朱利亚研究院和费城音乐学院任教。他的学生中最知名的有威廉·卡佩尔和罗莎琳·图雷克等人。图雷克起初倡导当代音乐，后转向巴赫。她是当时少数公开反对新的音乐学而专门在音乐会大钢琴上弹奏巴赫的青年钢琴家之一。

新的哲学，新的风格
普罗科菲耶夫、兰多芙斯卡

在肖邦之后，钢琴技艺的重大进展来自两位作曲家——法国的克劳德·德彪西和俄国的谢尔盖·普罗科菲耶夫。德彪西尝试并最后总结出一种新的键盘手法。在他以前，法国钢琴音乐一直遵循着十九世纪的路线。福雷创作的优雅的钢琴音乐在很大程度上受肖邦和舒曼的影响，虽然在和声与旋律上他颇多匠心妙笔。而福雷的风格又转而导致法雅的《西班牙庭园之夜》和丹第的《法国山歌交响曲》等作品。圣-桑可能是新古典主义作曲家中的第一人，写了大量快速流动、笔锋顺畅、兼有李斯特和肖邦神韵的炫技作品。引人瞩目的夏布里埃留下了几首后来对萨蒂和普朗克有所影响的启示性钢琴曲，它们在和声上比那个时代要超前好多年，深奥微妙而妙趣横生，然而基本上是以十九世纪的语汇表达的。在俄国，斯克里亚宾在其较晚的钢琴作品中（大约始于《第五钢琴奏鸣曲》，这以前他的钢琴曲都是肖邦的优美再现）开始以四度而不是三度来营造和弦，在此过程中逐渐制作出一些复杂得吓人的音乐；其中有的染有印象派的色彩，有的在音响和布局方面别有新招，而所有作品都给当代的钢琴家们提出了可供思考的问题。不过，就钢琴技法而言，他的音乐主要还是十九世纪的。同样也是在俄国，作曲家兼钢琴家尼古拉·梅特涅尔创作了许多技术高超的键盘音乐，具有新风格的因素，但是，像拉赫玛尼诺夫的音乐一样，它们基本上是传统的。

奏出二十世纪先声的是德彪西，他向世界提供了全新的色彩组合，其踏板效果的运用远远超出了肖邦的梦想。德彪西的钢琴风格颤动着四重 *pianissimo*，总的说来含有一种新的手指华彩音型。莫里斯·拉威尔多少也是以这种风格写作的，而且从某种意义来讲，他作于 1901 年的《水之嬉戏》在时间上还领先一步。不管怎么说，德彪西和拉威尔创作于同一时期，但两人各有不同。拉威尔的钢琴音乐线条比较分明、清晰、古典，受李斯特的影响较大。在拉威尔的钢琴音乐中，钢琴演奏者是在操纵琴键；而在德彪西的钢琴音乐中，则看起来钢琴几乎不再是键盘乐器。和弦翻腾起伏，音型法穿越它们而飘动，似雾霭空蒙，神秘莫测。（也有例外，诸如《快乐岛》和《烟火》等作品都是新李斯特风格的炫技之作；而在取自《为钢琴而作》的触技曲或许多练习曲中，德彪西可能像拉威尔一样客观和"生硬"。）德彪西的典型和声常常具有异国风味，以全音音阶为基础或是带有加美兰乐队的韵味。正如爱德华·洛克斯皮泽在其《德彪西传》中所说："随着《版画》一曲的出现，钢琴不仅离开了琴房和客厅，它甚至离开了音乐厅，成了一个漫游的、富有想象力的心灵的富于诗意的工具，能够抓住并刻画远方国家及其人民的灵魂，刻画大自然不断变化着的旖旎风光，或者一个天真的人在观察天地之间的清新而无比动人的奇迹时，内心深处的强烈愿望。"洛克斯皮泽继续写道：

> ……这位能工巧匠无与伦比的精确性和悟性强烈要求对键盘采取简朴实

用的态度，在这里，我们看到作曲家是在分析和解释这一乐器的纯物理性能的极大复杂性，而这一切最终将以人的十个手指在钢琴的没有变化的、有形的机械装置上的动作来体现。如果钢琴被转变成一种幻觉的乐器——德彪西坚决要求他的音乐的演奏者把钢琴想象为一件没有琴槌的乐器——那么这一转变只能通过对触键与振动、对键盘和声与音型法以及对音色与音区方面的悬殊对比加以最严密的分析——换言之，只有通过对乐器的所有技术资源加以分析——才能实现，而这件乐器的缺点和局限性将由德彪西转化为新发现的优点。

德彪西在他最后的钢琴作品，也即两卷练习曲中，将自己的理论作了系统化的整理，犹如约一百年前肖邦之于他的练习曲一样。在德彪西的综合中，每一个方面都得到审查——音阶、二度、三度、四度、八度、装饰音、重复音、琶音、和弦。这两卷练习曲在二十世纪初期所起的作用，犹如肖邦两卷练习曲之于十九世纪。与此同时，拉威尔仍在继续沿着颇为相似的道路前进。在《夜之幽灵》中，他创作了一首以新的语言表达的炫技作品，它可能是李斯特之后此类作品中的最重要贡献。

但是，将在1910年之后的数十年中主宰钢琴写作的并不是德彪西和拉威尔的印象派风格（虽然在有些十二音音乐中可以找到德彪西音型法的某些因素）。德彪西和拉威尔本身是完美的。他们有一些追随者——英国的西里尔·斯科特、法国的某些作曲家、柯达伊（某些早期钢琴音乐），而且，当然，德彪西的理论已成为音乐语汇的一部分，在这以后钢琴（以及音乐本身）就再也不可能是原来的样子了。然而，那些新的创作者，那些少壮激进分子，却持有不同的观点。德彪西希望把钢琴设想为一架没有琴槌的乐器，普罗科菲耶夫、巴托克、斯特拉文斯基和欣德米特的观点却相反。"一派胡言。"他们这么说。钢琴是打击乐器，这个事实是掩盖不了的。所以我们还是正视事实，把钢琴当作打击乐器来对待吧。

100 谢尔盖·普罗科菲耶夫。照片于 1918 年摄于纽约，系为其美国首演所用。
101 谢尔盖·普罗科菲耶夫。

102　万达·兰多芙斯卡弹奏大键琴。她的理论对二十世纪钢琴艺术有强大影响。

103　兰多芙斯卡："你弹你的巴赫，而我弹巴赫的巴赫。"

年轻的谢尔盖·普罗科菲耶夫（见图 100 ~ 101）这位钢铁钢琴家从俄国脱颖而出，大有叱咤风云之势。他弹奏自己的音乐，并以其蓬勃活力和洋溢激情，以其狂野节奏和他对浪漫主义的花哨装饰的蔑视而使西方大为震惊。反浪漫主义时代已经拔锚起航了。普罗科菲耶夫是个了不起的钢琴家，也是他自己理论的一名理想的示范者。他以他的《第一钢琴协奏曲》和《魔鬼的诱惑》令人惊恐地展示出新乐汇的严峻和力量。浪漫主义的色彩、间距宽大的琶音、内声部、娇美的旋律，全都成了过眼烟云。正如许多西方评论家指出的，这是革命的音乐。坐在钢琴旁的普罗科菲耶夫以一种控制有度的狂放投入于音乐之中，弹奏出粗野复杂的节奏，不施予也不乞求宽容。他做这一切时几乎不用踏板，弹出的是敲击性的金属之声。他的老师对于自己培育的这个魔鬼该感到多么烦恼啊！因为他的老师不是别人，正是杰出的钢琴家、莱谢蒂茨基教学法的拥护者安妮特·艾西波夫。艾西波夫已于 1908 年停止音乐会演出而安顿下来在圣彼得堡音乐学院任教。普罗科菲耶夫常常在穿过学校的走廊时取笑那些深得和蔼的艾西波夫珍爱的作曲家："他们说您的独奏会不能没有肖邦？我要证明我们没有肖邦也能做得很好。"他也对莫扎特恶语中伤："这是些什么样的和弦啊——I，IV，V！"普罗科菲耶夫和艾西波夫之间经常发生冲突，教了一年之后她伤心地发现："我的方法他吸收得很少。才华横溢但未经雕琢。"不过，俄国音乐学家伊斯拉埃尔·涅斯捷夫在所撰写的普罗科菲耶夫传记中指出，普罗科菲耶夫跟艾西波夫学习的这几年并不是白白浪费掉的。涅斯捷夫写道："普罗科菲耶夫的具有突出个性的演奏风格，以及他那干净利落的手指技巧、钢铁般的触键和异常自如的手腕动作都带有艾西波夫—莱谢蒂茨基学派的烙印。"这也许是事实，虽然等到普罗科菲耶夫独立后，他便将那个特定学派中一切浪漫主义的东西丢弃殆尽。然而，正如他自己的唱片所表明的，只要他想要，他是可以奏出歌唱之声和纯正的连音的，而且他也远不像今天的青年键盘英雄们那样"乒乒乓乓"地敲打出他的音乐来。

他的演奏十分优秀，赢得 1914 年的鲁宾斯坦钢琴比赛奖是绰绰有余，但他究竟怎样把这个奖拿到手的，却至今是个谜。他没有按规定弹奏古典协奏曲，而是宣布他要弹自己的《降D大调钢琴协奏曲》。当圣彼得堡音乐学院的几位院长得知这一违反规定的行为时，他们掀起了一场轩然大波。普罗科菲耶夫亦不示弱。后来他们同意这样做——条件是每位评委在比赛前都能拿到这首协奏曲的乐谱。恰巧莫斯科的尤尔根森正在将它印刷出版，于是普罗科菲耶夫央求他在比赛前赶印出来。尤尔根森这么做了。"当我走上台时，"普罗科菲耶夫写道，"我看到的第一件事就是我的协奏曲摊开在二十个人的大腿上——对于一个作品刚开始出版的作曲家来说，此情此景终生难忘。"普罗科菲耶夫竟然得以将他非常强烈的意志强加给那几位院长，使他们对其他的犯规也视而不见。普罗科菲耶夫没有弹《十二平均律键盘曲集》中的前奏曲和赋格，而是代之以《赋格艺术》中的一首。不过，对于有些非弹不可的东西，例如炫技性的曲目，他还是只好服从，弹了李斯特改编的瓦格纳《唐豪瑟》序曲。

　　甚至在这次比赛前他就已公开演奏过《降D大调钢琴协奏曲》，他的反浪漫主义新风格立刻引起人们的注意。一位评论家非常中肯地指出他的显著特点，"他的声音略微有点干巴巴，但他演奏时的信心和自由着实令人吃惊。在他的指尖下，钢琴不是在唱歌或颤动，而是以一架打击乐器的严峻精确的声音——老式大键琴的声音——在说话。但是，为作曲家赢得如此热情掌声的正是他演奏时令人信服的自由和鲜明的节奏"。当然这种离经叛道的风格引起了对抗。在他的处理手法被接受以前——这至少是十年后的事了，而且即使在那时，保守派圈子里仍然还有痛苦的吼叫——他一直被嘲笑为疯子、捶击手和不协和音制造者。在他的祖国他无法打破这个屏障，这正是他离国而去的原因之一。没有一家重要的俄国机构愿意演出他的音乐——或至少是愿意按照普罗科菲耶夫所要求的程度来演奏。另外还有1917年革命后的骚乱。于是普罗科菲耶夫离开俄国，直到约十年后才返回。

　　他取道日本前往美国。他在美国造成的影响是惊人的。美国人从未听到过类似的东西；普罗科菲耶夫和他的音乐被描写为"俄罗斯的动荡""不协和音的狂欢节""艺术中的布尔什维克主义"。至于他的钢琴演奏，则被说成是"钢铁的手指，钢铁的手腕，钢铁的二头肌，钢铁的三头肌——他是声音上的钢铁托拉斯"。普罗科菲耶夫大量弹奏他自己的音乐。但他很快就发现自己作为音乐会钢琴家无法与当代的帕德雷夫斯基们、霍夫曼们和罗森塔尔们相抗衡，尤其是当曲目中有贝多芬《A 大调钢琴奏鸣曲》(Op.101)、肖邦练习曲和其他一些他暗中如此藐然视之的浪漫派音乐时。未能取得成功使他心情忧郁；1921 年在芝加哥由玛丽·加登主演的《三个橘子之恋》遭到失败，也使他感到沮丧。普罗科菲耶夫对美国听众的因循守旧啧有烦言：

> 我漫步穿越纽约市中心的辽阔公园，举目观望与它毗邻的摩天大楼群，满怀冷静的怒火，想着那些对我的音乐不感兴趣的奇妙的美国乐团，想着那些上百次地重复叫嚷"贝多芬是个伟大作曲家"而对新作品却避之不及的评论家，想着那些安排艺术家们作长时间的巡回演出、让他们不止五十次地演奏同样老一套曲目的演出经理……

于是他再次上路，到巴黎去建立他的大本营。这是二十世纪二十年代的巴黎，那里知识界的风气比美国所能提供的要振奋人心得多。普罗科菲耶夫开始找到一批热情友好的听众。在二三十年代他确实多次访问美国，并继续从事钢琴演奏活动至少十年之久。他越来越多地集中演奏自己的作品。1927 年开始在苏联重新露面，至 1935 年重新成为那里的永久居民。

作为钢琴家，普罗科菲耶夫是二十世纪的"新人"。他和过去的时代没有什么共同之处，他的演奏完全是独辟蹊径的。他对二十世纪的钢琴哲学有着深邃的影响。这就是演奏巴托克、斯特拉文斯基和其他现代作曲家所需要的那种出发点，是一种功能性钢琴艺术，剥掉了一切人为的手法，无遮无盖，强健有力，没有铺垫，不喜欢小节线和正统的韵律与缓急变化。普罗科菲耶夫本人对斯特拉文斯基的新古典主义没有好感。他是作曲家中最少新古典主义色彩的（他的《古典交响曲》与其说是试图再现过去，不如说是表现出他的用词诙谐），代表着某种当代俄罗斯民族主义。斯特拉文斯基也有民族主义的瞬间，他确实创作了一些至少在一个方面——就是将钢琴用作打击乐器——可与普罗科菲耶夫相媲美的钢琴音乐。最杰出的把钢琴当作打击乐器处理的人是巴托克。巴托克的 Op.1，亦即《钢琴和乐队狂想曲》(也是一首钢琴独奏曲）是他的少数几首守旧的作品之一（李斯特如能再活二十年，也可能写出这样激发匈牙利情愫的作品来）。自那以后，匈牙利的民族主义就从原来的李斯特路线改道行驶了。巴托克在他的两首最早的钢琴协奏曲、他的《粗野的快板》和几首钢琴组曲以及他的民歌改编曲和小奏鸣曲中，将普罗科菲耶夫魔鬼般的力量和他的经历中所没有的那种无法缓和的复杂节奏和对协和音的蔑视结合在一起。在巴托克心目中，钢琴确实是一件有槌的键盘乐器。他创作了一系列练习曲和六卷循序渐进的作品，题为《小宇宙》。其所以用《小宇宙》这个标题，是因为其中所收作品都很短小精炼。这六卷乐曲将巴托克的钢琴理论与和声理论作了系统化的整理。

以巴托克—普罗科菲耶夫—斯特拉文斯基风格为契机，再加上德国十二音作曲家以及其后的序列音乐作曲家的贡献，便开始了从二十世纪三十至七十年代的大量钢琴写作，在美国可由阿伦·科普兰和埃利奥特·卡特一类作曲家为代表。不错，有些作曲家在这整个的混乱中自始至终继续以浪漫派风格写作，其中包括弗朗西斯·普朗克和达律斯·米约，他们的钢琴风格发源于萨蒂和福雷以至更早的夏布里埃。有很长一段时间他们完全成了老掉牙的东西。普朗克曾一度重新流行。米约没有。

脆弱的反浪漫主义风格是引来最多议论的风格。它属于先锋派的范畴；二十世纪二三十年代的青年作曲家们纷纷拥向先锋派。在那些年中，在美国，年轻的利奥·奥恩斯坦在普罗科菲耶夫的激励下，以其狂放不羁的槌子般的起音取得很大的（虽然是短暂的）成功。他并非先驱者。1910年左右，珀西·格兰杰在《澳大利亚人进行曲》之类作品中以其近音音簇（near-tone clusters）引起一阵骚动。不管亨利·考埃尔是否听到过格兰杰的音乐，他通过采用真正的音簇（以拳头、肘部和前臂弹奏）将格兰杰的创新向前推动了一步。考埃尔还对琴弦共振的可能性进行探索，让钢琴家俯身向前拨弄乐器的内脏。查尔斯·艾夫斯在其《康科德奏鸣曲》中走得更远，竟然让钢琴家用一根长木棍同时按下许多琴键。差不多在同一时期，阿诺德·勋伯格推出一些钢琴技巧的新概念，在分别作于1908年和1911年的《作品三首》(Op.11)和《小品六首》(Op.19)中将表现主义风格用于钢琴。考埃尔和勋伯格最后将引导到后韦伯恩的序列主义，甚至更远而至于约翰·凯奇的达达主义和卡尔海因茨·施托克豪森的机遇音乐，就像戴维·图德的钢琴演奏中所表现的那样。

五六十年代的图德是世界上超先锋主义钢琴艺术的杰出倡导者，是少数能破译这一新学派所喜爱的新型记谱法的钢琴家之一；在一场典型的音乐会上，钢琴本身是他最不关心的东西。在这些场合下，你会发现图德几乎是同时完成着敲打键盘、操作几架磁带录音机中的一架、站起来俯身探入钢琴内部扫掠琴弦、跪下叩击音板、旋转身体吹一支哨笛或卡佐膜管等多项工作——而有时又只是一动不动、目不转睛地盯着键盘看上四分钟左右。上述这最后一种现代钢琴演奏的例子发生在凯奇的一首题为《4分33秒》的作品中。这是一首无声的作品，表演过程中钢琴家只是看着键盘，手里拿着秒表。一般说来，图德不根据写在两行谱表上的音乐来工作。他必须破译下面这样的一套套指示（取自凯奇的变奏曲）：

六个透明材料的方块，一块中有四种大小的许多点。最小的点表示单一的音响，共十三个；较大但实际上仍是小的点表示两种音响，共七个；更大的点是三种音响，共三个；最大的点是四种或更多音响，共四个。非单一音响弹奏时是一起响出的，好似一个个"星群"。采用非单一音响时，同样数量的另外五个方块（各有五条线）用于界定，也即同等数量的位置，每一方块有四个位置。五条线是：最低频率、最简单的泛音结构、最大振幅、最短时值和在选定时间内的最早出现。从点到线的垂直面给出应该加以衡量的或仅仅是加以遵守的距离。演奏者的人数不拘，乐器的类型和数量不拘。

当然，图德以及追随他的专家们不可能对这种音乐进行传统意义上的"练习"。而且他们可能花上几个月的时间而仅仅只是把作曲者的意图勾画出一张标绘图。在比较正统的音乐中，图德是个出色的技巧家和视谱演奏家，但是在超前的音乐中，他必须制订自己的练习——这类曲目中所遇到的协调方面的、跳跃方面的、音型类型方面的练习。

这种音乐很少在群众中得到进展。说实在的，斯特拉文斯基和巴托克的钢琴音乐几乎不能说是受群众欢迎的。但是，不管他们是否被充分接受，他们风格中的一些因素——从普罗科菲耶夫和斯特拉文斯基起至勋伯格、韦伯恩和凯奇——却已渗入了二十世纪中期的音乐语汇。其他因素也起了作用，而且不一定全是音乐方面的因素。整个这一世纪是侧重点从浪漫主义转移开去的世纪。在普遍的剧变中，新音乐的精密复杂特性和唯理智论只起了部分作用。另外还有第一次世界大战之后的感情价值和社会价值的改变；还有像一百年前的工业革命一样效果卓著的新的科学革命；还有音乐学研究中的发展，人们首次对巴洛克时代和文艺复兴时代的演出实践进行全面的、有文献资料为佐证的调查研究。

在钢琴和钢琴家的领域中，这全都意味着"技巧大师是英雄"这一概念已被迫引退到一个光荣的历史地位。取而代之的是钢琴学者和钢琴音乐家，以及作曲家思想的再创造者，还有对于"作为技巧的技巧"的否定。说真的，炫技已几乎成了令人生厌的字眼。克拉拉终于胜利了，她的在天之灵会怎样畅怀大笑啊！

新思潮的重要鼓动者之一是万达·兰多芙斯卡（见图 102～103），虽然她主要不是一位钢琴家。她向人们示范表演了巴赫、亨德尔、斯卡拉蒂、库普兰和其他一些人在他们的音乐最初为之写作的那个乐器上听来是怎样的效果。不过，如果认为兰多芙斯卡是个古典主义者，那就错了。她出生在浪漫派演奏的时代，也就是李斯特、莱谢蒂茨基及其弟子们一统天下的那个时代。因此她是在某些浪漫主义演奏传统的氛围中成长的，而且这些传统一直伴随她到最后，无论她的音乐训练是多么严谨。这个博学多才而又小鸟依人的女士是个很好的演艺人（无论是就其个性还是就其音乐演出而言），她懂得如何使听众屏息神往；当她举行独奏音乐会时，反应总是像所有伟大艺术家演出时一样——死一般的寂静和全神贯注。

她的上场令人难忘。1949 年她在纽约市政厅举行巴赫《十二平均律键盘曲集》第一册专题系列音乐会时，她要求把舞台布置得好似她的起居室——大键琴屹立中央，键盘左侧放着一盏台灯，台上几乎是暗的。开场前十五分钟听众已稳定就座。兰多芙斯卡夫人在决定走出来之前，让每个人恭候了好大一会儿。最后舞台门打开，大人物开始上场。

她几乎花了足足五分钟的时间才走完通向那架乐器的六米左右的距离，双手合掌作杜勒（德国宗教改革运动时期油画家、版画家、雕塑家、建筑家——译注）式祈祷状，眼神投向天空，每个人都意识到她是在和 J.S. 巴赫交流，希望得到最后一分钟的辅导和鼓励。当她身披一件奇形怪状的黑色外罩，脚蹬一双看似厚绒拖鞋而实为轻便丝绒舞鞋的玩意儿，飘飘然走到大键琴面前时，她看来像是那"地狱的守门人"。这是有史以来最盛大的上场式之一。

她的演奏具有同样的浪漫派色彩。有谁能说它不比后来某些大键琴家干巴巴的咀嚼更接近巴赫呢？作为一位演奏家，她有着奇迹般均匀的触键，左手好像有一个属于它自己的大脑。她的音栓配合至少可以说是色彩绚丽的。但是在这一代人中（而且我们确信在任何时代中），没有一位艺术家能像她一样灵巧地阐明巴洛克大师们的复调写作，也没有人能使这音乐如此勃发生机。

她的奥秘在于终身治学不倦，具有完美的技巧素养和富于弹性的节奏，再加上她洞悉何时可以无须恪守乐谱。当然单单这一点就要求你一辈子的学问。（兰多芙斯卡的著名同时代人帕布罗·卡萨尔斯常常对他的学生说差不多同样的话。"不按速度弹奏的艺术——这是你必须学到手的。还有如何不按乐谱上所记的内容弹奏的艺术。"可是没有一位现代教师敢于发表这样的异端邪说。）她具有得天独厚的才能，善于重点突出一首作品的戏剧内涵和感情内涵。当她保持延长记号时，天动地摇，日月无光，直到她继续进行到下一乐句为止。她弹奏的一切都是有意义、有感情内涵的。她随意改动，作各种各样的改动，但是像所有大艺术家一样，她能把它们处理得很好。简而言之，她的整个音乐处理是浪漫派的：个性强烈，充满光亮和阴影的层次，从来没有学究气。在例如《哥德堡变奏曲》第二十五变奏这样的作品中，她刻画旋律轮廓是那么流畅自如，又带有抑制但却撕心裂肺的激情；而且做到这一点并无赤裸裸的炫耀卖弄。顺便说一句，她的自由速度是一种完全标准化的表现手法。她的波兰血统不是没有作用的。

作为一个极有主见的女性，她对自己的价值了如指掌。她没有虚伪的谦虚。音乐界有一则著名传说，讲的是她和另外一个巴赫专家（也是女的）会面的事。她们开始谈论巴赫的装饰音问题，突然气氛变得凛冽起来。

"好吧，亲爱的，"有人听到兰多芙斯卡这么说，"你继续用你的方法演奏巴赫，而我则继续用他的方法演奏他。"

由于兰多芙斯卡，钢琴上弹出来的巴赫突然开始变得令人不能容忍了。钢琴家们一个又一个地停止演奏巴赫—李斯特、巴赫—陶西格以及其他类似的东西。然后他们又开始对演奏任何类型的巴洛克音乐裹足不前，其中甚至包括斯卡拉蒂的音乐。人们逐渐体会到，钢琴曲目已足够丰富多彩，无须再求助于改编曲——而巴赫和斯卡拉蒂的音乐由钢琴弹来，无论把原曲的那些音符弹得多么准确，毕竟还是改编曲。

和这种纯正性相一致的，是强调乐谱的神圣性和以回复自然的态度去研究作曲家的手稿。这一直继续到二十世纪中期以后，而且还将继续下去；它是事态格局中的新情况。在第一次世界大战之前，几乎没有钢琴家不为了适合自己演奏而在音乐中作一些变动。有些人，如帕德雷夫斯基和布索尼，作了大幅度的变动；而有些人，如霍夫曼和拉赫玛尼诺夫，则要克制得多。然而像阿图尔·施纳贝尔这样一位钢琴家，却悍然不顾自己所受的莱谢蒂茨基训练，而在作为一位大艺术家的同时又成为一位学者，寻根溯源，精心对照所有的印刷版本来校勘作曲家的手稿。这一探索是为了求得文本的准确性。今天比较年轻的技巧大师们所接受的训练已达这样的程度，以致他们宁可斩断自己的手，也不愿有意识地去改变一个音、一个乐句或一个力度指示。如此专注于文本的准确性究竟是否已经导致感情上的抑制，这个问题最好还是由全世界的教师们进一步讨论。可能是的。因为一味唯文本是从，可能成为支持没有独到见解的音乐家的绝妙借口。不仅如此，许多音乐家因为害怕有损于"圣经"，最终只是服从了字面意义却忽视了音乐的精神实质。尽管学术研究有了长足的进展，许多年轻艺术家仍然没有意识到，巴洛克、古典主义以及很多浪漫主义的作曲家，都充分指望演释者会对他们的音乐进行一定的改动。

随着唯理智论的盛行，钢琴演奏中这一新学派的后果之一就是人们对浪漫派作曲家的兴趣日益减退。普罗科菲耶夫的预言成为事实：真的开始出现了没有肖邦的独奏会。当然这位波兰作曲家仍然得到演奏，但远远不再如当年那样令人吃惊地频繁了。确实，肖邦专家一族开始消失；至二十世纪八十年代，除了老一代钢琴家中硕果仅存的几人外，几乎已别无他人了。第一次世界大战后一个新的艺术家流派崭露头角，他们全都受到新规矩的制约，虽然其中有几人早在 1918 年以前已经很活跃，但作为现代风格的代表人物而真正控制局面却是那以后的事。他们所工作和生活的环境同在上一代人中起主宰作用的李斯特和莱谢蒂茨基弟子们的世界截然不同。不论是更好还是更坏，反正风格已经变了。而这就是一直留存至今的那种风格。

再造了贝多芬的人
施纳贝尔

在上一代的许多人看来，贝多芬钢琴演奏家只有一个，他的名字是阿图尔·施纳贝尔（见图 104 ~ 106）。对于像威廉·巴克豪斯、埃德温·费舍尔和鲁道夫·塞尔金等贝多芬专家而言，这也许有些难以接受，但是在群众眼中，施纳贝尔和贝多芬是同义词。人们一致承认，施纳贝尔弹奏的莫扎特和任何人都不一样，他也可能是二十世纪最伟大的舒伯特钢琴演奏家，而且又非常擅长演奏勃拉姆斯的音乐。但是他不断反复演奏的是贝多芬；就群众而言，施纳贝尔是再造了贝多芬的人。至少是再造了贝多芬的钢琴音乐。

施纳贝尔个子矮小，抽雪茄烟，大脑袋，身体结实，手指又粗又短，看上去丝毫不像人们通常想象中的钢琴家。他坐在钢琴前的样子并未给人留下深刻的印象。大多数名噪一时的钢琴家都善于表现自己，自李斯特以来一直如此。几乎

104　二十世纪二十年代的阿图尔·施纳贝尔，"无所畏惧、无可指责的音乐
　　骑士"。

412

105

106

105　施纳贝尔于四十年代的一次录音中听回放。

106　阿图尔·施纳贝尔。

所有浪漫派钢琴家都是把手抬得高高的，鼻孔冒烟，眼睛里电光闪闪，而他们的听众则尖声叫喊，似一发而不可收。但是新的钢琴家学派却不是如此。施纳贝尔从不把手抬高，也不摇头晃脑或者试图看见音乐厅屋顶上的上帝。可是当他演奏时，大厅里一片静谧，像在大教堂中一样。他的音乐会不是马戏表演，而是感情交流。听众散去时感到自己得到了净化。

施纳贝尔是绝不会被遗忘的。首先，他是个传奇人物，传奇人物往往会随着岁月而日长夜大。另一方面，他教了很多学生，他们继承着他的传统。还有一个原因，他录制了许多唱片，其中包括贝多芬的三十二首奏鸣曲。施纳贝尔是有史以来在唱片上完成这一业绩的第一人，虽然近年来它已几乎成了司空见惯的事。施纳贝尔为此花了好几年时间——自 1931 年至 1935 年。

莱谢蒂茨基工作室中培养出来的钢琴家没有比他更不典型的了。（在师从莱谢蒂茨基之前，施纳贝尔曾跟莱谢蒂茨基的妻子安妮特·艾西波夫学琴，她为他作了随大师学习的准备工作。）十二岁时——自信的、成熟的、有智慧的十二岁——施纳贝尔是个超级神童，已经对纯技巧感到厌倦。他有着丰富的技巧，但是他觉得其他东西比炫技作品更使他感兴趣。莱谢蒂茨基说过（这该算是褒还是贬？）："阿图尔，你绝对成不了钢琴家。你是个音乐家。"但是浪漫主义的老莱谢蒂茨基却让施纳贝尔演奏舒伯特的奏鸣曲，帮他顺利举行了 1893 年的首演。及至十六岁时，施纳贝尔已是一个音乐会老手，和勃拉姆斯见过面，开始作曲，担任过一些音乐职务，并为女低音歌唱家泰蕾莎·贝尔伴奏，最后两人结为伉俪。她身高一米八，而他仅有一米六多。

起初室内乐是施纳贝尔的主要兴趣所在。他和阿尔弗雷德·维滕贝格、安东·赫金一起创办施纳贝尔三重奏团。后来的一个三重奏团由他、卡尔·弗莱什（许多人认为他是小提琴界的施纳贝尔）和尚·热拉蒂组成，再后来又是施纳贝尔、弗莱什和胡戈·贝克。当然施纳贝尔绝不是一个浪漫派钢琴家，不过他的保留曲目非常广泛。在早期的美国巡回演出中，他的曲目包括肖邦前奏曲和舒曼

《C大调幻想曲》之类的作品。二十年代柏林一带的一些资深观察家至今还在讲述他演奏李斯特时的雄浑有力和光彩照人。是的，李斯特。他的学生说他能在钢琴上示范任何音乐，说他研习并能熟记差不多全部钢琴文献，还说他的技巧虽然在晚年可能有些不稳定，但在他处于良好竞技状态时是令人叹绝的。

在后来的岁月中，施纳贝尔几乎从来不弹浪漫派音乐。它变得不合他的口味了。在一次公开的讨论会上，曾有人问他为何他的曲目如此有限。

（施纳贝尔说）我的答复是，现在我只喜欢这样的音乐，即它要比能够演奏出来的东西更好。因此我觉得（且不问是对还是错），除非一首乐曲向我提出一个问题，一个永远不会结束的问题，否则我是不会太感兴趣的。例如，肖邦的练习曲是一些秀丽动人、完美无瑕的作品，但我就是不想为它们花时间。我相信我了解这些作品；然而在弹奏一首莫扎特奏鸣曲时，我就不敢肯定我确实对它里里外外了如指掌。因此我可以没完没了地花时间去研究它……给孩子们弹莫扎特是因为音符的数量少，大人回避莫扎特是因为音符的质量高。

一连好多年，施纳贝尔作为一位音乐会钢琴家并未取得众望所归的成功。1921年来到美国后，他的演出不叫座，喝彩声更少。1922年情况依旧，施纳贝尔不满于所受到的接待，决定留在欧洲，在那里至少他能因他的音乐修养而得到赏识。1927年贝多芬百年祭时，他初次弹奏贝多芬奏鸣曲系列，分七个星期日演出。次年是舒伯特的百年祭，施纳贝尔又为那位作曲家的钢琴音乐忙了一阵子。1930年的美国巡回演出——此时他已改变看法而回到美国——是他在那里的第一次重大胜利。至1935年又在这个国家演出时，以他的贝多芬唱片作后盾，那已是作为一位公认的大师和几近某种狂热崇拜的源头了。

他的一些钢琴同行不能理解他的成功；对他们来说工艺比内容重要。到那时为止，施纳贝尔对技巧的兴趣是淡得不能再淡了，于是这些评论家指出他的技巧禀赋中的某些局限性，他们说，如果一个艺术家不得不在"热情"的最后乐章中苦苦挣扎，如果他会把 Op.101 的赋格——我们就别说《"槌子键琴"奏鸣曲》中的赋格了——搞得一团糟，那么他也许就算不上是个了不起的钢琴家。有个事实是无可否认的：在他生命的最后二十五年中，施纳贝尔绝对没能像巴克豪斯、霍夫曼或列维涅那样扎实地掌握键盘。在公开演出时，甚至在他的唱片中（当然那是在 LP 时代以前制作的，录音带粘接一类的技术尚未问世），有些地方施纳贝尔需要费力地伸展手指，钢琴演奏方面的破绽层出不穷。

但是那些迂腐得只会根据弹错的音来判断钢琴家优劣的人，完全没有领会施纳贝尔的精髓之所在。和他巨大的创造性成就相比，技巧方面的问题根本就是无关紧要的。他弹奏的贝多芬具有无与伦比的风格、富于理智的力量以及高雅纯正的分句法。重要的是，即使在手指失误时，他的头脑绝不会失误。施纳贝尔永远能使他的演奏盎然有生趣。头脑无往而不在——一个富于逻辑的、激奋人心的、敏感的头脑。当施纳贝尔能够控制他的手指时（他弹奏莫扎特、贝多芬和舒伯特作品时大多如此），他能把听众带到心潮澎湃的境界。在贝多芬最后五首棘手的奏鸣曲中，他给人留下的印象特别深刻。如果说哪位音乐家能做到真正有特色的话，那就是施纳贝尔唱出 Op.110 的慢乐章、Op.111 最后几页的冰冷的银河幻影和 Op.109 的抒情图像时的情景。没有花招，没有夸张，只是大脑、心灵和手指一起工作，再加上卓越的知识。

他的演奏有着内在的恬静和把握，这种特点也表现于他的生活和音乐会台风。一次他和布鲁诺·瓦尔特指挥的纽约爱乐合作演出勃拉姆斯《降 B 大调钢琴协奏曲》。这首协奏曲是他的特色曲目之一，大概已公开演奏一百余次。这次演奏到慢乐章时，发生了每个艺术家在不同场合都可能发生的事——记忆失误。施纳贝尔弹的是一个样子，乐队奏的是另一个样子。听众席中发出一声短促的惊叫，音乐猝然中止。瓦尔特大惊失色，施纳贝尔却只是咧着嘴笑笑，耸耸肩，从钢琴旁站起身来，走到指挥台前。两个灰白头发的老人俯首察看总谱，咕咕哝哝地对乐队说了些什么，然后施纳贝尔回到钢琴旁，音乐重新开始。对其他钢琴家来说，这种心理上的震惊和窘迫一定是不可能克服的。对施纳贝尔却不然。他继续一如既往地弹得曼妙动听。也许甚至更胜一筹，因为他决心要让听众忘掉这次失误。

他又是一位作曲家；凡是报道过他的人都曾指出这一施纳贝尔式矛盾：一个如此埋头于古典传统的音乐家竟然会写出这样超前的音乐来。施纳贝尔的作品是抽象的，常常无调性，复杂而难以掌握。顺便说一句，他从不利用他的地位来录制自己的音乐，虽然这在他仅是举手之劳。在他于1951年谢世后不久，他的一些赞赏者一度想将他的音乐推向听众，并举办了几次准备充分的音乐会，但没有引起什么反响，看来施纳贝尔的音乐已永远湮灭了。

有一段时间施纳贝尔坚称自己不是一个贝多芬专家。他说他是直至1918年以后才研究出弹奏贝多芬的正确方法的。不过后来他不得不接受这一专门化的提法，特别是在他编订的贝多芬奏鸣曲于1935年出版之后。它当时是，现在仍是一个绝妙的版本，一个有趣而且可以从中得益的版本，即使它是个危险的指南（连施纳贝尔本人也常常不愿听从它）。音乐学家们往往对它嗤之以鼻，的确，只有经验丰富的艺术家才应该向它求教。施纳贝尔将他所能弄到手的贝多芬手稿和初版乐谱——加以校勘，然后着手提供一份演释指南；无论读者是否同意其中的见解（很多人不同意），它都是个了不起的成就。在施纳贝尔心目中，正确的音乐表现是最重要的。他表明他个人在指法上的偏爱（有时是彻底背离传统的），他自己的踏板用法，常常还有他的分句法。他毫不讳言自己在编辑过程中所作的改动。"作曲家所注明的连线、重音以及涉及触键的指示显然是反复无常、粗枝大叶而令人困惑的——特别是在他的早期作品中——因此编者觉得不仅在音乐上有充分理由，而且是义不容辞应该按照本人最上乘的判断、感觉和鉴赏力来偶尔加以改动，加以缩短、延长、补充、诠释。这一类改动并不专门加注说明……"

因而凡是采用施纳贝尔版本的人，谁都无法知道原谱在哪里中止，施纳贝尔的修改又从哪里开始。施纳贝尔不厌其烦地给原谱加了一个又一个注脚，有的注脚错综复杂，令人惊诧。音乐越复杂，注解也越复杂；及至最后几首奏鸣曲时，施纳贝尔的哲学思想已臻于登峰造极之势。这从他为Op.110的慢乐章所作序言（无可否认，这是施纳贝尔最详尽的注释之一）中可见一斑：

> 贝多芬没有节制地滥用诠释性标记，仅从 *Recitativo* 到 *Adagio ma non troppo* 之间，音符为数不多，标记竟有十七处（还不包括踏板的标记），而且互相形成鲜明对比；他是想借此详尽无遗而且有说服力地描述他所理解的"不受约束的表情"。由于小节长度不等，曲式伸缩的完全自由也就变得非常明显。根据人们解释第二小节的不同方式，*Recitativo* 一段的时值可能相当于八十五个半或八十五个或八十三个十六分音符。第一小节有二十八个整（7/4），第三小节有二十个（5/4），第四小节有十个，其中六个已属于 *Adagio*（$10 = 4 + 2 \times 3$）。唯一有争议的小节是第二小节。从第一个音符开始：它是十六分音符还是倚音？可能两者都是：是倚音，但它的地位和时值是完全肯定的，不容争辩。它与和弦同时出现，时值相当于两个8/4的和弦。如果把第一个十六分音符当作这个小节的一部分，最后三个八分音符算足时值的话（编者将它们看作三连音，像在大多数版本中一样），那么结果就得三十三个半十六分音符，换言之，对8/4而言是太多了；如果把最后几个八分音符作为三连音就得三十一个半，如不算开始的三十二分音符就得三十一个，也就是说，在两种情况下都不够8/4拍。第一个音后面的是……

以上大概是这条注脚的三分之一内容。施纳贝尔的音乐处理可能是分析性的，这并不奇怪。他坚持认为音乐只是一系列以各种模式展示出来的音和音乐记谱的符号，而这些模式服从和声连接、音调吸力和曲式结构的某些一定之规。一组和弦、一个 *piano* 或 *crescendo* 的标记，都是作曲家意图的清晰标志；无论是出自贝多芬还是德彪西笔下，它的内涵和它的字面形式是一致的。事情就是如此而已。而对施纳贝尔来说，设想莫扎特的 ***forte*** 应该听起来似乎来自隔壁房间，或者设想德彪西的 ***piano*** 应该听起来似乎永久地沉浸在水中，是毫无意义的。因此所有作曲家的理想诠释者就是那个能够以准确的判断和睿智将所写的东西演奏出来、将各种标记解释出来的人。他就是这么对他的学生马尔采拉·巴尔泽蒂说的，而且这一观点与斯特拉文斯基的观点不无相似之处。斯特拉文斯基要求将他所记写的音符逐字逐句地、客观地翻译出来，不多也不少。发现施纳贝尔和斯特拉文斯基沿着同样的路子思考并不奇怪，因为施纳贝尔是个现代钢琴家，是来自莱谢蒂茨基集团的极少数现代派（亦即绝对不是浪漫派的）钢琴家中的一个。另一人是米耶奇斯瓦夫·霍斯佐夫斯基，这是个明智真诚的艺术家，像施纳贝尔一样，也是穷其一生致力研究室内乐和古典作曲家，直到九十三岁还在举行音乐会。施纳贝尔的刚正不阿和非凡才智——以及刻薄的话锋——使他成为德国钢琴演奏学派的领袖和二十世纪最受敬仰的音乐家之一。

浪漫主义仍在燃烧

霍洛维茨、鲁宾斯坦

　　在第二次世界大战之后普遍反浪漫主义的时期中，至少有两位伟大钢琴家始终高举浪漫主义的旗帜。一个是阿图尔·鲁宾斯坦，他的事业蒸蒸日上，以致许多人都认为他是当今钢琴家中最伟大最多才多艺的一人：既是精通贝多芬音乐的艺术家，也是继承伟大传统的肖邦演奏家，又是西班牙和印象派音乐的专家。弗拉基米尔·霍洛维茨的情况比较复杂。他从未有过鲁宾斯坦的泰然沉着和生活乐趣。他所拥有的是那个时代最光辉灿烂的，也可能是钢琴史上最杰出的（在其顶峰时期）技巧；就凭这一手技巧，他无须砰砰敲击就取得了具有雷霆万钧之势的洪亮音响，那是自安东·鲁宾斯坦的伟大时代以来绝响已久的。

　　阿图尔·鲁宾斯坦和霍洛维茨是他们那个时代的两位钢琴超级明星。由于都自视甚高，两人的友谊时断时续，很不稳定。鲁宾斯坦在其自传中承认霍洛维茨是比较优秀的钢琴家，不过他自我安慰地相信自己是比较优秀的音乐家。两位钢琴家每次演出毫无例外都是座无虚席。鲁宾斯坦的听众来听音乐会，是希望置身亲切的氛围，或沐浴于温暖的声音中。鲁宾斯坦的音乐会是令人欣慰的。霍洛维茨的音乐会则相反，是魔鬼附体似的。人们总是早在钢琴家出场前很久便已就座；如果可以说哪位演奏家是当代的传奇人物，那就是弗拉基米尔·霍洛维茨。大厅里萦回着触电般的感染力，这是鲁宾斯坦从未有过的。霍洛维茨几乎使人感到害怕。他的上场和退场都很亲切，但是只要他一开始弹奏，大厅里就有一种高压电流的感觉，而且至今依然如此（直到本书写作时，八十三岁的他仍在继续演奏）。鲁宾斯坦也是九十高龄时仍演奏不辍；他卒于 1982 年，享年九十五岁。

这两人尽管风格迥异，但作为极端浪漫主义的使徒，他们却是相辅相成的。霍洛维茨（见图 107 ～ 108）于 1904 年出生于基辅，在当地的音乐学院师从费利克斯·布卢曼菲尔德（布卢曼菲尔德曾就学于安东·鲁宾斯坦门下）。霍洛维茨一度兴之所至想学作曲，但俄国革命以及随后的清算家庭财产的运动迫使他转向了键盘。及至 1924 年，他已多少立定了脚跟，仅在彼得格勒一地即举行约二十五场音乐会，没有重复一套曲目或甚至是一首作品；1925 年去柏林，因临时代替一个生病的钢琴家演奏柴科夫斯基《降 b 小调钢琴协奏曲》，在汉堡一举成名。当霍洛维茨在开始的华彩乐段中迸发出他的活力时，指挥尤金·帕布斯特简直不相信他所听到的东西。他走下指挥台去看霍洛维茨的手。听众都疯了似的，于是关于这个才华横溢的新人的传说不胫而走。

1928 年他在美国首演，与托马斯·比彻姆爵士指挥的纽约爱乐合作演出柴科夫斯基钢琴协奏曲。这也是比彻姆的美国首演。那一定是一场人们永志不忘的音乐会。托马斯爵士和霍洛维茨当然都是下了决心要全力以赴的。显然，这位指挥对他的独奏者根本不感兴趣（至少这是霍洛维茨对这次活动的说法），排练协奏曲时敷衍了事，草草收场，坚持要求速度比霍洛维茨所习惯的慢得多。霍洛维茨很不高兴。在音乐会上他毕恭毕敬地听从指挥的指示，但感到他的听众在悄悄溜走。最后乐章开始后，霍洛维茨决定一不做二不休，要把所有弹药全部放光。他冷不防一个冲刺，把托马斯爵士远远甩在后头，一脸惊惶之色。比彻姆和乐队始终没有赶上来，虽然据霍洛维茨说，"我们差不多是同时结束的"。第二天评论家们欢呼霍洛维茨是一阵真正的旋风。"那个如脱缰之马的草原哥萨克人。"

接着是漫长而光辉的艺术生涯。霍洛维茨成了最受群众欢迎的钢琴家。他大量举行音乐会；和他的偶像谢尔盖·拉赫玛尼诺夫成为朋友；与阿尔图罗·托斯卡尼尼之女万达结婚；和许多乐团一起演出（临近晚年时，他的协奏曲的保留曲目减少到只剩下柴科夫斯基、勃拉姆斯"降 B 大调"和拉赫玛尼诺夫"d 小调"）。但他的演出生涯多次中断。霍洛维茨的身体和感情都有些问题。1936 年起演出中辍两年。1953 ~ 1965 年期间没有举行一场音乐会，虽然录了几张唱片。1965 年重返卡内基音乐厅是件令人难忘的大事，不管怎么说，他毕竟离开十二年了，虽然人们一天也没把他遗忘。钢琴家们谈起他来仍然是敬畏交加，就像国际象棋手谈到鲍比·费舍尔时一样。在那场音乐会之前一连好几天，卡内基音乐厅售票处排起了长队。凡能弄到票的钢琴家都来了。霍洛维茨没有令人失望。虽然有少数几个错音和结结巴巴的段落，但原来的魔力和光彩依然存在。

他恢复了演出生涯，虽然在 1969 年 10 月和 1974 年 5 月之间又中断了一个时期。恢复演出后他没有举行很多音乐会，而且不愿再和乐队一起演出。他的演出酬金成了天文数字，并且通常总还有某种电视转播之类可以增加些收入，霍洛维茨也许是有史以来报酬最高的音乐家。1982 年他相隔三十一年后又一次在伦敦演出。1983 年在美国和日本的巡回演出一败涂地，每场音乐会都有记忆失误之处，而且看来体力上已无法控制。后来才知道他实际上一直是在靠药物诱发的状态下演奏的。后来他戒掉了原先服用的药物，于是这位资深演奏家迅速恢复元气，于 1985 年和 1986 年在伦敦和欧洲举行音乐会，还在苏联举行两次——在莫斯科和列宁格勒。莫斯科的音乐会获得全球电视直播，电视观众可以看到这件事对霍洛维茨和苏联人来说是多么激动。他弹得很好，力度不足便代之以精致风格和色彩；有几次演出时居然闪现出六十年代的霍洛维茨的光辉。面对听众，他仍然具有比任何音乐家更高的权威性、更大的光环和更强的吸引力。

霍洛维茨对美国钢琴领域的巨大冲击不只是表现在一个方面。他的听众好像总有半数是钢琴家，这些人仔细聆听并试图弄明白霍洛维茨的那些事是怎么做出来的。然后他们回到家里努力仿效他。结果是在很长一段时间内美国音乐厅中这样的年轻人比比皆是，他们登台演奏霍洛维茨的曲目，试图照他的独特风格依样画葫芦。当然他们做不到；当钢琴家们试图复制霍洛维茨的音响时，音乐厅里便充斥着粗糙难听的声音。有见识的听众听到那些企图用霍洛维茨的分句法和霍洛维茨的速度来包装自己的年轻人不由得眉头紧皱。

霍洛维茨从来不喜欢被称作特技演员。除了他亲自为独奏音乐会的收场所写的几首绝技作品——一首根据苏萨《星条旗永不落》而写的改编曲、几首李斯特狂想曲的改编等等——外，他认为自己是个以技巧为音乐服务的艺术家。但遗憾的是，他的技巧太华丽了，和如此谦逊的否认不相称，而且他的听众一般都是来看他怎样把钢琴弄得天翻地覆的，其中许多人一定感到很失望，因为霍洛维茨通常总是把火花只留给节目单上的最后一曲。而且他是坐在乐器前最不动声色的钢琴家之一。他的动作准确，身体几乎纹丝不动。他的那些令人毛骨悚然的技巧造诣，有许多只是使听众中的行家们毛骨悚然。

作为技巧大师，霍洛维茨是现代钢琴艺术史上最诚实的一位。他的使人眼花缭乱的效果是仅仅靠手指来完成的，踏板用得很谨慎。音阶中的音处理得再均匀协调不过了（他弹奏的斯卡拉蒂在技巧上可称出神入化）；再也没有比他更精确的和弦起音、更猛烈或更激动人心的八度或是命中得更准确的跳进。无论作品有多难或多复杂，霍洛维茨总是能使它听来流畅自如。他制定了自己的技巧，那是同手和手臂的约定俗成的传统背道而驰的。他的手向外倾斜，手腕低，手指平；右手的小指总是紧紧地蜷曲着，直到必须击奏一个音时才张开。当它击奏时，那就像眼镜蛇的攻击。行家们永远也弄不明白。"我不知道霍洛维茨是怎么做的！"

107

108

107 弗拉基米尔·霍洛维茨，无比的紧张和响亮同器乐史上最完美无瑕的技巧结
　　合在一起。
108 1962 年的霍洛维茨。虽然此时他已脱离听众近十年，但他仍积极地忙于录
　　制一系列唱片。

424

109　阿图尔·鲁宾斯坦，性格外向，感情强烈，出类拔萃的浪漫主义者。

110　鲁宾斯坦，摄于卡内基音乐厅独奏会现场。

施坦威公司的亚历山大·格赖纳惊呼道，"他的演奏和我们所学的全部钢琴演奏规则绝对是反其道而行之——可是由他弹来，这种方法就能行。"首先是他的了不起的 fortissimos——那个管弦乐般的音响体，只有霍洛维茨能够弹得出来。在拉赫玛尼诺夫《第三钢琴协奏曲》之类的作品中，他能盖罩整个乐队，在轰隆隆奏出最后乐章的高潮时，那种气势甚至连拉赫玛尼诺夫本人也从未做到过。但是你总是会感觉到他有所保留，感觉到他的激情没有充分发挥。那百万伏特的技巧是得到很好驾驭的；可是这么大的能量竟然处于一人控制之下，不免令人胆战心惊。你几乎感觉到有个魔鬼正想尽方法要挣脱开来。那个被严密控制着的家伙肯定是捆绑得太紧了？要是这魔鬼真的挣脱出来了，又会发生什么情况？不过这事从未发生。

任何一个具有这样面面俱到的技巧和鞭子捶打般特点（相形之下，他的所有同行都显得很温顺了）的钢琴家理所当然地会被指责为浅薄浮乏。在某些圈子里，霍洛维茨从未被承认为一个杰出演释者。不错，他是个巨匠；但作为艺术家，他的演奏是神经质的，焦点没有对准。弗吉尔·汤姆森把他斥之为"一名音乐畸变大师"，"一名力图博得听众喝彩而且确实是得到了喝彩声的"钢琴家。受当代反浪漫主义流派教育而与霍洛维茨真正代表的时代脱节的新一代评论家对他的 *affettuoso*（充满柔情的）风格和他"逗弄"线条的做法嗤之以鼻。关于霍洛维茨，迈克尔·斯坦伯格在新版《格罗夫音乐与音乐家辞典》中提出了深得青年修正论者拥护的看法："他（霍洛维茨）几乎不可能质朴地弹奏；当需要质朴时，他往往会流于逗弄的、*affettuoso* 的风格，或是将线条压得水波不兴……霍洛维茨说明一个惊人的乐器天才并不能保证有音乐理解。"

但是汤姆森和那些青年评论家没有认识到，霍洛维茨未必真的是一心想博得听众的喝彩，正如一个美丽的姑娘并非每次上街都一心想迷住男人一样；如果人们掉转头来盯着她看，那可不是她的错。一般说来，霍洛维茨只在要求强烈华丽技巧的作品中才运用他的华丽技巧。从另一方面来看，当他弹奏肖邦马祖卡舞曲或舒曼《童年情景》时，他的质朴和歌唱线条与炫技风格毫无关系。

许多不是在浪漫主义钢琴演奏乐派中成长起来的当代评论家并不理解，当霍洛维茨突出一个内声部或是将一个 *crescendo* 引向它的逻辑性高潮时，他是作为某一传统的代表人物而这么做的。因为在很多方面，霍洛维茨是一种浪漫主义回潮，一种返祖现象。他不是个理智型钢琴家。他并不认为乐谱神圣不可侵犯，例如，为了求得更好的钢琴效果，他毫不犹豫地就把穆索尔斯基的《图画展览会》彻底改写。他对李斯特的风格了如指掌，因此常常会为李斯特的狂想曲和其他作品补充一些华彩乐段，而且充分相信作曲家本人绝不会对这样超常水平的贡献持有异议。当然，对贝多芬和舒曼，霍洛维茨就小心得多，如果要在乐谱上作任何变动，他是慎之又慎的。

无须赘言，没有一个钢琴家具有面面俱到的文化修养。像其他所有人一样，霍洛维茨也有他的强项。大多数行家一致认为，霍洛维茨弹奏拉赫玛尼诺夫、李斯特、斯克里亚宾和普罗科菲耶夫比他那个时代的任何钢琴家都更加潇洒。关于这个不同凡响的技巧大师，有个情况很怪：他对保留曲目中的一些小品出人意料地情有独钟。斯卡拉蒂、肖邦马祖卡和圆舞曲、舒曼的一些零星乐曲、莫什科夫斯基的沙龙音乐，他都弹奏得有风度、有魅力，而且质朴率真。在比较大型的贝多芬、舒曼和肖邦作品中，他有时会过于关注细节，这时他的演奏听上去可能是支离破碎的。也有时他处理音乐的那种神经紧张可能使人感到不稳定，缺少内在的平静。然而他可能转而安谧、开朗、行云流水般地弹奏一曲舒曼的《阿拉伯风格曲》，或是以宽阔的拱形线条和绚烂的音质吟出《C 大调幻想曲》的最后乐章。这是一个自相矛盾并令人生畏的钢琴家。但是当时的钢琴家中，无人能将如此纯粹而炽热的兴奋带到音乐会舞台上来，也没人具有更多的传奇性。

他的演奏实际上经历了三种风格，这可从他的漫长唱片系列中有所了解。起初霍洛维茨在很大程度上以拉赫玛尼诺夫的传统为榜样——强劲、清朗和直截了当。六十年代时，矫揉造作开始潜入他的演奏，而年轻一代的评论家们正是在这里开始感到困惑：出现了拖延、超大的力度，以及他以前的演奏中所没有的神经质。至七十年代，有些矫揉造作几乎接近漫画的手法。然而在 1986 年的几场音乐会中他又振作起来，重新以直截了当得多的方式演奏，有魅力、有把握、控制有度的自由取代了怪诞。还应该指出的是，不管评论家们怎么说，弗拉基米尔·霍洛维茨所到之处，钢琴家们个个对他顶礼膜拜。他们了解他是干什么的，以及他代表的是什么，对他们来说，他是他们毕生崇拜的钢琴家，犹如海菲茨是小提琴家们毕生崇拜的小提琴家一样。

霍洛维茨基本上是个性格内向的人。而阿图尔·鲁宾斯坦（见图 109 ~ 110）则性格外向，热爱人们，热爱生活，热爱弹奏钢琴。这一切都在他的演释中透露出来。只有热爱音乐会舞台的艺术家才会这样拼命地驱策自己。鲁宾斯坦年逾古稀时还曾在一个演出季中举行了马拉松式的十场卡内基音乐厅独奏会。其所以举行这个系列演出，是因为在 1961 年他进入了自己认为的来美二十五周年纪念。他壮观的重返纽约之行在于 1937 年 11 月 21 日。直至那时为止，他从未成为美国的头牌明星，虽然自 1906 年起他便断断续续地在这里演奏。对于早期巡回演出的不太成功，他本人曾经作过解释。"我年轻时很懒，"一次他告诉一个采访者说，"我有才华，可是对我来说，生活中有许多事情比练琴更重要。美食、高级雪茄、醇酒、妇人……当我在拉丁语系国家——西班牙、法国、意大利——演出时，他们因为我的气质而喜欢我。在俄国演出也没有问题，因为和我同姓的安东·鲁宾斯坦（但不是亲戚）已使那里的听众习惯于错音。可是当我在英国或美国演出时，他们觉得自己既然付了钱就有权要求听到所有的音。那时我遗漏很多音，可能有百分之三十，于是他们感到上当受骗了。"那些年鲁宾斯坦的心境是平静的。"让德国钢琴家和他们的准确手指见鬼去吧。激情！我被宠坏了，这一点我承认。不过由于我自 1914 年以来从未在德国演出，我至少是逃过了他们的批评。"

鲁宾斯坦于 1886 年 1 月 28 日出生于罗兹，三岁开始弹奏钢琴。后被带往柏林，并曾为约瑟夫·约阿希姆演奏，后者对这孩子很感兴趣，密切关注他的音乐教育。七岁公开首演，师从海因里希·巴尔特，十来岁便开始举行音乐会，初识风情，喝酒、抽雪茄和享受人生。跟帕德雷夫斯基上过几堂课（没有留下特别深刻的印象），1906 年在美国首演。评论家说这个年轻人需要调教。"我必须承认，"鲁宾斯坦在自传中这么写道，"那也是我的看法。"他曾在巴黎寓居多年，1926年开始录制唱片。鲁宾斯坦常说自己结婚前弹钢琴都是敷衍塞责，但 1926 年的唱片告诉我们的情况并非如此。在这里，他的基本特点已呈露无遗。演奏是热切、辉煌、充满色彩的，技巧上要比他在后来的年月中更为准确。

作为一个天生的钢琴家，长着一双天生钢琴家的手（手掌宽大，手指呈刮刀状，小指几乎和中指一样长，可以伸展很大而拿下十二度，鲁宾斯坦发现他无须过于努力工作。他几乎是过目不忘，很少练琴。在需要举行独奏会时，他会匆匆瞄一眼乐谱。"我不可能一天在钢琴旁坐上八或十小时。我活着是分秒必争。就拿戈多夫斯基来说吧，我感到不胜惊讶。要获得那样的技巧，我得花上五百年。但是那给他带来什么呢？他是个不幸的人，一个强迫症患者，离开键盘便苦恼不堪。他能享受生活的乐趣吗？我得好好想想。"

但是及至三十年代初，鲁宾斯坦经历了一段时间的自我反省。"莫非将来要让人们说我本来是可以成为一个伟大钢琴家的？难道这就是我留给妻儿的遗产？"于是他开始深入细致地工作，同时开始他的伟大的唱片系列，它最后不仅基本上收录了肖邦的全部作品，而且还有贝多芬、舒曼、李斯特、勃拉姆斯和一些印象主义者的大段乐曲；从贝多芬以至福雷的室内乐，以及实质上是整个积极的浪漫主义协奏曲文献。当他终于在 1937 年重返美国时，他是作为一位巨人、一位早就应该是的巨人而出现的。在他那热情洋溢的气质之外增加了技巧训练。色彩、技巧和灵敏的音乐头脑是他始终具有的。

他是个出类拔萃的浪漫派演奏家——但是，是那种现代类型的浪漫派钢琴家。巴赫和莫扎特在他的保留曲目中所占篇幅很小，虽然在他生命的后半叶他也

浪漫主义仍在燃烧 ｜ 霍洛维茨、鲁宾斯坦

429

弹奏三四首莫扎特协奏曲。贝多芬作品收入他的保留曲目的有几首奏鸣曲（至Op.81a 为止）。从早期浪漫派作曲家起，直至普朗克和维拉-洛博斯为止，这整个钢琴音乐世界看来全在他的掌握之中。他处理那个世界就像个大老爷。鲁宾斯坦的演奏比同时代的任何演奏家都更多地反映出修养，反映出旺盛的精力、十足的阳刚之气和强壮的运动员气质，这是他独一无二的。尽管他的演奏是浪漫派的，却从不装腔作势，而且几乎永远忠于原谱。这是一种以绚丽的声音、直率的风格和明朗的感情来表达的演奏。

鲁宾斯坦发展成为一位浪漫派钢琴家，但他坚持回避浪漫主义华而不实的特点而保留了它的全部精髓。他从不破坏线条，很少任意改动节奏。自由速度用得不多，速度的波动比较小。他的演奏象征着没有感伤主义的丰富感情，没有荒唐炫技的辉煌风格，没有迂腐卖弄的逻辑性，没有神经过敏的紧张。他可以充满戏剧性但又不矫揉造作或过于情绪激昂。不过，如果说他的演释中没有夸张做作，他的台风中肯定是有的。鲁宾斯坦喜欢摆出那么一副煞有介事的架势，上场时弄得壮观华丽，弹起琴来把手抬得高高的，永远意识到有观众在场。他充分了解个人超凡魅力的重要性，而这正是他取之不尽、用之不竭的特色。在一次采访中他曾经说过，年轻一代的钢琴家弹得比他好，"但是他们一走上台就还不如一名冷饮柜售货员"。从来没有人指责过鲁宾斯坦是冷饮柜售货员。他喜爱公开演出，他的听众也爱他。这种"两情缱绻"一直延续到他与世长辞。

他有强烈的音乐求知欲，虽然在演奏生涯的最后阶段他把新音乐留给年轻人去受用了。青年时期寓居巴黎时，他一头栽进现代学派；1904 年已在弹奏德彪西，但因难以应付而受到嘘声；在接下来的数十年中，他悉心研究普罗科菲耶夫、拉威尔、斯特拉文斯基、杜卡斯、维拉-洛博斯和其他一些作曲家，在艺术上得到极大乐趣，但经济上却陷入困境。

他直截了当的音乐处理看来是如此的自然，简直就是非此不可的，因此我们不禁要问，为什么大多数钢琴家不能照样做呢？不过，不管怎么说，风格就是人。鲁宾斯坦其人有教养、有风趣、有高度才智，是个杰出的讲故事的人，感情上很可能是从不节外生枝的。而音乐亦如其人。他的肖邦演奏徐徐展现开来，温文尔雅，诗意盎然，富有贵族气派，最重要的是，热情洋溢。尤其因为鲁宾斯坦从来不感到需要向他自己或他的听众证明什么或是伪装自己所没有的感情，他的演奏就益发充满诗情画意。在他的肖邦演奏中，绝对没有那种使当代大量肖邦演奏显得令人心烦的做作、紧张、强调、感情冷漠或歇斯底里。

有意思的是，鲁宾斯坦早年演奏肖邦时采用的是与霍夫曼同样类型的起音。两位艺术家都抛弃了浪漫主义的赘疣，而采纳一种更为直截了当的手法来演奏肖邦。1960 年为纪念肖邦诞辰一百五十周年，鲁宾斯坦曾为《纽约时报》撰文论述他作为肖邦演奏家的发展过程：

> ……童年时代我在波兰听过相当数量的肖邦——马祖卡、波兰舞曲、夜曲，整套受人喜爱的曲目。所有作品都弹得冗长乏味，而大部分弹得很拙劣。为什么是拙劣的？当时无论是音乐家还是群众，都像今天的很多人一样，相信那个关于肖邦的神话。而那个神话是破坏性的。肖邦其人被认为是软弱无能的；肖邦作为艺术家则被认为是个无法约束的浪漫派，尽管有感染力，但却娘娘腔，用笔蘸着月光为多情的妙龄女子创作夜曲。满脑袋装着这种荒唐思想的钢琴家必然会把肖邦弹得拙劣无比……在我的一次独奏音乐会（约 1902 年）上，我把肖邦编进曲目，并把他表现得崇高壮丽，没有多愁善感（情趣，有！），没有装腔作势，没有燕式跳水那样直体向前扑在键盘上（钢琴家们惯常用这一招来提醒观众一个事实，即他们正在聆听肖邦的音乐）。我自忖是在兢兢业业地工作，但结果如何呢？我的演释被裁定为"枯燥无味"。原来听众和评论家都更加喜欢他们从以前的人那里得知的那个"从前的美好的肖邦"——那神话般的肖邦。当我于四年后到美国举行我的纽约首演时，我觉得自己已是个有献身精神的、思想深刻并受过良好教育的

音乐家。但是技巧上我自觉并未炉火纯青。但后来怎么样呢？评论家们说我的技巧"无懈可击"——但缺乏深度！而且，像在欧洲发生过的一样，我因我的"严峻的"肖邦诠释而受到惩戒。我执拗地在我的音乐会中把肖邦列入节目单。评论家们也执拗地继续批评。哦，对了，后来他们承认我能弹奏西班牙音乐，承认我肯定能弹奏拉威尔和德彪西。但是肖邦呢？不行。直到很久以后，我的诠释的正确性才得到认可。直到那时，我才被允许有我自己的肖邦和把他献给听众们……

这一切是非常有趣的，但我们颇想知道那些燕式跳水的钢琴家是谁？鲁宾斯坦在其自传中对霍夫曼多有不敬之词，但霍夫曼从未以燕式跳水扑向键盘。帕德雷夫斯基这样做过，帕赫曼亦然。当然，在世纪之交前后，是有些钢琴家典型地反映了浪漫主义最差劲的特点——马克·汉伯格便是一例，而鲁宾斯坦所不齿的正是这些人。和李斯特以及莱谢蒂茨基的众门徒相比，鲁宾斯坦在速度上的波动要少得多，对内声部的兴趣也小得多，这些都是事实。因此，早在二十世纪初，他就是浪漫主义音乐最早的"现代派"演奏家之一。他继续表现他自己类型的肖邦直到七十年代晚期，换言之，他公开演奏的生涯长达约八十三年之久。这可能是个世界纪录。直至风烛残年，即使手指和记忆都已不听使唤了，他的演奏仍像热爱音乐的年轻人一样。他从未发展成为一个键盘上的哲学家。正如约翰逊博士的朋友所说，欢乐总是不期而至。

二十世纪诸多学派
阿劳、吉泽金、塞尔金

　　可以说施纳贝尔是现代德国钢琴学派的开山鼻祖。遵循他的道路而发展的学派以威廉·巴克豪斯、埃德温·费舍尔、威廉·肯普夫、鲁道夫·塞尔金以及更近期的阿尔弗雷德·布伦德尔等钢琴家为代表。这一学派扎根于上起巴赫下至勃拉姆斯的德奥保留曲目，并与之牢牢结盟（虽然所有德国钢琴家理所当然都曾在此时或彼时对钢琴文献作过全面的钻研，而像爱德华·斯托尔曼这样的钢琴家则是专攻维也纳无调性作曲家和十二音体系作曲家的）。德国钢琴演奏学派要求一丝不苟的音乐修养和朴素无华，要求雄浑有力而不是娇媚可爱，稳健坚实而不是感官享受，有思维能力而不是靠本能直觉，素淡持重而不是光彩照人。这个学派强调运筹帷幄，绝不相信偶然机遇。当然这些仅仅是大体的轮廓。

　　像所有的凡人一样，这个群体中的钢琴家也是因人而异的。巴克豪斯纪念碑

111

111　1987 年的克劳迪奥·阿劳，最后的老一辈钢琴巨擘之一。很少有钢琴家的
　　保留曲目比他多。

434

112

112　瓦尔特·吉泽金，一位专攻法国印象派音乐的德国人。

式的稳健坚实以及甚至是冷漠无情恰与塞尔金的生气勃勃两相平衡。出生于智利但是在德国受教育的克劳迪奥·阿劳（见图 111）因其曲目的惊人广泛和钢琴艺术的炉火纯青，而在全世界备受景仰。还有一些其他的例子。在维也纳接受初级训练的罗伯特·戈德桑德，其保留曲目的广泛性几可与阿劳等量齐观。不过，戈德桑德后来跟莫里茨·罗森塔尔学琴，又继续掌握了一种在德国乐派的钢琴家中很少有人弹奏的曲目。例如，他的肖邦演奏是非常地道的，我们几乎想不出至今有哪位德国钢琴家被看作是杰出的肖邦专家（虽然巴克豪斯和塞尔金当年都曾弹过肖邦）。

德国乐派中另一个非典型的钢琴家是瓦尔特·吉泽金（见图 112）；许多人认为他是二十世纪最伟大的印象派音乐阐述者。他出生于里昂的一个德国侨胞家庭，四岁时即已弹奏钢琴，十一岁在汉诺威音乐学院师事卡尔·莱默尔。十五岁首次公开演出，同年在六场系列独奏会中弹奏贝多芬三十二首奏鸣曲。在一篇短小的自传中吉泽金满不在乎地说，他十六岁时便已经熟悉和演奏了"巴赫的大部分作品、贝多芬、肖邦和舒曼的差不多全部音乐，以及门德尔松和舒伯特的一些小品"。任何年龄的人能把这一套演奏下来，应该说都已是一大业绩，但吉泽金却根本不把它当作一回事。"最难的是熟记这些乐曲，"他说，"但我觉得这并不太难。"这话可不是吹牛。吉泽金是二十世纪钢琴界具有最敏捷音乐头脑的人之一。他有能力——而且往往确实做到——一夜之间就背熟一首作品。一次他去访问意大利作曲家马里奥·卡斯泰尔诺沃-泰代斯科，看见钢琴上放着一首组曲的手稿，坐下试奏了一下（他的视奏能力令人眼花缭乱），将手稿借用一天就归还，不久后竟在一场独奏音乐会上演奏了这首作品。戈弗雷多·彼得拉西的那首很难的钢琴协奏曲他花了十天时间就记熟了。吉泽金的技巧足以使一个钢琴家的日子过得悠闲自在。他不用花很多时间练琴。有一次他对一个仰慕者马尔采拉·巴尔泽蒂说，他每天练琴的时间绝不超过三四小时。"不得不洗澡的人显然是因为需要洗澡，练琴之人亦然。"他甚至从来不需要上学。"五岁那年我发现自己已经会读书写字了。在那以后我就从未需要学习任何东西。"

吉泽金弹奏所有德国作曲家的作品，也弹与此不相干的拉赫玛尼诺夫的协奏曲。他是少数誉满全球的对现代音乐感兴趣的钢琴家之一，弹奏科恩戈尔德、西里尔·斯科特、勋伯格、席曼诺夫斯基、斯克里亚宾、布索尼、欣德米特、卡塞拉的主要作品，还有一箩筐现已被遗忘的名字。但是他的鼎鼎大名主要来自对德彪西和拉威尔的演释。在其鼎盛时期（约1920～1939年；战后他听起来几乎好像变成了另外一个钢琴家），没有比他更精妙的色彩画师了。他对踏板技巧了如指掌，运用半踏板效果尤其得心应手。他从未弹出一个难听的声音。即使没有灵活的音乐头脑作后盾，他的演奏仅仅以其清澈透明已足以令人永志不忘。吉泽金善于控制音色，德彪西的三重 *pianissimo* 尽管是那么纤细，由他弹来还是能传送到整个大演奏厅。反正他是弹出了德彪西音乐的所有特色，在这里，他是他自己世界的主人。

他也是一位备受尊重的莫扎特演奏家；在有关莫扎特风格的构想发生变化以前，很少有人敢于和他抗衡。关于这点，需要作一些说明。吉泽金对莫扎特的理解基本上是十九世纪的概念加上二十世纪的"乐谱神圣不可侵犯"论。然而我们知道，莫扎特是指望他的音乐得到补充的。而十九世纪之弹奏莫扎特——如果真有人弹奏的话——却是把他作为一个涂着口红的德累斯顿瓷娃娃，加上浪漫主义的分句法和力度变化，而根本无视莫扎特的基本特性——他的精巧平衡的曲式关系。这些关系对十九世纪来说是无所谓的。更重要的是，人们很少欣赏莫扎特的雄浑有力。直至二十世纪三十年代，音乐学家阿尔弗雷德·爱因斯坦才开始强调他所谓的莫扎特音乐中的"魔鬼因素"，并确定了一个久被人们忽视的事实，即莫扎特绝对不是一个小规模的、洛可可式的工于装饰的人物。吉泽金所代表的是前爱因斯坦时期的思想流派。他的莫扎特固然没有夸张的浪漫主义风格，但也没有塞尔金等当代钢琴家的那种活力、紧张、极限力度变化和恢宏声音；更没有那种以非常男子气然而又十分抒情的方式表达出来的壮丽结构——这是施纳贝尔对莫扎特演奏的一大贡献。此外，吉泽金的弹奏听起来几乎是女性化的。

第二次世界大战期间，吉泽金留在德国，并在那里和被占领的法国演出。1945 年他不得不经历肃清纳粹影响的诉讼程序，直至 1947 年才获准重返音乐会舞台。他的许多同行认为他是一名纳粹党员。当他回到美国时，那里出现了示威游行和抗议的群众场面。不管怎么说，他的演奏已经失去很多原先的魔力，在许多音乐会中他仿佛都是敷衍了事。然而全盛时期的他却是二十世纪最重要的钢琴家之一：一位触键似有神功的别具一格的艺术家；一位比周围几乎所有人都更加了解踏板和乐器色彩的钢琴家；一位拥有巨大保留曲目的音乐家，一个能够抓住每首作品的基本特征，并将它们转化成闪光的美的头脑。

八十年代后期三位仍在积极活动的老一辈钢琴巨擘是弗拉基米尔·霍洛维茨、克劳迪奥·阿劳和鲁道夫·塞尔金。在这三人中，霍洛维茨当然代表着十九世纪浪漫主义的回潮；塞尔金是德奥传统的倡导者；阿劳虽也在德国受教育，却比较能博采众长，作为钢琴家他似乎是上起巴赫下至普罗科菲耶夫无所不弹（他一向以布列兹那样激进的观点看待无调性和序列音乐，但他并不觉得非公开演奏它不可）。

塞尔金（见图 113）在青年时代曾弹奏肖邦、舒曼和其他浪漫派作曲家。但是随着年龄增长，他的保留曲目日益压缩，最后除巴赫、贝多芬和舒伯特外便所剩无几了。他出生于维也纳，显然生来就是一个钢琴家。"我还没记事就开始弹钢琴，"他对迪安·埃尔德说，"我父亲逼我弹琴。他是个歌手，为了教他的八个孩子而放弃了唱歌。他试图教我们所有的孩子弹钢琴或拉小提琴。我讨厌小提琴；它靠耳朵太近。"六岁时他已在公开演出，九岁被送往维也纳音乐学院随理查·罗伯特深造。在那里他结识了长他六岁的乔治·塞尔。才华横溢的塞尔是二十世纪杰出指挥家之一，但从未放弃自己的钢琴学习。在音乐学院时，阿诺德·勋伯格是塞尔金的老师之一。十二岁那年他和维也纳交响乐团合作演奏门德尔松《g 小调钢琴协奏曲》。毕业后塞尔金与小提琴家阿道夫·布施结伴演出，并于 1935 年娶其女艾琳为妻。他是当时重点演奏巴赫和莫扎特协奏曲的少数钢琴家之一。早在 1921 年塞尔金就曾和布施联合举办了一场巴赫音乐会。演出结束时布施把他推出来，要他弹奏一首加演曲目。"我该弹什么？"塞尔金问道。"《哥德堡变奏曲》。"布施开玩笑地说。塞尔金把他的话当真了。他后来说，在他弹完该曲时，只剩下四个人：布施、施纳贝尔、阿尔弗雷德·爱因斯坦和他本人。

塞尔金于 1936 年在美国首演时演奏的是一首莫扎特协奏曲（阿尔图罗·托斯卡尼尼指挥）。此后即留在美国，并成为美国公民。塞尔金是室内乐的杰出演释者；他在佛蒙特州马尔伯罗创办的夏季音乐学校不断吸引世界各国的最优秀天才。作为教师，他在费城柯蒂斯音乐学院任教多年。

这些年来他不断举行音乐会。他的协奏曲曲目有时是五花八门的，包括麦克道尔"d 小调"、雷格尔"f 小调"、巴托克和普罗科菲耶夫的协奏曲以及施特劳斯的《滑稽曲》。最后他的协奏曲曲目变得局限于巴赫、莫扎特、贝多芬和勃拉姆斯。举办独奏音乐会时，曲目多半只是舒伯特最后两首奏鸣曲或贝多芬的最后三首。他就是施纳贝尔和克拉拉·舒曼的转世还阳，而且他的诠释具有同样的权威性。二十世纪尚未见到哪位钢琴家比他更诚实淳厚、更具纯正的理想。塞尔金毕生都在探索他心目中的真理，在键盘上他以朴素的语言表达自己的思想，不过尽管朴素，其中仍运用了直接来自十九世纪的歌唱性线条。

在录音室中塞尔金从未感到轻松愉快，然而这些年来他还是录制了长长一系列的唱片。克劳迪奥·阿劳的唱片也是卷帙浩繁，最早作于二十世纪二十年代，涵盖了独奏和协奏曲文献的绝大部分内容。虽然无论在哪儿，阿劳都被确认为杰出钢琴家，但却始终未能在美国产生他在其他国家所产生的那种冲击。固然谁也不会对他的炉火纯青的技艺表示异议，但是出于某种考虑，许多美国评论家觉得他的演奏一方面是太刻意经营，另一方面又过于怪诞不经。他往往倾向于把慢乐章弹得比谁都慢，即使在快乐章中他也会拖慢速度。曾有人指责他的演奏缺少魅力，过分严肃，不自然。但是，举个例子，他为李斯特《超级练习曲》所录唱片

113

114

113　鲁道夫·塞尔金，正直、理想主义，探索真理。

114　埃米尔·吉利尔斯，"小巨人"。他的演奏雄浑有力，逻辑性强，不夸张做
　　　作。

115

115 斯维亚托斯拉夫·李希特，一位落落寡合、性格内向但却能颠倒众生的俄
　　国人。

中的非凡的、生气勃勃并深得曲中奥妙的演奏，使那些评论家不知所措。

当然，像所有大钢琴家一样，他也是个神童。他说过，他在四岁时，"我还不会认字母呢"，就自学识谱，并能视谱弹奏贝多芬的奏鸣曲。五岁公开演出；九岁已经每天练琴九小时。这是一个热情和献身精神永不衰减的钢琴家。年轻时他即以每天工作二十小时来准备一首作品而闻名。正如迪安·埃尔德的《钢琴家在弹奏》一书中所写的，阿劳说他有足够的体力这么做。"我从来不会因练琴而感到体力不支。"

1913 年阿劳赴柏林拜李斯特的学生马丁·克劳泽为师。他因幅度广泛的保留曲目和技巧上的万无一失而声名大震，被公认为最有前途的钢琴家之一。他的曲目包括一套巴赫（十二场音乐会）、一套莫扎特、一套韦伯（四首奏鸣曲）、一套舒伯特、一套舒曼，还有贝多芬的全套。他演奏过肖邦、勃拉姆斯、德彪西和拉威尔的大部分钢琴音乐，李斯特的大量曲目他弹来也都是得心应手。他曾和约瑟夫·西盖蒂合作演奏贝多芬的整套小提琴奏鸣曲。他的曲目包括自巴赫至斯特拉文斯基的约七十首协奏曲。

阿劳是个很难归类的钢琴家。虽然技艺惊人，但他从不把它用于炫耀性目的。他是个拘泥于字面意义的人，对所演奏音乐的全部文本仔细审读，一旦决定采用某一版本，便一丝不苟地照着乐谱演奏。但是在演释中注入独到的见解和肯定的浪漫派钢琴的声音，从而避免了直译主义的危害。也许把他描述为德国乐派中的折中主义者是最恰当不过的。

二十世纪前半叶以迈拉·赫斯、克利福德·柯曾和所罗门·卡特纳（演出时即以"所罗门"为艺名）为最佳代表的英国乐派同德国乐派有一定的亲缘关系。总是有一种德国的联系。先是亨德尔，然后是门德尔松对英国音乐产生巨大影响。因此英国乐派至今主要弹奏德国古典音乐，从巴赫直至勃拉姆斯。

迈拉·赫斯夫人是二十世纪最受喜爱的钢琴家之一。她是马泰伊最杰出的学生，于 1907 年十七岁时首次公开演出，有一段时间和表姐艾琳·沙勒（优秀钢琴家，也是马泰伊的学生）合作，从事双钢琴的演奏。赫斯成名较慢，一度考虑放弃钢琴。与那些技巧大师如火如荼的表演相比，她的平静、敏感、理智而朴实无华的演奏听起来肯定显得非常平淡。不过她还是坚持了下来，随着现代乐派的欣欣向荣，她也声誉鹊起，成为当代有口皆碑的艺术家之一；这种荣誉她从二十年代一直保持到去世。第二次世界大战期间，她负责组织在伦敦国家美术馆举行的音乐会，并亲自参加大量室内乐的演出，空袭时也总是泰然自若，照演不误。

所罗门的艺术生涯因一场重病而被迫中断。他是在玛蒂尔德·韦尔纳的指导下作为一名稀世奇才的神童而起步的，八岁首演，演奏的作品竟然是柴科夫斯基的《降 b 小调钢琴协奏曲》。但是后来有很长时间不再公开演出。在负笈巴黎之后重返音乐会舞台时，他已是一个具有异常典雅风格而完全成熟的艺术家了。在他的有修养的、经过精确磨砺的演奏中存在着中庸之道。像赫斯一样，他的演奏是清澈透明的（虽然他的技巧比赫斯夫人优异得多），讲究文本准确、色彩细腻，具有古典的匀称比例；是二十世纪可以展示的最完美的钢琴家之一。他身上没有许多技巧大师所常有的那种演艺人的特点。他的曲目是严肃的，而且他奏来严肃认真，但却诗意盎然、轻盈流畅，明暗对比层出不穷。他是一位乐坛巨匠；幸运的是他录制了许多唱片。

柯曾基本上属于同一等级。曾就读于伦敦皇家学院，后随施纳贝尔、兰多芙斯卡和纳迪亚·布朗热深造而完成学业。他交替进行巡回音乐会演出和担任教学；在艺术生涯的晚期集中精力研究莫扎特、贝多芬和舒伯特。演出只是偶一为之，但只要他有演出，他的音乐会就是难得的大事一桩，所有行家蜂拥而至。许多人认为他是当今最伟大的莫扎特演奏家。他赋予莫扎特以清澈的声音和高贵的处理手法，具有一种虽被抑制但却总是一目了然的精神紧张。作为一个非凡的配色师，单只是他的 *pianissimo* 好像就有大约二十种层次。

这三位英国钢琴家一个共同的手法就是融德国的唯理智论和英国的文明于一炉。英国音乐家通常倾向于最好意义上的折中主义。他们吸收欧洲学派的精粹，并按照自己的民族特色加以改造。英国学派是个文质彬彬的学派，很少热情洋溢，甚至很少有戏剧性，但从来不是闭关自守。这正是它和古典乐派的关系比任何其他乐派更密切的缘故。十八世纪后期，老克拉默将自己的特征加之于英国学派，及至十九世纪，则门德尔松这位古典主义者成了支配性的力量。他们的灵魂至今在英国音乐和英国钢琴家中缭绕不去。

　　法国音乐城堡中的精灵是亨利·赫尔茨、皮埃尔·齐默尔曼和安托万·弗朗索瓦·马蒙泰尔。人们至今仍能体验到他们的影响，因为他们承续了巴黎音乐学院的教学路线，延伸而至于伊西多·菲利普，甚至触及当前时代。十九世纪的大多数法国钢琴家以及现在的大多数法国钢琴家都倾向于典雅、灵巧、声音清淡和快的速度。玛格丽特·隆是这样描写她的学派的："清澈、精确、纤细。如果说它倾全力以求的首先是优美而不是力量，它着力护卫的是平衡与比例意识的话，它在力度和内在感情的深邃等方面却毫不逊色于任何其他学派。"但是不大有人会同意她关于力度与深度的见解。正如行家们所说，法国钢琴家是不会"弹到琴键里面去"的。相反，他们大多数人都弹在琴键表面，弹奏时用手指和腕部而不是用手臂和肩部。这导致一种流畅的钢琴风格，例如罗伯特·卡扎德絮年轻时的演奏（他的风格后来有所拓宽而变得更加不拘一格）或是尚娜-玛丽·达雷的几乎是敲击性的但又极其生气勃勃、别具一格的演奏所表现的。达雷的发展走的是"神童"的常规道路；五岁起步，九岁入巴黎音乐学院，师从玛格丽特·隆和伊西多·菲利普，十四岁获一等奖，十五岁作首次公开演出。她的毕业音乐会颇具特色：她弹了圣-桑所有的钢琴协奏曲。她根本不考虑演奏诸如二十四首肖邦前奏曲继之以二十四首练习曲之类的曲目。在她的全盛时代，她的演奏具有一般法国钢琴家所没有的那种活力和狂放，但她本质上仍然是法国风味的：结构精致复杂，节奏活泼明智，技巧灵活柔顺，音乐动听迷人。她的保留曲目在法国钢琴家中有其代表性——选材不拘一格，虽然其中有空白点。譬如说，他们很少有人弹奏勃拉姆斯。另一方面，非法国的钢琴家处理法国音乐很少能和大多数法国钢琴家媲美。吉泽金是个杰出的例外，而且也只限于演奏德彪西和拉威尔；他不弹福雷、夏布里埃或现代法国作曲家。在较年轻的一代人中，西普瑞安·卡查里斯是最令人关注的法国钢琴家之一，这是个具有强烈独立倾向的人，手指闪耀着光芒。关于保留曲目，他的见解不落俗套。1986 年纽约首演时他以李斯特改编的贝多芬《"英雄"交响曲》为中心曲，前前后后加上一组难得演奏的李斯特后期作品。作为一个自行其是的人，卡查里斯不断努力在自己的演奏中注入十九世纪的特色，而且，正如他为格里格《抒情小品》录制的唱片所表明的，他往往做得很成功。在其他方面他可能是矫饰的，但是他有着明确的音乐个性，因而得以远远高出国际上现代钢琴学派那些干巴巴的倡导者之上。

没有真正的西班牙学派。第二次世界大战前不久，那一时期中最著名西班牙钢琴家何塞·伊图尔维确实曾在故乡瓦伦西亚求学，但像大多数重要西班牙音乐家一样，他最后完成学业却是在巴黎。战后崭露头角的最令人难忘的西班牙钢琴家是阿莉西亚·德·拉罗查，这是个身材矮小的女性，但弹奏诸如阿尔贝尼斯《伊比利亚》和格拉纳多斯《戈雅之画》一类作品真是信手拈来，就像弹车尔尼基本练习似的。

德·拉罗查在故乡巴塞罗那度过老套的神童阶段，五岁时已成为人们议论的话题。她从小就是个小不点儿，成年后仍然是小个子。人们感到难以理解的是，她那双显然非常瘦小的手怎么竟应付得了格拉纳多斯和阿尔贝尼斯作品中的伸展宽度。事实上，她的老师弗兰克·马歇尔曾布置她做伸展的练习，因此她能勉强弹出一个十度。1955 年作美国首演后返回西班牙从事教学。她在西班牙制作的一系列唱片引起了一个美国演出经理的兴趣，再次访美时便受到热烈的欢迎，不久就成为美国的钢琴女王。作为美国最最走红的女钢琴家，她仅在纽约一地就能做到连演七八场，场场座无虚席。

她的专长是西班牙音乐，在这方面是当代钢琴家中的佼佼者。很难设想有谁能把钢琴弹得比她在《戈雅之画》的史诗般的录音中更加精彩。她也发展成为莫扎特主要演奏家之一。其莫扎特演奏的特点是无懈可击的手指功夫、遒劲有力的节奏、明智的布局以及对慢乐章中咏叹调似的歌剧因素的强烈感觉。她的保留曲目广泛，实际上包括巴赫、莫扎特以及十九世纪的大多数作曲家，直至拉赫玛尼诺夫。不过，有些评论家认为她演奏的浪漫派音乐尽管稳定而完美，却没有她在西班牙曲目中表现出来的那种色彩和灵活。

自从泰蕾莎·卡雷尼奥于十九世纪六十年代风风火火冲出委内瑞拉以来，拉丁美洲又出现了许多大钢琴家。来自世界上那个地区的演奏家们似乎具有浓浓的诗意和克制的激情，再加上不拘一格的曲目。他们体现出不同的影响——这是不足为奇的，因为他们大多曾去巴黎和德国进修，近来还有去美国完成学业的。

古巴为这个世界造就了赫苏斯·玛丽亚·桑罗马、乔治·博利特、奥拉西奥·古铁雷斯和圣地亚哥·罗德里格斯。克劳迪奥·阿劳和罗西塔·雷纳德来自智利。雷纳德的情况煞是有趣。她于 1894 年出生于圣地亚哥，少年时代就被送往柏林师从李斯特的学生马丁·克劳泽（克劳泽也是埃德温·费舍尔和阿劳的老师），第一次世界大战开始后，雷纳德赴纽约，1917 年举行首演，立刻被欢呼为当今最伟大钢琴家之一和卡雷尼奥的可靠接班人。战后她重返德国，最终回智利担任教学并协助重新组建圣地亚哥音乐学院。其后二十年音信杳然。第二次世界大战后大指挥家埃里希·克莱伯在智利演出，需要一名钢琴家弹奏莫扎特的一首协奏曲。有人推荐雷纳德，于是她为克莱伯弹了一次，使他大为震惊。接着他们联袂举行音乐会；克莱伯力劝她回纽约，她听从他的劝告，于 1949 年 1 月 19 日在卡内基音乐厅演奏。评论家们的惊诧不亚于当年的克莱伯。返回纽约的规划已经制定，但翌年她不幸去世，死于脑炎。幸而波哥大音乐之友协会录下了卡内基音乐厅的音乐会，那些拥有这一套两张唱片的人真是走运。无论是就其音乐价值而言，还是以稀为贵，反正它已成为一件非常昂贵的收藏品。雷纳德演奏的巴赫、门德尔松、肖邦和拉威尔都证明她具有高贵的音乐头脑、奇迹般的手指配合、歌唱似的声音以及晚期浪漫派演奏的所有其他特征。

玛尔塔·阿格里奇来自阿根廷，她是个天生的钢琴演奏家。五岁首次公开演出，从而跻身于约瑟夫·霍夫曼的范畴，十四岁去欧洲，曾师从弗里德里希·古尔达、尼基塔·马加洛夫和阿尔图罗·贝内代蒂·米凯兰杰利。1965 年在华沙荣获肖邦比赛奖。她的演奏可能是不拘绳墨的，但永远趣味盎然。无论是在私人生活还是在音乐中，她显然都具有充沛的激情，而她的技巧则是当今世界上可能找到的最辉煌的技巧之一。有一段时间她与杰出巴西钢琴家内尔森·弗莱雷交往，他至少在一个方面肯定使她自叹弗如：他首次公开演出时只有四岁。

　　另外一个可以称之为阿根廷人的大钢琴家是出生于布宜诺斯艾利斯一俄裔家庭的丹尼尔·巴伦博伊姆。七岁在该城首演；继而负笈欧洲，其后全家迁往以色列。今天巴伦博伊姆作为指挥家可能比作为钢琴家更为知名，但他从未放松手指练习，至今音乐会演出不辍。他的专长是莫扎特、贝多芬和勃拉姆斯，不过近年来也开始对李斯特的大型作品发生兴趣，并且在现代风格许可的情况下把它们弹奏得尽量壮丽恢宏。

　　中欧繁衍了为数可观的优异艺术家，但是却没有一个真正的中欧学派。来自匈牙利、捷克斯洛伐克和巴尔干半岛各国的一些大钢琴家通常都在西方完成学业。罗马尼亚的迪努·利帕蒂是在巴黎跟科尔托学琴的。1950 年他三十三岁时的英年早逝夺走了一位原本可能成为二十世纪卓绝人物之一的钢琴家。所有必要条件他是应有尽有：技巧、风格、优美的声音、敏感性、音乐修养、高雅风度。也是来自罗马尼亚的克拉拉·哈斯基尔是又一位在巴黎学习并以演奏莫扎特而名噪一时的钢琴家。在第二次世界大战之前的日子里，巴黎与罗马尼亚之间的联系非常紧密。战后则大多数罗马尼亚钢琴家都被送往莫斯科去了。拉杜·卢普是其中的一人：他是诺伊豪斯的学生，后离开老师，于 1966 年获范·克莱本比赛奖，并于 1967 年和 1969 年先后在埃内斯库比赛和利兹比赛获奖。现定居伦敦，演奏德奥古典音乐，特别是舒伯特音乐获得很大成就。技艺高超、温文尔雅的鲁道夫·菲尔库什尼来自捷克斯洛伐克，师从施纳贝尔；而另一位备受欢迎的捷克钢琴家伊凡·莫拉维茨则师从米凯兰杰利。一般说来，在中欧钢琴家身上最后往往形成一种折中主义的钢琴风格，其特点是严格的音乐修养但却没有德国学派的严谨朴素；发乎自然的典雅但却没有法国学派的声音清淡。

拥有弗朗茨·李斯特的匈牙利在二十世纪也孕育了几位大钢琴家。第一次世界大战之后，继多纳伊和巴托克而出现的塔马什·瓦萨里是一位专攻浪漫派音乐的典雅的艺术家。第二次世界大战后又有三名杰出青年崭露头角：安德拉什·席夫、德索·兰奇和佐尔坦·科西斯。席夫圈出了一块由巴赫和莫扎特主宰的地盘。兰奇不仅拥有一套上起莫扎特下迄斯特拉文斯基的保留曲目，而且成为著名的巴托克专家。在这一组天才钢琴家之中，最最才华横溢的也许是科西斯，他好像是什么都弹。他有着非凡的技巧，因而能无比清晰地表达那些音符；他的演释以睿智、精神和气质取胜；能以钢琴发出歌唱般的悦耳声音。偶尔，例如在他的拉赫玛尼诺夫《d 小调钢琴协奏曲》录音中所见，他的娴熟技巧可能把他引入反常迅速的速度。不过，通常他弹起琴来都是趣味高雅、风格鲜明的。

波兰在十九世纪曾是大钢琴家的宝库，但自从俄国占领后便进入休眠状态。也许肖邦比赛获胜者、天才的克里斯蒂安·齐默尔曼将把这传统继承下去。近来人们常常谈论的一位南斯拉夫钢琴家是伊沃·波格雷里奇，他是因为没能参加肖邦比赛的准决赛而出名的，玛尔塔·阿格里奇为此而退出评委会，大声疾呼不公正。波格雷里奇——年轻、英俊、怪诞——突然成了红人。他天赋也很高，虽然有那么一些茫然不知所措的观察家认定他想要做浪漫主义钢琴学派的格伦·古尔德。他所做的每一件事都是离经叛道的，包括他的演出服，多半是皮装。他吸引了一批以青年为主的听众，他们崇拜他，认同他的叛离既定法规的态度。他的速度常常完全不在正常范围之内。1985 年他在卡内基音乐厅举行音乐会时演奏了贝多芬的最后一首奏鸣曲，即"c 小调"（Op.111）。老一代钢琴家弹完此曲一般在 25 至 27 分钟左右，包括所有的重复。克利福德·柯曾是 25 分 40 秒，迈拉·赫斯是 26 分 25 秒，鲁道夫·塞尔金是 25 分 50 秒，波格雷里奇则为 31 分 31 秒。

当然很多钢琴家是无法分类的，放在哪个学派都不适合。吉娜·巴乔尔便是一例。她生于希腊，父母为奥裔。孩提时代听了绍尔一次独奏会后就声称自己也要做一名钢琴家。在希腊求学，十一岁开始接受布索尼的学生、移居雅典的瓦尔德马尔·弗里曼的辅导。1929 年获雅典音乐学院金奖后赴巴黎，在师范学校随科尔托深造三年，也跟拉赫玛尼诺夫上过课。1950 年作纽约首演时，她完全是个无名之辈。通常关于才华过人的艺术家总会有些街谈巷议，可是关于这个来自希腊的女士，则显然没人听到过任何传闻。巴乔尔以其出色的技巧、恢宏的风格、宽大的歌唱线条、豁达的构思和对所有时期音乐的共鸣而使纽约的评论家们目瞪口呆。自从卡雷尼奥的盛世以来，还从未有过一名女性如此"弹得像个男子汉"。突然之间全世界对她竞相聘约，她成为当时最走红的艺术家之一。

　　与大多数现代钢琴家不同，她是个以炫技手法处理钢琴的浪漫派。像霍洛维茨一样，她也是走的回头路。但她又不同于霍洛维茨，她的演奏从不矫揉造作，拿腔拿调，从不把效果置于内容之上。她在一次排练贝多芬协奏曲时突发心肌梗死而在希腊去世，此事在音乐界引起极大悲哀。巴乔尔不仅是一位备受欢迎和敬仰的世界知名音乐家，也是一个人人喜欢的普通人——性格外向，在时间和金钱方面宽宏大度，对青年音乐家乐于相助，并且对人从无恶意。

　　如果说也有个意大利学派的话，那么它的代表便是令人困惑、令人敬畏的阿尔图罗·贝内代蒂·米凯兰杰利其人，他是布索尼之后（如果布索尼可以算作意大利人的话）最重要的意大利钢琴家。米凯兰杰利是一架纯粹的演奏机器，在同行们心目中是个传奇人物，他们把他归入霍洛维茨那样的超级技巧大师一类。他演奏的有些乐曲因其纯属钢琴技巧方面的优美完善而令人吃惊。他的手指不会弹错一个音，或是把一个经过句弹得含糊不清，犹如子弹一旦射出后不可能改变射程一样。此外他还是个十足的音色运用大师，这在他演奏的《夜之幽灵》中显然可见。无论按什么标准来看，这都是现代钢琴艺术的一大成就。米凯兰杰利的令人困惑之处在于，在许多浪漫派曲目中，他似乎无法把握自己的感情，以致他的本来很质朴的演奏在这里竟然会充斥着一些足以破坏音乐流畅的表情手法。他也是个怪人，所取消的音乐会比他实际演出的要多，因而使他的经纪人简直急得发疯。不管怎么说，在毛里齐奥·波利尼成名前，他是二十世纪唯一获得国际声誉的意大利钢琴家。阿尔多·奇科利尼和玛丽亚·蒂伯的艺术生涯不如米凯兰杰利辉煌。奇科利尼是个干净利落、手指飞快而且态度客观的现代派钢琴家，主攻法国乐派，尤其是圣-桑和萨蒂的作品。蒂伯也是一个客观主义者，七十年代因其卓越的斯卡拉蒂奏鸣曲唱片和敏感的舒曼《戴维同盟舞曲》唱片而引起纷纷议论。

直到第二次世界大战结束后很久还没有听到过有东方钢琴家这么回事。但是突然之间美国和欧洲的音乐学院似乎一下子被日本、韩国和中国台湾地区的钢琴家接管了。更近一些的，在七十年代末期，中国大陆的钢琴家开始出现。他们全都有这样的职业道德，每天一小时又一小时地练琴。西方观察家们为之无比惊讶。这些钢琴家练就一手惊人的技巧，身材瘦小的女士弹奏李斯特《鬼火》中那些要弄手指的棘手的段落，竟然是不费吹灰之力。他们所真正缺少的是富于共鸣的声音以及对音乐的真正认同。给西方音乐家留下深刻印象的人为数不多，其中包括曾在朱利亚学院师从罗西娜·列维涅的中村纮子。后来她的演出大多局限于故土日本，在东欧也演出过几次。她具有辉煌的技巧和丰富的激情，对浪漫主义音乐情有独钟。

解冻之后

吉利尔斯、李希特、阿什肯纳齐、贝尔曼

　　自 1917 年俄国革命起，至 1955 年赫鲁晓夫专政时期的解冻为止，俄罗斯乐派一直是个谜。革命初期有几位艺术家移民西方——其中知名的钢琴家有普罗科菲耶夫、拉赫玛尼诺夫和霍洛维茨。后来，由于斯大林取得绝对统治，俄国人便很少获准出国了。关于弗拉基米尔·索夫罗尼茨基、玛丽亚·尤迪娜、雅各布·弗莱尔和其他一些大钢琴家的小道消息很多，甚至有一些唱片可以证实那些捧场的舆论。最后，三位最优秀的苏联音乐家于 1955 年被批准去西方巡回演出。在 1955 ~ 1956 年的演出季中，纽约听到了埃米尔·吉利尔斯、大卫·奥伊斯特拉赫和穆斯基斯拉夫·罗斯特罗波维奇。俄罗斯以其精英出击。接踵而至的是斯维亚托斯拉夫·李希特和迪米特里·巴什基罗夫，然后又是弗拉基米尔·阿什肯纳齐，最后是拉扎尔·贝尔曼。涓涓溪水变成了滔滔激流。有几位犹太裔钢

琴家，诸如贝拉·达维多维奇等人设法弄到了出境签证。有人于巡回演出途中叛逃；大多数音乐家忠于祖国，每次参加西方的比赛或是在西方举行音乐会后都按时回国。不过，在苏联入侵阿富汗之后，苏美之间中止一切形式的文化交流，关系一度中断。1986 年第二次解冻，交流得以恢复。

当人们于二十世纪六十年代在音乐厅或是从唱片上听到早期苏俄钢琴家的演奏时，显然可以看到，当时的俄国是浪漫主义的最后一个前哨基地。当然，艺术家的情况因人而异。吉利尔斯是一个强劲、清醒而健康的演奏家，观点比较客观，不让自己在感情上被音乐所征服。李希特则截然相反——性喜内省、反复无常，令人难以捉摸，有时想象力纵横驰骋，也有时莫名其妙地鲁钝不敏。年轻的阿什肯纳齐开始时兼有两人的特点——一个富有诗意的钢琴家，善于巧妙地摆弄他的乐器，弹出给人以感官享受的声音，吉利尔斯的稳健和李希特的想象力都在他身上得到充分表现。

可是，尽管这些钢琴家各有千秋，他们全都像浪漫派演奏家一样，全神贯注于声音、乐句和乐器的如歌特性。他们都是安东·鲁宾斯坦、斯克里亚宾和拉赫玛尼诺夫的精神上的继承人。他们的保留曲目也是以十九世纪作曲家以及二十世纪俄罗斯作曲家（首先是普罗科菲耶夫和肖斯塔科维奇）为主。在弹莫扎特和海顿时，按照他们对于音乐的"古典"特性的理解，他们的演奏往往是拘谨、守本分而且相当不自然的。那些重要的当代音乐文献很少能触动他们。他们不弹科普兰或斯特拉文斯基，不弹巴托克、勋伯格、贝尔格或韦伯恩，也不弹欣德米特或普朗克。这些人一概被称之为颓废的资产阶级作曲家。二十世纪五十年代仍然是社会主义现实主义的时代，突破这一意识形态的界线可能是危险的。

这一切导致产生一种在首批到西方进行访问演出的俄罗斯钢琴家的演奏中十分明显的地方主义。其所以说它是地方主义，是因为它只反映了一个特定的乐派。无可否认，钢琴艺术有各种各样的乐派——斯拉夫、德国、法国以及更近一些的美国乐派。但是所有西方艺术家，无论原籍何处，受的是什么训练，必然都反映一种世界性的观点。他们在世界各国旅行时，每到一处都自发地汲取同行们所提供的精粹。他们了解最新的音乐学研究成果。他们在一个理念世界中生活和行动，从中采取他们认为需要的东西。

但是直至 1955 年，苏联是与世隔绝的，其音乐文化几乎处于假死状态。他们的钢琴家没有接触过现代西方思潮，自然不得不借助一个植根于安东和尼古拉·鲁宾斯坦的传统。这个传统极其适合于某些类型的音乐，但与此同时，它给一些受过训练的西方观察家们留下的印象却是排他性的，甚至是相当幼稚的。俄罗斯的教师们，例如海因里希·诺伊豪斯、亚历山大·戈登威泽和康斯坦丁·伊贡诺夫，都曾培养出一些出类拔萃的器乐家，这是无可否认的。然而那些经过极好训练的器乐家们在西方音乐家看来，却常常显得不合时宜。

大约过了十年时间情况才有所改观。越来越多的苏俄音乐家到西方旅行，回国时就把一些新的概念带给他们的同事。而且其中大多数人同时也是教师——苏联要求所有重要器乐家和歌唱家都担任教学工作——于是他们就将自己在西方所见所闻的有关作曲和演奏实践的新的音乐动向向学生们一一介绍。

几十年时轮飞转，苏俄的音乐家们也像任何地方的音乐家一样见多识广了。所有苏俄音乐家都在他们的短波收音机上聆听最近出版的总谱和来自巴黎、维也纳和伦敦的最新音乐名人。所有的人都拥有现代化的音响设备，可用来收录广播的节目。于是不可避免的事态发生了。他们的老师像朱利亚音乐学院、巴黎音乐学院或维也纳音乐学院的任何老师一样有志于培养比赛获奖者。结果是造就了苏联的新一代音乐家，正如弗拉基米尔·阿什肯纳齐于 1980 年很沮丧地指出的，这些音乐家和其他地方的音乐家毫无二致。他说道，俄罗斯音乐家已准备就绪，"但那是为了什么？我总是觉得，俄罗斯造就的是优秀的音乐运动员而不是伟大艺术家。他们演奏得很好，但是我认为他们没说出什么名堂"。新的俄罗斯钢琴家表现出同国际接轨的新现象。莫斯科音乐学院的钢琴家弹得和朱利亚的钢琴家基本上一样。至八十年代末，音乐演奏的民族风格似已灭绝殆尽，唯一幸存的是法国乐派。巴黎音乐学院的钢琴家们仍然垂青于源自赫尔茨、齐默尔曼、圣-桑和伊西多·菲利普的"琴键表面"弹奏法和快的速度。

1955年首次在西欧演出后，埃米尔·吉利尔斯（见图114）顿时成为人们公认的钢琴大师。他五短身材，矫健苗壮，《纽约时报》想起当年的尤金·达尔伯特，便给他取了个"小巨人"的绰号。他于1916年出生于敖得萨，在当地师从贝尔塔·赖因博尔德，1933年在第一届全苏音乐家与演奏家比赛中获胜，然后去莫斯科音乐学院师从海因里希·诺伊豪斯。1936年在维也纳的一次赛事中获二等奖，两年后在布鲁塞尔摘取伊丽莎白女皇比赛的桂冠。此后即安心在苏联从事教学和举行音乐会；1955年奉命出国演出，一举震撼西方。

他的演奏潇洒自如，表现出高度的但却是非常朴实的音乐修养。技巧辉煌；多年后诺伊豪斯回想起吉利尔斯在李斯特《西班牙狂想曲》中的那些不可思议的八度，仍为之惊叹不已。但人们从不把吉利尔斯仅仅看作一位炫技大师。事实上他的演奏曲目并不经常包含"使守旧的庸人惊诧"的音乐。他稳稳当当地演奏贝多芬（《"槌子键琴"奏鸣曲》是他晚年极其喜欢演奏的作品）、舒伯特、舒曼、肖邦和勃拉姆斯的音乐。从很多方面来看，这位不论演奏什么都打上他的权威性烙印的演奏大师同时也是一位思考型的钢琴家。

如果说吉利尔斯接受的是钢琴演奏的主流传统，那么斯维亚托斯拉夫·李希特（见图115）则属于强调个人独特性的大钢琴家之列。阿尔坎？布索尼？米凯兰杰利？他们对待音乐和对待钢琴都各行其是，标新立异。有一段时间关于李希特是否会成为钢琴家似乎也颇有疑问。他自幼才华横溢，任何乐曲都能在钢琴上视奏出来，但是他花在阅读乐谱上的时间比练习曲目的时间多。他的父母都是德国人，父亲是他的第一任老师。据《时代》杂志所记，在第二次世界大战期间，他父亲因其德国姓氏以及他曾在德国驻敖得萨领事馆教授钢琴而受到怀疑，最后被秘密警察逮捕处死。他母亲逃亡西德定居。由于爱好歌剧，斯维亚托斯拉夫十五岁时成为敖得萨歌剧院的钢琴伴奏，三年后任第一助理指挥。直到1934年他十九岁时，才举行作为钢琴家的首次公开演出，而入莫斯科音乐学院师从诺伊豪斯时他已二十七岁。因此他走的不是一般知名音乐会钢琴家的路子，那些人一般在十八岁时就已有了全面的训练，并已是经验丰富的音乐会演奏家。

在音乐学院，他的魅力、他的献身精神以及总是笼罩着他的那个光环都清楚地表现出来。他的老师感到不知所措。"我不以斯维亚托斯拉夫是我的学生而自豪，"诺伊豪斯说道，"起码我可以因自己被选为他的老师而自豪。"投桃报李，李希特对这番恭维作出了回报，说是诺伊豪斯解放了他的手，"真的使它们解放了"。当李希特于1942年开始举行巡回音乐会时，他演出的不只是一两套曲目，而是二十五套。他的所作所为都与其他钢琴家不一样。他那双硕大无朋的手能跨越十二度——从C到G。他练起琴来往往欲罢不能，据说有时每天工作十二小时，甚至独奏音乐会后也会去练琴。但他也可能一连几个月不碰钢琴。他干什么都与众不同。李希特善于使自己的思想和作曲家的思想沟通，这一点令诺伊豪斯为之动容。"当李希特演奏不同作品时，好像是不同的钢琴家在演奏。"他建立了一套庞大的保留曲目，从巴赫到亨德尔（他是弹奏亨德尔组曲的少数几人之一）以至于普罗科菲耶夫、肖斯塔科维奇和本杰明·布里顿。普罗科菲耶夫有三首奏鸣曲——第六、第七和第九——的世界首演是他弹奏的。

显然，这是个不同寻常的人——而且因此得到表彰：1950年荣获斯大林奖，1955年荣获人民艺术家称号。他的举止可能怪僻至于极端。1958年他担任柴科夫斯基比赛评委，按要求应该以1到10分为准进行评分。可是第一轮他给了范·克莱本100分（而不是10分），其他参赛者则一律0分。在整个比赛中他一直这么干。后来再也没人请他担任评委。

1960年他开始在西方演出，很快就成为一位传奇人物，不仅是由于他的钢琴演奏，而且也由于他那落落寡合而且略带几分诡秘的个性。这并不是说李希特不善于结交朋友，但是他一向对自己的私生活讳莫如深，拒绝采访，身体又不怎么健壮，一时心血来潮便将音乐会取消。他不仅使听众而且也使同行们既敬仰又畏怯。阿什肯纳齐曾这样描写李希特给他留下的印象：

> 李希特像磁铁般把我吸引住了，正如他吸引了其他许多人一样。我无论如何也不愿错过他的音乐会。我想他比任何人都更多地表现出对自己艺术的彻底奉献精神和真挚感情。现在回想起来，这正是当时他最吸引我的地方，而且至今不变。我现在理解了，在他对听众的磁性般的感染力中最强烈的因素就是他的信念，即相信自己所做的事在那一特定时刻是绝对正确的。这种信念来自这一事实：他缔造了自己的内心世界，这在他的头脑中是绝对完整的，你无论和他辩论什么问题，几乎都无济于事。他可能会说："不错，也许你是对的，但我就是不那么感受。我是这么感受的，也是这么弹奏的。"就这么回事。

接着阿什肯纳齐的话准确点明了李希特的演奏的实质。"在演奏之后我往往对他有异议。但是在他演奏的过程中，我会觉得一切都协调得很好，十分真挚而且全神贯注，因而使我折服。"关键是李希特在台上能散发出那样的魔力，做到那样极端集中（他的门生安德烈·加伏里洛夫曾把他称之为"生命场"），从而使每个人，包括持怀疑态度的人，都深受感动。事后听众才可能产生吹毛求疵的疑团和问题。对了，阿什肯纳齐还断言，李希特是当今最杰出德彪西演奏家，在美妙的音响后面隐藏着无可比拟的想象力。

在李希特赴美首演前好几年，他的唱片已经问世，使听众们对他的高度独特风格的演奏有了心理准备。在他的第一组卡内基音乐厅系列音乐会——七场音乐会另加一场与纽约爱乐乐团的联合演出——中，行家们注意到了错音和一些趔趔趄趄的段落，但这些都无关紧要。重要的是李希特演释音乐的方式。他是个天生的慢速度弹奏者（特别是在舒伯特奏鸣曲中，随着年龄的增长，他的速度日益缓慢），但由于他的人格力量和他的激光般的集中，他能将音乐弹奏得一气呵成。

你永远能意识到在那音乐的背后有一个与众不同、匠心独具的头脑。他在美国的演出逐渐减少，最后完全停止。他愿意在气氛融洽的小型音乐节上出场，例如英国的奥尔德堡音乐节，他最喜欢在那里和本杰明·布里顿四手联弹，后者是他的朋友，也是一位技艺精湛的钢琴家。

弗拉基米尔·阿什肯纳齐（见图116）是第一位脱离祖国的知名苏俄钢琴家。六岁进入中央音乐学校（该校的顶尖天才选送莫斯科或列宁格勒音乐学院）时已能流畅弹奏，识谱也同样流利。他在那里一直逗留到十八岁，1955年入莫斯科音乐学院师从列夫·奥博林，在华沙的肖邦比赛中获二等奖，1956年在布鲁塞尔伊丽莎白女皇比赛中获胜。接着是1958年的美国之行。他被迫参加1962年的柴科夫斯基比赛，与英国的约翰·奥格登并列第一。"官方正式通知我，"他在与贾斯珀·帕罗特合写的自传中说道，"说是除非我同意参赛，否则我的整个前途就岌岌可危，不仅是在国外，而且也包括在苏联国内。这是我第一次明确体验受到有关当局胁迫从事的滋味。"

在音乐学院时——他直到1960年才毕业——阿什肯纳齐和同在奥博林班上学习的一位冰岛青年钢琴家相爱而结为伉俪。1963年他赴英国巡回演出时她随同前往，然后二人均声称不拟返回苏联。这引起了一次国际事件。阿什肯纳齐从未要求政治庇护，而且事实上他们俩双双回到了苏联，而将孩子们留在外祖父母处。阿什肯纳齐在苏联演出了几场音乐会，并达成一项协议，即让他寓居西方但保留苏联国籍。他说这不是一次政治动作，而是个人的行动。他和妻子不想让孩子在苏联受教育。后来阿什肯纳齐直言不讳地批评苏联说："我要说苏联是个不实在的国家……到你长大成人时，你已被彻底教化，以致你根本不再知道你喜欢什么，不喜欢什么。"

他成为国际巡回演出中最受欢迎的钢琴家之一，尽管他的风格发生了明显变化。年轻时，他的钢琴演奏技巧细腻但绝不华美，音色嘹亮但绝无铿锵之声。他对华丽的演奏不感兴趣。他的保留曲目主要是浪漫主义的，偶尔也涉足诸如巴托

116

116 弗拉基米尔·阿什肯纳齐，战后俄罗斯钢琴家中离开祖国的第一人。

117

117　拉扎尔·贝尔曼，蔚为壮观的技巧大师，主要演奏浪漫派作品。

克协奏曲之类的音乐。演奏时具有敏锐的感情、如歌的线条和灵活的分句。随着时间的转移，他的音乐处理日益"现代化"。诗的意境少了，更多地专注于音乐的曲式因素。评论家彼得·戴维斯说他的演奏是"无根的……世界性的，客观的"。戴维斯揣摩，这是否因为阿什肯纳齐已经割断一切文化上的和人种学上的纽带之故？阿什肯纳齐承认他从未认同他的俄罗斯或犹太传统。不管怎么说，戴维斯所说的"客观的"特点，其他评论家也并未视而不见，《纽约时报》的一位唱片评论家称阿什肯纳齐的演奏"清澈、有灵性、雅致……代表了现代风格的最精彩之笔，也就是说，钢琴家所提供的，不多不少正是音符要说的话"。是否可能阿什肯纳齐到了腻烦钢琴演奏的地步了呢？毫无疑问近年来他一直醉心于执棒指挥。他的指挥活动始于他在冰岛组织的音乐节，近几年中越来越多地投身于乐团，甚至逐步建立起一套规模宏大的唱片目录的开始部分。他并不是第一位以指挥乐团告终的钢琴家。丹尼尔·巴伦博伊姆作为指挥家和作为钢琴家同样名闻遐迩。古今许多大指挥家，诸如格奥尔格·索尔蒂、布鲁诺·瓦尔特、迪米特里·米特罗普洛斯、埃里希·莱因斯多夫和乔治·塞尔等人本来都可以主要在钢琴演奏方面作出成绩，只是他们无心于此而已。

一位非常引人注目但褒贬不一的俄罗斯钢琴家是拉扎尔·贝尔曼（见图117）。两岁开始弹琴，九岁入莫斯科中央音乐学校，先后在该校和莫斯科音乐学院师从亚历山大·戈登威泽，1958年开始巡回演出，1976年在美国首演。

在苏联他主要被看作一名技巧大师，没有人十分认真地对待他。这也是西方许多评论家和音乐家共同的感觉，贝尔曼本人承认他年轻时会让手指自由地飞跑。人们觉得，他充其量只是能将李斯特的炫技性音乐弹得很少有人可与之相比。但是莫扎特？贝多芬？别丢人现眼了！

事实上即使是贝尔曼的赞赏者也不敢恭维他的贝多芬演奏。但是他具有和巴雷勒或列维涅同样水平的技巧，最适合演奏某些类型的浪漫主义音乐。他为李斯特的全套《旅游岁月》所录的唱片是一个技巧与优异艺术相结合的范例。没有谁能把拉赫玛尼诺夫弹得比他更有风格、更典雅；很少人弹奏斯克里亚宾能像他一样有说服力。也许这是保留曲目中并非所有音乐家都珍视的一部分。可是，如果一位钢琴家能使李斯特的《超级练习曲》听上去不仅轻盈流畅，而且富于音乐性，他的工作难道不给人以美学上的满足感吗？超级技巧师们面临的一个问题是，他们的那些更加严肃的同道们拒绝承认超级技巧师除手指外还有别的什么。这些人的信念是手指与头脑不相连。贝尔曼这一辈子不得不坚持和这种概念斗争，可是他弹奏贝多芬和莫扎特不太成功这一事实却给他的批评者们提供了炮弹。不过，在保留曲目的某些方面，能和他并驾齐驱的钢琴家寥寥无几。

贝尔曼是俄罗斯"大"钢琴家中的最后一人。近年来在苏联崭露头角的那些人并未产生吉利尔斯、李希特或阿什肯纳齐那样的影响。格雷戈里·索科洛夫、亚历山大·斯洛博佳尼克、迪米特里·巴什基罗夫、尼古拉·彼得罗夫、米哈伊尔·普雷特涅夫、弗拉基米尔·克赖涅夫——都是昙花一现，没给人留下什么特别的印象。在更近的几年中，关于1974年柴科夫斯基比赛的桂冠得主安德烈·加伏里洛夫的议论很多。他是一个炫技大师，有时是爆炸性的，具有霍洛维茨的直觉，但尚未能完全控制。至少，他是有激情的，而激情在今天的钢琴家中往往付诸阙如。另外一个可能成熟为杰出艺术家的钢琴家是生于1972年的叶甫盖尼·基辛。他十二岁就已在弹李斯特练习曲和肖邦的两首协奏曲，而且弹来具有引人注目的辉煌技巧和音乐理解。他是个瘦小、神经质而腼腆的孩子，但其潜力无限，令人望而生畏。

时髦的巴赫

古尔德

紧接第二次世界大战之后的一段时期中，在钢琴上弹奏巴赫变得不合时宜了。新的音乐学正盛行一时，所有的人一致认为在钢琴上弹奏巴赫是"不文明的"，是对圣灵的亵渎，也许比那超级炫技的巴赫–陶西格或巴赫–李斯特改编曲更加糟糕。大键琴演奏家人数剧增，为首的是万达·兰多芙斯卡这个当时在位的大键琴女王。谁也不去理会这些事实：兰多芙斯卡弹的那架普莱耶尔乐器和音乐会大钢琴也不相上下；还有，她的音栓配合法和音乐处理是极其浪漫派的。重要的是兰多芙斯卡弹出了音乐，而且使听众和评论家相信只有一种聆听巴赫的方式——在大键琴上，而且最好是由兰多芙斯卡弹奏。钢琴上的巴赫已几乎绝迹。只剩一个主要堡垒——德高望重的罗莎琳·图雷克，这是一位令人钦佩的艺术家，一位为巴赫及其演奏实践奉献终身的女士，一位器乐演奏家，她的独立的左手完美地适合弹奏巴赫的一缕缕线条。但即使对图雷克人们也是将信将疑，毕竟她弹的是钢琴啊。

然后格伦·古尔德（见图118）于1955年崭露头角。

他的艺术生涯是钢琴史中的奇特篇章之一。他是一个十足的音乐怪人，却又是个天赋极高的器乐演奏家，其信念改变了音乐家们看待巴赫的方法。1955年问世的他的第一张唱片、传奇式的《哥德堡变奏曲》，对很多人来说是一种启示。其中个性、技巧、新的思想、跳跃的节奏、快速的速度和可靠的技巧兼而有之，形成一种新的巴赫演奏法，具有权威性。可能音乐学家会将它批得一无是处，但这不要紧，它使听众们笃信不疑。首要的一点是，演奏中有着线性特点。古尔德有一种非凡的才能，善于理清那些对位线条，掂量它们，使之互相对照并协同进行。事后想来，可能会觉得纳闷：这张《哥德堡变奏曲》究竟有多大权威性？不过，正如人们一直注意到的，每个时代都有它自己的奏乐方式，而古尔德的方式恰好适合他的时代，正如他的最后一张唱片——巧得很，这是在他的史诗性首张唱片发行二十余年后再次录制《哥德堡变奏曲》——适合于二十世纪八十年代一样。因为这是一次完全不同的演释。重复的地方多得多，速度缓慢得多，具有哲学意味，甚至有点矫揉造作。

对于今天的许多音乐家而言，格伦·古尔德是个象征，可说是钢琴界的鲍比·费舍尔。像那位怪僻的国际象棋天才一样，他也是一个令人惊异的奇才，很早就退隐而离群索居。和鲍比·费舍尔一样，格伦·古尔德也是自定法则，自行其是，不在乎世人怎么想他，最后使世人屈从于他的意志。难怪他代表着所有年轻音乐家梦寐以求的一个目标。正如鲍比·费舍尔于1972年在雷克雅未克击败鲍里斯·斯帕斯基后成为一位传奇英雄一样，古尔德也始终是那些甚至从未听到过他演奏的人们心目中的一个传奇人物。对他那一代人而言，他仍然代表着对当权者的反叛，代表着对现有制度的蔑视。这在俄国特别明显，在那里古尔德是备受尊崇的。（鲍比·费舍尔亦然。）凡是访问苏联的钢琴家或钢琴专家，总是被那里的钢琴家缠着，要求了解有关古尔德的所有事情。他们拥有他的许多唱片，买的、借的、偷的、复制的或盗版的，什么都有，越多越好。他们收藏他的电视演出的拷贝，模仿他的形体动作，并以他的巴赫诠释为蓝本；他们相信他是那个时代最能催人奋进的音乐家。

这个肆无忌惮的捣蛋鬼于 1932 年 9 月 25 日出生于加拿大。三岁开始学琴，最初受业于其母。六岁时听了一场约瑟夫·霍夫曼的独奏音乐会，终生难忘这次经历。许多年以后他回想自己在乘车回家的路上，"我就处在那种半醒半睡的奇特状态中，仿佛听到各种各样令人难以置信的声音在脑海中盘旋。都是管弦乐的声音，但又是我弹奏出来的，于是突然之间我成了霍夫曼。我陶醉了"。

他的下一步是多伦多的皇家音乐学院；从十岁到二十岁他在那里师从阿尔贝托·格雷罗。音乐是他的整个生命；他甚至连中学也没读完。在开始举行音乐会时，他已是一位技艺精湛的艺术家，拥有极不寻常的演出曲目。他很少演奏浪漫主义音乐。当然他的曲目中有巴赫。弹一些贝多芬，主要是最后三首奏鸣曲。他也浏览一些通常和钢琴独奏音乐会无缘的作曲家——举两个例子，譬如说斯韦林克和吉本斯。然后他又会大步跨越到贝尔格和韦伯恩。他解释道："我有一个长达一世纪的'盲点'，大致介乎《赋格艺术》和《特里斯坦》之间，其间的一切充其量只能供我赞赏，而引不起爱慕。"

关于肖邦，他说："我不认为他是一位很好的作曲家。"不过，浪漫主义音乐中他真正喜欢的东西确实不多：

> 我认为，就器乐独奏而言，整个十九世纪前半叶中——在一定程度上不包括贝多芬在内——败笔很多。这个概括包括肖邦、李斯特、舒曼……你瞧，我认为早期浪漫主义作曲家中没人会写钢琴音乐。哦，他们懂得如何运用踏板，如何四面八方泼洒音符制造戏剧效果——但真正的作曲却是微乎其微。那个时期的音乐充满空洞的戏剧招式，充满表现癖，它的那种世俗享乐

主义的特点使我感到腻烦。凡是我期望在伟大音乐中见到的特征——和声上与节奏上的丰富多彩、对位的创新——在这些作品中几乎完全绝迹。

至于贝多芬，他是一个"盛誉完全离不开流言蜚语"的作曲家；但是，对古尔德而言，"贝多芬是一个走上自我心路历程的作曲家的最优秀的历史楷模"。古尔德喜欢他的早期作品以及晚期的少数几首，特别是《大赋格曲》，他认为这"不仅是贝多芬创作的最伟大的作品，并且堪称音乐文献中的最惊人之笔"。至于那些交响曲、小提琴协奏曲以及《"华尔斯坦"奏鸣曲》为何竟盛行不衰，实在使古尔德"大惑不解"。

另一方面，他也有他痴迷热衷的作曲家——勋伯格、欣德米特以及特别是理查·施特劳斯。他甚至录制了施特劳斯的《伊诺克·阿登》和几首早期钢琴曲，全都是些讨厌透顶的东西。但是在他评论施特劳斯的那些文采洋溢而发人深思的文章中，他为这位作曲家作了有力的辩护。古尔德勤于笔耕，所作文章由蒂姆·佩奇编成厚厚一大本共四百六十一页的巨著。他的唱片说明一概出自他本人笔下，他还为很多杂志撰稿。他的著述表明了他这个人的矛盾之处。在他对音乐以及总的对于生活的评论中，深奥、睿智、青春血气、无的放矢的粗俗幽默以及地道的胡说八道兼而有之。古尔德是语不惊人誓不休，有什么想法，不经过深思熟虑就脱口而出，说出话来往往自相矛盾。偶尔也有那么一点恰如其分的谦逊之态。简而言之，古尔德的文章就像音乐家古尔德其人——发挥得最好的时候是光彩夺目得令人发怒和令人发怒得光彩夺目。

难怪音乐家们群起而攻之。古尔德的这些话都是当真的吗？还是就像路易斯·卡罗尔所说的那样，"他那么说只是为了惹人生气，因为他知道那很有趣"？鲁道夫·塞尔金有一次听见古尔德在广播中发表这类意见。"他说了一些可笑的话，使我十分恼火。但是结束时他演奏了钢琴，于是皆大欢喜。"从另一方面来看，有些音乐家和评论家把古尔德和他所代表的一切当作偶像来崇拜。在他们心目中，他是唯一的真正有头脑有个性的青年钢琴家。

作为音乐会钢琴家他仅仅度过九年光阴，但这九年使他成为一位超级明星。他不断应邀在欧洲、俄罗斯、以色列以及美国演出。至三十二岁退隐；好几年前他就曾宣告自己一到三十岁就停止公开演出，以便集中精力录制唱片。他是言而有信的。最后一场音乐会于 1964 年 3 月 28 日在芝加哥举行。1982 年不幸中风而英年早逝，终年仅五十岁。

在脱离音乐会舞台以后，他对传播媒介发生了浓厚的兴趣，并撰写大量文章加以论述。他继续录音、在电台和电视广播中演出，还创作了几部电视剧。谈起电子技术的重要性来他是口若悬河，并说这是他提前退隐舞台的原因之一。他说："科技有能力创造一种隐姓埋名的风气，使艺术家有足够的时间和自由尽其所能地酝酿他对作品的构想。它有能力取代音乐会所带来的那些讨厌的、丢脸的、有损人性的无法卜测的结果。"他说当他在音乐会演出时，他感到自己好像是个杂耍表演者。

古尔德神话的一个内容是他的怪僻的生活道路，这些怪僻之处被音乐家和群众喜滋滋地传诵着。因为怕污染，他从不和任何人握手，甚至在最热的炎夏也总是穿着针织套衫。天冷的日子里他戴着手套，还有一副手套的手指是剪掉的，便于他有时在音乐会上使用。对此采访记者们是津津乐道，他是新闻报道的好题材。"那天天气不冷，"一位记者写道，"但古尔德却戴着贝雷帽和耳套，围着围巾，穿着大衣，外加一副结实的皮制连指手套。到了饭店，把这些全都脱掉以后，身上还有厚羊毛衬衫、厚套衫、粗花呢茄克衫、羊毛长裤和一副剪掉手指的编结手套。"他是个十足的夜猫子，每天白天睡觉。由于习惯于离群索居，他情愿花上几小时和人电话交谈而不愿见面。作为一个疑病症患者，他所服的药片数也数不清。安排了音乐会又随心所欲地取消——频率高到每五场中要取消一场。

当然，他的生活方式使他自然而然地成为公众注目的对象。举行音乐会时他自带座椅，因为一般的凳子都不够低，不能适应他在钢琴键盘前与众不同的位置。这把椅子制作得离地板正好三十五厘米左右，但对他还是稍稍太高了一点，所以他常常坚持在钢琴下面垫上木块，把它垫高三厘米。关于古尔德和他的椅子的传说到处流传。据说，在一次排练时他让乔治·塞尔和克利夫兰管弦乐团没完没了地等着，因为舞台工作人员在摆弄椅子和钢琴。古尔德看着等得不耐烦的塞尔，说了些什么话，意思是说他不知如何对付他的椅子之类。塞尔确切地告诉他可以怎么处理这把椅子。

他在音乐会上的矫揉造作的风格包括摇晃身体、哼唱和不弹奏时用手打拍子。一次在纽约演奏贝多芬的《第四钢琴协奏曲》，他带了一杯水放在钢琴上，调整好身体，弹了开始的独奏段落，然后在乐队全奏时便交叉着双腿，喝了几大口水提提神。《纽约时报》的评论员为他的不拘小节向他道贺，并建议他下次演奏这首协奏曲时带一瓶啤酒和一客火腿三明治。

这一切有多少是事先精心策划的，谁也不知道。但古尔德有一套"使守旧的庸人瞠目结舌"的伎俩，而且他充分了解宣传的好处，也知道如何控制新闻媒介。他是否故意将他的种种怪僻带入自己的钢琴演奏？他的有些演出曾使音乐家们大为愤慨，其程度不亚于他口头发表的和印刷出版的某些言论。他为贝多芬最后三首奏鸣曲所作的古怪录音使一些音乐家恨不能置之死地而后快，因为它们是那么矫揉造作，偏离常规。在录制莫扎特的某些钢琴奏鸣曲时，他极力突出那些阿尔贝蒂低音音型，使之具有和旋律线相等的重要性。另外，许多人认为他的速度简直是荒唐无比——快的不胜其快，慢的又不胜其慢。莫扎特专家们被激怒了。可是，古尔德还有一番话记录在案：他说过他实在并不太喜欢莫扎特。

他将作为一位巴赫演奏家而永垂青史，他的唱片是他的千古永存的遗产。有时，例如在《古组曲》中，他使得音乐行家、音乐爱好者和评论家们都不得不重新考虑其中的音乐，而将一切先入之见统统抛到九霄云外。这倒不仅仅是因为他有着令人称绝的手指和澄清音乐中的线性因素的才能。其他钢琴家——诚然，为数不多——也能做到这些。但是谁也没有他那种特殊的稳定集中的音响；意大利专门研究钢琴家的专家皮耶罗·拉塔利诺曾把这种音响和霍洛维茨、李希特以及米凯兰杰利等色彩大师所再现的声音加以比较。最重要的一点是，古尔德的巴赫诠释使那音乐听起来与众不同——在速度、乐句、力度和概念等方面全都与众不同。人们过去不怎么注意的一些因素突然一下子鲜明地凸显出来，不过演奏中并无古怪或矫饰之处。音乐穿越一个从来不将任何事情看作理所当然的头脑。这是一个富于独到见解的头脑，它运转时所依据的前提和原则不同于其他钢琴家。你不能说它是传统的巴赫演奏，或浪漫主义的巴赫演奏，或新古典主义的巴赫演奏，或现代的巴赫演奏，或音乐学家的巴赫演奏。不管它是什么，反正它散发出一种活力和精神，是巴赫音乐的演奏史上绝无仅有的。

两个受到顶礼膜拜的偶像
布伦德尔、波利尼

二十世纪七十年代两位钢琴家作为现代风格的开山鼻祖而崭露头角，其风头之健，使他们成为受人顶礼膜拜的偶像——他们的音乐会听得人们屏息敛神，两人各自被一圈光环笼罩着，各自得到像克拉拉·舒曼和阿图尔·施纳贝尔等前辈纯正音乐家所获得的那种挚爱。这两位钢琴家所代表的现代风格是客观、刻板、严谨、不带个人感情的，致力于描绘音乐建筑工程的精确蓝图。色彩、魅力和感情远不如一首作品的形式及其各种关系的有说服力的呈示来得重要。现代风格念念不忘斯特拉文斯基的禁令：别"诠释"我的作品，只要按照我写的样子把音弹出来就是了。阿尔弗雷德·布伦德尔（见图119）和毛里齐奥·波利尼（见图120）满足了现代风格的所有要求，并且比其他任何钢琴家更能代表时代的精神。布伦德尔在伦敦（他自1972年起寓居伦敦）的一场贝多芬奏鸣曲音乐会之后，

118

119

118　格伦·古尔德，他传奇性的巴赫演奏大力推动了作曲家的钢琴音乐的校订。
119　阿尔弗雷德·布伦德尔，也弹李斯特的"施纳贝尔"。

120

121

120 毛里齐奥·波利尼，现代乐派的典范钢琴家。

121 范·克莱本，1958 年柴科夫斯基比赛后的美国英雄。

甚至得到《泰晤士报》的几篇凛然敬畏的社论，文中采用了一般只用于歌颂神明的措辞。布伦德尔（1931 年生于奥地利）和波利尼（1942 年生于意大利）有许多共同特点。两人都经常被描写为"理智型"音乐家；两人的独奏音乐会都彻底摒弃了娱乐性特点。在浪漫主义钢琴艺术中，娱乐性起着相当大的作用；演出曲目中几乎总是含有一些旨在使听众目瞪口呆的华而不实的乐曲。这类曲目可不是为布伦德尔和波利尼用的。过去时代的炫技大师们很少（即使有的话）关注同时代的音乐，而在这里，波利尼却弹奏着布列兹的《第二钢琴奏鸣曲》，或是勋伯格的全套钢琴音乐，或是施托克豪森、韦伯恩和贝里奥的作品。1985 年他在欧美各国演出的曲目只是《十二平均律键盘曲集》的第一卷。甚至连鲁道夫·塞尔金这位纯正古典主义的倡导者也从未有此一着，波利尼这样做了，听众们蜂拥而上，争相聆听这一波利尼—巴赫的结合，听音乐会犹如参加一次宗教仪式。布伦德尔的保留曲目中也有勋伯格的独奏作品，还有勋伯格和巴托克的钢琴协奏曲。单只是这种非典型性的做法，就足以使他们成为弗吉尔·汤姆森常说的"理智型听众"心目中的英雄。顶级钢琴家们一般绝不会碰这样的曲目。先锋派作曲家们格外感到布伦德尔和波利尼双双都是他们的雄辩而重要的代言人，他们成了知识阶层的心肝宝贝。

除徜徉于当代音乐领域外，布伦德尔的保留曲目从过去一直到现在，基本上局限于几位伟大的德奥古典作曲家——巴赫、海顿、莫扎特、贝多芬和舒伯特。他不弹奏法国音乐，不弹肖邦，不弹俄罗斯音乐（虽然多年前他曾录制过穆索尔斯基《图画展览会》和其他少数几首俄罗斯作品的唱片），而且，说来奇怪，他很少弹奏舒曼和勃拉姆斯（他曾录制过几首舒曼的主要作品，但这些作品难得出现在他的音乐会曲目中）。甚至更奇怪的是，他一开始就大量弹奏李斯特——而且那是在李斯特被看作浪漫主义中的糟粕的时候。当时人们普遍认为李斯特的音乐，哎呀，一味炫耀技巧，粗俗浅薄，华而不实，不登大雅之堂。但是自那以后，李斯特的名誉得到恢复，而布伦德尔的贡献就在于大大推动了对十九世纪一位最具魅力的作曲家的重新评价。布伦德尔在一次谈到李斯特时说过："我相信他是个极其崇高的人……我把李斯特看作莫扎特、贝多芬和舒伯特的补充。"

　　布伦德尔和波利尼不同，他并不是一开始就惊天动地的。当然，他起步较早，六岁开始弹琴，七岁开始作曲，但他从未以神童自居。他曾在萨格勒布和格拉茨求学，后又参加保罗·鲍姆加特纳、爱德华·斯托尔曼和埃德温·费舍尔的大师班。布伦德尔认为自己的风格受费舍尔的影响最大，其实他也受到富特文格勒的影响。他说过，十六岁以后他就不曾有过正规的老师。"自我发现是个比较缓慢的过程，但却更为自然。"十七岁首次公开演出。1949 年在意大利参加博尔扎诺比赛，获第三名。这是他参加过的唯一的比赛。实际上布伦德尔之后的几乎每一位著名钢琴家都是比赛获奖者。自从范·克莱本于 1958 年在第一届柴科夫斯基比赛获胜而名利双收之后，比赛已成为钢琴家的一种谋生之道。关于比赛的是非功过人们已有很多议论，而且双方都是言之成理，但是有一点是不容置疑的：比赛为获胜者提供了富有轰动效应的发射台。

　　如果说布伦德尔走的不是比赛的途径，那么他是找到了另外一条道路：录制唱片。他的事业——当然是在美国——是通过唱片而有所成就的，而且这要比他的美国首演早好几年。LP 问世是 1948 年的事。那时美国仅有两家唱片公司——胜利和哥伦比亚——以较大规模录制古典音乐。但是 LP 问世后不足五年，仅在美国就有了数以千计的唱片公司，其中有数十家专门录制严肃音乐，领头的是沃克斯和威斯敏斯特两家。由于采用新的磁带录音处理法，唱片公司可以到欧洲去，向广播电台购买或租借磁带或是廉价聘用年轻艺人。得益于 LP 初期阶段的三位钢琴家是布伦德尔、保罗·巴杜拉-斯科达和约尔格·德穆斯。布伦德尔为沃克斯公司录制了大量贝多芬和李斯特的作品。当他于 1963 年首次赴美国巡回演出时，已是一位知名人士。

　　知名——但并非受到普遍的赞扬。有例外的情况。波士顿《环球报》的迈克尔·斯坦伯格一类评论家立即欢呼布伦德尔是又一个施纳贝尔。虽然最后斯坦伯格的观点将会流行，但是从布伦德尔的事业开始之时起，对于他的严峻风格（或者可以用人们谈到布伦德尔时反复采用的一个比较直截了当的说法："迂腐作风"），有些评论家和专家们始终没有好感。也有人指出，布伦德尔从来就不曾有过譬如说类似波利尼那样的蔚为壮观、从不出错的技巧。事实上他恰恰有一手完美的技巧，但他从不为纯净的手指功夫操心。"弹错几个音无所谓，只要音乐意图表达清晰就是了，"他说道，"追求完美已经给音乐带来太多损害。"这里布伦德尔可能是影射唱片的冲击，磁带录音技巧已使唱片制作成为一个完善得不近人情的过程。错音可以随便擦掉，正确的音可以随便黏接，工程师们能将各种各样效果增配上去。而另一方面呢，在老式的 78 转唱片中，听众可以确信他们听到的正是艺术家所录制的。没有办法可以修改唱盘；艺术家如果对所录的效果不满意，他唯一能做的就是把整个一面从头演奏一遍。

早在 1958 年，《纽约时报》的一位唱片评论家在听到布伦德尔弹奏的一张李斯特唱片时，就注意到这位钢琴家的技巧极其丰富。"但是他处理音乐过于严肃，就连李斯特本人（可以肯定地说）也从未这么做。他的修养中欠缺的是演奏大师们所具有的那份洒脱——也就是把丰富的技巧装备和灵活性结合起来，再加上表演种种绝活时信手拈来、自得其乐的那份心情，犹如魔术师从帽子里变出兔子时一样利索……貌似具有敏锐音乐头脑的布伦德尔先生，好像很难进入音乐的外向型特点。如果他能稍稍再放开一点，他的唱片就会是很出色的。"

显然这是一位对浪漫主义钢琴艺术有着共鸣感应的评论家，而布伦德尔却不是浪漫主义者。他的演奏总是令那些寻求色彩和柔韧特点的人们感到心烦，许多人毫不犹豫地拒绝承认他是一位李斯特钢琴演奏家，哪怕仅仅是因为他的生硬而相当敲击性的声音。甚至连他那普遍受到赞扬的贝多芬作品的演奏也被《纽约时报》的多纳尔·赫纳汉（在一篇评论 1983 年音乐会的文章中）说成是"相当靠不住的。仿佛布伦德尔先生是在把一首首奏鸣曲的 X 光片投射到屏幕上让我们欣赏，而不是诱导我们进入作曲家的心灵深处"。

布伦德尔完全知道这类批评，但他坚持认为自己不是一位理智型钢琴家。"这根本不对，"1983 年他曾对一位采访者这么说，"感觉必须是第一位的。这就是要随着作曲家一起思考，就像申克尔努力要做到的那样，而不是像施纳贝尔那样盲目地跟着走……每首乐曲都有自己的法则，你必须花大力气去了解这些法则，然后在其限度以内进行弹奏，就像角色扮演一样——在这些心理屏障的范围之内你几乎怎么做都行。"海因里希·申克尔是奥地利理论家，于二十世纪二十年代开发出一种新的音乐分析体系。当某些音乐家听说施纳贝尔这个最早提倡对贝多芬音乐进行文本校勘的先驱者之一是"盲目地跟着走"时，可能曾大惊失色。而布伦德尔之举出申克尔分析体系这个庞然大物，却进一步肯定了那些坚信布伦德尔的"理智型"的人们的论点。

至于布伦德尔的音色，他说他从未试图使钢琴听上去像一件传统的炫技乐器。他对《纽约时报》的人说："有一种所谓'优秀的''美妙的''恰当的'钢琴演奏的观念，把一切都归结为钢琴的语言。我的做法恰恰相反，就是要使音乐摆脱这些限制，使人们忘掉钢琴。"换言之，内容比乐器重要得多。但是，我们要问，如果内容和乐器是无法挽救地联系在一起的，例如在李斯特的作品中那样，则又当如何？

不管怎么说，不管是不是浪漫主义的声音，布伦德尔关于李斯特的见解不是可以随便推翻的。他在那些音乐中找到了浪漫主义钢琴家们所忽视的或是根本不知其存在的东西。为了强调李斯特的理智的一面，他把李斯特这位二十世纪和声学家、这个在很多方面比所处时代超前一百年的人推到了显赫地位。世纪之交时的李斯特钢琴家们把他弹得具有贵族气派、飘悠悠的声音、歌唱般的线条以及有节制的速度起伏。布伦德尔弹出来的是个二十世纪的李斯特，节拍严谨，声音生硬而接近敲击性，他对音乐的组织比对其色彩更为关注。在某些有疑问的晚期作品——老一代的钢琴家们甚至不知其存在——中，布伦德尔捕捉住令人难忘的注意焦点，使这些先知型乐曲听来让人不寒而栗。

毛里齐奥·波利尼甚至比布伦德尔、比任何其他人更甚，他是现代风格的一个名副其实的典范。作为技巧家他是完美的，他演奏任何乐曲都是那么不动声色而无懈可击，因而引起同行的妒忌或惊恐。他可以在钢琴上做出他想做的一切。无论弹什么，基本上都是一个样子——客观，置身音乐之外，不作任何热烈的感情介入，而只是弹出一些美妙的、组织有序而不受个人感情影响的音。

他的保留曲目比布伦德尔广泛得多，涵盖了大部分钢琴文献，而且所有作品他都弹得同样冷淡完美。可能当他在五岁那年开始学钢琴以及六年后首次登台演出时，他就是这么弹的。然后他又跟备受景仰的意大利钢琴家卡洛·维杜索学习，1960 年后师从阿尔图罗·贝内代蒂·米凯兰杰利。按照波利尼的措辞谨慎的说法，这两人各自给了他"有用的技巧性忠告"。他愿意认可的仅此而已。在说到对他的发展有所帮助的钢琴家时，他列举了科尔托、巴克豪斯、费舍尔、吉泽金、哈斯基尔和鲁宾斯坦等人。

有一段时间他忙于参加比赛，1957 年在故乡米兰获奖，同年在规模巨大的日内瓦比赛中获二等奖，1959 年在塞雷尼奥获一等奖。1960 年，十八岁的波利尼超越这一切成就而在华沙的肖邦比赛摘取桂冠，他的事业从此开始——虽然不是立竿见影。在其后五年中他很少举行音乐会，而将大部分时间用于潜心学习和扩充曲目。当他东山再起，重新开始音乐会生活时，成功一蹴而就。他原本可以像阿图尔·鲁宾斯坦那样一年举行近两百场音乐会，但他最多演出七十场。他说他需要时间来思考。

生性腼腆的波利尼很少接受采访，但是他却常在一些与钢琴演奏无关的新闻中出现。他曾经是一名共产党员，越战时期参加过一些政治活动。有一次他在音乐会开始前试图宣读一份反美宣言，因而引起嘘声，事后一些报纸对此事作了恰如其分的报道。除此以外他过着与世无争的生活。

肖邦比赛的评委们肯定被波利尼弄得目瞪口呆了。他属于那种完美的比赛钢琴家类型——作为演奏家，他的技巧广博但从不是炫耀性的；作为音乐家，他奉行一应规章礼仪；他的速度是合情合理的，从无怪诞异常之举。比赛的评委们特别钟爱这类钢琴家。波利尼过去是，而且至今一直是如此：一位体现计算机般绝对控制的钢琴家。作为这样一位钢琴家，他是他那个时代在钢琴方面的最高象征，因而也就成了青年钢琴家心目中的典范，他们沿着他的路子思考，并希望能够像他一样成功地实现自己的目标。对他们中的许多人来说，波利尼绝对是当今最伟大钢琴家。

美国制造
克莱本、博利特、古铁雷斯、佩拉希亚

钢琴艺术之在美国崛起是比较晚的。不错，在第二次世界大战以前，曾经有过几位美国人在国际舞台上获得赞赏，甚至被公认为才华横溢的艺术家。记忆所及的名字有弗兰克·谢里登、贝弗里奇·韦伯斯特、莱奥纳德·舒尔、威廉·马塞洛斯和西德尼·福斯特等。但是这寥寥数人突然扩展为一支大军，却是1946年之后的事。是个什么样的卡德摩斯（希腊神话中的腓尼基王子，曾杀巨龙，埋其齿，结果长出一批武士，互相残杀，最后仅剩五人，与他一起建立底比斯城，并首创字母，发明书写方法——译注）进行播种而取得如此丰硕成果？从那以后直至今天，青年钢琴家多得使音乐厅应接不暇，而且其中不乏优秀人才，遗憾的是，他们显然无处可去。人数之多本书无法一一列举，犹如1961年亚布拉姆·蔡辛斯的《话说钢琴家》一书问世时一样。蔡辛斯以好几章的篇幅记述了美

国的情况，但即使是那本以二十世纪钢琴家为主的著作也未敢自称做到了分析详尽无遗。很多名字只是一笔带过。

战后美国钢琴家中最有发展前途的是威廉·卡佩尔，不幸于1953年死于飞机失事。他曾获瑙姆堡比赛奖，后又不断以其蔚为奇观的纯正技巧（从无任何虚张声势的表演，也绝不以踏板来作为掩饰）、明确直率的音乐处理和浑然一体的表达给世界各国听众留下深刻印象。他的演奏具有所谓"超凡魅力"和"驾驭自如"之类难以言喻的特点；当他正在向着二十世纪最重要钢琴家之一的康庄大道迈进时，他所乘坐的由澳大利亚起飞的班机在距旧金山不远处坠毁。

卡佩尔之获得瑙姆堡奖，在他那一代人中是很有典型意义的。直至二十世纪七十年代为止，美国有两项主要赛事（以及许多小型比赛）对最近半个世纪的几乎所有著名钢琴家都起到过推动作用。这就是列文特里特（现已不再举行）和瑙姆堡比赛。除卡佩尔外，瑙姆堡比赛的获奖者还有乔治·博利特、阿巴·博金、达利斯·弗朗茨、利奥尼德·汉布罗、康斯坦斯·基恩、西奥多·莱特文、约瑟夫·施瓦茨、艾比·西蒙、扎德尔·斯科洛夫斯基、拉尔夫·沃塔佩克、安德烈-米歇尔·舒勃（他后来又在享有盛名的范·克莱本比赛中获奖）、彼得·奥尔斯和史蒂芬·霍夫——可谓人才济济。列文特里特比赛的获胜者也同样令人瞩目，其中包括米歇尔·布洛克、约翰·布朗宁、范·克莱本、西德尼·福斯特、马尔科姆·弗拉格尔、盖里·格拉夫曼、尤金·伊斯托明和安东·屈尔蒂。克莱本于1954年获得列文特里特奖，当时人们对他的反应是肃然起敬；而他的大名得以成为一个家喻户晓的词语，则是1958年他在莫斯科第一届柴科夫斯基比赛中高奏凯歌之后的事，也正是由于这次胜利，所有音乐家才开始有了竞赛意识。当西摩·利普金于1948年力克美国钢琴群英，而在第一届也是唯一的一届拉赫玛尼诺夫比赛中夺魁时，或是当莱昂·弗莱舍于1954年在强手如林的背景之上摘取比利时伊丽莎白女皇比赛的桂冠时，群众对他们的业绩基本上未加理会。但是在克莱本获奖后，1960年伊凡·戴维斯在纽约李斯特比赛获胜，同年马尔科姆·弗拉格尔继列文特里特奖之后又荣获伊丽莎白女皇一等奖，1961 年奥古斯丁·阿涅瓦斯在纽约的第一届迪米特里·米特罗普洛斯比赛获得最高荣誉，1962 年拉尔夫·沃塔佩克在沃思堡击败两名苏俄选手而赢得第一届范·克莱本比赛奖，1970 年加里克·奥尔森在华沙参加肖邦比赛获胜——凡此种种，他们的业绩成了人人议论的话题。

　　和他那一代的其他钢琴家相比，克莱本（见图 121）是最令美国人心驰神往的。但是，我们还是想问，如果不是当时《纽约时报》驻莫斯科办事处主任马克斯·弗兰克尔每天对比赛的情况跟踪报道，使之逐步展开，犹如一篇悬念迭起的故事一般，以至克莱本获奖的消息成了整个美国（事实上是全世界）所有报纸的头版新闻——如果不是这样，那情况又会如何呢？克莱本凯旋，受到了抛投纸带的盛大欢迎，伴之以大吹大擂的宣传报道以及酬金的相应大幅提高。有一段时间他成为当时演出费最高的音乐家，娱乐性行业中最炙手可热的人物。一切事物都为他而运转。难道他不是到了一个陌生而具有异国情调，并且（在很多美国人心目中）又是敌对的国家，在那里旗开得胜，就像加勒哈德（阿瑟王传奇中的圣洁骑士，因品德高尚纯洁而得圣杯——译注）似的？难道这个来自南方腹地的外貌天真无邪、长得又高又瘦、具有美国传统特点的青年不是一个典型的美国人？这些全都是事实，但是还有另外一些更重要的因素。外貌是赢不来大奖的，曾受业于罗西娜·列维涅的克莱本具有足以证明其辉煌钢琴水平的特点，包括一手能够应付任何作品的技巧（他的大曲目是拉赫玛尼诺夫的《d 小调钢琴协奏曲》）和金灿灿的音色。在他那一代的所有美国人中，克莱本奏出的声音是最能给人以感官享受的——富丽、从来没有敲击性，那是一种真正的钢琴声音，能使一些老寿星们想起往昔的浪漫主义钢琴大师。

　　由于一些他从未阐述清楚的原因，克莱本于二十世纪七十年代中期宣告退隐。也许是他始终没有学会如何对待这突如其来的声誉，也许是两个方面使他左右为难。一方面，他的天赋极高，任何曲目均可应付裕如，原本可以发展成为一位超群绝伦的艺术大师。另一方面，人们不断要求他重复演奏他的参赛协奏曲——柴科夫斯基的"降 b 小调"和拉赫玛尼诺夫的"第三"——而且他都同意了。他恪尽作为一名美国宠儿的职责至于这样的程度，即每场音乐会均以国歌开场。他弹得越来越没精打采，到后来他的演奏简直是漫不经心、腻烦，甚至是邋邋遢遢的。他是否对自己感到某种不满甚至厌恶呢？不管出于什么原因，美国钢琴界最灿烂的天才之一自动下了台。

当然，并非所有美国钢琴家都是比赛获胜者。事实上有些人从未在国内做出他们所企盼的丰功伟业，于是便到国外去寻求喝彩声。朱利叶斯·卡钦是其中一人，他去了巴黎，不幸英年早逝。罗莎琳·图雷克在欧洲羁留很长时间后才回故土，并巩固了她作为著名巴赫专家的地位。其他许多美国人成了专家。悉心研究现代音乐的有里奥·斯密特、戴维·图德、威廉·马塞洛斯、戴维·伯奇和保罗·雅各布斯（又一位英年早逝的优秀艺术家）。有些人和某一作曲家或某一乐派形成了特殊的同一性——格兰特·约翰尼森之与法国音乐、菲利普·埃文斯之与巴托克、雷蒙德·卢恩塔尔之与阿尔坎。广受欢迎的拜伦·贾尼斯从未在任何重大比赛获奖，厄尔·怀尔德、雅各布·拉泰纳尔、洛林·霍兰德和克洛代特·索雷尔亦没有。

战后的美国钢琴家大多代表客观主义的现代乐派，其中无一人可以名副其实地被称为浪漫派演奏家。浪漫派属于诸如乔治·博利特和厄尔·怀尔德等资深艺术家，也属于出生于俄国但在美国受教育的舒拉·切尔卡斯基。这三位钢琴家代表老一代的学说。博利特（见图 122）于 1914 年出生于古巴，但自幼即移民美国，曾师从戴维·萨珀顿、莫里茨·罗森塔尔、利奥波德·戈多夫斯基和亚布拉姆·蔡辛斯，还曾跟约瑟夫·霍夫曼上过几次课。1915 年出生于匹兹堡的怀尔德是埃贡·佩特里的学生。1911 年出生于敖得萨的切尔卡斯基来美国师从霍夫曼，并居留多年，后移居伦敦。

博利特作为钢琴家是大器晚成的，他的成就既应归功于浪漫主义的复兴，也是由于他自己的极高天赋。六岁已在演奏，十二岁入费城柯蒂斯音乐学院求学。在柯蒂斯他是一颗明星，什么都会弹，什么都能视奏，记谱不费吹灰之力，技巧已是世界一流水平。他的技巧确实了不起——那么包罗万象，因此他被列为没有太多风格，也不是那么有血有肉的技巧奇才之一。1934年毕业后去欧洲，举行了几场音乐会，然后返回美国，任教于印第安纳大学音乐系。后来继鲁道夫·塞尔金而担任柯蒂斯音乐学院钢琴系主任。

在1940～1950年的十年中，博利特的演奏风格完全不合时尚，没有经纪人（实际上也没有听众）对他所能提供的东西感兴趣。我们不是故意言过其实，很可能正是这些倒霉的年代促进了他智力的成长；他有了时间去进行思考、试验和研究曲目。也可能正是因此，他到生命中较晚的时期才发展成为一位杰出艺术家。另外浪漫主义的复兴也是有影响的。音乐家们突然开始对几年前人人嗤之以鼻的音乐发生了兴趣。随之而来的是人们开始关注浪漫派演奏实践，在那以前这是个被彻底忽视的领域。二十世纪七十年代博利特在纽约举行一系列独奏音乐会而引起轰动。他的演奏风格发扬光大的时机一下子成熟起来。于是他去伦敦、去巴黎、去柏林。所有的人都陷入狂热之中。突然之间博利特成了人人心向往之的明星，到处争相邀请。

他的钢琴演奏属高雅型，具有贵族风味。如果他愿意，以他的禀赋和训练可以压倒弗拉基米尔·霍洛维茨，但这不是他的作风；相反，他往往倾向于有所保留。这里也许含有某种心理因素：他绝不让自己只是作为一位风格华丽的钢琴家而闻名，有时竟会在明明可以摧毁鱼雷时反而却步。他演奏时表现出细腻的色彩交织，他的诠释是错落有致的，无须乒乓敲击就能奏出极其洪亮的声音，而且深得浪漫派的速度起伏之奥秘。再说，当然还有那令人叹绝的博利特技巧。在他的指尖下一切听上去都是那么畅达自如，在许多方面他就是一个当今的约瑟夫·列维涅。

他说过，音乐家的任务就是将谱上所印的音符转换成活生生的感受。"把乐谱当作圣经的钢琴家，"他冷冷地补充道，"只能成为出色的工匠。"他工作的前提是，世上没有绝对标准。"音乐中的一切都必须通过人的头脑和个性来加以过滤。这就是演奏演唱音乐的全部含意。"

在其鼎盛时期博利特什么都弹，而他最游刃有余的领域上穷早期浪漫派作曲家下至拉赫玛尼诺夫。在这个领域中他代表了霍夫曼—戈多夫斯基—列维涅的斯拉夫钢琴艺术学派。博利特和切尔卡斯基是那一学派的最后两位健在的积极倡导者，他们的演奏是硕果仅存，真正再现了十九世纪伟大浪漫派钢琴家的声音。

舒拉·切尔卡斯基是个比博利特更加怪诞的演奏家，他运用的速度变化要多得多，以致可能使基本节拍变得不稳定。但是他也有着浪漫主义潮流的那种金灿灿的声音、那种色彩、那种无懈可击的技巧、那种个性，以及在他最佳状态时的那种音乐的潮起潮落。他的演绎总是有着高度的特异风格，而且永远趣味盎然。

厄尔·怀尔德起初以专攻格什温音乐而闻名，这就使他在许多评论家和知识分子听众中声誉大减。一个东奔西走、到处演奏格什温《F大调钢琴协奏曲》和《蓝色狂想曲》的钢琴家，怎么可以认真对待呢？但是行家们欣赏怀尔德的技艺。他们知道他拥有一手蔚为奇观的技巧，属于霍洛维茨—博利特的尖端水平；也知道他是个严肃的音乐家，在钢琴文献的某些方面，特别是李斯特的作品方面几乎是无与伦比的。像博利特一样，怀尔德早在李斯特又一次风行以前就已在弹奏他的音乐。在1985～1986年的演出季中，为纪念李斯特逝世百周年，怀尔德举行了一套三场系列音乐会，在美国和欧洲演出。三场的曲目分别命名为"诗人李斯特""改编者李斯特"和"演奏大师李斯特"。

撇开这些老一代钢琴家不算，美国的学派始终是客观主义和折中主义的。乍一看来，这似乎有点奇怪。因为直到不久前，美国人都是在跟着那些植根于十九世纪的外国出生的教师学习。这些教师包括伊莎贝拉·文格洛娃、罗西娜·列维涅、纳迪亚·赖森贝格、鲁道夫·塞尔金、埃贡·佩特里、鲁道夫·甘茨、沙夏·戈罗德尼茨基——全都是从国外来美国定居的。在他们之前的一代人中，阿图尔·施纳贝尔、约瑟夫·列维涅、亚历山大·西洛蒂、约瑟夫·霍夫曼、海因里希·格布哈德、利奥波德·戈多夫斯基——随便举几个重要教师的名字——等人均生于国外。即使不是外国人，像奥尔加·萨马罗夫和贝弗里奇·韦伯斯特那样，也都曾在国外求学。人们会认为，这种教学体系培养出来的美国学生，必然会对他们的导师所代表的那种音乐产生共鸣。

但是情况并非如此。第二次世界大战以后美国钢琴艺术欣欣向荣，但在与浪漫主义传统结盟方面却并未作出成绩。原因之一也许就是美国年轻钢琴家本身的老练复杂。美国人往往倾向于实用主义和折中主义，并且喜欢随知识界的风向行事。风向既保持反浪漫主义，钢琴家们也就起而效之。七十年代浪漫主义复兴运动开始发展，但已为时过晚：原本可能对新一代人灌输某些浪漫主义思想的教师这时都早已仙逝。美国钢琴家弹起当代音乐来令人叹绝，但是弹奏浪漫派音乐时他们却不得不装出一种实际没有体尝到的感情，因为他们所受的训练主要是对音乐的理性内容——曲式、结构以及技巧问题的解决——作出反应。

不过，同样的情况世界上到处都有，因此如果只将这一问题归咎于美国人，未免有失公允——除非有足够迹象说明美国人是"始作俑者"。现在，由于思想正以惊人的速度在全世界传播，事物也以同样的速度在全世界碰撞，我们所有的与其说是一些民族演奏学派，还不如说是一个国际学派。今天的国际学派钢琴家们，处理音乐不拘一格、线条轮廓清晰分明、对待节拍相当严格死板、音色比较生硬。他们往往是一些"直译主义者"，力求将谱上的音符直接翻译出来。事实上他们绝对迷信谱上所记音符，唯音符时值是从，犹如会计师之审读资产负债表。这一点他们做得很好。他们所没能做到的是读透音符的字里行间。在某种意义上，他们是一些低级行政人员、公司人，训练有素、严肃、能干而自信，但比较缺乏个性。关于今天的钢琴演奏，最普遍的抱怨之一就是那种令人麻木的千篇一律，使你简直无法把钢琴家甲、乙和丙区别开来。他们全都倾向于弹得彼此一样。

总的说来，他们的弹奏往往是小心翼翼的。换言之，尽管有着良好的技术条件，他们极端克制自己的激情，很少冒险行事。过去几代的艺术家们总是在冒险。如果他们孜孜以求的目的得以实现，那效果是惊人的。如果失败了，那也是壮丽的失败。这种情况今天难得见到。人们以规划部署取代了个性和胆略。

他们的保留曲目包罗万象。巴赫和斯卡拉蒂在钢琴上而不是在大键琴上重新得宠。贝多芬和舒伯特使他们神魂颠倒。贝多芬作品中的试金石是《"槌子键琴"奏鸣曲》《c 小调钢琴奏鸣曲》（Op.111）以及《迪亚贝利变奏曲》。今天的钢琴家们一旦觉得自己已经非常成熟——譬如说，到了十八岁吧——便迫不及待地去演奏它们。勃拉姆斯的早期作品再度盛行一时。李斯特又一次获得人们喜爱。钢琴家们大声欢呼着扑向印象主义作曲家，特别是拉威尔的《夜之幽灵》，同时也对普罗科菲耶夫极感兴趣。新的钢琴学派中一心热衷于先锋派音乐者人数之多出人意表。无论那音乐是多么难弄，记谱是多么玄奥，他们似乎一夜之间便学会了。美国人特别精于此道；他们掌握现代作品中错综复杂细节的本领是全世界首屈一指的。从全面的基础考虑，美国钢琴家是今日世界上最训练有素的；这话也适用于歌唱家（不妨去问一问任何一位欧洲的演出经理）。

在美国，有几个钢琴家正在开始挣脱这一桎梏。其中首要的是安德烈·瓦茨、奥拉西奥·古铁雷斯和默里·佩拉希亚。瓦茨是第一位在国际上取得重大成就的黑人钢琴家，1946 年出生，父为美国黑人，母为匈牙利人。曾在费城求学，引起莱奥纳德·伯恩斯坦注意，后者在纽约爱乐乐团的一次电视系列节目中重点介绍他的演奏。时年十六岁的瓦茨弹了李斯特的《降 E 大调钢琴协奏曲》而一举成名。他的不同一般的天资与其辉煌技巧相得益彰，而且他又是一个容貌俊秀、特别适合于上镜头的青年。在那以后他继续举行音乐会，和全世界的乐团合作演出，并录制了许多唱片。和他那一代的大多数钢琴家相比，他对恢宏的线条更为敏感，其演释总是保持着一种有节制的自由，它最后可能使他成为一位"老一派的大师"。

122

122　乔治·博利特，浪漫主义钢琴艺术中温和典雅一面的典范。

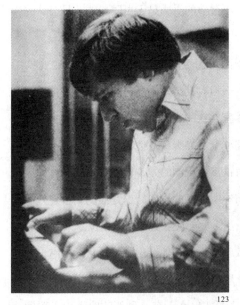

123

124

123 奥拉西奥·古铁雷斯，声音，技巧，激情。
124 默里·佩拉希亚，严肃，时髦，敏感。

1948 年生于古巴的古铁雷斯（见图 123）曾在洛杉矶和朱利亚音乐学院求学，1970 年荣获柴科夫斯基比赛银质奖章。他不仅具备一名比赛获胜者所必需的技巧，而且具有外向的、甚至是灼热的激情。很难设想还有谁能把普罗科菲耶夫《第二钢琴协奏曲》弹得像他一样地寓放纵不羁和自我控制于一体。在弹奏浪漫派音乐时，古铁雷斯仍略嫌过多地是他那个时代的产物；他还没有充分掌握那些传统手法，他的节拍始终太规律化。不过他的潜力是无可限量的，是公认的当代主要天才之一。

佩拉希亚（见图 124）于 1947 年出生于纽约，1972 年在重大的利兹比赛中获奖。他是现代乐派的一位代表人物——但有其与众不同之处。作为一位在演奏中容不得半点华而不实风格的严肃钢琴家，他一直悉心研究莫扎特和贝多芬。围绕他好像形成了一种狂热崇拜。音乐家和全世界听众对他的精美演奏、亲切声音和鲜明献身精神交口赞誉。与瓦茨和古铁雷斯不同的是，他不具备成为一位英雄气势的钢琴家的条件；他限制自己只演奏所擅长的乐曲，这是他的明智之处。最近（1986 年）他已开始弹奏一点肖邦，很可能他会发展成为一位令人信服的肖邦专家，特别是演奏短小作品。他的敏感听觉容许他突出和弦，从而使它们飘然走动，同时他善于感受那些内声部和音乐的色彩性织体。

钢琴艺术的前途如何，只能凭空猜测。也许会有一种新的浪漫主义脱颖而出，在其中，已与国际风格"异花授粉"的俄罗斯风格将结出硕果。不管怎么说，有一点是确定无疑的。超级炫技大师的时代已经成为过去——至少目前是如此，但也可能是一去不复返了，现存的最后一座堡垒是弗拉基米尔·霍洛维茨。今天的重点是"音乐修养"：清澈、均衡和当代的其他美德。"艺术家作英雄"的概念已被摈弃。准确性比激情更为重要。像帕德雷夫斯基或是帕赫曼那样的学生，今天未必能获准从一所声誉卓著的音乐学院毕业，甚至连安东·鲁宾斯坦要通过考试也可能会有些麻烦（错音太多，速度和力度过于夸张）。说这是进步也好，是退步也罢，事实是标准已经改变，今天的国际标准所要求的价值观和浪漫派大师们操作时所依据的标准完全不可同日而语。

　　当代人这样重视音乐修养，这就意味着，按照今天的观念，"精彩的旧日时光"实际上是"糟糕的旧日时光"。过去的时代对自己的看法是不一样的。有个观点希望早已十分明朗：以我们的无穷睿智，我们往往会因为一些事而指谪我们的先辈，而这些事恰恰是他们所引以为豪的。这就导致一个问题：世上有没有、可不可能有一条审美的真理？如果十九世纪的钢琴艺术在今天大多不被认可，那么反之是否亦然，今天的钢琴艺术在十九世纪大多也同样不会受到认可呢？无论如何，早先的钢琴家们，从莫扎特开始，都是起了作用的。他们可能是明日黄花，但目前的这一个族系的钢琴家确实脱胎于他们。往昔总是影响着现在（此事于今尤烈，因为今天的学者们比以往任何时候都对过去更感兴趣）。在每一位健在的钢琴家的民族潜意识中，有着过去的英雄豪杰以及他们的拿手好戏：杜赛克及其鲜明轮廓；施戴贝尔特及其震音；李斯特在甩动眼前头发的同时也震颤了女士们的心灵；肖邦在键盘上刮奏；亨泽尔特一面读圣经一面弹奏《十二平均律键盘曲集》；德赖萧克及其八度；帕赫曼及其古怪行径；赫尔茨逗得美国人兴奋莫名；塔尔贝格模仿三只手；戈多夫斯基耍弄复调音型；霍夫曼释放汹涌的能量。因为，在钢琴艺术中，像在生理学中一样，个体发育再现着种系发育。

致　谢

感谢纽约公立图书馆音乐部，特别要感谢图书馆内积极肯干的工作人员，不厌其烦地听我使唤，用强壮的双手跟跟跄跄地抱来一捆又一捆的旧杂志。

感谢伯纳德·阿姆斯特丹博士、哈里·L. 安德森、扬·霍尔克曼（已去世）、杰拉德·穆尔和罗伯特·斯托布，让我尽情地听他们收藏的唱片。霍尔克曼先生还向我推荐并翻译了几篇波兰语的文章。

感谢埃里克·沙尔慷慨地让我从他珍藏的音乐家图片中复制了许多东西。

感谢阿瑟·勒瑟写了《男人、女人和钢琴》这本书。凡是研究钢琴和钢琴家的人无不得益于他的开创工作以及成果——这本精彩的著作。

感谢利奥波德·曼内斯为我通读文稿并提出许多宝贵建议。

感谢我的妻子罗莎琳不断给我帮助、安慰和鼓励，还提供书中的不少插图。

感谢西蒙舒斯特出版公司的编辑亨利·西蒙，他督促本书的进度，耐心地帮助考证一个又一个细节，推敲每一个用词之仔细周密，犹如精神病医生之对待病情特殊复杂的病人。

人名对照

A

阿德尔加瑟，安东　Adlgasser, Anton

阿德勒，克拉伦斯　Adler, Clarence

阿尔贝尼斯，伊萨克　Albéniz, Isaac

阿尔伯特亲王　Albert, Prince

阿尔布雷希茨贝格，约翰·格奥尔格　Albrechtsberger, Johann Georg

阿尔坎，查尔斯-瓦朗坦　Alkan, Charles-Valentin

阿尔沃斯，帕里希　Alvers, Parish

阿格里科拉，约翰·弗里德里希　Agricola, Johann Friedrich

阿格里奇，玛尔塔　Argerich, Martha

阿拉尔，德尔芬　Alard, Delphin

阿莱维，雅克　Halévy, Jacques

阿劳，克劳迪奥　Arrau, Claudio

阿连斯基，安东　Arensky, Anton

阿隆森，莫里斯　Aronson, Maurice

阿尼姆，贝蒂娜·冯　Arnim, Bettina von

阿涅瓦斯，奥古斯丁　Anievas, Agustin

阿什肯纳齐，弗拉基米尔　Ashkenazy, Vladimir

埃尔德，迪安　Elder, Dean

埃尔弗莱因，恩内斯特·冯　Elferlein, Ernest von

埃尔曼，米沙　Elman, Mischa

埃尔门莱希　Ellmenreich

埃尔斯纳，约瑟夫　Elsner, Joseph

埃拉，约翰　Ella, John

埃拉尔，塞巴斯蒂安　Érard, Sébastian

埃勒特，路易斯　Ehlert, Louis

埃斯屈迪埃，莱昂　Escudier, Léon

埃斯泰哈齐亲王　Eszterházy, Prince

埃特曼，多罗西娅·冯　Ertmann, Dorothea von

埃特曼，史蒂芬·冯　Ertmann, Stephan von

埃文斯，菲利普　Evans, Philip

艾本许茨，伊洛娜　Eibenschütz, Ilona

艾比，亨利　Abbey, Henry

艾夫斯，查尔斯　Ives, Charles

艾森贝格尔，泽韦林　Eisenberger, Severin

艾西波夫，安妮特　Essipoff, Annette

爱本斯坦　Ebenstein

爱泼斯坦，理查德　Epstein, Richard

爱泼斯坦，朱利叶斯　Epstein, Julius

爱因斯坦，阿尔弗雷德　Einstein, Alfred

安索盖，康拉德　Ansorge, Conrad

奥柏，丹尼尔·弗朗索瓦·埃斯普利　Auber, Daniel François Esprit

奥博林，列夫　Oborin, Lev

奥恩布鲁格，弗朗琪丝卡·冯　Auenbrugger, Franziska von

奥恩哈默，约瑟芬　Aurnhammer, Josephine

奥恩斯坦，利奥　Ornstein, Leo

奥尔德里奇，理查德　Aldrich, Richard

奥尔洛夫伯爵　Orloff, Count

奥尔森，加里克　Ohlsson, Garrick

奥尔斯，彼得　Orth, Peter

奥尔斯，约翰　Orth, John

奥格登，约翰　Ogdon, John

奥赫，阿黛拉·奥斯·德　Ohe, Adele aus der

奥基，玛吉　Oakey, Maggie

奥利佛，佩里　Oliver, Perry

奥特曼，奥托　Ortmann, Otto

奥伊斯特拉赫，大卫　Oistrakh, David

B

巴布科克，阿尔菲厄斯　Babcock, Alpheus

巴杜拉-斯科达，保罗　Badura-Skoda, Paul

巴尔特，海因里希　Barth, Heinrich

巴尔泽蒂，马尔采拉　Barzetti, Marcella

巴尔扎克，奥诺雷·德　Balzac, Honoré de

巴格比，乔治　Bagby, George

巴赫，约翰·克里斯蒂安　Bach, Johann Christian

巴赫，约翰·塞巴斯蒂安　Bach, Johann Sebastian

巴赫，卡尔·菲利普·埃马努埃尔　Bach, Carl Philipp Emanuel

巴赫，威廉·弗里德曼　Bach, Wilhelm Friedemann

巴吉尔，沃德马尔　Bargiel, Woldemar

巴克豪斯，威廉　Backhaus, Wilhelm

巴拉基列夫，米利　Balakireff, Mily

巴雷勒，西蒙　Barere, Simon

巴伦博伊姆，丹尼尔　Barenboim, Daniel

巴纳姆，菲尼亚斯·泰勒　Barnum, Phineas Taylor

巴尼斯特，约翰　Banister, John

巴乔尔，吉娜　Bachauer, Gina

巴什基罗夫，迪米特里　Bashkirov, Dimitri

巴托克，贝拉　Bartók, Béla

拜伦，乔治·戈顿勋爵　Byron, George Gordon, Lord

保尔，恩斯特　Pauer, Ernst

保尔，马克斯　Pauer, Max

鲍尔，哈罗德　Bauer, Harold

鲍罗廷，亚历山大　Borodin, Alexander

鲍姆加特纳，保罗　Baumgartner, Paul

鲍姆加滕伯爵夫人　Baumgarten, Countess

鲍威尔，约翰　Powell, John

贝蒂-金斯顿，威廉　Beatty-Kingston, William

贝多芬，卡尔　Beethoven, Carl

贝多芬，路德维希·范　Beethoven, Ludwig van

贝尔，泰蕾莎　Behr, Therese

贝尔蒂尼，伯努瓦-奥古斯特　Bertini, Benoit-August

贝尔蒂尼，亨利　Bertini, Henri

贝尔格，阿尔班　Berg, Alban

贝尔焦约索公主　Belgiojoso, Princess

贝尔曼，拉扎尔　Berman, Lazar

贝尔滕松，谢尔盖　Bertensson, Sergei

贝尔维尔-乌里，安娜·卡罗琳·德　Belleville-Oury, Anne Caroline de

贝格尔，路德维希　Berger, Ludwig

贝克-格伦达尔，阿格斯　Backer-Gröndahl, Agathe

贝克，胡戈　Becker, Hugo

贝克福德，彼得　Beckford, Peter

贝克福德，威廉　Beckford, William

贝里奥，卢恰诺　Berio, Luciano

贝里尼，温琴佐　Bellini, Vincenzo

贝林格尔，奥斯卡　Beringer, Oscar

贝鲁曼，埃内斯托　Bérumen, Ernesto

贝内特，威廉·斯特恩代尔　Bennett, William Sterndale

贝奇，瓦尔特　Bache, Walter

本德尔，弗朗茨　Bendel, Franz

本迪克斯，奥托　Bendix，Otto

本内迪克特，朱利叶斯　Benedict，Julius

比才，乔治　Bizet，Georges

比彻姆，托马斯爵士　Beecham，Sir Thomas

比尔，T. 弗雷德里克　Beale，T. Frederick

比戈·德·莫罗格，玛丽　Bigot de Morogues，Marie

比克，伊格纳茨·冯　Beecke，Ignaz von

比雷，亚历山大　Billet，Alexandre

比伊，奥斯卡　Bie，Oscar

彼埃雷　Pierret

彼得拉西，戈弗雷多　Petrassi，Goffredo

彼得罗夫，尼古拉　Petroff，Nikolai

彼得西利亚，卡莱尔　Petersilea，Carlyle

俾斯麦，奥托·冯　Bismarck，Otto von

彪罗，汉斯·冯　Bölow，Hans von

彪罗，科西玛·冯　Bölow，Cosima von

波格雷里奇，伊沃　Pogorelich，Ivo

波利尼，毛里齐奥　Pollini，Maurizio

波利希，卡尔　Pohlig，Carl

波佩尔，戴维　Popper，David

波特，西普利亚尼　Potter，Cipriani

波托茨基伯爵　Potocki，Count

伯查德　Burchardt

伯德，约翰　Bird，John

伯顿，罗伯特　Burton，Robert

伯恩斯坦，莱奥纳德　Bernstein，Leonard

伯尔尼-琼斯，爱德华　Burne-Jones，Edward

伯格，弗朗切斯科　Berger，Francesco

伯克先生　Burke，Mr.

布里顿，托马斯　Britton, Thomas

布里克勒小姐　Brickler, Miss

布利格，理查德　Buhlig, Richard

布列兹，皮埃尔　Boulez, Pierre

布卢曼菲尔德，费利克斯　Blumenfeld, Felix

布卢默，阿梅莉亚·珍卡　Bloomer, Amelia Jenks

布卢姆菲尔德·蔡斯勒，范妮　Bloomfield Zeisler, Fannie

布罗德，亨利　Brod, Henri

布罗德伍德，亨利·福勒　Broadwood, Henry Fowler

布罗德伍德，约翰　Broadwood, John

布罗尼卡男爵夫人　Bronicka, Baroness

布罗伊宁，埃莉诺·冯　Breuning, Eleonore von

布洛克，米歇尔　Block, Michel

布伦德尔，阿尔弗雷德　Brendel, Alfred

布伦特，约翰　Brent, John

布施，阿道夫　Busch, Adolf

布施，艾琳　Busch, Irene

布索尼，费鲁乔　Busoni, Ferruccio

布谢，亚历山大　Boucher, Alexander

蔡斯勒，范妮　Zeisler, Fannie

蔡辛斯，亚布拉姆　Chasins, Abram

策拉恩，卡尔　Zerrahn, Carl

柴科夫斯基，彼得·伊里奇　Tchaikovsky, Peter Ilyich

车尔尼，卡尔　Czerny, Carl

车尔尼切夫，伊丽莎白　Czernicheff, Elisabeth

车维汀斯基亲王　Czerwertynski, Prince

楚姆佩，约翰内斯　Zumpe, Johannes

达尔伯特，尤金　d'Albert, Eugene

达古，玛丽　d'Agoult, Marie

达赫斯，约瑟夫　Dachs, Joseph

达雷，尚娜-玛丽　Darré, Jeanne-Marie

达莫塔，若塞·维亚纳　da Motta, José Vianna

达姆罗什，瓦尔特　Damrosch, Walter

达维多维奇，贝拉　Davidovich, Bella

戴尔，艾伦　Dale, Alan

戴留斯，弗雷德里克　Delius, Frederick

戴维森，詹姆斯·威廉　Davison, James William

戴维斯，伊凡　Davis, Ivan

戴维斯，彼得　Davis, Peter

戴维斯，范妮　Davies, Fanny

戴约，鲁思　Deyo, Ruth

黛斯廷，埃米　Destinn, Emmy

丹德洛特，阿瑟　Dandelot, Arthur

丹第，文森　d'Indy, Vincent

丹内利，约翰·费尔森　Danneley, John Feltham

德彪西，克劳德　Debussy, Claude

德恩，西格弗里德　Dehn, Siegfried

德怀特，约翰·萨利文　Dwight, John Sullivan

德孔布，埃米尔　Descombes, Émile

德拉博德，伊利-米里姆　Delaborde, Élie-Miriam

德拉克洛瓦，尤金　Delacroix, Eugène

德赖萧克，亚历山大　Dreyschock, Alexander

德勒，西奥多　Döhler, Theodor

德穆斯，约尔格　Demus, Jörg

德佩，路德维希　Deppe, Ludwig

德绍尔，约瑟夫　Dessauer, Josef

德沃尔斯基，米夏埃尔　Dvorsky, Michael

登特，爱德华　Dent, Edward

迪布丁，查尔斯　Dibdin, Charles

迪尔，艾丽丝　Diehl, Alice

迪梅尔，路易　Diémer, Louis

迪梅斯尼尔，莫里斯　Dumesnil, Maurice

迪普莱西，玛丽　Duplessis, Marie

迪普雷，马塞尔　Dupré, Marcel

迪特里希斯坦，莫里茨·冯　Dietrichstein, Moritz von

迪特斯多夫，卡尔·迪特斯·冯　Dittersdorf, Karl Ditters von

迪亚贝利，安东尼奥　Diabelli, Antonio

蒂伯，玛丽亚　Tipo, Maria

蒂博，雅克　Thibaud, Jacques

蒂代伯尔，埃伦·冯　Tideböhl, Ellen von

蒂尔克，丹尼尔·戈特洛布　Türk, Daniel Gottlob

蒂姆，亨利·克里斯蒂安　Timm, Henry Christian

杜卡斯，保罗　Dukas, Paul

杜赛克，扬·拉迪斯拉夫　Dussek, Jan Ladislav

多波尼伯爵夫人　d'Apponyi, Countess

多尔梅奇，阿诺德　Dolmetsch, Arnold

多勒斯，朱莉　Dorus, Julie

多纳伊，艾尔诺　Dohnányi, Ernö

多内穆尔斯卡，尤金妮亚　Donnemourska, Eugenia

多尼采蒂，盖塔诺　Donizetti, Gaetano

恩斯特，海因里希　Ernst, Heinrich

法朗克，塞扎尔　Franck, César
法朗克夫人　Farrenc, Mme.
法雅，曼努埃尔·德　Falla, Manuel de
范伯格先生　Feinburg, Herr
方丹，莫蒂埃·德　Fontaine, Mortier de
菲尔德，约翰　Field, John
菲尔库什尼，鲁道夫　Firkusny, Rudolf
菲尔奇，卡尔　Filtsch, Karl
菲利多，安妮-海厄辛斯　Philidor, Anne-Hyacinth
菲利普，伊西多　Philipp, Isidor
腓特烈大帝　Frederick the Great
腓特烈·威廉四世　Frederick Wilhelm IV
费蒂斯，弗朗索瓦·约瑟夫　Fétis, François Joseph
费尔斯特，安东　Foerster, Anton
费舍尔，埃德温　Fischer, Edwin
费舍尔，鲍比　Fischer, Bobby
费舍尔，约翰·克里斯蒂安　Fischer, Johann Christian
费希霍夫，罗伯特　Fischhof, Robert
费希特，约翰·戈特利布　Fichte, Johann Gottlieb

费伊，艾美　Fay，Amy

芬克，亨利　Finck，Henry

丰塔纳，朱尔斯　Fontana，Jules

弗吉尔，阿尔蒙·金凯德　Virgil，Almon Kincaid

弗拉贝里，约瑟芬　Vrabeley，Josephine

弗拉格尔，马尔科姆　Frager，Malcolm

弗莱，威廉·亨利　Fry，William Henry

弗莱尔，雅各布　Flier，Jacob

弗莱雷，内尔森　Freire，Nelson

弗莱舍，莱昂　Fleisher，Leon

弗莱什，卡尔　Flesch，Carl

弗兰克尔，马克斯　Frankel，Max

弗朗茨，达利斯　Frantz，Dalies

弗朗索瓦，桑松　François，Samson

弗朗萧姆，奥古斯特　Franchomme，Auguste

弗勒维尔，莫泰·德　Fleurville，Mauté de

弗雷姆斯塔德，奥莉弗　Fremstad，Olive

弗里德堡，安妮·卡洛娜·德　Friedbourg，Anne Carlowna de

弗里德伯格，卡尔　Friedberg，Carl

弗里德海姆，阿图尔　Friedheim，Arthur

弗里德曼，伊格纳茨　Friedman，Ignaz

弗里曼，瓦尔德马尔　Freeman，Waldermar

弗里斯伯爵　Fries，Count

弗罗因德，罗伯特　Freund，Robert

福格勒，阿布特　Vogler，Abt

福克尔，约翰·尼古拉斯　Forkel，Johann Nicolaus

福雷，加布里埃尔　Fauré，Gabriel

福斯特，西德尼　Foster，Sidney

富特文格勒，威廉　Fürtwängler，Wilhelm

甘茨，鲁道夫　Ganz, Rudolph

戈达尔，阿拉贝拉　Goddard, Arabella

戈德贝克，罗伯特　Goldbeck, Robert

戈德马克，卡尔　Goldmark, Karl

戈德桑德，罗伯特　Goldsand, Robert

戈德施米特，奥托　Goldschmidt, Otto

戈登威泽，亚历山大　Goldenweiser, Alexander

戈蒂埃，西奥菲尔　Gautier, Théophile

戈多夫斯基，利奥波德　Godowsky, Leopold

戈尔，爱德华　Goll, Edward

戈尔斯基，康斯坦丁　Gorski, Constantin

戈里亚，亚历山大-爱德华　Goria, Alexandre-Édouard

戈罗德尼茨基，沙夏　Gorodnitzki, Sascha

戈奇厄斯，珀西　Goetschius, Percy

戈特沙尔克，路易斯·莫罗　Gottschalk, Louis Moreau

歌德，约翰·沃尔夫冈·冯　Goethe, Johann Wolfgang von

格奥尔吉夫人　Georgi, Signora

格布哈德，海因里希　Gebhard, Heinrich

格尔西马拉，阿尔伯特　Grzymala, Albert

格拉夫曼，盖里　Graffman, Gary

格拉纳多斯，恩里克　Granados, Enrique

格赖纳，卡罗琳·冯　Greiner, Caroline von

格赖纳，亚历山大　Greiner, Alexander

格兰杰，珀西　Grainger, Percy

格勒，尤拉　Geller, Youra

格雷罗，阿尔贝托　Guerrero, Alberto

格雷斯，安德烈　Gresse, André

格里，埃尔布里奇　Gerry, Elbridge

格里尔帕策，弗朗茨　Grillparzer, Franz

格里夫，阿瑟·德　Greef, Arthur de

格里格，爱德华　Grieg, Edvard

格利茨，胡戈　Görlitz, Hugo

格林费尔德，阿尔弗雷德　Grünfeld, Alfred

格林卡，米哈伊尔·伊凡诺维奇　Glinka, Michael Ivanovitch

格鲁克，克里斯托弗，维利巴尔德　Gluck, Christoph Willibald

格罗夫，乔治　Grove, George

格什温，乔治　Gershwin, George

根斯贝格，保罗　Gunsberg, Paul

古德森，凯瑟琳　Goodson, Katharine

古尔达，弗里德里希　Gulda, Friedrich

古尔德，格伦　Gould, Glenn

古特曼，阿道夫　Gutmann, Adolph

古铁雷斯，奥拉西奥　Gutierrez, Horacio

哈雷，查尔斯　Hallé, Charles

哈里斯，克莱门特　Harris, Clement

哈奇森，恩内斯特　Hutcheson, Ernest

哈斯基尔，克拉拉　Haskil, Clara

哈维格森，弗里茨　Hartvigson, Frits

海顿，米夏埃尔　Haydn, Michael

海菲茨，雅沙　Heifetz, Jascha

海勒，史蒂芬　Heller, Stephen

海勒斯特德，奥古斯特　Hyllested, August

海涅，海因里希　Heine, Heinrich

汉伯格，马克　Hambourg, Mark

汉布罗，利奥尼德　Hambro, Leonid

汉姆小姐　Hamm, Fräulein

汉斯立克，爱德华　Hanslick, Eduard

豪泽，米斯卡　Hauser, Miska

荷马　Homer

赫尔茨，亨利　Herz, Henri

赫金，安东　Hekking, Anton

赫拉，安妮特　Hullah, Annette

赫鲁晓夫，尼基塔　Khrushchev, Nikita

赫伦　Heron

赫纳汉，多纳尔　Henahan, Donal

赫尼克，詹姆斯　Huneker, James

赫斯，迈拉　Hess, Myra

黑格尔，格奥尔格　Hegel, Georg

亨德尔，乔治·弗雷德里克　Handel, George Frederick

亨德森，威廉·詹姆斯　Henderson, William James

亨利，哈罗德　Henry, Harold

亨泽尔特，阿道夫·冯　Henselt, Adolf von

胡克，詹姆斯　Hook, James

胡罗克，索尔　Hurok, Sol

胡梅尔，约翰·尼波穆克　Hummel, Johann Nepomuk

华莱士，文森　Wallace, Vincent

怀尔德，厄尔　Wild, Earl

霍尔茨，卡尔　Holz, Karl

霍尔曼德尔，尼古拉·约瑟夫　Hallmandel, Nicolas Joseph

霍夫，史蒂芬　Hough, Stephen

霍夫曼，卡西米尔　Hofmann, Casimir

霍夫曼，理查德　Hoffman, Richard

霍夫曼，约瑟夫　Hofmann, Josef

霍兰德，洛林　Hollander, Lorin

霍洛维茨，弗拉基米尔　Horowitz, Vladimir

霍普科克，海伦　Hopekirk, Helen

霍斯佐夫斯基，米耶奇斯瓦夫　Horszowski, Mieczyslaw

霍伊斯，休·雷金纳德　Haweis, Hugh Reginald

基恩，康斯坦斯　Keene, Constance

基辛，叶甫盖尼　Kissin, Evgeny

吉本斯，奥兰多　Gibbons, Orlando

吉尔摩，帕特里克　Gilmore, Patrick

吉利尔斯，埃米尔　Gilels, Emil

吉罗维茨，阿达尔伯特　Gyrowetz, Adalbert

吉泽金，瓦尔特　Gieseking, Walter

季马诺夫，薇拉　Timanoff, Vera

济奇，盖佐　Zichy, Géza

加布里洛维奇，奥西普　Gabrilowitsch, Ossip

加登，玛丽　Garden, Mary

加伏里洛夫，安德烈　Gavrilov, Andrei

加西亚，曼努埃尔　Garcia, Manuel

贾尼斯，拜伦　Janis, Byron

贾维斯，查尔斯　Jarvis, Charles

焦尔丹尼，托马索　Giordani, Tommaso

杰弗逊，托马斯　Jefferson, Thomas

金，阿莱克·海厄特　King, Alec Hyatt

居伊，塞扎尔　Cui, César

卡查里斯，西普瑞安　Katsaris, Cyprien
卡尔克布雷纳，弗里德里希　Kalkbrenner, Friedrich
卡莱吉夫人　Kalergis, Mme. de
卡雷尼奥，泰蕾莎　Carreño, Teresa
卡纳比希，罗莎　Cannabich, Rosa
卡佩尔，威廉　Kapell, William
卡钦，朱利叶斯　Katchen, Julius
卡萨尔斯，帕布罗　Casals, Pablo
卡萨诺瓦，贾科波　Casanova, Jacopo
卡塞拉，阿尔弗雷多　Casella, Alfredo
卡斯蒂尔-布拉泽　Castel-Blaze
卡斯泰尔诺沃-泰代斯科，马里奥　Castelnuovo-Tedesco, Mario
卡特，埃利奥特　Carter, Elliott
卡扎德絮，罗伯特　Casadesus, Robert
凯鲁比尼，路易吉　Cherubini, Luigi
凯奇，约翰　Cage, John
康茨基，安托万·德　Kontski, Antoine de
康代尔，朱莉　Candelle, Julie
康德，伊马努埃尔　Kant, Immanuel
考埃尔，亨利　Cowell, Henry
考克斯，约翰·埃德蒙德　Cox, John Edmund
柯达伊，佐尔坦　Kodály, Zoltan
柯曾，克利福德　Curzon, Clifford
科策卢，利奥波德　Kozeluch, Leopold

科恩，朱尔斯　Cohen, Jules

科恩戈尔德，埃里希　Korngold, Erich

科尔普，朱利亚　Culp, Julia

科尔托，阿尔弗雷德　Cortot, Alfred

科勒，路易斯　Köhler, Louis

科勒德，弗雷德里克　Collard, Frederick

科洛纳，爱德华　Colonne, Édouard

科内利乌斯，彼得　Cornelius, Peter

科普兰，阿伦　Copland, Aaron

科普兰，乔治　Copeland, George

科恰尔斯基，拉乌尔·冯　Koczalski, Raoul von

科特洛，奥古斯塔　Cottlow, Augusta

科西斯，佐尔坦　Kocsis, Zoltan

克拉克，阿尔弗雷德·科宁　Clark, Alfred Corning

克拉默，约翰·巴蒂斯特　Cramer, Johann Baptist

克莱本，范　Cliburn, Van

克莱伯，埃里希　Kleiber, Erich

克莱尔，埃达　Clare, Ada

克莱门蒂，穆齐奥　Clementi, Muzio

克莱门斯，克拉拉　Clemens, Clara

克莱门特，弗朗茨　Clement, Franz

克莱斯勒，弗里茨　Kreisler, Fritz

克赖巴赫，弗朗茨　Kreibach, Franz

克赖涅夫，弗拉基米尔　Krainev, Vladimir

克劳斯-萨瓦蒂，维莱米娜　Clauss-Szarvady, Wilhelmina

克劳泽，马丁　Krause, Martin

克雷比尔，亨利　Krehbiel, Henry

克雷布斯-布伦宁，玛丽　Krebs-Brenning, Marie

克里斯托弗里，巴尔托洛梅奥　Cristofori, Bartolomeo

克利贝格，克洛蒂尔德　Kleeberg, Clotilde

克林德沃特，卡尔　Klindworth, Karl

克鲁采，利奥尼德　Kreutzer, Leonid

克路易坦，安德烈　Cluytens, André

克伦格尔，亚历山大　Klengel, Alexander

克伦普霍尔茨，文泽尔　Krumpholz, Wenzel

克瓦斯特，詹姆斯　Kwast, James

克瓦斯特-霍达普，弗里达　Kwast-Hoddap, Frieda

肯普夫，威廉　Kempff, Wilhelm

库厄，威廉　Kuhe, Wilhelm

库拉克，西奥多　Kullak, Theodor

库普兰，弗朗索瓦　Couperin, François

库谢维茨基，谢尔盖　Koussevitzky, Serge

拉布拉什，路易吉　Lablache, Luigi

拉福热，弗朗克　La Forge, Frank

拉赫玛尼诺夫，谢尔盖　Rachmaninoff, Sergei

拉赫蒙德，卡尔　Lachmund, Carl

拉孔布，路易　Lacombe, Louis

拉腊，阿德莉娜·德　Lara, Adelina de

拉罗查，阿莉西亚·德　Larrocha, Alicia de

拉马丁，阿方斯·玛丽·路易·德　Lamartine, Alphonse Marie Louis de

拉梅奈，菲利西蒂·罗伯特·德　Lamennais, Felicité Robert de

拉蒙德，弗雷德里克　Lamond, Frederic

拉莫，让-菲利普　Rameau, Jean-Philippe

拉穆勒，查尔斯　Lamoureux, Charles

拉佩蒂，米歇尔　Rapetti，Michel

拉普吕纳雷德，阿黛拉　Laprunarède，Adèle

拉齐维尔亲王　Radziwill，Prince

拉塞尔，约翰　Russell，John

拉塔利诺，皮耶罗　Rattalino，Piero

拉泰纳尔，雅各布　Lateiner，Jacob

拉威尔，莫里斯　Ravel，Maurice

拉维纳，让-亨利　Ravina，Jean-Henri

莱奥，奥古斯特　Léo，Auguste

莱夫勒，查尔斯　Loeffler，Charles

莱金斯卡，埃塞尔　Leginska，Ethel

莱曼先生　Lehmann，Herr

莱曼，洛特　Lehmann，Lotte

莱默尔，卡尔　Leimer，Karl

莱纳，蒂娜　Lerner，Tina

莱特文，西奥多　Lettvin，Theodore

莱维，拉扎尔　Lévy，Lazare

莱希，亨利　Lahee，Henry

莱希滕特里特，胡戈　Leichtentritt，Hugo

莱谢蒂茨基，西奥多　Leschetizky，Theodor

莱因斯多夫，埃里希　Leinsdorf，Erich

赖内克，卡尔　Reinecke，Carl

赖森贝格，纳迪亚　Reisenberg，Nadia

赖特海默　Reitheimer

赖因博尔德，贝尔塔　Reingbald，Bertha

赖泽瑙尔，阿尔弗雷德　Reisenauer，Alfred

兰伯特，亚历山大　Lambert，Alexander

兰多芙斯卡，万达　Landowska，Wanda

兰奇，德索　Ranki，Dezso

509

朗，本杰明·约翰逊　Lang，Benjamin Johnson

朗费罗，亨利·沃兹沃斯　Longfellow，Henry Wadsworth

朗格，阿洛伊西亚　Lange，Aloysia

勒布雷，伊冯娜　Lebure，Yvonne

勒费比尔-韦利，路易　Lefébure-Wély，Louis

勒古韦，恩内斯特　Legouvé，Ernest

勒库佩，费利克斯　Couppey，Félix le

勒瑟，阿瑟　Loesser，Arthur

雷伯，拿破仑-亨利　Reber，Napoléon-Henri

雷尔斯塔布，路德维希　Rellstab，Ludwig

雷格尔，马克斯　Reger，Max

雷哈，安东　Reicha，Anton

雷纳德，罗西塔　Renard，Rosita

李斯特，弗朗茨　Liszt，Franz

李斯特，科西玛　Liszt，Cosima

李希特，汉斯　Richter，Hans

李希特，斯维亚托斯拉夫　Richter，Sviatoslav

里德，安布罗斯　Rieder，Ambrose

里夫斯，亨利　Reeves，Henry

里姆斯基-科萨科夫，尼古拉　Rimsky-Korsakoff，Nicolas

里斯，费迪南德　Ries，Ferdinand

里斯勒，爱德华　Risler，Édouard

里维-金，朱莉　Rivé-King，Julie

理查德森，纳森　Richardson，Nathan

利布尔，埃米尔　Liebling，Emil

利布尔，格奥尔格　Liebling，Georg

利布尔，莱奥纳德　Liebling，Leonard

利达，杰伊　Leyda，Jay

利帕蒂，迪努　Lipatti，Dinu

利帕夫斯基，约瑟夫　Lipavski, Joseph

利普金，西摩　Lipkin, Seymour

利托尔夫，亨利　Litolff, Henry

利希诺夫斯基亲王　Lichnowsky, Prince

列维茨基，米夏　Levitzki, Mischa

列维涅，约瑟夫　Lhevinne, Josef

列维涅，罗西娜　Lhevinne, Rosina

林德，珍妮　Lind, Jenny

林肯，亚伯拉罕　Lincoln, Abraham

林利，弗朗西斯　Linley, Francis

隆，玛格丽特　Long, Marguerite

卢恩塔尔，雷蒙德　Lewenthal, Raymond

卢普，拉杜　Lupu, Radu

卢梭，尚-雅克　Rousseau, Jean-Jacques

鲁比奥夫人　Rubio, Mme.

鲁比尼，乔瓦尼-巴蒂斯塔　Rubini, Giovanni-Battista

鲁宾斯坦，阿图尔　Rubinstein, Arthur

鲁宾斯坦，安东　Rubinstein, Anton

鲁宾斯坦，尼古拉　Rubinstein, Nicholas

鲁多夫，恩斯特　Rudorff, Ernst

鲁梅尔，弗朗茨　Rummel, Franz

鲁梅尔，瓦尔特　Rummel, Walter

路贝茨基亲王　Lubecki, Prince

路德维希一世　Ludwig I

路易·菲利普　Louis Philippe

路易·费迪南德亲王　Louis Ferdinand, Prince

伦茨，威廉·冯　Lenz, Wilhelm von

罗伯特，理查德　Robert, Richard

罗德里格斯，圣地亚哥　Rodriguez, Santiago

罗赫利茨，约翰·弗里德里希　Rochlitz, Johann Friedrich

罗兰，罗曼　Rolland, Romain

罗纳德，兰登　Ronald, Landon

罗森海因，雅各布　Rosenhain, Jacob

罗森塔尔，莫里茨　Rosenthal, Moriz

罗斯波尔斯卡，玛丽·加布里埃尔　Rosborska, Marie Gabrielle

罗斯特罗波维奇，穆斯基斯拉夫　Rostropovich, Mstislav

罗特希尔德夫人　Rothschild, Mme.

罗西尼，焦阿基诺　Rossini, Gioacchino

洛德，乔治　Loder, George

洛尔塔，罗伯特　Lortat, Robert

洛吉尔，约翰·巴蒂斯特　Logier, John Baptist

洛克，约翰　Locke, John

洛克斯皮泽，爱德华　Lockspeiser, Edward

马蒂厄　Matthieux

马蒂亚斯，乔治　Mathias, Georges

马丁，约瑟芬　Martin, Josephine

马尔普尔格，弗里德里希·威廉　Marpurg, Friedrich Wilhelm

马根丹兹，约翰内斯　Magendanz, Johannes

马克斯，阿道夫　Marx, Adolph

马克耶维奇，伊戈尔　Markevich, Igor

马加洛夫，尼基塔　Magaloff, Nikita

马勒，阿尔玛　Mahler, Alma

马勒，古斯塔夫　Mahler, Gustav

马蒙泰尔，安托万·弗朗索瓦　Marmontel, Antoine François

马萨尔，阿格拉埃　Massart, Aglaé

马萨尔，约瑟夫　Massart, Joseph

马塞洛斯，威廉　Masselos, William

马斯，路易斯　Maas, Louis

马泰伊，托拜厄斯　Matthay, Tobias

马西克，马丁·皮埃尔·约瑟夫　Marsick, Martin Pierre Joseph

马歇尔，弗兰克　Marshall, Frank

马修斯，托马斯　Matthews, Thomas

玛利夫兰，玛丽亚　Malibran, Maria

迈尔，西蒙　Mayr, Simon

迈耶，查尔斯　Mayer, Charles

迈耶贝尔，贾科莫　Meyerbeer, Giacomo

麦克阿瑟，亚历山大　McArthur, Alexander

麦克道尔，爱德华　MacDowell, Edward

曼内斯，利奥波德　Mannes, Leopold

曼若特，奥古斯特　Mangeot, Auguste

曼斯菲尔德，理查德　Mansfield, Richard

梅尔芭，内莉　Melba, Nellie

梅克，娜杰日达·冯　Meck, Nadezhda von

梅里美，普罗斯珀　Mérimée, Prosper

梅利希，安娜　Mehlig, Anna

梅罗，阿马代　Méreaux, Amédée

梅罗，约兰达　Mérö, Yolanda

梅鲁，阿梅代·德　Méroux, Amédée de

梅纽因，耶胡迪　Menuhin, Yehudi

梅普尔森，詹姆斯·亨利　Mapleson, James Henry

梅萨热，安德烈　Messager, André

梅森，威廉　Mason, William

梅特涅尔，尼古拉　Medtner, Nicolai

纳特，伊夫　Nat，Yves

内弗，克里斯蒂安·戈特洛布　Neefe，Christian Gottlob

内伊，埃莉　Ney，Elly

尼古拉一世　Nicholas I

尼基什，阿图尔　Nikisch，Arthur

尼克斯，弗里德里希　Niecks，Friedrich

尼曼，瓦尔特　Niemann，Walter

尼梅切克，弗朗茨　Niemetschek，Franz

尼特，查尔斯　Neate，Charles

涅斯捷夫，伊斯拉埃尔　Nestyev，Israel

纽科姆，埃塞尔　Newcomb，Ethel

纽曼，欧内斯特　Newman，Ernest

纽曼，威廉·斯坦　Newman，William Stein

努里特，阿道夫　Nourrit，Adolphe

诺瓦科夫斯基，约瑟夫　Novakowski，Josef

诺瓦伊斯，古约玛　Novaes，Guiomar

诺伊恩多夫，阿道夫　Neuendorff，Adolf

诺伊豪斯，海因里希　Neuhaus，Heinrich

帕埃尔，费迪南多　Paër，Ferdinando

帕布斯特，路易斯　Pabst，Louis

帕布斯特，尤金　Pabst，Eugen

帕德雷夫斯基，伊格纳西·扬　Paderewski，Ignacy Jan

帕蒂，阿德莉娜　Patti，Adelina

帕尔默　Palmer

帕夫洛夫纳，玛丽亚　Pawlowna, Maria

帕格尼尼，尼科洛　Paganini, Niccolò

帕赫勒-科沙克，玛丽　Pachler-Koschak, Marie

帕赫曼，弗拉基米尔·德　Pachmann, Vladimir de

帕杰洛，彼得罗　Pagello, Pietro

帕克，亨利·泰勒　Parker, Henry Taylor

帕拉迪斯，玛丽·泰蕾西亚·冯　Paradis, Maria Theresia von

帕里斯，纪尧姆·亚列克西斯　Paris, Guillaume Alexis

帕罗特，贾斯珀　Parrott, Jasper

帕斯塔，朱迪塔　Pasta, Giuditta

帕伊谢洛，乔瓦尼　Paisiello, Giovanni

佩德罗二世　Pedro II

佩尔戈莱西，乔瓦尼　Pergolesi, Giovanni

佩尔塔勒小姐　Perthaler, Fräulein

佩拉博，约翰·恩斯特　Perabo, John Ernst

佩拉希亚，默里　Perahia, Murray

佩里，爱德华·巴克斯特　Perry, Edward Baxter

佩皮斯，塞缪尔　Pepys, Samuel

佩普施，约翰　Pepusch, John

佩奇，蒂姆　Page, Tim

佩特里，埃贡　Petri, Egon

皮埃内，加布里埃尔　Pierné, Gabriel

皮克西斯，约翰·彼得　Pixis, Johann Peter

皮拉尼，马克斯　Pirani, Max

皮热　Puget

皮斯顿，沃尔特　Piston, Walter

普莱蒂，路易斯　Plaidy, Louis

普莱耶尔，卡米尔　Pleyel, Camille

普莱耶尔，玛丽　Pleyel，Marie

普莱耶尔，伊格纳茨　Pleyel，Ignaz

普莱曾茨，亨利　Pleasants，Henry

普莱曾茨，维吉尼亚　Pleasants，Virginia

普朗克，弗朗西斯　Poulenc，Francis

普朗泰，弗朗西斯　Planté，Francis

普雷特涅夫，米哈伊尔　Pletnyov，Mikhail

普鲁克纳，迪奥尼斯　Pruckner，Dionys

普罗科菲耶夫，谢尔盖　Prokofiev，Sergei

普罗克特-格雷格　Proctor-Gregg

普洛耶，芭芭拉　Ployer，Barbara

普吕当，埃米尔　Prudent，Émile

普尼奥，拉乌尔　Pugno，Raoul

ℚ

齐恩，伯尔尼哈德　Ziehn，Bernhard

齐玛诺夫斯卡，玛丽亚　Szymanowska，Maria

齐默尔曼，阿格娜丝　Zimmermann，Agnes

齐默尔曼，克里斯蒂安　Zimmerman，Krysztian

齐默尔曼，皮埃尔·约瑟夫·纪尧姆　Zimmerman，Pierre Joseph Guillaume

奇科利尼，阿尔多　Ciccolini，Aldo

奇克林，乔纳斯　Chickering，Jonas

恰尔托尔斯基亲王　Czartorski，Prince

恰尔托里斯卡，玛塞琳　Czartoryska，Marcelline

恰尼，迪诺　Ciani，Dino

乔利，亨利·福瑟吉尔　Chorley，Henry Fothergill

切尔卡斯基，舒拉　Cherkassky，Shura

琼森，本　Jonson, Ben

屈尔蒂，安东　Kuerti, Anton

塞尔，汉弗莱　Searle, Humphrey

塞尔，乔治　Szell, George

塞尔金，鲁道夫　Serkin, Rudolf

塞尔瓦，布朗琪　Selva, Blanche

塞缪尔，哈罗德　Samuel, Harold

塞维拉克，德奥达　Sévérac, Déodat

赛弗里德，伊格纳茨·冯　Seyfried, Ignaz von

桑，乔治　Sand, George

桑伯尔尼，皮茨　Sanborn, Pitts

桑多，朱尔斯　Sandeau, Jules

桑罗马，赫苏斯·玛丽亚　Sanromá, Jesús María

桑塔格，亨利埃特　Sontag, Henriette

森布里赫，马尔采拉　Sembrich, Marcella

沙尔芬贝格，威廉　Scharfenberg, William

沙尔文卡，克萨韦尔　Scharwenka, Xaver

沙吉尼扬，玛丽埃塔　Shaginyan, Marietta

沙勒，艾琳　Scharrer, Irene

沙特克，阿瑟　Shattuck, Arthur

沙伊贝，约翰·阿道夫　Scheibe, Johann Adolph

绍尔，埃米尔·冯　Sauer, Emil von

舍伍德，威廉　Sherwood, William

申克，路德维希　Schunke, Ludwig

申克尔，海因里希　Schenker, Heinrich

圣伯夫，查斯　Sainte-Beuve, Charles

圣克里克，卡罗琳·德　Saint-Crig, Caroline de

圣—桑，查尔斯·卡米尔　Saint-Saëns, Charles Camille

施波尔，路易　Spohr, Louis

施戴贝尔特，丹尼尔　Steibelt, Daniel

施莱辛格，丹尼尔　Schlesinger, Daniel

施勒特尔，约翰·塞缪尔　Schroeter, Johann Samuel

施里瓦内克，查尔斯　Schriwanek, Charles

施米茨，埃利·罗伯特　Schmitz, Elie Robert

施米特鲍尔，约瑟夫　Schmittbauer, Joseph

施纳贝尔，阿图尔　Schnabel, Artur

施佩特，弗朗茨·雅各布　Späth, Franz Jacob

施塔米茨，卡尔　Stamitz, Karl

施塔文哈根，伯尔尼哈德　Stavenhagen, Bernhard

施泰因，玛丽亚·安娜　Stein, Maria Anna

施泰因，约翰·安德雷亚斯　Stein, Johann Andreas

施特恩，朱利叶斯　Stern, Julius

施特恩贝格，康斯坦丁·冯　Sternberg, Constantin von

施特赖歇尔，约翰·安德雷亚斯　Streicher, Johann Andreas

施特劳斯，理查　Strauss, Richard

施特劳斯，诺埃尔　Straus, Noël

施特劳斯，约翰（小）Strauss, Johann, Jr.

施图姆普夫，约翰·安德雷亚斯　Stumpff, Johann Andreas

施托克豪森，卡尔海因茨　Stockhausen, Karlheinz

施瓦茨，约瑟夫　Schwartz, Joseph

史蒂文斯，尼利　Stevens, Neally

史密斯，罗兰　Smith, Roland

舒勃，安德烈–米歇尔　Schub, André-Michel

舒伯特，弗朗茨　Schubert, Franz

舒伯特，弗朗茨·彼得　Schubert, Franz Peter

舒尔，莱奥纳德　Shure, Leonard

舒尔茨，阿诺德　Schultz, Arnold

舒尔霍夫，朱利叶斯　Schulhoff, Julius

舒曼，艾莉萨　Schumann, Elise

舒曼，埃米尔　Schumann, Emil

舒曼，费迪南德　Schumann, Ferdinand

舒曼，费利克斯　Schumann, Felix

舒曼，古斯塔夫　Schumann, Gustave

舒曼，克拉拉　Schumann, Clara

舒曼，路德维希　Schumann, Ludwig

舒曼，罗伯特　Schumann, Robert

舒曼，玛丽　Schumann, Marie

舒曼，欧根妮　Schumann, Eugenie

舒曼，伊丽莎白　Schumann, Elisabeth

舒曼，朱莉　Schumann, Julie

斯大林，约瑟夫　Stalin, Joseph

斯甘巴蒂，乔瓦尼　Sgambati, Giovanni

斯卡拉蒂，多梅尼科　Scarlatti, Domenico

斯科洛夫斯基，扎德尔　Skolovsky, Zadel

斯科特，瓦尔特　Scott, Walter

斯科特，西里尔　Scott, Cyril

斯克里亚宾，亚历山大　Scriabin, Alexander

斯利温斯基，约瑟夫　Slivinski, Josef

斯洛博佳尼克，亚历山大　Slobodyanik, Alexander

斯密特，里奥　Smit, Leo

斯帕斯基，鲍里斯　Spassky, Boris

斯派尔，爱德华　Speyer, Edward

斯普卓公主，C. 德　Spuzzo, C.de

斯塔马蒂，卡米尔　Stamaty, Camille

斯塔斯尼，卡尔　Stasny, Carl

斯坦伯格，迈克尔　Steinberg, Michael

斯特拉科希，莫里斯　Strakosch, Maurice

斯特拉文斯基，伊戈尔　Stravinsky, Igor

斯特雷列茨基，安东　Strelezki, Anton

斯托尔曼，爱德华　Steuermann, Eduard
斯托科夫斯基，利奥波德　Stokowski, Leopold
斯托约夫斯基，西吉斯蒙德　Stojowski, Sigismond
斯韦林克，扬·彼得松　Sweelinck, Jan Pieterszoon
苏萨，约翰·菲利普　Sousa, John Philip
所罗门·卡特纳　Solomon Cutner
索尔蒂，格奥尔格　Solti, Georg
索夫罗尼茨基，弗拉基米尔　Sofronitzky, Vladimir
索科洛夫，格雷戈里　Sokoloff, Gregory
索雷，埃米尔　Sauret, Émile
索雷尔，克洛代特　Sorel, Claudette
索温斯基将军　Sowinski, General

塔尔贝格，西吉斯蒙德　Thalberg, Sigismond
塔卡尼　Taccani
塔利亚彼得拉，阿尔图罗　Tagliapietra, Arturo
塔利亚彼得拉，乔瓦尼　Tagliapietra, Giovanni
塔利亚费罗，马格达　Tagliaferro, Magda
塔涅耶夫，谢尔盖　Taneiev, Serge
泰伯，泰蕾莎　Teiber, Therese
泰勒，富兰克林　Taylor, Franklin
泰勒曼，格奥尔格·米夏埃尔　Telemann, Georg Michael
汤姆森，弗吉尔　Thomson, Virgil
陶西格，卡尔　Tausig, Carl
特劳特曼，玛丽　Trautmann, Marie
特雷西，詹姆斯　Tracy, James

图阿，泰蕾西娜　Tua, Teresina

图德，戴维　Tudor, David

图恩伯爵夫人　Thun, Countess

图雷克，罗莎琳　Tureck, Rosalyn

吐温，马克　Twain, Mark

托马斯，西奥多　Thomas, Theodore

托马谢克，约翰·文泽尔　Tomaschek, Johann Wenzel

托斯卡尼尼，阿尔图罗　Toscanini, Arturo

托斯卡尼尼，万达　Toscanini, Wanda

U

尤迪娜，玛丽亚　Yudina, Maria

尤尔根森，彼得　Jurgenson, Peter

W

瓦茨，安德烈　Watts, André

瓦尔特，安东　Walter, Anton

瓦尔特，布鲁诺　Walter, Bruno

瓦格纳，理查德　Wagner, Richard

瓦格诺尔斯，梅布尔　Wagnalls, Mabel

瓦萨里，塔马什　Vásáry, Tamás

瓦特，詹姆斯　Watt, James

万科贝尔，奥古斯特–埃马努埃尔　Vancorbeil, Auguste-Emanuel

威尔第，朱塞佩　Verdi, Giuseppe

威尔逊，伍德罗　Wilson, Woodrow

维杜索，卡洛　Vidusso, Carlo

维多利亚女王　Victoria, Queen

维克，弗里德里希　Wieck, Friedrich

维拉-洛博斯，海托尔　Villa-Lobos, Heitor

维洛因，亚历山大　Villoing, Alexander

维尼亚夫斯基，亨利　Wieniawski, Henri

维尼亚夫斯基，约瑟夫　Wieniawski, Josef

维涅斯，里卡多　Viñes, Ricardo

维特根斯坦，保罗　Wittgenstein, Paul

维滕贝格，阿尔弗雷德　Wittenberg, Alfred

维亚多-加西亚，保莉娜　Viardot-García, Pauline

韦伯，伯纳德·安塞姆　Weber, Bernard Anselm

韦伯，迪奥尼斯　Weber, Dionys

韦伯，卡尔·玛丽亚·冯　Weber, Carl Maria von

韦伯恩，安东·冯　Webern, Anton von

韦伯斯特，贝弗里奇　Webster, Beveridge

韦茨勒，冯男爵夫人　Wetzlar, Baroness von

韦茨勒，雷蒙德·冯　Wetzlar, Raimund von

韦尔，尚　Verd, Jean

韦尔纳，阿黛拉　Verne, Adela

韦尔纳，玛蒂尔德　Verne, Mathilde

韦尔纳，朱尔斯　Verne, Jules

魏尔蓝，保罗　Verlaine, Paul

魏格尔，约瑟夫　Weigl, Joseph

魏斯，约瑟夫　Weiss, Josef

温特，彼得　Winter, Peter

温特贝格，亚历山大　Winterberger, Alexander

文格洛娃，伊莎贝拉　Venegerova, Isabella

翁斯洛，乔治　Onslow, George

沃尔菲格伯爵　Wolfegg, Count

沃尔夫，爱德华　Wolff, Édouard

沃尔夫索恩，卡尔　Wolfsohn, Carl

沃尔弗尔，约瑟夫　Wölffl, Joseph

沃克，艾伦　Walker, Alan

沃克，贝蒂娜　Walker, Bettina

沃洛夫斯基　Wolowski

沃塔佩克，拉尔夫　Votapek, Ralph

乌尔汉，克雷蒂安　Urhan, Chrétien

乌尔曼，伯纳德　Ullmann, Bernard

乌里，安东尼奥·詹姆斯　Oury, Antonio James

乌利比切夫，亚历山大　Oulibischeff, Alexander

伍德，亨利　Wood, Henry

X

西安比，马塞尔　Ciampi, Marcel

西尔古，德·夫人　Circourt, Mme. de

西夫金，马蒂纳斯　Sieveking, Martinus

西盖蒂，约瑟夫　Szigeti, Josef

西罗塔，莱奥　Sirota, Leo

西洛蒂，亚历山大　Siloti, Alexander

西蒙，艾比　Simon, Abbey

西沃里，欧内斯托·卡米洛　Sivori, Ernesto Camillo

希尔，爱德华·伯林格姆　Hill, Edward Burlingame

希尔伯曼，戈特弗里德　Silbermann, Gottfried

希勒，费迪南德　Hiller, Ferdinand

希默尔，弗里德里希　Himmel, Friedrich

希普金斯，阿尔弗雷德　Hipkins, Alfred

席夫，安德拉什　Schiff, Andras

席曼诺夫斯基，卡罗尔　Szymanowski, Karol

夏布里埃，埃马努埃尔　Chabrier, Emmanuel

夏多布里昂，弗朗索瓦　Chateaubriand, François

夏里亚宾，菲奥多尔　Chaliapin, Feodor

夏米纳德，瑟西尔　Chaminade, Cécile

肖邦，弗雷德里克　Chopin, Frédéric

肖斯塔科维奇，德米特里　Shostakovich, Dmitri

萧伯纳　Shaw, George Bernard

小仲马，亚历山大　Dumas, Alexander

谢里登，弗兰克　Sheridan, Frank

谢林，恩内斯特　Schelling, Ernest

辛德勒，安东　Schindler, Anton

欣德米特，保罗　Hindemith, Paul

欣滕，弗朗茨　Hünten, Franz

休斯，埃德温　Hughes, Edwin

休伊特，亚布拉姆·史蒂文斯　Hewitt, Abram Stevens

修，尤金　Sue, Eugène

叙阿雷，安德烈　Suares, André

勋伯格，阿诺德　Schoenberg, Arnold

亚当，阿道夫　Adam, Adolph

亚当，路易　Adam, Louis

亚当贝格尔，约翰·瓦伦丁　Adamberger, Johann Valentin

亚尼娜，奥尔加　Janina, Olga

亚诺萨，娜塔莉　Janotha，Natalie

雅各布斯，保罗　Jacobs，Paul

雅南，朱尔斯　Janin，Jules

扬，伯莎　Jahn，Bertha

耶德利茨卡，恩斯特　Jedliczka，Ernst

耶尔，阿尔弗雷德　Jaëll，Alfred

伊贡诺夫，康斯坦丁　Igumnov，Konstantin

伊萨依，尤金　Ysaÿe，Eugène

伊莎贝拉二世　Isabella II

伊斯托明，尤金　Istomin，Eugene

伊图尔维，何塞　Iturbi，José

雨果，维克托　Hugo，Victor

约阿希姆，约瑟夫　Joachim，Joseph

约翰尼森，格兰特　Johannesen，Grant

约翰逊，塞缪尔　Johnson，Samuel

约瑟菲，拉斐尔　Joseffy，Rafael

约瑟夫二世　Joseph II

扎亚切克总督　Zajaczek，Viceroy

詹姆斯，亨利　James，Henry

中村纮子　Nakamura，Hiroko

朱斯蒂尼，洛多维科　Giustini，Lodovico

兹韦列夫，尼古拉　Zverev，Nicolai